Die Französische Revolution

Die Französische Revolution

Ein Lesebuch mit zeitgenössischen
Berichten und Dokumenten

Mit 22 Abbildungen und 3 Karten
ausgewählt, übersetzt und kommentiert
von Chris. E. Paschold und Albert Gier

Philipp Reclam jun. Stuttgart

RECLAMS UNIVERSAL-BIBLIOTHEK Nr. 8535
Alle Rechte vorbehalten
© 1989 Philipp Reclam jun. GmbH & Co. KG, Stuttgart
Gesamtherstellung: Reclam, Ditzingen. Printed in Germany 2011
RECLAM, UNIVERSAL-BIBLIOTHEK und
RECLAMS UNIVERSAL-BIBLIOTHEK sind eingetragene Marken
der Philipp Reclam jun. GmbH & Co. KG, Stuttgart
ISBN 978-3-15-008535-6

www.reclam.de

Inhalt

Anhang

Strukturen des revolutionären Bewußtseins

Konvergenzen und Koinzidenzen

Im Bewußtsein der Zeitgenossen stellte der Sturm auf die Bastille am 14. Juli 1789 den Beginn einer neuen Epoche dar, in der alles anders werden mußte, als es vorher gewesen war. Daß etwas völlig Unerwartetes vorgefallen war, zeigt schon die Reaktion des Königs und seiner Umgebung, die zunächst ratlos sind und sich schließlich dazu durchringen, das Unerhörte im nachhinein zu sanktionieren: Am 17. Juli kommt Louis XVI von Versailles nach Paris, wird im Rathaus von Bailly empfangen, den die Bürger der Stadt zwei Tage vorher zum Bürgermeister gemacht haben, und zeigt sich mit der blau-weiß-roten Kokarde, dem Zeichen der Revolution: Für alle sichtbar erweist er damit der neuen politischen Potenz, die die Bühne betreten hat: dem Volk von Paris, seine Reverenz.[1]

Eine Vielzahl zeitgenössischer Kommentare läßt erkennen, daß man radikale Veränderungen des politischen Systems erwartete; so schrieb etwa ein ausländischer Beobachter, der Schriftsteller und Philanthrop Joachim Heinrich Campe, ungefähr einen Monat nach dem Bastille-Sturm:

> »Hier ist zum erstenmal eine Volksversammlung, die, ob-gleich die Hälfte ihrer Mitglieder aus Edeln und Priestern besteht, doch in ihrer Mehrheit die Greuel der Hierarchie und des aristokratischen Despotismus – von denen die Menschheit von jeher noch vielmehr als von der monarchi-

---

1 Daß am 14. Juli 1789 das Volk zum Subjekt der Geschichte wird, hebt Jules Michelet in seiner (im übrigen romantisch idealisierenden) Darstellung des Bastille-Sturms hervor (*Histoire de la Révolution française*, 1847–1853; vgl. die Ausgabe Paris: Laffont 1979, Coll. Bouquins, 2 Bde., hier Bd. 1, S. 144–156: »Prise de la Bastille«).

schen Alleingewalt gelitten hat – verabscheuet, verwünscht
und mit Stumpf und Stiel auszurotten entschlossen zu sein
scheint. Hier wird alles *öffentlich* – welche eine Schutz-
mauer wider Übereilungen und eigennützige Absichten! –
verhandelt, bestritten, festgesetzt. Hier treffen endlich so
ungemein glückliche Konjunkturen in ganz Europa zusammen, daß man mit der Vollendung und Begründung
der neuen Konstitution hoffentlich früher zustande kommen wird, als irgendeine bedeutende Macht den Einfall
oder das Vermögen haben dürfte, ihnen dabei Hindernisse
in den Weg zu legen. Welch ein glücklicher Zusammenfluß
von Umständen, die, solange die Welt steht, in gleichem
Maße noch nie zusammentrafen!«[2]

Auf die Verfassung, die die große Leistung der National-
sammlung werden und erstmals das Verhältnis der Gewalten
zueinander festlegen soll, richten sich alle Hoffnungen; aber
nicht nur im eigentlich politischen Bereich konnte keine
Regel mehr den Anspruch erheben, unüberprüft gültig zu
sein, auch die Konventionen des Alltags wurden in Frage
gestellt: Man führt eine neue Anredeform ein – *Citoyen*
ersetzt *Monsieur*, wer sich als Sans-culotte oder Radikalrevo-
lutionär zu erkennen geben will, verwendet das allgemeine
Du[3] –, man denkt über einen Kalender nach, der an die Stelle
der im Lauf von Jahrhunderten entstandenen römisch-christ-
lichen Ordnungsprinzipien eine auf Vernunft gegründete, für

---

2 Joachim Heinrich Campe (1746–1818): *Briefe aus Paris zur Zeit der Revolution*, Braunschweig 1790; zit. nach: *Die Französische Revolution im Spiegel der
deutschen Literatur*, hrsg. von Claus Träger unter Mitarb. von Frauke Schaefer,
Frankfurt a. M. 1975, S. 186; Brief vom 26. August 1789.
3 Am 8. November 1793 beschloß die Convention, daß in der öffentlichen
Verwaltung ausschließlich das Du zu verwenden sei; verschiedene Theater-
stücke versuchten, das Duzen populär zu machen. Diese Form der Anrede
konnte sich jedoch nie allgemein durchsetzen, und nach Robespierres Sturz
kehrte man schnell zum Sie als der gewöhnlichen Form zurück. Vgl. Alphonse
Aulard, »Le tutoiement pendant la Révolution«, in: A. A., *Etudes et leçons sur la
Révolution française*, troisième série, Paris 1902, S. 25–35.

jeden unmittelbar durchsichtige Einteilung der Zeit setzt[4], und legt neue Maße und Gewichte fest: An die Stelle der verwirrenden Vielfalt von Einheiten wie Elle, Fuß, Scheffel, Klafter usw., die in jeder französischen Region anders gemessen wurden, tritt das moderne System, das den Meter und seinen zehnten, hundertsten, tausendsten Teil als Basis wählt und davon Flächen- und Hohlmaße ableitet; es setzt sich in der Folgezeit weltweit durch.

Die Wirkungen, die die Volkserhebung des 14. Juli auslöste, scheinen erstaunlich angesichts der Tatsache, daß nichts geschehen war, wofür sich nicht zahlreiche Parallelen aus früheren Zeiten anführen ließen: Aufstände, z. B. wegen Nahrungsmittelknappheit oder Teuerung, waren schon immer an der Tagesordnung; auch bei den Unruhen, die Paris seit den ersten Julitagen 1789 erschütterten, spielten Versorgungsschwierigkeiten eine Rolle, und unter den Opfern der Volkswut waren Beamte wie Foullon und sein Schwiegersohn Bertier[5], die direkt oder indirekt mit den Proviantlieferungen für die Hauptstadt zu tun hatten. Andererseits stürmt die Menge keine Kornspeicher, sondern ein Gefängnis, das traditionellerweise als Symbol der königlichen Willkür galt[6]; und unmittelbarer Auslöser war die Entlassung des populären Ministers Necker durch den König am 11. Juli. Daran wird deutlich, daß die Aktionen des Volkes einen ungewohnt politischen Einschlag haben.

Die ›Revolution‹ der Pariser Bevölkerung, die mit dem Bastille-Sturm ihren Anfang nimmt, läuft parallel zu einer

---

4 Vgl. S. 28 zum Kalender von Fabre d'Eglantine.
5 Über die Gründe für den Haß auf Foullon vgl. S. 22; er sollte als Generalkontrolleur der Finanzen an die Stelle Neckers treten. – Bertier war als Intendant von Paris für die Nahrungsmittelversorgung der Stadt verantwortlich.
6 Die Bastille verkörpert die außerordentliche Gerichtsbarkeit, die sich der König vorbehielt: Die meisten Gefangenen dort waren durch *Lettres de cachet*, unmittelbar vom Herrscher erlassene Haftbefehle, ohne Gerichtsverhandlung für unbestimmte Zeit eingekerkert, in vielen Fällen wußten die Angehörigen nichts über ihr Schicksal. – Vgl. z. B. Monique Cottret, *La Bastille à prendre. Histoire et mythe de la forteresse royale*, Paris 1986.

anderen, die schon früher begonnen hat: der Revolution der Advokaten und Bürger.[7] Um den Ansprüchen dieser wirtschaftlich starken Gruppe auf politische Mitsprache entgegenzukommen, hatte Louis XVI im August 1788 die Generalstände einberufen; sie waren seit 1614 nicht mehr zusammengetreten. Während der König sich vor allem die Behebung der Finanzmisere erhoffte, die einen baldigen Staatsbankrott befürchten ließ, wollten die Vertreter des Dritten Standes die Etablierung eines Parlaments nach englischem Vorbild durchsetzen: Aus den Generalständen sollte sich ein ständiges Kontrollorgan der Exekutive entwickeln.

Die etwa 600 Abgeordneten des Dritten Standes, denen je 300 Vertreter von Adel und Klerus gegenüberstehen, sind in mancher Hinsicht eine bemerkenswert homogene Gruppe: Sie hatten im allgemeinen eine juristische Ausbildung hinter sich, und die meisten von ihnen waren verhältnismäßig jung – viele etwa dreißig Jahre. Die politischen Führer der Folgezeit rekrutieren sich großenteils aus dieser Gruppe der Deputierten, die damit die Entwicklung der Revolution maßgeblich bestimmt – man kann getrost vermuten, daß manches anders verlaufen wäre, wenn nicht ungewöhnlich junge Leute an den Schalthebeln der Macht gesessen hätten.

Durch die Volkserhebung des 14. Juli gewinnt die ›Revolution‹ der Generalstände eine Dynamik, die von den Vertretern des Dritten Standes so nicht vorauszusehen und so auch nicht unbedingt gewollt war; von diesem Zeitpunkt an bestimmen sie die Entwicklung nicht mehr allein. In den folgenden Wochen findet noch eine dritte ›Revolution‹ statt, die von den Ereignissen in Paris ursprünglich unabhängig ist: Überall in der Provinz erheben sich die Bauern und plündern die Herrenhäuser; Auslöser dafür sind Gerüchte, die Aristokraten wollten die Ernten vernichten lassen. Die Lage beruhigt sich erst, als die Nationalversammlung die Bauern von

---

7 Zu den »drei Revolutionen des Sommers 1789« vgl. François Furet / Denis Richet, *Die Französische Revolution*, München 1968, Kap. 3, S. 84–123.

den Frondiensten und Abgaben befreit, die sie Adel und Klerus zu leisten hatten (Nacht des 4. August, vgl. Nr. **12**). Es ist das einzige Mal, daß die Bauern direkt auf die revolutionäre Entwicklung Einfluß nehmen; in der Nationalversammlung sind sie nur durch einen einzigen Abgeordneten vertreten[8], und im allgemeinen verfolgen das fortschrittliche Bürgertum und die Bevölkerung von Paris ihre Ziele, ohne auf die Stimmung in der Provinz zu achten. So entsteht schließlich ein Gegensatz zwischen der Hauptstadt und dem übrigen Frankreich, dessen Überwindung nicht gelingt und der nach der Hinrichtung von Louis XVI (die in weiten Teilen der Provinz auf Unverständnis, Empörung oder tief eingewurzelte Ängste vor göttlicher Strafe stieß) zu bürgerkriegsähnlichen Zuständen führt, mit Erhebungen in der Bretagne, der Vendée, in Lyon ... Die Terreur der Jahre 1793/94 ist nicht zuletzt damit zu erklären, daß Paris sich von Feinden im Inneren wie im Äußeren umgeben sah.

Die Freiheit des Wortes

Es macht das Wesen eines absolutistischen Staates aus, daß der König die alleinige Entscheidungsgewalt in allen außen- und innenpolitischen Fragen innehat und daß er seinen Willen in Form von Dekreten verkündet, ohne daß vorher eine Diskussion möglich ist. Im Lauf des 18. Jahrhunderts erhebt das selbstbewußter gewordene Bürgertum den Anspruch, an der politischen Meinungsbildung beteiligt zu werden; gegen die Praxis der Geheimhaltung wird als Ideal die öffentliche

8 Den »Père Gérard«, einen bretonischen Bauern, den Collot d'Herbois 1791 zur zentralen Figur seines *Almanach du Père Gérard* macht: Um die Landbevölkerung über die neue Verfassung und die Ideale der Revolution zu informieren, läßt er den in seine Heimat zurückgekehrten Gérard imaginäre Gespräche mit seinen Nachbarn über politische Themen führen. (Bei Tulard / Fayard / Fierro, S. 1026, wird wohl zu Unrecht behauptet, der Père Gérard sei eine fiktive Figur.)

Auseinandersetzung über alle wichtigen Fragen propagiert.[9] Trotz gewisser Liberalisierungstendenzen unter Louis XVI waren Rede- und Pressefreiheit bis unmittelbar vor der Revolution nicht gegeben, da alle Druckschriften der Zensur unterlagen und jeder, der öffentlich Kritik äußerte, Gefahr lief, von Polizeispitzeln oder Denunzianten gehört zu werden. Eine Änderung der Situation ergibt sich durch die Einberufung der Generalstände: Alle Bevölkerungsgruppen halten sich für berechtigt, den künftigen Abgeordneten ihre Wünsche, Beschwerden und Verbesserungsvorschläge vorzutragen, entweder in den von den Wahlversammlungen redigierten Cahiers de doléances (vgl. Nr. 5) oder in Form von Flugschriften, von denen in den folgenden Monaten eine riesige Zahl gedruckt wird, ohne daß die Zensurbehörde einschreitet.[10]

Mit diesen Pamphleten (die auch aufeinander Bezug nehmen, sich gegenseitig zu widerlegen suchen oder ergänzen) ist die Diskussion eröffnet, die dann in der Nationalversammlung fortgeführt wird. Die Ausdauer der Abgeordneten scheint grenzenlos: Man debattiert täglich, häufig bis tief in die Nacht hinein, und läßt keine Frage aus. Dahinter steht die Überzeugung, daß sich eine auf Vernunft basierende Lösung von selbst durchsetzen muß, wenn alle Meinungen frei geäußert werden dürfen[11] – entsprechend der optimistischen Auffassung der aufgeklärten Philosophen, der Mensch sei von Natur aus gut und vernünftig. Um der ganzen französischen Bevölkerung die Möglichkeit zu geben, an diesen Debatten

---

9 Für das folgende vgl. auch Albert Gier, »Revolutionäre und bürgerliche Öffentlichkeit. Zu periodischer Presse und Massenliteratur in Paris zwischen 1789 und 1794«, in: *Literatur der Französischen Revolution. Eine Einführung*, hrsg. von Henning Krauß, Stuttgart 1988, S. 36–50.
10 Zum Ansteigen der Zahl von Flugschriften seit Juli 1788 (etwa 100 pro Monat bis zum Zusammentreten der Generalstände im Mai 1789, danach noch mehr) vgl. Jacques Godechot, in: *Histoire générale de la presse française*, publ. sous la dir. de Claude Bellanger, Jacques Godechot, Pierre Guiral et Fernand Terrou, Bd. 1: *Des origines à 1814*, Paris 1969, S. 409.
11 Vgl. dazu Gier (wie Anm. 9), mit weiteren Literaturangaben.

zumindest indirekt teilzuhaben, werden sehr schnell zahlreiche neue Zeitungen gegründet, die zunächst ausschließlich über die Sitzungen der Nationalversammlung informieren – in Form detaillierter Protokolle oder durch zusammenfassende Berichte, die zum Teil bereits einen parteiischen Standpunkt widerspiegeln können.[12] Die vergleichsweise große Anzahl privater Abonnenten in allen Teilen Frankreichs zeugt von der gespannten Aufmerksamkeit und den hohen Erwartungen, die sich auf das neue Forum der politischen Auseinandersetzung richten; der durch dieses Vorbild geweckte Wunsch, sich in der Öffentlichkeit mitzuteilen, führt auch zu vielen spontanen Diskussionen auf offener Straße.

In allen Städten gibt es Treffpunkte, die Vertreter der unterschiedlichen Schichten aufsuchen, um Neuigkeiten zu erfahren und ihre Meinung dazu zu äußern; der wichtigste ist das Palais Royal in Paris, wo auch Zeitungen und Flugschriften verkauft werden. Manche dieser Blätter werden gleich an Ort und Stelle vorgelesen; um die des Lesens kundigen Käufer bildeten sich spontan Gruppen oder Grüppchen von Interessierten, die zumindest zum Teil auf den Vorleser angewiesen waren – die Zahl der Analphabeten war auch unter der städtischen Bevölkerung noch hoch[13]. Die Revolutionspresse wurde also weniger durch das Auge in einsamer Lektüre als durch das Ohr aufgenommen, und die Publizisten tragen dem Rechnung: Man denke z. B. an die rhetorisch geprägte Prosa Marats, die die Verfahren der antiken Redekunst zu demago-

---

12 Auch Marats *Ami du peuple* wurde gegründet, um über die Arbeit der Nationalversammlung zu informieren, vgl. den *Prospectus*, der die erste Nummer (vom 12. September 1789) ankündigt: »Ainsi, le plus beau présent à faire à la Nation dans les conjonctures actuelles, ou plutôt le seul écrit dont elle ait besoin, seroit une feuille périodique, ou l'on suivroit avec sollicitude, le travail des États-Généraux [. . .].«

13 Noch 1830 besuchte nur ungefähr ein Drittel der Knaben eine Volksschule, die Zahl der Wehrpflichtigen, die Analphabeten waren, lag über 50 %; für Mädchen war ein Schulbesuch ohnehin die Ausnahme. Vgl. Pierre Sorlin, *La Société française*, Bd. 1: *1840–1914*, Paris 1969, S. 225.

gischen Zwecken einsetzt, oder an Héberts Versuche, die Ausdrucksweise der ›kleinen Leute‹ in Schriftsprache umzusetzen[14]. Im übrigen konnte man Gruppen lesender und diskutierender Bürger vor allem dort antreffen, wo im Auftrag der Nationalversammlung, der Commune von Paris oder bestimmter politischer Gruppen Affichen plakatiert waren: Das Parlament ließ z. B. für besonders wichtig gehaltene Reden an den Hauswänden überall in Paris anschlagen; daneben gab es aber auch regelrechte Zeitungen, die eine bestimmte Partei finanzierte und ausschließlich auf diese Art verbreiten ließ, um für ihre Positionen zu werben.

Als Versammlungslokale für einigermaßen homogene Gruppen von Gleichgesinnten dienten neben bestimmten Cafés die Clubs; die ersten, wie der Jakobinerclub, entstanden bald nach dem Zusammentritt der Generalstände. Die Jakobiner waren ursprünglich ein Kreis von Deputierten aus der Bretagne, der sich nach dem Umzug der Nationalversammlung von Versailles nach Paris im Jakobinerkloster in der Rue Saint-Honoré etablierte; bald kamen Abgeordnete aus anderen Provinzen hinzu, später stand der Club allen Bürgern offen. Nichtmitglieder, auch Frauen, konnten die Sitzungen von den Zuschauertribünen aus verfolgen und nahmen (wie auch in der Nationalversammlung) durch Beifalls- oder Mißfallenskundgebungen massiv Einfluß auf deren Verlauf. Auch in den Clubs wurden Zeitungen vorgelesen und diskutiert; die zahlreichen Jakobiner-Gesellschaften, die nach dem Pariser Vorbild in der Provinz entstehen, haben sogar große Bedeutung als Nachrichtenbörsen, weil dort Abonnements von Blättern gehalten werden, die es in der betreffenden Stadt vielleicht sonst nicht gibt. Die Pariser

---

14 Es scheint freilich nicht, daß Hébert in der Rolle des Ofensetzers Père Duchesne wirklich die Sprache des Volkes nachahmt; eher versucht er, eine popularisierende (Kunst-)Sprache zu schaffen, vgl. Jacques Guilhaumou, »L'effet populaire dans le *Père Duchesne*. L'exemple de la figuralité du corps«, in: *Les Intermédiaires culturels*, actes du colloque 1978 du Centre méridional d'Histoire sociale des mentalités et des cultures, Aix-en-Provence 1981, S. 403–423.

Muttergesellschaft veröffentlicht ihrerseits wieder eine Zeitung mit detaillierten Sitzungsprotokollen und macht dadurch ihre Aktivitäten überall bekannt.

Unter der Terreur kommt auch den Sektionen (Pariser Stadtteilversammlungen) immer größere Bedeutung zu. Die achtundvierzig Sektionen sind im Mai 1790 geschaffen worden; in der ersten Zeit kamen die Bürger nur etwa alle zehn Tage zu Sitzungen zusammen. Der Sturm auf die Tuileries (10. August 1792) war wesentlich das Werk der radikalen Sans-culottes, die in den Sektionen den Ton angaben; nach diesem Erfolg trafen sie sich fast täglich und versuchten, die Politik der Convention in ihrem Sinne zu lenken. Der Übergang von der Diskussion zu – unter Umständen gewaltsamer – Aktion wurde dadurch erleichtert, daß die waffenfähigen Bürger der Sektionen jeweils eine Abteilung der Nationalgarde[15] stellten, so daß die Organisation keine Schwierigkeiten machte.

Die Sprache der Gewalt

Nicht nur bei den Sans-culottes können verbale Auseinandersetzungen jederzeit in Handgreiflichkeiten übergehen; mehr oder weniger grausame Formen von Gewalt sind im revolutionären Paris allgegenwärtig und erscheinen geradezu als eine Fortsetzung des politischen Streits mit anderen Mitteln. Solange den ›Aristokraten‹ nur ihre weißen oder schwarzen Kokarden vom Hut gerissen werden (vgl. Nr. **17**, S. 104), bleibt die Sache noch relativ harmlos; bedrohlicher ist es schon, wenn es im Theater zu Vorfällen kommt, wie sie August von Kotzebue schildert: Die Herzogin von Biron bringt durch beziehungsreichen Applaus während einer

---

15 Über die Entstehung der Nationalgarde als Bürgermiliz, deren Abteilungen zunächst von den Pariser Wahlbezirken, später dann von den Sektionen gestellt wurden, vgl. Nr. **10**.

Opernaufführung ihre Sympathie für die Königin zum Ausdruck und provoziert dadurch die Revolutionäre:

> »[. . .] man schrie, man lärmte, man nahm sich die Freiheit, der Herzogin den Ehrentitel *Catin* beizulegen, alles stürzte hinaus, kaufte und raubte Orangen, Äpfel und Birnen, harte und weiche. Die ganze Loge war in einem Augenblicke mit Obst, die arme *Duchesse* mit blauen Flecken bedeckt, und konnte noch froh sein, daß ein Messer, welches mit herauf flog, sie nicht traf. Einige unter dem Haufen, mehr muthwillig als boshaft, hatten Ruthenbündel mit herein gebracht, um ihr vor den Augen des ganzen Publikums einen derben Schilling zu geben. Sie hatte so viel Geistesgegenwart, den Pöbel austoben zu lassen, und bei alle dem ganz ruhig zu bleiben. Verließ sie die Loge, so zerriß man sie im *foyer*; wagte sie ein beleidigendes Wort oder Geberde, so zerriß man sie in der Loge.«[16]

Während es hier noch glimpflich abgeht, laufen vor allem prominente Gegner der Revolution Gefahr, Schaden an Leib und Leben zu nehmen, wenn sie der Masse in die Hände fallen: Ein Konservativer wie Du Val d'Eprémesnil, der die Unvorsichtigkeit begeht, die Pariser Bevölkerung im Juli 1792 durch monarchistische Reden zu provozieren, wird brutal zusammengeschlagen und kommt nur knapp mit dem Leben davon[17]; das gleiche Schicksal drohte den von Marat als Konterrevolutionären denunzierten[18] Polizeispitzeln, wenn sie erkannt wurden. Lynchjustiz war eher die Regel als

---

16 August von Kotzebue, *Meine Flucht nach Paris im Winter 1790*, Wien 1842 (August's von Kotzebue ausgewählte prosaische Schriften, Neunter Band), S. 76.

17 Vgl. Olivier Blanc, *Madame de Bonneuil. Femme galante et agent secret (1748–1829)*, Paris 1987, S. 82 f.

18 Vgl. zahlreiche Nummern des *Ami du peuple*, z. B. Nr. 313 vom 17. Dezember 1790, Nr. 355 vom 29. Januar 1791, usw. – In einem Brief an seinen Vater berichtet Camille Desmoulins, wie wenige Tage vor dem Bastille-Sturm ein Polizeispion im Palais Royal ins Bassin des Springbrunnens geworfen, gehetzt und geschlagen wurde; vgl. LandauerBriefe, Bd. 1, S. 100.

Die Ermordung des ehemaligen Finanzministers Foullon am 23. Juli 1789 (aus den *Tableaux historiques de la Révolution française*, 1791; Kupferstich von Pierre-Gabriel Berthaut nach einer Zeichnung von Jean-Louis Prieur d. J., Ausschnitt)

die Ausnahme: Die Pariser Straßenlaternen eigneten sich sehr gut als Galgen, und nichts und niemand konnte z. B. verhaßte Spekulanten vor der Wut des Volkes retten. Dabei reichte der Tod des Opfers nicht aus, um dem lang aufgestauten Verlangen nach Rache Genüge zu tun: Verhaßte Gegner wurden verspottet und mißhandelt wie Foullon, der angeblich gesagt haben sollte, das Volk könne ja Gras fressen; seine Peiniger steckten ihm ein Büschel Heu in den Mund. Der Kopf eines Bäckers, der Mehl beiseitegeschafft und so die Versorgung der Bevölkerung gefährdet haben sollte, wurde abgeschnitten und auf einer Pike durch die Straßen von Paris getragen; seine schwangere Frau zwang man, die Lippen des Toten zu küssen.[19] Was mit der Leiche der Princesse de Lamballe geschah, ist bekannt (vgl. Nr. 49).

Diese Exzesse scheinen um so erstaunlicher, wenn man bedenkt, daß die Abschaffung der grausamen Hinrichtungsarten des Ancien Régime wesentlich auf Druck der Bevölkerung erfolgte: Am 3. August 1788 sollte in Versailles ein Vatermörder lebendig auf das Rad geflochten werden; der Delinquent wurde von den Zuschauern befreit, der Henker und seine Gehilfen gerieten in eine prekäre Lage[20], von diesem Zeitpunkt an wurden solche Hinrichtungen nicht mehr angesetzt. Schon am 8. Mai des gleichen Jahres hatte der König, wohl auf Betreiben einer Öffentlichkeit hin, die sich zu den Idealen der Aufklärung bekannte, die Abschaffung der Folter verfügt[21]; vorher war sie nur noch bei Verdacht auf Kapitalverbrechen erlaubt gewesen und eher selten zur Anwendung gekommen. In der Nationalversammlung verfolgt Docteur Guillotin von Anfang an zielstrebig seinen Plan, eine Maschine zur schmerzlosen Vollstreckung von Todesurteilen einzuführen (vgl. Nr. 41) – aber trotz dieser

19 Vgl. SchmidtTableaux, Bd. 2, S. 85.
20 Vgl. Henry Sanson, *Die Henker von Paris. Sieben Scharfrichter-Generationen*, Berlin 1939, S. 251–262.
21 Vgl. Antoinette Wills, *Crime and Punishment in Revolutionary Paris*, Westport (Conn.) / London 1981, S. 9.

verschiedenen Entwicklungen kann man nicht davon ausgehen, daß sich die humanitären Ideale in breiten Bevölkerungsschichten durchgesetzt haben; dagegen sprechen nicht nur die Septembermorde, sondern auch die Sensationslust, mit der die Zuschauer die Massenhinrichtungen der Terreur verfolgen. Ob die Menge Rachsucht oder Mitleid empfindet, scheint nicht von rational begründeten Prinzipien, sondern einzig und allein von Stimmungen abhängig.

In diesem Zusammenhang gilt es zu berücksichtigen, daß radikalrevolutionäre Publizisten wie Marat seit längerem und besonders nach dem Beginn des Krieges im April 1792 ein Klima erzeugt haben, das sich aus Angst, Mißtrauen und Verfolgungswahn zusammensetzt. Die Sans-culottes wittern überall Verschwörungen der ›Aristokraten‹ gegen die Republik; dabei wird die Gruppe der Aristokraten nicht klar definiert, zu ihnen rechnet man nicht nur die Vertreter des Adels, sondern all jene, die nicht zur Masse des Volkes gehören: z. B. alle Geistlichen, besitzende Bürger, Beamte usw.[22] Es liegt in der Natur der Sache, daß sich diese Gruppe nicht klar umreißen läßt; daher kann jeder, der heute noch als aufrechter Patriot gilt, morgen schon – z. B. infolge von Denunziationen – als Konterrevolutionär verschrien sein. Die paranoide Angst der Sans-culottes, die sich derart von Feinden umzingelt glauben (vor allem in den Jahren innerer und äußerer Kriege, s. o.), löst eine Mordgier aus, die in den Massenhinrichtungen ihre Befriedigung findet; wenn ein Opfer allerdings einen absolut unaristokratischen und harmlosen Eindruck macht, wie etwa das junge Mädchen, das angeblich Robespierre nach dem Leben getrachtet hatte (vgl. Nr. **71**), kann die Stimmung von einem Augenblick zum anderen umschlagen.

22 Vgl. Jack Richard Censer, *Prelude to Power. The Parisian Radical Press 1789–1791*, Baltimore / London 1976, S. 48–59.

Königliches Marionettentheater

Auch gegenüber der Königsfamilie – für das Volk die erklärten Feinde der Revolution – ist die Haltung der Sans-culottes nicht konsequent; bei öffentlichen Auftritten begegnet man dem Herrscherpaar im allgemeinen mit offener Feindseligkeit, aber wenn sie sich nicht einschüchtern lassen und Festigkeit mit Konzilianz verbinden, vermögen Louis XVI und selbst Marie Antoinette gelegentlich die Menge zu überraschen und die Mißfallenskundgebungen in Beifallsstürme umzubiegen, wie der König bei seinem Besuch im Pariser Rathaus nach dem Bastille-Sturm, als er sich mit der blau-weiß-roten Kokarde zeigte (17. Juli 1789), oder Marie Antoinette vor den Pariser Fischweibern am 6. Oktober[23]. Gerade gegenüber der Königin sind solche Reaktionen erstaunlich, weil die Einstellung der Bevölkerung ihr gegenüber von vornherein negativ war: Als Österreicherin wurde sie als natürliche Feindin Frankreichs betrachtet, verschiedene Ungeschicklichkeiten (wie z. B. in der Halsbandaffäre, vgl. Nr. **62**, Anm. 28) und die Liebschaften, die man ihr zu Recht oder zu Unrecht nachsagte, hatten sie zusätzlich in Verruf gebracht. Von den Revolutionären wurde sie mehr gefürchtet als der König; man nahm allgemein an, daß sie im Zentrum aristokratischer Verschwörungen, auch mit den ausländischen Mächten, stand (vgl. Nr. **14**), die auf die gewaltsame Unterdrückung der Revolution und die Wiederherstellung der alten Ordnung abzielten. Die Wirkung einer starken Persönlichkeit vermochte solche Vorurteile zumindest zeitweise zu neutralisieren.

23 Vgl. Nr. **17**, S. 110; ähnlich der Bericht der Magdalene Schweizer an Lavater über das Eindringen der Pariser Sans-culotte in die Tuilerien am 20. Juni 1792 (Brief vom 23. Juli, zit. nach: LandauerBriefe, Bd. 2, S. 96): »Der Königin rufte man Hure und alle *Horreurs*, ein paar schlechte Weiber, die auch mit ihren Waffen der Königin droheten. Die Königin gab ihnen die Hand, das küzlete so sehr diese frech verschämten Lumpenweiber, daß sie ruften: ›Aber was für eine reizende Frau ist unsre Antoinette; nein, sie ist keine Metze; hätte uns jemand gesagt, daß sie so tugendhaft ist, so hätten wir sie nicht erschreckt.‹«

Louis XVI gelang dies nur manchmal; und hier gilt es darauf hinzuweisen, daß die persönlichen Schwächen und bestimmte Fehlentscheidungen des Königs der Revolution förderlich waren – ungeachtet der Tatsache, daß gesellschaftliche Umwälzungen niemals auf das Konto eines einzelnen gehen. Schon unter seinem Vorgänger Louis XV hatte die Staatsgewalt der Ratlosigkeit angesichts der immer stärker aufkommenden aufklärerischen Ideen durch bewußtes Anknüpfen an alte Traditionen und Riten zu überspielen versucht: Aus diesem Grund wurde 1776 für Louis XVI eine durchaus mittelalterlich anmutende Krönungsfeier in Reims inszeniert, bei der der neue König unter anderem auch zahlreichen an Skrofeln Erkrankten die Hände auflegte, weil der französische Herrscher der Tradition nach die Fähigkeit haben sollte, dieses Leiden zu heilen[24]; später allerdings verfolgt er nicht konsequent eine rückwärtsgewandte Politik, sondern schockiert einerseits die fortschrittlich Denkenden durch Demonstrationen der traditionellen Königsmacht, zeigt sich andererseits aber immer wieder zu Konzessionen bereit (z. B. bei der Zensur und dem Vorgehen gegen politische Gegner). Hinzu kommt, daß der korpulente, in den Revolutionsjahren wohl auch zum starken Trinker gewordene Mann schon durch sein Aussehen wenig Respekt einflößte und paradoxerweise für sein intaktes Familienleben eher verspottet als gelobt wurde, vor allem natürlich wegen der Gerüchte über die Untreue der Königin, aber auch, weil sein gleichsam bürgerlicher Habitus zu seinem Amt wenig paßte: mehr als ein halbes Jahrhundert später werden beim Sturz von Louis-Philippe (1848) ähnliche Gründe eine Rolle spielen. Louis XVI entfaltete in der Zeit der Revolution nur

---

24 Vgl. Marc Bloch, *Les rois thaumaturges. Étude sur le caractère surnaturel attribué à la puissance royale, particulièrement en France et en Angleterre*, Straßburg 1924. – Ein ähnliches Anknüpfen an alte Traditionen läßt sich im juristischen Bereich beobachten; vgl. z. B. schon die Hinrichtung von Damiens (dazu Nr. **33**, Anm. 2); die Wiederbelebung von Zeremonien wie der feierlichen Rechtsprechung (*lit de justice*) unter Louis XVI; usw.

Louis XVI und Marie Antoinette (Kupferstich von Blin)

eine einzige zielgerichtete Aktivität: die Knüpfung konspirativer Kontakte zu konterrevolutionären Kräften; damit demolierte er sein Ansehen bei der Bevölkerung endgültig.

Nach der erzwungenen Übersiedlung des Hofes in die Tuileries am 6. Oktober 1789, die einer Gefangennahme gleichkommt, befindet sich die königliche Familie in einer Situation, die vorher unvorstellbar war: die Unverletzlichkeit der Person des Monarchen, die von allen als selbstverständlich akzeptiert worden war und die noch die Verfassung von 1791 festschreibt, besteht in der Praxis nicht mehr. Die französischen Bürger haben Schwierigkeiten, seine Rolle neu zu definieren: Wenn Vertreter des Volkes Louis XVI oder Marie Antoinette persönlich begegnen, schwanken sie zwischen der alten Ehrfurcht, Grobheit oder plumper Vertraulichkeit: Als am 20. Juni 1792 die Sans-culottes zum ersten Mal in die Tuileries eindrangen, kam es zu Szenen wie den folgenden:

> »Ein kleiner buckliger Sansculotte nähert sich dem König mit seiner Pike (wie die Hellebarten); ein junger Mann von 18 Jahren schreit: Unglücklicher, wirf dich nieder und rufe: Es lebe der König! oder ich töte dich. Der Räuber gehorcht – und die andern folgen ihm, rufen: Es lebe der König! [...] Ein Bierhändler tritt auf den König zu und spricht zu ihm. Nach den Antworten des Königs sagt der Bierhändler zu ihm: ›Du hast gut daran getan, mir höflich zu antworten, sonst hätte ich dich morgen zum ersten Servierburschen in meiner Kneipe (erster Badergesell) gemacht.‹«[25]

Auch nachdem der König durch die Intervention der ausländischen Mächte zu einer Gefahr für die Revolution geworden und formell abgesetzt ist, zögert die Convention, den letzten Schritt, nämlich seine Hinrichtung, zu wagen; nach mehrmonatigen Auseinandersetzungen zwischen den verschiedenen politischen Gruppen erst kommt es zum Prozeß. Als Louis XVI schließlich hingerichtet wird, empfindet man die Ungeheuerlichkeit dieses Vorgangs im In- und Ausland: Erst als Reaktion darauf treten die meisten europäischen Staaten in den Krieg gegen Frankreich ein, und es kommt zu Unruhen in den Provinzen. Künftig kann die Rolle eines Monarchen nicht mehr die gleiche sein wie vorher: Er steht nicht länger über dem Gesetz, sondern muß damit rechnen, für seine Handlungen zur Rechenschaft gezogen zu werden – mit allen Konsequenzen. Die Zeit des Absolutismus ist damit endgültig vorbei.

25 Brief der Magdalene Schweizer an Lavater (wie Anm. 23).

Wie man Brutus wird

Jedes Individuum definiert sich selbst wesentlich über seine Stellung innerhalb der Gesellschaft; wenn die politische und ständische Ordnung in Auflösung begriffen ist wie in der Zeit der Revolution, muß sich ein allgemeiner Orientierungsverlust ergeben: Besitzende Bürger wie auch Angehörige der Grundschichten, die ihre Position auf der sozialen Skala bisher im Verhältnis zu den privilegierten Ständen bestimmt haben, müssen neu über die gesellschaftliche Ordnung und ihre Rolle darin nachdenken, wenn die Privilegien abgeschafft sind. Um sich einen festen Standort in der Welt, das heißt eine Identität, zu schaffen, muß man den Dingen, die einen umgeben, Sinn verleihen; dieses Problem, das sich für jeden Menschen stellt, wird in Zeiten des Umbruchs besonders dringlich.[26]

Mit diesen Gegebenheiten hängt es zusammen, daß die Revolutionäre die gesamte Welt mit Symbolen und Zeichen erfüllen: Was man an die Stelle der alten Konventionen setzt, soll nicht nur vernünftig sein, sondern auch eine Bedeutung haben: Fabre d'Eglantine ersetzt in seinem Kalenderentwurf die willkürlich scheinende Einteilung der Zeit in Wochen zu sieben Tagen durch einen Zehntageszyklus, die Tage bekommen (aus dem Lateinischen abgeleitete) sprechende Namen wie *primidi*, *duodi* usw.; die Monatsbezeichnungen nehmen auf den Kreislauf der Jahreszeiten und die bäuerlichen Tätigkeiten Bezug: *vendémiaire*, der Monat der Weinernte (September/Oktober); *brumaire*, der Nebelmonat (Oktober/November); *germinal*, der Monat, in dem die Saaten keimen (März/April). Da die Monate einheitlich dreißig Tage hatten, mußte man am Ende des Jahres (nach dem »Fruchtmonat« *fructidor*, der bis in den September reichte) fünf Tage (in

---

26 Vgl. zu diesem Thema generell die Arbeiten von Soziologen wie Niklas Luhmann, z. B. *Soziale Systeme. Grundriß einer allgemeinen Theorie*, Frankfurt a. M. 1984.

Schaltjahren sechs Tage) anhängen, die *sans-culottides* hießen und Feiertage waren . . .

Bereits hier lassen sich zwei Tendenzen der neuen Sinnsetzung erkennen: Zum einen wird der Bezug auf Revolutionäres auch da hergestellt, wo er nicht unmittelbar einsichtig ist, wie bei den *jours sans-culottides*. So besteht die Neigung, nicht nur die Schauplätze revolutionärer Ereignisse, sondern alle Straßen, Plätze, öffentlichen Gebäude usw. nach wichtigen Daten oder Führern der Revolution zu benennen; bestimmte modische Kleidungsstücke oder Frisuren bekommen Namen wie »(coiffure) à la Constitution« oder »(habit) à la Révolution«[27] (natürlich setzen sie sich bewußt von Kostüm und Haartracht der ›Aristokraten‹, d. h. von der früheren Mode, ab). Die Farben Blau-Weiß-Rot stehen nicht nur als Signal für den neuen Staat, sie werden geradezu mit ihm identifiziert: Deshalb findet man sie (und nur sie) z. B. an der Uniform der Nationalgarde, und die Wahl anderer Farben für die Uniform der Soldaten des Königs könnte als Affront aufgefaßt werden (vgl. Nr. **39**). Der Staat zeigt Flagge bis in Kleinigkeiten hinein: Das Briefpapier offizieller Stellen weist im Kopf die allegorische Darstellung der Republik mit der Devise »Liberté – Egalité – Fraternité« auf – man stelle sich vor, über unserem Steuerbescheid stünde »Einigkeit und Recht und Freiheit« . . .

Trotzdem gibt es keinen Grund, über die Allgegenwart revolutionärer Zeichen und Symbole im Frankreich jener Zeit zu lächeln: Sie spiegelt eine Realität, die Tatsache nämlich, daß das Leben der Bevölkerung zumindest in Paris durch und durch politisiert ist[28] – man braucht sich nur die Sitzungspläne der Sektionen und Clubs anzuschauen, um zu erkennen, daß für ein Privatleben keine Zeit mehr bleibt (vgl. Nr. **59**). Das Ancien Régime, die traditionelle Gesellschaft, unterscheidet sich von unserer modernen unter anderem

27 Vgl. Jean-Paul Bertaud, *La Vie quotidienne en France au temps de la Révolution (1789–1795)*, Paris 1983, S. 16 f.
28 Vgl. dazu Gier (wie Anm. 9).

dadurch, daß sie die Gewichte zwischen öffentlicher und privater Sphäre anders verteilt; nach der Erstürmung der Bastille gerät das Verhältnis beider Sphären in Bewegung, und die unmittelbare Folge ist, daß zunächst einmal die öffentliche die private völlig aufsaugt. Nach der Restauration erfolgt ein Umschlag: Rückzug in die bürgerliche Wohnstuben-Behaglichkeit. Aber diese Entwicklung kann hier nicht weiter verfolgt werden.

Als zweites läßt sich aus dem Revolutionskalender die Tendenz zu Anleihen bei der Antike ablesen. Sie prägt die Vorstellungswelt der Revolution in auffallender Weise: Die neuen politischen Institutionen werden nach griechischen oder römischen Vorbildern gestaltet und benannt, die Führer ständig mit großen Gestalten der antiken Geschichte wie z. B. Brutus verglichen[29]. Dahinter steht vor allem die Absicht, sich von der gesamten historischen Entwicklung seit dem frühen Mittelalter zu distanzieren, die geprägt war durch das Prinzip der Feudalität: Auch nach der Abschaffung der Leibeigenschaft (durch Louis XVI 1779!) blieben die Bauern in Abhängigkeit von den privilegierten Ständen, die nominell alles Land als königliches Lehen besaßen und es nicht verkauften, sondern nur von Zinspflichtigen bewirtschaften ließen. Demgegenüber erhebt die Revolution den Anspruch, allen Franzosen die gleiche Freiheit gebracht zu haben, die die Vollbürger in antiken Republiken genossen; aus der Weigerung, sich noch länger mit der spezifisch französischen Geschichte (also der Geschichte des Königreichs Frankreich) zu identifizieren, ergibt sich die Notwendigkeit, über die Jahrhunderte hinweg an Vorbilder des Altertums anzuknüpfen und sich so neue Traditionen zu schaffen.

29 Auffallend ist auch die Neigung Erwachsener, griechische oder römische Vornamen anzunehmen (»Gracchus« Babeuf, »Anacharsis« Cloots) oder neugeborene Kinder entsprechend zu benennen; vgl. MercierNParis, Bd. 2, Kap. 114: »Le petit Caton«, S. 17 f.

An Modellen stehen zum einen die griechischen Stadtrepubliken, vor allem Athen, zum anderen Rom von der Vertreibung der Könige bis zu Caesar (oder allenfalls zu Augustus) zur Verfügung; der bei weitem wichtigere Bezugspunkt ist Rom. Für die Franzosen (oder zumindest für die Pariser) von 1790 sind die Römer beinahe Zeitgenossen; das zeigt sich z. B. daran, daß das Publikum bei der Aufführung von Dramen nach antiken Stoffen spontan Beziehungen zwischen den Bühnenfiguren und Louis XVI oder Mirabeau herstellt (vgl. Nr. **26**). Bei zeitgenössischen Publizisten ist die Anführung von Beispielen aus der römischen Politik als Argument gang und gäbe[30]; aber auch den Leuten, die auf der Straße und in den Cafés diskutieren, sind Namen wie Catilina, Cato oder Scipio nicht fremd, selbst wenn sie über keine oder nur geringe Bildung verfügen. Manchen wird es sogar schon zuviel; am 17. Januar 1794 notiert ein Polizeiagent:

>»In mehreren Versammlungen führte man etliche Beispiele von Römern an. Das Volk antwortete, die Franzosen hätten keine Beispiele mehr nötig, wenn es darum ginge, frei zu sein; die Römer wären im übrigen wieder in die Sklaverei geraten, die Franzosen dagegen würden lieber sterben, als Herren zu haben.«[31]

Marat geht noch einen Schritt weiter, wenn er die Abgeordneten der Nationalversammlung als »pères conscrits« bezeichnet[32] und sie dadurch mit römischen Senatoren gleichsetzt; von da ist es nicht mehr weit bis zur Übernahme römischer Institutionen in das französische politische System, wie sie z. B. mit der Einführung von drei Konsuln als Spitze der Exekutive (1799) vollzogen werden wird.

---

30 Camille Desmoulins z. B. zitiert im *Vieux Cordelier* seitenweise aus Tacitus.
31 *Paris pendant la Terreur. Rapports des agents secrets du Ministre de l'Intérieur*, publ. par P. Caron, Bd. 3, Paris 1943, S. 16.
32 Im *Ami du peuple* sehr häufig (nicht als Ehrentitel gemeint), vgl. z. B. Nr. 452 vom 8. Mai 1791.

Ihren spektakulärsten Ausdruck findet die Antike-Bewunderung der Revolution in den offiziellen Festen[33], die seit 1790 und vor allem in der Zeit der Terreur veranstaltet werden. Hier spielen unterschiedlichste Elemente zusammen, ›griechische‹ Gewandung der Schauspieler, die allegorische Figuren wie die Republik oder die Freiheit verkörpern, das Auftreten von Gruppen, die an antike Priesterkollegien usw. erinnern, von einzelnen und Chören im Wechsel vorgetragene Hymnen (freie Nachahmung z. B. Pindars), und überhaupt der Gedanke, eine Versammlung des gesamten Volkes analog zu Ratsversammlungen oder kultischen Feiern auf dem Forum in Szene zu setzen. Über eine rein rationale Anverwandlung des klassischen Bildungsguts hinaus wird hier der utopisch-visionäre Versuch einer intellektuellen Elite erkennbar, die Antike zu leben – daß die Masse der Bevölkerung dem nicht folgen konnte und wollte, ist mit Sicherheit einer der (zahlreichen) Gründe für das Scheitern Robespierres und seiner Anhänger und für den Bruch in der Geschichte der Revolution, den der 9. Thermidor, der 28. Juli 1794, markiert.

33 Vgl. Mona Ozouf, *La fête révolutionnaire 1789–1799*, Paris 1976.

Zu dieser Ausgabe

Die folgenden 74 Texte oder Textauszüge wurden zusammengestellt, um die Entwicklung in den Jahren 1789 bis 1794 in Frankreich (vor allem in Paris) sowohl anhand von offiziellen oder offiziösen Verlautbarungen, Dekreten, Presseartikeln u. dgl. als auch durch Aufzeichnungen von Privatleuten zu dokumentieren; neben den einmaligen Ereignissen sollen dabei auch die alltäglichen Lebensumstände breiterer Bevölkerungsschichten illustriert werden (diesem letzten Aspekt ist bereits die Einleitung gewidmet). Um die Mentalität der Terreur zu veranschaulichen, wurde ein Theaterstück (der Einakter *Das Jüngste Gericht der Könige* von Pierre-Sylvain Maréchal) ungekürzt aufgenommen.

Für die Textauswahl wurden überwiegend zeitgenössische oder neuere Originalausgaben konsultiert; nur weniges wurde aus älteren Anthologien übernommen. Die Übersetzungen stammen bis auf wenige Ausnahmen von den Herausgebern.

Titel, Bezeichnungen für Institutionen u. dgl. werden meist in ihrer französischen Form beibehalten (davon ausgenommen sind Termini, deren Bedeutung dem deutschen Leser klar vermittelt werden muß, wie *Comité de salut public*, dt. *Wohlfahrtsausschuß*). Personennamen werden in der heute gebräuchlichen Form gegeben; nur in Ausnahmefällen wird auf (nicht seltene) abweichende Schreibungen im Original hingewiesen. Verdeutlichende Zusätze zum französischen Text stehen in ⟨ ⟩, Ergänzungen zu Daten in [ ].

Die Vorbemerkungen stellen die Texte jeweils in den größeren zeitlichen und sachlichen Zusammenhang und informieren, soweit nötig, über den Verfasser. Die Anmerkungen versuchen, die sich ergebenden Fragen nach Personen, Örtlichkeiten, Ereignissen usw. möglichst erschöpfend zu beantworten, soweit sie über den unmittelbaren Zusammenhang des Textes hinaus von Interesse sind.

Wenn die Anmerkungen allgemein akzeptierte Fakten, Daten u. dgl. mitteilen, wird auf Quellennachweise verzichtet. Die wichtigsten von uns durchgehend benutzten Nachschlagewerke seien hier genannt (zugleich als Hinweis auf weiterführende Literatur).

Jean Tulard / Jean-François Fayard / Alfred Fierro: Histoire et dictionnaire de la Révolution française 1789–1799. Paris 1987.

Das darin enthaltene Personen- und Sachlexikon ist wesentlich ausführlicher als:

Bernardine Melchior-Bonnet: Dictionnaire de la Révolution et de l'Empire. Paris 1965.

In manchem überholt, aber immer noch am reichsten an Details:

Décembre-Alonnier: Dictionnaire de la Révolution française 1789–1799. 2 Bde. Paris 1866–68. Repr. Nendeln (Liechtenstein) 1975.

Jacques Godechot: La Révolution française. Chronologie commentée 1789–1799 suivie de notices biographiques sur les personnages cités. Paris 1988.

Eine vergleichbare Chronologie enthält auch der Band von Tulard/Fayard/Fierro.)

Albert Soboul: La Révolution française. Nouvelle édition revue et augmentée du Précis d'histoire de la Révolution française. Paris 1984. (Interpretiert die Revolutionsgeschichte vom marxistischen Standpunkt aus.)

A. Goodwin: Die Französische Revolution 1789–1795. Frankfurt a. M. 1964. (Fischer Bücherei. Bücher des Wissens, 573.) (Knapper, aber sehr faktenreicher Überblick.)

François Furet / Denis Richet: Die Französische Revolution. München 1968 (und weitere neuere Ausgaben).

Jean-Paul Bertaud: La vie quotidienne en France au temps de la Révolution (1789–1795). Paris 1983.

(In der gleichen Reihe erschienen Bände zum Alltagsleben der Soldaten der Revolution, der Aufständischen in der Vendée, der Abgeordneten der Generalstände von 1789 . . .)

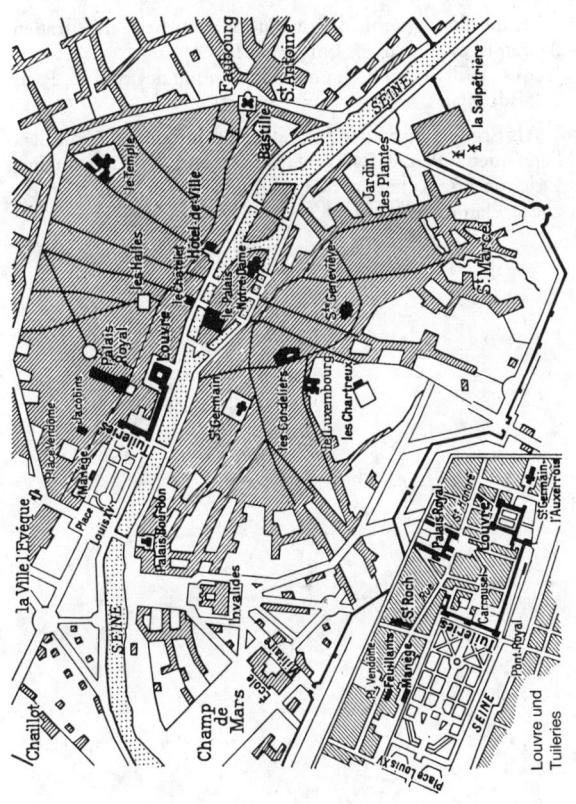

Plan des Stadtkerns von Paris zur Zeit der Revolution (nach:
René Rémond, *La vie politique en France depuis 1789*, Bd. 1,
Paris ²1967, S. 124)

Über die Topographie des revolutionären Paris, alte Straßen-
namen usw. informiert umfassend:
Jacques Hillairet: Dictionnaire historique des rues de Paris.
  2 Bde. Paris ⁴1963.

Als Ergänzung zu den zahlreichen Anmerkungen, die Stra-
ßennamen, Plätze usw. betreffen, und zur allgemeinen
Orientierung soll der auf der vorhergehenden Seite reprodu-
zierte Plan dienen.

Texte und Dokumente

1

Barnave über die Ursachen der Revolution

Antoine-Pierre-Joseph-Marie Barnave (1761–93) war Advokat am Parlement in Grenoble (die Parlements, königliche Gerichtshöfe, waren seit dem 17. Jahrhundert Zentren der Opposition); als einflußreicher Abgeordneter in der ersten Nationalversammlung setzte er sich für eine konstitutionelle Monarchie ein. Nachdem die Versammlung Ende September 1791 ihre Arbeit beendet hatte, zog er sich nach Grenoble zurück und arbeitete an seiner Introduction à la Révolution française, *die erst 1843 postum veröffentlicht wurde. Der vertrauliche Briefwechsel mit Marie Antoinette (vgl. Nr. 39 und 40), der nach dem Sturm auf die Tuileries am 10. August 1792 entdeckt wurde, führte zur Verhaftung und, am 18. November 1793, Hinrichtung Barnaves.*

Quelle: BarnaveIntrod. S. 51–55. (Gekürzt.)

Unmittelbare Ursachen, die die Französische Revolution bewirkt haben

[Nach dem Tod von Louis XIV nehmen der Regent und Louis XV dem französischen Volk seine Würde, indem sie Reichtum zum höchsten Wert erheben:]

Der Erfolg dieses Systems, auf das Erniedrigung folgte, war, daß die Nation schließlich nur noch Geldgier, den Reiz des Vergnügens und frivolste Eitelkeit kannte; als sie durch die Gewaltakte, die das Ende der Regierungszeit [von Louis XV] ankündigten, auf die Probe gestellt wurde, empfand sie ebensoviel Gehorsam wie Verachtung für ihren Herrn, so daß sie bereit schien, alles hinzunehmen.

Dennoch war das bestehende Regime am Punkt seiner

Reife angelangt; ohne von Respekt und Wohlwollen getragen zu werden, herrschte es sozusagen nur noch mit mechanischen Mitteln. Die beiden privilegierten Stände, die noch den Regierungsapparat stellten, hatten sich durch ihren Luxus ruiniert und durch ihre Sittenlosigkeit disqualifiziert; der Dritte Stand dagegen hatte bedeutende Kenntnisse und immensen Reichtum erlangt. Die Nation wurde nur noch durch die Gewöhnung an ihre Sklaverei und die allgemein herrschende Meinung im Zaum gehalten, es sei unmöglich, die Ketten zu zerbrechen. Aber die ⟨öffentliche⟩ Meinung, die die Regierung kontrolliert hatte, hatte an der Basis der Nation ein ungeheures Gewicht gewonnen. In der jungen Generation verdrängten die Lehren von Helvetius und Rousseau bereits diejenigen Voltaires aus dem Gedächtnis.

Damit sich die königliche Autorität in einer derartigen Konstellation hätte halten können, hätte den Thron ein Tyrann oder ein bedeutender Mann innehaben müssen. Tiberius hätte seine Macht dadurch bewahrt, daß er sein Volk endgültig versklavt und erniedrigt hätte; Karl der Große hätte seine Vorherrschaft durch den Aufruf zu Reformen gesichert, deren Leiter und mäßigender Schiedsrichter er selbst gewesen wäre.

Louis XVI war weder das eine noch das andere. Er war zu tugendhaft, um nicht die Beseitigung von Mißständen zu versuchen, die ihn empörten; aber er hatte weder den Charakter noch die Fähigkeiten, um eine ungestüme Nation im Zaum zu halten, die ihr gegenwärtiger Zustand und die Bestrebungen des Monarchen zu Reformen aufriefen.

Seine Regierung war eine einzige Abfolge von Bemühungen um das Gute, Manifestationen von Schwäche und Ungeschicklichkeit.

Das einzige Mittel, der Explosion der Volksgewalt zuvorzukommen, hätte darin bestanden, das Volk an der bestehenden Regierung zu beteiligen und dem Dritten Stand alle Laufbahnen zu öffnen. Man tat genau das Gegenteil: Weil eine korrumpierte Regierung die Aristokratie geschwächt hatte, glaubte man, eine väterlich gesonnene Regierung müßte sie wieder in ihre alten Rechte einsetzen. Man rief die Parlements zurück[1], man gab der vornehmen Geburt alle Privilegien wieder, man schloß den Dritten Stand zunehmend von der militärischen Laufbahn aus, man schuf den allgemeinen Sitten, dem natürlichen Gang der Dinge widersprechende Gesetze, man tat alles, um die Eifersucht der einen Klasse zu schüren und die Ansprüche der anderen in die Höhe zu treiben. Man gewöhnte den Dritten Stand, der allein den Thron erhalten oder stürzen konnte, daran, in diesem eine feindliche Macht zu sehen; man versetzte die Aristokratie wieder in jenen Rausch, der sie – als man sie dann empfindlich treffen wollte – dazu veranlaßte, eine Revolution zu provozieren, deren Opfer sie selbst geworden ist.

Das Verhalten des königlichen Rates und des Hofes wetteiferten darin, die Nation zu Neuerungen zu treiben und das alte Ansehen der Autorität zu untergraben.

Eine Reihe von neuerungsbeflissenen Ministern, die tausend Reformen ausprobierten, ohne sie zu Ende zu bringen, gewöhnte die Nation an die Vorstellung des Besseren . . . . .[2]

Ein Hof, an dem die Kurzsichtigkeit der Jugend auf die eingefleischte Korruption der Höflinge von Louis XV gefolgt war, machte sich einen Spaß daraus, alle Konventionen außer Kraft zu setzen.

Was die Natur der Dinge vorbereitet hatte, was das Verhalten der Regierung hatte reifen lassen, vollendete dann der amerikanische Krieg. Während sich im Innern alles für einen Umsturz bereit machte, ging durch jene wundersame Verkettung von Umständen, die außergewöhnliche Ereignisse auszulösen pflegt, auch die Außenpolitik in die Richtung, die Revolution in Frankreich auszulösen und vielleicht die in Europa zu beschleunigen.

---

1 Am Ende der Regierungszeit von Louis XV war das Parlement von Paris praktisch aufgelöst, 130 Beamte waren verbannt worden; nach seiner Thronbesteigung hob Louis XVI diese Maßnahme auf.
2 Lücke in Barnaves Manuskript, wie auch S. 42.

[Aus diesem Krieg] ergaben sich drei Wirkungen, die unserer Revolution förderlich waren: Die erste war, daß die Nation Ideen von Aufstand und Freiheit in sich aufnahm; die zweite, daß die Armee – durch einen langen Frieden kultiviert – von denselben Ideen wie die übrige Nation durchdrungen wurde und den Enthusiasmus für staatsbürgerliche Tugenden mit demjenigen für militärische Tüchtigkeit verband; die dritte, daß die Finanzen endgültig ruiniert wurden. Während die Regierung sich allmählich einer öffentlichen Meinung gegenübersah, die eine äußerst bedrohliche Haltung einnahm, zerbrachen auf diese Weise plötzlich die beiden wichtigsten Machtinstrumente in ihren Händen.

Indessen hatte sie nochmals einiges Ansehen gewonnen. Zu ihren militärischen Erfolgen und den am Verhandlungstisch erzielten Resultaten gesellte sich die Popularität eines geschickten Ministers . . . . . Wenn man damals den Mut aufgebracht hätte, den Zustand der Finanzen ins Auge zu fassen und mittels durchgreifender Reformen zu sanieren, wenn man die augenblickliche Mittelknappheit durchgestanden und sich den bestimmenden Einfluß auf die öffentliche Meinung bewahrt hätte, dann hätte die Regierung an der Spitze notwendiger Reformen gestanden, und sie hätte die Erschütterung zu dämpfen vermocht.

Aber man kannte das Übel nicht gut genug, um zu einem so schmerzhaften Heilmittel zu greifen. Der Hof dachte nicht daran, dem zuzustimmen, und der Minister war nicht bereit, es zu wagen, da ihm jeder starke Entschluß fernlag. Er hatte gegenüber der Nation nicht den Mut gehabt, sich während des Krieges durchzusetzen, nun wagte er dem König gegenüber nicht, ausreichende Reformen zu fordern. Er wollte beliebt sein, und so vertuschte er die Misere und schuf eine Art System, das zugleich das Ergebnis der Gewohnheiten seines Standes und seines Hauptcharakterzugs war. Er machte den Kredit zur Grundlage der Finanzen und die Moral des Finanzministers zur Grundlage des Kredits. So machte er sich unentbehrlich. Zweifellos hoffte er, den

Staatsapparat durch Einzelmaßnahmen zu reparieren und die Misere zu beseitigen, bevor sie bekannt würde. Man ließ ihm jedoch nicht einmal die Zeit, um sich diesen kaum wirksamen Maßnahmen zu widmen. Er ging unter dem Bedauern der Nation, die seiner Redlichkeit Gerechtigkeit widerfahren ließ und seine Talente überschätzte.[3]

Wer von einem schweren Leiden gequält wird und nicht einmal entschlossen genug ist, eine Therapie durchzuhalten, ruft die Empiriker zu Hilfe. Genau das tat man damals. Es erschien der Mann, dessen Name mit der Erinnerung an die Französische Revolution verbunden bleiben wird als der ihres bösen Geistes.[4] Nicht, daß unter seiner Verwaltung von Sparsamkeit die Rede gewesen wäre; er war verschwenderisch vom Charakter her, aus Nachgiebigkeit und aus System. Wie einer, der bankrott ist, durch Pomp zu blenden sucht, weil er sich von dem Ansehen, das er erwirbt, irgendeine unerwartete Hilfe erhofft, so schien dieser Minister die Mächtigen durch seinen Überfluß faszinieren und die Nation durch eine künstliche Prosperität trunken machen zu wollen, um alles vorzubereiten und in jenem Augenblick die Gemüter zu beherrschen, da er die kühnen Maßnahmen offenbaren würde, durch die er sich schmeichelte, die Finanzen sanieren zu können.

Er führte schließlich jene berühmte Zeit herbei, in der das Haushaltsdefizit bekannt gemacht wurde und in der die Staatsmänner beinahe alles voraussehen konnten, was seitdem geschehen ist.

Ein Teil der Dinge, die er vorschlug, hätte Erfolg haben können, wenn ein angesehenes Ministerium sie vorgebracht hätte, nach einschneidenden Reformen bei den Ausgaben und solange der Geldbedarf noch nicht so groß und so dringend

---

3 Der Abschnitt behandelt die erste Amtszeit Neckers (1777–81); er wurde entlassen, weil er öffentlich die Verschwendung des Hofes gebrandmarkt hatte, aber im August 1788 zurückberufen.

4 Charles-Alexandre de Calonne, 1783–87 Generalkontrolleur der Finanzen, der die Ausgaben des Hofes durch Anleihen zu finanzieren suchte.

war. Aber als eine in Verruf geratene Regierung, deren Verschwendung Empörung hervorrief, plötzlich ihre extreme Notlage offenbarte, ohne auf die Achtung oder die Furcht der Bürger zählen zu können, da erschienen alle ihre Vorschläge als Fallen, und ihre Forderungen erzeugten nur Unwillen und Verachtung.

Was die Regierung durch Vertrauen nicht erreichen konnte, wollte sie daher kraft ihrer Autorität fordern. Daraufhin begann ein Kampf, der bis zur Einberufung der Generalstände nur noch das Bild der Agonie der Macht bot. Je weniger Mittel ihr zur Verfügung standen, um so heftiger wurden ihre Versuche. [. . .]

2

L.-S. Mercier über die Staatspensionen

Louis-Sébastien Mercier (1740–1814), vielseitiger Schriftsteller (Dramen, Romane, philosophische Abhandlungen . . .) hatte in seinem Tableau de Paris *(1781) Impressionen aus dem Alltagsleben der Großstadt zusammengestellt; an der Revolution nahm er als Journalist (seit 1789 Mitherausgeber der* Annales politiques et littéraires*) und seit Oktober 1792 als Abgeordneter der Convention Anteil. Er stand den Girondisten nahe, wurde Anfang Oktober 1793 verhaftet und blieb bis Dezember 1794 im Gefängnis; in* Le Nouveau Paris *(1799) schildert er sowohl politische Ereignisse wie auch Alltagserfahrungen aus den Revolutionsjahren.*

Quelle: MercierNParis. Bd. 1. S. 187–191. (Gekürzt.)
Übers.: S. 55–62. (Revidiert.)

Das rote Buch

Wer wüßte jetzt nicht, was das ist? Dieses Buch hat eine Menge ehrlicher Leute für die Sache des Patriotismus gewonnen. Es hat die Schwachen bestärkt, die Ungläubigen überzeugt, die Blinden aufgeklärt, den Rechtschaffenen mehr Mut verliehen, den Seelen derer, die Bürgersinn besaßen, eine heilige Empörung und uneigennützige Energie eingeflößt; und unter diesem Gesichtspunkt ist es die nützlichste und beredteste Schrift, die je erschienen ist. Ewiger Dank gebührt den mutigen Mitgliedern des Ausschusses für die Pensionen, denen es nach vielen Bemühungen endlich gelang, das Buch den Händen der Minister zu entreißen, deren Verbrechen es sämtlich enthält.

Am 1. Dezember 1789 setzte Herr Le Camus[1] [sic] die Nationalversammlung von der Existenz des *roten Buches* in Kenntnis. Es ist ein sehr schönes, in Saffianleder gebundenes Register mit Goldschnitt, das das Verzeichnis der Pensionen enthält – hier einige davon:

Gleich wenn man es aufschlägt, stößt man auf einen deutschen Prinzen, der ihrer vier hat. Die erste für seine Dienste als Oberst; die zweite für seine Dienste als Oberst; die dritte für seine Dienste als Oberst; die vierte für seine Dienste als Oberst. Summe der Pensionen des deutschen Prinzen: vierzigtausendachtundvierzig Livres.

Herr Claverie de Bamire: vier Pensionen. Die erste und zweite, weil er gleichzeitig Dolmetscher und Sekretär von zwei ausländischen Regimentern[2] war, die keinen Dolmetscher brauchten und von denen eines im Osten, das andere im Westen in Garnison lag; die dritte, weil er Commis im

---

1 Armand-Gaston Camus (1740–1804), Anwalt, bei den Generalständen Abgeordneter von Paris, erster Archivar der Assemblée nationale, spielte auch in der Convention und dem Wohlfahrtsausschuß eine politische Rolle.
2 Das Ancien Régime kannte ausschließlich Berufssoldaten, die zum Teil im Ausland angeworben wurden; es gab Regimenter, die ausschließlich aus Schweizern, Flamen usw. bestanden.

Kriegsministerium war; die vierte, weil er Commis im Kriegsministerium war. Summe: dreiundzwanzigtausendvierhundertneunundsechzig Livres, von denen viertausendsiebenhundertfünfzig nach seinem Tod seiner Frau, seinen Kindern usw. unter dem schönen Titel *Reserve* zufallen sollen. [. . .]

Man hat in der Nationalversammlung gesagt, daß manche Toten pünktlich die Pensionen erhalten, die ihnen zu Lebzeiten gewährt wurden. Noch besser gefallen mir die Pensionen für Personen, die es nie gegeben hat und vielleicht nie geben wird, wie zum Beispiel viertausend Livres »für den, der Madame de Baschi[3] heiraten wird«. [. . .]

Überhaupt fielen im *roten Buch* Pensionen für eine große Zahl von Frauen auf, wie man sie haben will[4], für Commis und Sekretäre, wie man sie nicht haben will, und für einige Soldaten, wie man viele haben sollte. In der Liste der Frauen findet man eine Dame bei Avranches, die zwölfhundert Livres Pension erhält, weil sie öfters an ihrer Tafel einen gewissen Oberst empfangen hat . . . Man versichert, es sei an ihrer Tafel gewesen.

Nachdem Herr Le Camus in einer Sitzung der Nationalversammlung vom *roten Buch* gesprochen hatte, wies er auf ein anderes Buch hin, das *Liste der Gehälter*[5] heißt. Dies ist der jüngere Bruder des *roten Buchs* und enthält wie das ältere ein Verzeichnis der Schandtaten und Unterschlagungen der Höflinge und Minister. Ein Mitglied von der *schwarzen* Seite fragte spöttisch, worin dieses Buch eingebunden sei: »In das Blut des Volkes!« antwortete Barnave heftig.

---

3 Geliebte des Comte de Provence, des Bruders von Louis XVI.
4 *comme il faut*; Wortspiel mit den beiden folgenden Charakterisierungen.
5 *Livre des traitements*.

Arthur Young über das Leben der französischen Bauern

Arthur Young (1741–1820), Verfasser von auch in Frankreich geschätzten Schriften zur Landwirtschaft, hielt sich 1789/90 in Frankreich auf; sein Reisetagebuch Travels in France *erschien 1792.*

Quelle: YoungTravels. S. 197 f. *Übers.:* Bd. 1. S. 253 f. (Revidiert.)

Den 12ten [Juli 1789; in der Gegend von Reims]. Ich ging, um meine Stute zu schonen, einen langen Hügel zu Fuß hinauf und traf eine arme Frau, die sich beklagte, daß die Zeiten schlecht und das Land in einem schlimmen Zustand wäre. Als ich sie um die Ursache befragte, antwortete sie mir: ihr Mann habe nur ein kleines Stück Land, eine Kuh und ein armseliges kleines Pferd; und doch müßten sie einen *Franchar*[1] (42 Pfund) Weizen und drei Hühner als einen Erbzins an Einen gnädigen Herrn, und vier *Franchars* Hafer, ein Huhn und einen Sous an einen andren geben, die sehr schweren Steuern und Abgaben noch nicht gerechnet. Sie hätten sieben Kinder, und die Kuh gäbe die Milch zur Suppe. – »Aber warum haltet ihr statt eines Pferdes nicht noch eine Kuh?« – Oh, ihr Mann könnte seine Produkte ohne ein Pferd nicht so gut fortbringen, und Esel würden in der Gegend wenig gebraucht. Man sagte jetzt, daß einige bedeutende Leute etwas für solche armen Menschen tun würden; aber wer sie wären, und wie es damit stände, das wüßte sie nicht. Gott gebe uns nur bessere Zeiten; denn die Steuern und

---

1 *franchart*, ein Hohlmaß für Getreide (entspricht 38 l), in Lothringen schon im 13. Jh. bezeugt, war nach Ausweis der Wörterbücher in Verdun bis zur Revolution gebräuchlich.

Abgaben drücken uns ganz zu Boden. – Diese Frau hätte man aus der Nähe für sechzig oder siebzig Jahre alt halten können; so sehr hatte Arbeit ihren Körper gekrümmt und ihr Gesicht mit Runzeln überzogen; sie war aber, wie sie sagte, erst achtundzwanzig Jahre alt. Ein Engländer, der nicht gereist ist, kann sich keine Vorstellung von dem Aussehen machen, das der bei weitem größte Teil der Frauen auf dem Lande in Frankreich hat. Man erkennt darin gleich auf den ersten Blick ihre harte und schwere Arbeit. Ich möchte fast glauben, sie arbeiteten schwerer als die Männer. Dies, und das noch bedauernswertere Geschäft, eine neue Rasse Sklaven in die Welt zu setzen, muß notwendig alle Symmetrie des Körpers und jeden Zug von weiblicher Erscheinung zerstören. Und welcher Ursache müssen wir diese Verschiedenheit in den Sitten und Gebräuchen des niedern Volkes in den beiden Reichen zuschreiben? Der Regierungsverfassung.

4

Der Abbé Sieyes über die Rolle des Dritten Standes in der Gesellschaft

Emmanuel-Joseph Sieyes (1748–1836), Generalvikar von Chartres, beeinflußte mit seiner im Januar 1789 veröffentlichten Flugschrift Qu'est-ce que le Tiers Etat? *die öffentliche Meinung nachhaltig und spielte eine wichtige Rolle in der Nationalversammlung (Mitarbeit an zahlreichen Reformprojekten, vgl. auch Nr. 19). Als Abgeordneter der Convention erschreckte ihn die Radikalität der Jakobiner, obwohl er für*

den Tod des Königs gestimmt hatte; unter Napoléon versuchte
er vergeblich, seinen früheren Einfluß zurückzugewinnen.
Quelle: SieyesTiers. S. 120–124. 137 f. 144. 151. (Gekürzt.)

Was ist der Dritte Stand?

Der Plan dieser Schrift ist sehr einfach. Wir müssen uns drei
Fragen stellen.

1. Was ist der Dritte Stand? – ALLES.
2. Was ist er bis jetzt in der politischen Ordnung gewesen?
– NICHTS.
3. Was verlangt er? – ETWAS ZU SEIN.
[...]

Die öffentlichen Funktionen lassen sich im gegenwärtigen Zustand [...] sämtlich unter vier bekannte Bezeichnungen subsumieren: den Degen, die Robe, die Kirche und
die Administration. Es ist müßig, sie im einzelnen durch-
zugehen, um sichtbar zu machen, daß der Dritte Stand hier
überall neunzehn Zwanzigstel stellt, wobei er freilich mit
allem belastet ist, was es an wirklich Beschwerlichem gibt,
mit allen Aufgaben, die der privilegierte Stand nicht erfüllen will. Die Vertreter des privilegierten Standes nehmen
nur die lukrativen und ehrenvollen Posten ein. Sollen wir
ihm dies als Verdienst anrechnen? Nur unter der Bedingung, daß der Dritte Stand es entweder ablehnte, diese
Posten zu besetzen, oder daß er weniger qualifiziert wäre,
das zu tun. Man weiß, wie es darum steht. Dennoch hat
man gewagt, den Dritten Stand mit einem Verbot zu belegen. Man hat ihm gesagt: »Was auch deine Dienste, deine
Begabungen sein mögen, du gehst nur bis hierher und nicht
weiter. Du darfst nicht geehrt werden.« Seltene Ausnahmen, die allgemein richtig verstanden werden, sind bloß
lächerlich, und die Sprache, die man sich bei diesen Gelegenheiten erlaubt, ist eine Beleidigung mehr.

Wenn diese Ausschaltung ein soziales Verbrechen gegen den Dritten Stand, wenn sie eine echte Feindseligkeit ist, könnte man dann wenigstens sagen, sie wäre für das Gemeinwesen nützlich? Nun! Kennt man nicht die Wirkungen des Monopols? Weiß man nicht, daß es jene, die es nicht zum Zuge kommen läßt, entmutigt, und die anderen, die es begünstigt, weniger geschickt macht? Weiß man nicht, daß jede Arbeit, die man vom freien Wettbewerb ausnimmt, teurer und schlechter verrichtet wird?

Wenn man irgendeine Funktion ausschließlich dazu bestimmt, einem einzelnen Stand unter den Bürgern als Apanage[1] zu dienen, hat man da berücksichtigt, daß man dann nicht mehr nur den Mann entlohnen muß, der arbeitet, sondern auch alle Vertreter derselben Kaste, die nicht beschäftigt sind, ja auch die Familien der Beschäftigten und der übrigen? Hat man bemerkt, daß sich die Regierung, wenn sie zum Erbteil einer bestimmten Klasse wird, bald maßlos aufbläht und daß dabei Stellen nicht für die Bedürfnisse der Regierten, sondern für jene der Regierenden geschaffen werden (etc. etc.)? Hat man beachtet, daß wir diese Ordnung der Dinge, die bei uns aus niedrigen Beweggründen und, ich wage es zu sagen, aus viehischer Dummheit respektiert wird, verachtenswert, monströs, allem handwerklichen Fleiß abträglich, gesellschaftlichen Fortschritten entgegengesetzt, vor allem aber erniedrigend für das menschliche Geschlecht im allgemeinen und unerträglich für Europäer im besonderen finden, wenn wir in der Geschichte des alten Ägypten oder in den Reiseberichten über Indien davon lesen (etc. etc.)? Aber lassen wir Betrachtungen beiseite, die zwar die Frage ausweiten und vielleicht erhellen könnten, aber unseren Argumentationsgang hemmen würden.

Hier genügt es, deutlich gemacht zu haben, daß der angebliche Nutzen eines privilegierten Standes für die öffentliche Verwaltung nichts anderes ist als ein Hirngespinst; daß alles

---

1 Eigentlich Ländereien oder ähnliches, was der König den Mitgliedern seiner Familie zu deren Lebensunterhalt überließ.

Unangenehme, das es dort gibt, ohne die Privilegierten durch den Dritten Stand besorgt wird; daß die höheren Positionen ohne sie unendlich viel besser besetzt wären; daß sie naturgemäß den Begabten vorbehalten und die Belohnung für erwiesene Dienste sein müßten; und daß, wenn es den Privilegierten gelungen ist, alle Stellen, die Gewinn und Ehre verheißen, für sich in Anspruch zu nehmen, dies sowohl eine empörende Ungerechtigkeit gegen die Mehrheit der Bürger wie ein Verrat an der öffentlichen Sache ist.

Wer wagte also zu behaupten, daß der Dritte Stand nicht alles in sich hat, was erforderlich ist, um eine vollständige Nation zu ergeben? Er ist der starke und kräftige Mann, dessen einer Arm noch angekettet ist. Wenn man den privilegierten Stand wegnähme, wäre die Nation nicht etwas weniger, sondern etwas mehr. Also, was ist der Dritte Stand? Alles, aber ein gefesseltes und unterdrücktes Alles. Was wäre er ohne den privilegierten Stand? Alles, aber ein freies und blühendes Alles. Nichts geht ohne ihn; alles ginge unendlich viel besser ohne die anderen. [. . .]

ERSTE FORDERUNG

Die Vertreter des Dritten Standes sollen nur aus den Bürgern gewählt werden, die wirklich zum Dritten Stand gehören.
[. . .] Die Beamten[2] sind durch eine Tür in den Adel gelangt, die hinter sich zuzumachen sie, man weiß nicht warum, beschlossen haben. Sie wollen unter allen Umständen in den Generalständen vertreten sein. Sie haben sich also gesagt: Der Adel will von uns nichts wissen; wir wollen vom Dritten Stand nichts wissen; wenn es uns gelänge, einen eigenen Stand zu bilden, wäre das wunderbar; aber das können wir nicht. Was tun? Es bleibt uns nichts anderes übrig, als den alten Mißstand beizubehalten, aufgrund dessen der Dritte

---

2 *les gens de Robe*, königliche Beamte, die ihrem Amt den Aufstieg in den (erblichen) Adel verdanken.

Stand Adlige zu Abgeordneten bestimmte. Dadurch erfüllen wir uns unsere Wünsche, ohne unsere Ansprüche aufzugeben. Alle in den Adel Aufgestiegenen, wie ihre Herkunft auch sei, waren sich einig, eilig zu wiederholen: Der Dritte Stand muß Edelleute zu Abgeordneten wählen können. Der alte Adel, der sich der gute nennt, hat nicht das gleiche Interesse, diesen Mißstand beizubehalten; aber er kann rechnen. Er hat gesagt: Wir werden unseren Kindern Sitze im Unterhaus[3] verschaffen, und alles in allem ist es eine ausgezeichnete Idee, uns mit der Vertretung des Dritten Standes zu betrauen.[4] [...]

ZWEITE FORDERUNG DES DRITTEN STANDES

Seine Abgeordneten sollen an Zahl denen der beiden privilegierten Stände entsprechen.
[...]

DRITTE UND LETZTE FORDERUNG DES DRITTEN STANDES

Die Generalstände sollen nicht nach Ständen, sondern nach Köpfen abstimmen.
[...]

---

3 *la Chambre des communes*; bei den Liberalen war die Absicht weit verbreitet, eine konstitutionelle Monarchie nach englischem Vorbild zu errichten, wozu auch ein parlamentarisches Zweikammersystem gehören sollte.
4 Der prominenteste Adlige, der als Abgeordneter des Dritten Standes in die Versammlung gewählt wurde, war Mirabeau.

5

Aus den Cahiers de doléances

*Wegen des Defizits im Staatshaushalt wurden mit Beschluß
vom 8. August 1788 die Generalstände, die zum letzten Mal
1614 getagt hatten, auf den 1. Mai des folgenden Jahres einberufen. Zwischen Februar und April 1789 wählten die drei
Stände ihre Abgeordneten (je 300 für Klerus und Adel, 600 für
den Dritten Stand); die privilegierten Stände eines Distrikts
bestimmten ihre Vertreter jeweils direkt in einer Wahlversammlung, im Dritten Stand wurden zunächst für jedes Dorf,
jedes Stadtviertel und jede Zunft Wahlmänner benannt, die
sich dann auf Distriktsebene versammelten. Bei jedem Wahl-
gang redigierten die Stimmberechtigten gemeinsam ein
Beschwerdeheft (cahier de doléances), das ihre Forderungen
und Reformvorschläge zusammenfaßte; die Formulierung
übernahm im allgemeinen ein Jurist, der Pfarrer oder sonst ein
im Abfassen offizieller Schriftstücke Erfahrener. Die etwa
60000 erhaltenen Hefte folgen zum Teil vorformulierten
Mustern, vermitteln aber trotzdem ein sehr genaues Bild von
der Lage in Frankreich.*

a) Aus dem Cahier der Gemeinde Etrépagny (Département
Eure), redigiert am 22./25. März 1789
Quelle: CahiersGisors. S. 128–131. (Gekürzt.)

[. . .]
   3. Das Kriminalgerichtsverfahren soll reformiert werden,
der Angeklagte soll einen Rechtsbeistand und das Protokoll
seines Verhörs bekommen und nach der Verhandlung[1] volle
Akteneinsicht nehmen können, und vor der Vollstreckung
des Urteils soll ihm ein Aufschub gewährt werden.

1 *confrontation*, eigentlich »Gegenüberstellung«.

[. . .]

6. Alle Richterämter sollen nicht mehr käuflich sein; sie sollen nach Verdienst verliehen werden, nach der Entscheidung der Bürger, die dadurch das Recht bekommen, die Richter des Gebiets zu wählen, in dem sie leben.

[. . .]

12. Alle finanziellen Privilegien des geistlichen Standes und des Adels sollen abgeschafft werden, so daß alle Franzosen durch eine Geldabgabe[2] und Kopfsteuer den Satz entrichten, der für den Grund und Boden festgesetzt wird, und somit jede Steuer für die drei Stände von Bürgern gleich ist.

[. . .]

17. Kein Bürger im Alter zwischen zwanzig und dreißig Jahren soll davon befreit sein, am Losentscheid über die Einberufung zur Miliz teilzunehmen,[3] es sei denn, er hat eine wichtige Stellung in der Gesellschaft oder ist verheiratet.

[. . .]

20. Es soll verboten werden, zwischen dem 1. Oktober und dem 1. April die Wege umzupflügen unter dem Vorwand, sie besser zu machen; und wenn einer sie später umpflügt, soll er verpflichtet sein, sofort mit der Walze darüberzugehen, um sie zu markieren, damit der Reisende sie erkennen kann; und diejenigen, die Wege anlegen, sollen nicht auf den Grund eines anderen übergreifen, der das nicht zu dulden braucht.

[. . .]

25. Im Abstand von je vier Meilen sollen Balkenwaagen errichtet werden, um die Wagen mit ihrer Ladung zu wiegen, damit sie das festzusetzende Gewicht nicht überschreiten.

26. Alle Gehölze, Baumgruppen und jedes Gebüsch am Rand der Landstraßen oder Seitenwege soll beseitigt werden, weil diese Orte oft als Unterschlupf für Verbrecher dienen.

---

2 *par un impôt réelle* [sic] *et capitation*; der Satz ist nicht ganz klar, gemeint ist wohl, daß sowohl Kopf- wie Grundsteuern vereinheitlicht werden sollen.
3 Da es mehr waffenfähige Bürger gab, als Milizionäre gebraucht wurden, entschied das Los über die Verpflichtung zum Dienst.

26. Es soll verboten sein, Kaninchen anders als in mit Mauern umgebenen Gehegen zu halten, und die wilden Kaninchen in den Wäldern des Königs sollen ausgerottet werden.[4]

28. Frankreich soll nur ein einziges Recht[5], ein Gesetz, die gleichen Maße und Gewichte und eine einheitliche Eichabgabe haben.

35. Die Generalstände sollen das Recht haben, alle zwanzig Jahre zu tagen, um Mißstände zu beseitigen und dem Herrscher ihre Vorstellungen zu unterbreiten.

36. In allen Provinzen sollen alle drei Jahre Abgeordnete bestimmt werden, um die Generalstände in kleinerem Rahmen zu repräsentieren; sie sollen sich an dem Ort versammeln, den der Herrscher ihnen zuweist, und jeder Bürger soll diesen Abgeordneten seine Ansichten und Beschwerden vortragen können.

37. Diesen Abgeordneten soll das Recht zugestanden werden, alle Pensionen zu bewilligen oder abzulehnen, die vom Herrscher erbeten werden.

[. . .]

b) Aus dem Cahier von Thierceville, redigiert am 22. März 1789

Quelle: CahiersGisors. S. 162 f. (Anfang.)

Da die einzigartige Güte des Monarchen, der uns regiert, jeder Gemeinde seines Reiches erlaubt, ihm ihre Klagen und Beschwerden vorzulegen und zur Kenntnis zu bringen, nehmen die Bewohner der Pfarre von Thierceville sich die Freiheit, ihm die ihrigen mit dem tiefsten Respekt mitzuteilen, um seinen Befehlen zu entsprechen und zu gehorchen und um

---

4 Vgl. Nr. **12**, Anm. 4.
5 *coutume*, das Gewohnheitsrecht, das im *coutumier*, der Sammlung von Rechtsvorschriften für eine Stadt oder eine Grundherrschaft, bewahrt wurde; die *coutumiers* datierten häufig schon aus dem Mittelalter und wurden im Lauf der Zeit nach Bedarf ergänzt, woraus sich eine verwirrende Vielfalt jeweils unterschiedlicher Vorschriften ergab.

bei den Versammlungen vertreten zu sein, die anläßlich der Abhaltung der Generalstände stattfinden werden. Da wohlausgefeilte lange Reden unter den gegebenen Umständen nutzlos scheinen, soll ein Wort zu jedem Punkt genügen, und sie werden sogar nur von den wichtigsten Dingen sprechen.

1. Die Bedürfnisse des Staates beschäftigen Ihre Majestät vor allen Dingen und müssen daher auch ihre Untertanen beschäftigen. Nun besteht das Mittel, das Kapital des Königs zu vermehren, darin, daß man die Kosten für die Erhebung der Abgaben vermindert, eine einzige Steuer einführt, die man bezeichnen kann, wie man will, und in jeder Stadt eine Kasse[6] einrichtet. Dann könnten die Steuereinnehmer aus den einzelnen Pfarren die erhobene Summe in die nächste Stadt bringen; diese gäbe die Erträge des Bezirks an eine andere Stadt weiter, die näher bei Paris läge, so daß das Geld ohne Kosten zum König gelangte, außer für die berittene Polizei, die den Transport zu begleiten hätte, so wie ein Fluß auf seinem Weg hundert andere aufnimmt und alles Wasser ins Meer leitet.[7]

2. Unter dieser Voraussetzung, und wenn jeder einzelne entsprechend seinem Vermögen, entsprechend der Miete, die er zahlt oder einnimmt, und entsprechend seinem Gewerbe Steuern zahlt (denn diese dreifache Unterscheidung muß man machen), kann man die Bannrechte z. B. für die Benutzung der Kelter, der Backöfen, Mühlen und an-

---

6 Ungewöhnliche Graphie *quesse* für *caisse*; vgl. auch im letzten Satz *aux parties laisées* für *lésées*, und verschiedene syntaktische Inkohärenzen (in der Präambel: *estres présentés*; in § 1: *les cavaliers de maréchaussée accompagneroit l'argent*, u. a.). Das deutet darauf hin, daß der wohl von einem Juristen formulierte Text (vgl. den umständlichen Kanzleistil der Präambel, mit vielen Doppelformeln) möglicherweise einem ungeübten Schreiber diktiert wurde.

7 Die königliche Verwaltung nahm nur die direkten Steuern selbst ein, die Rechte an den indirekten Steuern waren an die Ferme Générale verpachtet, ein Konsortium aus Financiers, das im voraus eine Pauschalsumme an den Staat zahlte und die Steuern dann auf eigene Rechnung erhob; der hier gemachte Reformvorschlag zielt auf mehr Durchsichtigkeit des Systems.

dere[8] abschaffen, die die Allgemeinheit sehr belasten und deren Nachteile hinreichend bekannt sind.

Die Zehnten[9] können als Geldabgabe geleistet werden, denn man kann sie nicht ohne Ungerechtigkeit abschaffen; man muß den Zins zahlen oder das Land zurückgeben, denn es besteht ein großer Unterschied zwischen solchen Abgaben und den Bannrechten.

3. Die Jagden müssen beibehalten werden, aber niemand soll eine Geldstrafe zahlen müssen, weil er ein Kaninchen mit einem Stock erschlagen hat. Dagegen wäre es ein Fehler, den Gebrauch von Waffen zu erlauben, es gibt schon zu viele, hier wären sogar Beschränkungen angebracht. Wenn sich das Wild zu sehr vermehrt, sollen die Grundherren eine Strafe zahlen sowie die Prozeßkosten und Schadenersatz an die Betroffenen. [...]

c) Aus dem Cahier der Lastenträger von Marseille, redigiert am 22. März 1789

Bei der Versammlung der Zunft der Lastenträger waren nicht weniger als 650 Wahlberechtigte anwesend. Ihr Heft gliedert sich in Forderungen, die sie als Franzosen erheben und die die Organisation des Staates allgemein betreffen, Forderungen der Bürger von Marseille und zuletzt spezifische Forderungen der Lastenträger.

Quelle: CahiersMarseille. S. 226 f. (Auszug.)

[...] Als Lastenträger haben sie wenig zu fordern, weil ihre Zunftordnung, die sie genau beachten und die von der Justiz in angemessener Weise bewahrt wird, ihnen fast nichts zu

---

8 Das Recht, solche Einrichtungen zu betreiben, war allein dem Grundherren vorbehalten; er konnte folglich auch die Benutzungsgebühren mehr oder weniger willkürlich festsetzen.
9 *champarts*, Abgaben in Naturalien für die Überlassung des von den Bauern bewirtschafteten Grundes.

wünschen übrig läßt. Sie verlangen nur eine Sache, die zwar nicht Gegenstand einer Beschwerde an die Generalstände sein kann; trotzdem liegt es in ihrem vitalen Interesse und auch im allgemeinen Interesse des Handels und der ganzen Stadt, daß diese Tatsache bekannt wird und daß die Polizei ihr Rechnung trägt.

Bekanntlich gibt es in Marseille eine beträchtliche Zahl von Leuten, die Lasten tragen und die *robeirols*[10] heißen. Sie sind fast alle Fremde und ohne festen Wohnsitz, und bisher haben sie sich immer an den Straßenecken aufgestellt. Noch nie hatten sie sich Plätze am Zaun des Hafens gesucht, wo sich die Mitglieder der Korporation der Lastenträger aufhalten. Heute mischen sie sich unter diese, werden manchmal für ⟨organisierte⟩ Lastenträger gehalten, und diese Irrtümer haben sich schon oft als verhängnisvoll erwiesen. Die strenge und genaue Zunftordnung der Lastenträger ist bekannt; man weiß, wie notwendig sie in einer Stadt ist, wo die Geschäftsleute ihnen die Schlüssel ihrer Lager anvertrauen, die äußerst kostbare Waren enthalten. Wenn sich nun die *robeirols* am Hafen unter sie mengen und dadurch Mißverständnisse provozieren können, gibt es keine Sicherheit mehr für die Güter der Händler, und das Mißtrauen wird sich notwendigerweise auch auf die ⟨organisierten⟩ Lastenträger ausdehnen, die von sich zu behaupten wagen, daß sie bisher ein völlig verdientes Vertrauen genossen haben.

Es sollte folglich den *robeirols* untersagt werden, sich am Hafen aufzustellen. Die ganze übrige Stadt stünde ihnen offen, und sie dürften sich über ein so eingeschränktes Verbot kaum beklagen können. Man kann es wirklich nicht als Angriff auf die ⟨Gewerbe-⟩Freiheit betrachten, angesichts des großen Interesses des Handels und der Eigentümer ⟨an dieser Lösung⟩ und wenn man andererseits berücksichtigt, daß die *robeirols* fast alle Fremde sind und daß die wenigen,

---

[10] Lastenträger, die nicht Angehörige der Zunft sind.

die aus Marseille stammen, wegen Veruntreuungen aus der Zunft der Lastenträger davongejagt worden sind.

Die Lastenträger ersuchen die Versammlung des Dritten Standes dringend, diese verschiedenen Beschwerdegründe in Betracht zu ziehen. Sie müssen nicht bezeugen, daß sie ihren König, ihr Vaterland und ihre Mitbürger lieben, daß ihnen die wertvollen Interessen des Eigentums, des Handels und Gewerbes am Herzen liegen und daß sie schließlich jederzeit bereit sind, ihre bescheidenen Mittel, ihre Kräfte und ihr Leben für die Verteidigung des Staates und ihrer Heimatstadt zu opfern. Sie möchten glauben, daß ihre Gefühle und Prinzipien hinreichend bekannt sind: Es sind die Gefühle und Prinzipien aller treuen Untertanen, aller guten Bürger und aller anständigen Menschen. [. . .]

d) Aus dem Cahier der Priester von Notre-Dame des Accoules, redigiert am 27. März 1789

Zur Kirche Notre-Dame des Accoules in Marseille gehörten einerseits sieben Kanoniker (die über beachtliche Einkünfte verfügten), andererseits drei Vikare und zehn Priester ohne Pfründe. Die beiden Gruppen redigierten getrennte Beschwerdehefte; wir geben den Anfang des zweiten Heftes wieder.
Quelle: CahiersMarseille. S. 350.

Die Klasse der Vikare und Pfarrgeistlichen ohne Pfründe ist stets nützlich gewesen, hat aber nie über ein angemessenes Einkommen verfügt. Diese Situation, in der sie sich allgemein in ganz Frankreich befindet, ist in Marseille noch empörender und eine besonders schwere Beleidigung für die Würde des Priestertums.

In den Stifts- und Pfarrkirchen dieser Stadt beziehen die Vikare nur ein Gehalt von 400 Livres[11], und die übrigen Prie-

---

11 Natürlich das Jahresgehalt.

ster erhalten entweder eine feste Summe oder werden nach ihren Verrichtungen bezahlt[12].

Es ist offenkundig, daß diese verschiedenen Honorare angesichts der hiesigen Lebensmittelpreise nicht einmal für die elementarsten Bedürfnisse ausreichen. Die Befriedigung dieser Bedürfnisse und der für einen Geistlichen angemessene Lebensstil fordern somit eine Erhöhung auf einen angemessenen, dem Priesterstand eher entsprechenden Betrag.

Ist es zu glauben, daß diese so gering bezahlte Klasse der Schätzung der *décimes*[13] unterworfen wurde? Ist diese Steuer, die sich nicht immer nach den persönlichen Einkünften bemißt, nicht ungerecht? Reiche Pfründenhalter sollen diese Abgabe für den König proportional unter sich aufteilen; sie tun damit nur ihre Pflicht gegenüber dem Fürsten, der sie erhält, und gegenüber Frankreich, das sie nährt.[14]

12 *un numéraire, fixe ou casuel*; der Sinn ist nicht ganz klar, *numéraire* bedeutet eigentlich »Münzgeld«. Gemeint ist vielleicht, daß sie ihre Bezahlung bar auf die Hand erhalten, entweder eine feste Summe oder das, was bei den Nebeneinkünften der Pfarrkirche (Gebühren für Taufen, Beerdigungen, Hochzeiten usw.) zusammenkommt.
13 Die Steuer, die der König vom Klerus erhob.
14 Angesichts dieser Beschwerden erstaunt es nicht, daß der niedere Klerus sich in der Versammlung der Generalstände sehr schnell mit dem Dritten Stand vereinigte.

6

Mme de Staël über die Eröffnung der Generalstände (5. Mai 1789)

Anne-Louise-Germaine de Staël-Holstein (1766–1817) erlebte als Tochter des Finanzministers Necker die Anfänge der Revolution aus nächster Nähe mit. Unter der Herrschaft Napoléons, dem sie ablehnend gegenüberstand, verbrachte sie viele Jahre im Ausland; mit De l'Allemagne (1810) machte sie die Franzosen auf die deutsche Literatur und Kunst aufmerksam. Ihre Romane (Delphine, 1802; Corinne, 1807) trugen genauso zu ihrem Ruhm bei wie Liebesaffären z. B. mit Benjamin Constant. Die Considérations sur la Révolution française erschienen postum 1818; August Wilhelm Schlegel, der die deutsche Übersetzung besorgte, war ein enger Freund und literarischer Berater der Autorin gewesen.

Quelle: StaëlCons. S. 139–142. *Übers.:* Bd. 1. S. 190–196. (Revidiert.)

Eröffnung der Generalstände am 5. Mai 1789

Ich werde niemals den Augenblick vergessen, in dem sich die zwölfhundert Deputierten von Frankreich in feierlichem Zug zur Kirche begaben, um die Messe zu hören, am Tag vor der Eröffnung der Generalstände. Es war ein ganz neues, beeindruckendes Schauspiel für die Franzosen; alle Einwohner der Stadt Versailles, alle Neugierigen aus Paris versammelten sich, um es zu betrachten. Diese neue Macht im Staat, deren Wesen und Stärke man noch nicht kannte, setzte den größten Teil derjenigen in Erstaunen, die über die Rechte der Nationen nicht nachgedacht hatten.

Der hohe Klerus hatte einen Teil seines Ansehens verloren,

weil viele Prälaten sich Unregelmäßigkeiten in ihrem Betragen erlaubt hatten und weil eine noch größere Anzahl sich nur mit politischen Angelegenheiten beschäftigte. Das Volk ist streng gegen die Priester wie gegen die Frauen; es verlangt von den einen wie den anderen gewissenhafte Pflichterfüllung. Der militärische Ruhm, der das Ansehen des Adels ausmacht wie die Frömmigkeit das Ansehen des Klerus, konnte nur noch in der Vergangenheit sichtbar werden. Ein langer Friede hatte keinem der Adligen, wäre er auch noch so begierig danach gewesen, Gelegenheit gegeben, an seine Ahnen anzuknüpfen, und alle Großen Frankreichs waren erlauchte Unbekannte! Der Adel zweiten Ranges hatte ebensowenig Gelegenheiten gehabt, sich auszuzeichnen, weil die Art der Regierung den Edelleuten nur die militärische Laufbahn erlaubte. Den erst kürzlich Geadelten, die man in großer Zahl in den Reihen der Aristokraten gehen sah, standen Federbusch und Degen gar schlecht; man fragte sich, warum sie ihren Platz im ersten Stand einnahmen, da sie es doch nur erreicht hatten, ihren Anteil an den öffentlichen Abgaben nicht zu bezahlen; denn ihre politischen Rechte beschränkten sich in der Tat auf dieses unverdiente Privileg.

Der Adel hatte seinen Glanz durch die typische Mentalität der Höflinge verloren, durch die Verbindungen mit neu Geadelten und durch einen langen Frieden; der Klerus besaß die geistige Überlegenheit nicht mehr, die er in barbarischen Zeiten gehabt hatte; die Bedeutung der Deputierten des Dritten Standes nahm dadurch zu. Ihre schwarzen Röcke und Mäntel, ihr sicherer Blick, ihre bedeutende Zahl zogen die Aufmerksamkeit auf sie; Gelehrte, Kaufleute, zahlreiche Advokaten machten diesen Dritten Stand aus. Einige Adlige hatten sich zu Deputierten des Dritten Standes ernennen lassen, und unter diesen fiel besonders der Comte de Mirabeau auf; die hohe Meinung, die man von seinem Geist hatte, war besonders gesteigert durch die Furcht, die seine Unmoral erregte; und dennoch hat gerade diese Unmoral den Einfluß vermindert, den er durch seine erstaunlichen Fähigkeiten hätte erlangen müssen. Es war schwer, die Augen von ihm abzuwenden, wenn man ihn einmal bemerkt hatte; die Fülle seiner Locken zeichnete ihn unter allen aus, man hätte glauben können, seine Kraft hänge davon ab wie bei Samson. Sein Gesicht gewann gerade durch die Häßlichkeit an Ausdruck, und seine ganze Persönlichkeit erweckte die Vorstellung einer ungezügelten Macht, aber doch einer Macht, wie man sie sich bei einem Volkstribun vorstellt.

Noch war kein Name außer seinem unter den sechshundert Deputierten des Dritten Standes bekannt; doch waren darunter viele ehrenwerte Männer und viele, die zu fürchten waren. Der Parteigeist begann sich über Frankreich zu verbreiten, und man konnte ihn nur durch Besonnenheit oder durch Gewalt niederschlagen. Da nun aber die öffentliche Meinung die Staatsgewalt schon untergraben hatte, was konnte man dann ohne Besonnenheit tun?

Ich befand mich an einem Fenster neben Mme de Montmorin, der Gattin des Außenministers, und gab mich, ich gestehe es, den lebhaftesten Hoffnungen hin, als ich zum ersten Mal in Frankreich Repräsentanten der Nation sah. Mme de Montmorin, die sich nicht durch Geist auszeichnete, sagte zu mir in entschiedenem Ton, der doch auf mich Eindruck machte: »Sie freuen sich zu Unrecht, hieraus werden Katastrophen für Frankreich und für uns entstehen.« Diese unglückliche Frau ist mit einem ihrer Söhne auf dem Schafott umgekommen, der andere ist ertrunken, ihr Gatte ist am 2. September[1] ermordet worden, ihre älteste Tochter im Hospital eines Gefängnisses umgekommen; ihre jüngste Tochter, Mme de Beaumont, eine geistreiche und hochherzige Frau, ist unter der Last ihres Kummers vor dem dreißigsten Lebensjahr zusammengebrochen; die Familie der Niobe ist nicht grausamer geschlagen worden als diejenige dieser armen Mutter: Man hätte gesagt, sie ahnte es.

Die Eröffnung der Generalstände fand am nächsten Tag

---

1 Zu den Septembermorden vgl. Nr. **47** und **48**.

statt; man hatte in aller Eile einen großen Saal zum Empfang der Deputierten in der Avenue von Versailles gebaut. Viele Zuschauer wurden zu dem Festakt zugelassen. Eine Tribüne war errichtet für den Thron des Königs, den Sessel der Königin und die Stühle der königlichen Familie.

Der Kanzler, M. de Barentin[2], nahm im Vordergrund dieser Art von Theater Platz. Die drei Stände saßen sozusagen im Parkett, der Klerus und der Adel zur Rechten und Linken, die Deputierten des Dritten Standes gegenüber. Sie hatten vorher erklärt, daß sie bei der Ankunft des Königs nicht niederknien würden, nach der alten Sitte, die noch bei der letzten Versammlung der Generalstände befolgt worden war. Wenn die Deputierten des Dritten Standes im Jahr 1789 niedergekniet wären, hätte alle Welt, die entschiedensten Aristokraten mit eingeschlossen, dieses Verhalten lächerlich gefunden, das heißt, nicht in Einklang mit den Ideen der Zeit.

Als Mirabeau erschien, ging ein Raunen durch die Versammlung. Er verstand den Sinn; aber wie er stolz den Saal durchschritt bis zu seinem Platz, schien er sich darauf vorzubereiten, genug Unruhe im Staat zu stiften, um die Stufen des Ansehens so gut wie alle anderen durcheinanderzuwerfen. Necker wurde bei seinem Erscheinen mit Beifallsbezeugungen überhäuft; seine Popularität war damals vollkommen, und der König konnte sich ihrer vorteilhaft bedienen, wenn er dem System treu blieb, dessen Grundprinzipien er angenommen hatte.

Als der König inmitten dieser Versammlung auf dem Thron Platz nahm, empfand ich zum ersten Mal ein Gefühl von Furcht. Zuerst bemerkte ich, daß die Königin sehr bewegt war; sie kam später als zur festgesetzten Stunde, und ihre Gesichtsfarbe war verändert. Der König hielt seine Rede mit seiner gewohnten Einfachheit; aber die Physiognomie der Deputierten drückte mehr Entschlossenheit aus als die des Monarchen, und dieser Gegensatz mußte beunruhigen unter

2 Charles de Barentin (1738–1819), seit 1788 Kanzler, stand den von Necker geplanten Reformen feindlich gegenüber.

Umständen, wo es der Kraft von beiden Seiten bedurfte, weil noch nichts festgesetzt war.

Die Reden des Königs, des Kanzlers und Neckers hatten alle drei die Wiederherstellung der Finanzen zum Ziel. Necker legte alle Verbesserungen dar, deren die Verwaltung fähig war; aber er berührte kaum die konstitutionellen Fragen, und indem er sich darauf beschränkte, die Versammlung vor überstürztem Handeln zu warnen, wofür sie nur allzu empfänglich war, gebrauchte er einen Satz, der zum Sprichwort wurde: »Geizen Sie nicht mit der Zeit.« Als man die Sitzung verließ, beschwerte sich die Volkspartei, das heißt die Mehrheit des Dritten Standes, eine Minderheit des Adels und mehrere Mitglieder des Klerus, Necker habe die Generalstände wie eine Provinzialverwaltung behandelt, weil er nur von den Maßnahmen gesprochen habe, mit denen das Defizit ausgeglichen und das Steuersystem vervollkommnet werden solle. Die Hauptaufgabe der Generalstände war zweifellos, eine Verfassung auszuarbeiten; aber konnten sie verlangen, daß der Minister des Königs als erster Fragen anschneide, die nur die Repräsentanten der Nation aufwerfen konnten?

Weil die Aristokraten andererseits aus Neckers Rede ersehen hatten, daß er in acht Monaten die Finanzen hinreichend saniert hatte, um auf neue Steuern zu verzichten, fingen sie an, dem Minister die Einberufung der Generalstände vorzuwerfen, weil der Geldmangel sie nicht unumgänglich machte. Sie vergaßen offensichtlich, daß diese Generalstände vor der Rückberufung Neckers versprochen worden waren.[3] In dieser Situation wie fast immer befand er sich zwischen zwei Extremen, denn er wollte zu den Repräsentanten des Volkes nicht sagen: Beschäftigt euch nur mit der Verfassung; er wollte ebensowenig in die Willkür zurückfallen und sich mit augenblicklichen Hilfsquellen begnügen, die den Staatsgläubigern keine Sicherheit und dem Volk keine Rechenschaft über die Verwendung des geopferten Geldes gaben.

3 Die Einberufung der Generalstände wurde am 8. August 1788 verfügt, am 26. August wurde Necker zum zweiten Mal Generalkontrolleur der Finanzen.

7

Rede des Königs in der Eröffnungssitzung der Generalstände

In der Sitzung am 5. Mai 1789 sprach Louis XVI nur eine kurze Grußadresse, die allerdings den Versuch unternimmt, der Versammlung für ihre künftige Arbeit die Richtung vorzugeben; in die Details gingen die Reden von de Barentin und Necker, der den Deputierten mehrere Stunden lang vorrechnete, daß der Staatshaushalt eine Deckungslücke von über 56 Millionen Livres jährlich aufwies.
Quelle: RecEtats. Bd. 1. S. 281 f.

Meine Herren, endlich ist der Tag gekommen, den ich seit langem von Herzen erwartet habe, und ich sehe mich von den Repräsentanten der Nation umgeben, der zu befehlen ich mir zur höchsten Ehre anrechne.

Ein langer Zeitraum war seit den letzten Generalständen vergangen, und obwohl die Einberufung solcher Versammlungen anscheinend ungebräuchlich geworden war, habe ich keine Bedenken gehabt, einen Brauch wieder einzuführen, der meinem Reich neue Kraft zu verleihen und der Nation eine neue Quelle des Glücks zu erschließen vermag.

Die Staatsverschuldung, die bei meiner Thronbesteigung schon gewaltig war, ist unter meiner Herrschaft noch größer geworden; der Grund war ein kostspieliger, aber ehrenvoller Krieg[1]; die Erhöhung der Abgaben war die notwendige Folge und hat deren ungleiche Verteilung spürbarer gemacht.

Eine allgemeine Unruhe, ein übersteigertes Verlangen nach Neuerungen haben sich der Gemüter bemächtigt und würden

---

1 Der amerikanische Unabhängigkeitskrieg, in dem Frankreich 1778–83 gegen England kämpfte; der Friede von Versailles (1783) brachte Frankreich territoriale Gewinne, aber die finanzielle Belastung war beträchtlich.

Louis XVI bei der Eröffnungssitzung der Generalstände
(zeitgenössischer Holzschnitt)

schließlich die Meinungen ganz in die Irre leiten, wenn man
ihnen nicht schleunigst durch eine Versammlung kluger und
maßvoller Ratgeber die Richtung angäbe.

In dieser Zuversicht, meine Herren, habe ich Sie versammelt, und ich sehe dankbar, daß sie schon gerechtfertigt worden ist durch die Bereitschaft der beiden ersten Stände, auf
ihre finanziellen Privilegien zu verzichten. Meine Hoffnung,
alle Stände einmütig auf das allgemeine Wohl des Staates hinwirken zu sehen, wird nicht enttäuscht werden.

Ich habe bereits beträchtliche Kürzungen bei den Ausgaben angeordnet; Sie werden mir in dieser Hinsicht noch Vorstellungen unterbreiten, die ich eilends aufnehmen werde.
Aber trotz der Hilfe, die die strengste Sparsamkeit zu gewäh-

ren vermag, befürchte ich, meine Herren, meine Untertanen nicht so schnell entlasten zu können, wie ich es wünschen würde. Ich werde Ihnen den Zustand der Finanzen genau vor Augen führen lassen, und ich bin von vornherein sicher, daß Sie mir nach eingehender Prüfung die wirksamsten Maßnahmen vorschlagen werden, um darin eine dauerhafte Ordnung zu schaffen und die Kreditwürdigkeit der öffentlichen Hand zu festigen. Dieses große und heilsame Werk, das das Glück des Reiches im Inneren und sein Ansehen im Ausland sicherstellt, wird Sie hauptsächlich beschäftigen.

Die Gemüter sind in Aufruhr, aber eine Versammlung von Vertretern der Nation wird zweifellos nur auf die Ratschläge der Weisheit und der Klugheit hören. Sie werden selbst festgestellt haben, meine Herren, daß man davon bei verschiedenen Gelegenheiten der letzten Zeit abgewichen ist; aber der in Ihren Beratungen vorherrschende Geist wird den wahren Gefühlen einer großmütigen Nation entsprechen, deren Liebe zu ihren Königen stets ihr entscheidendes Merkmal war; jede andere Erinnerung will ich von mir weisen.

Ich kenne die Autorität und die Macht, die ein gerechter König inmitten eines treuen und allzeit den Prinzipien der Monarchie verbundenen Volkes hat: Sie haben den Ruhm und den Glanz Frankreichs ausgemacht, deren Stütze ich sein soll und beständig sein werde.

Aber alles, was man vom geneigtesten Interesse für das Gemeinwohl erwarten kann, alles, was man von einem Souverän, dem ersten Freund seiner Völker, zu fordern hat, können, ja müssen Sie von meiner Gesinnung erhoffen.

Möge, meine Herren, ein glückliches Einvernehmen in dieser Versammlung herrschen, und möge dieser Zeitabschnitt auf ewig denkwürdig werden für das Glück und das Gedeihen des Reiches! Das ist mein Herzenswunsch, das ist meine größte Sehnsucht, das ist schließlich der Lohn, den ich für die Aufrichtigkeit meiner Absichten und die Liebe zu meinen Völkern erwarte.

Mein Kanzler[2] wird Ihnen ausführlicher meine Pläne darlegen, und ich habe den Generalkontrolleur der Finanzen angewiesen, Ihnen die Budgetsituation auseinanderzusetzen.

8

Chamfort über den Ballhausschwur
(20. Juni 1789)

Nach der konstituierenden Sitzung der Generalstände kam es zu einem mehrwöchigen Streit über Verfahrensfragen. Letztlich ging es darum, ob nach Ständen oder nach Köpfen abgestimmt werden sollte; im ersten Fall hätten Adel und Klerus, im zweiten hätte nach der Zahl der anwesenden Abgeordneten der Dritte Stand die Mehrheit gehabt. Am 17. Juni konstituierten sich die Deputierten des Dritten Standes als Nationalversammlung, am 19. beschloß der Klerus, sich mit ihnen zu vereinigen; daraufhin kündigte der König an, am 22. vor den Ständen sprechen zu wollen, und ließ den Sitzungssaal des Dritten Standes schließen, um die nötigen Vorbereitungen zu ermöglichen. Die Reaktion der Abgeordneten spiegelt die Angst vor einer Auflösung der Versammlung wider.

Nicolas-Sébastien Chamfort (1741–94) ist vor allem durch seine pessimistischen Maximes et pensées, caractères et anecdotes in der Tradition der Moralisten (postum 1803) bekannt geworden; er bewunderte die Revolution, machte sich aber unter der Terreur verdächtig und starb an den Folgen eines Selbstmordversuchs, den er aus Furcht vor einer Verhaftung unternommen hatte.

Quelle: ChamfortTableaux. S. 175–177.

2 Hier in seiner Eigenschaft als Großsiegelbewahrer (*garde des sceaux*) bezeichnet.

[Nach der Ankündigung der Sondersitzung durch den König] wird das Tor des Versammlungsgebäudes geschlossen und von Soldaten bewacht. Die Abgeordneten der Nation werden vom Sitzungsort abgedrängt. Der Präsident, M. Bailly[1], erscheint und verlangt den wachhabenden Offizier. Dieser hat die Frechheit, ihm zu befehlen, niemanden in den Saal der Generalstände hineinzulassen. »Ich protestiere gegen solche Befehle«, antwortet der Präsident, »und ich werde die Versammlung davon unterrichten.« Die Abgeordneten kommen in Scharen, bilden in der Avenue verschiedene Gruppen, erregen sich und äußern ihre Empörung. Das Volk teilte sie. Man wundert sich noch heute, zwei Jahre nach der Revolution, daß die Einwohner von Versailles, die teils von der Prunksucht, teils von den Wohltaten des Despotismus genährt und reich gemacht worden waren, eine so heftige Abneigung gegen ihn an den Tag legten. Eben dies jedoch erlebte man da. Man sah sogar, wie mehrere der Soldaten, die diese barbarische Anweisung auszuführen hatten, ganz leise zu einigen Volksvertretern sagten: »Mut, ihr tapferen Abgeordneten!« Die Entschlossenheit erfüllte alle Herzen, leuchtete aus allen Augen. Die einen wollten die Versammlung gleich hier abhalten, inmitten der riesigen Volksmenge; andere schlugen vor, die Sitzung auf der Terrasse von Marly[2] durchzuführen und dem Fürsten die Augen zu öffnen, den man gefangenhielt, um ihn blind zu machen. Unter diesem Geschrei und Tumult hatte der Präsident einen Ort gesucht, wo man ruhig und vernünftig beraten könnte. Ein Ballspielhaus[3] wird vorgeschlagen. Die Umstände machten jeden Ort erhaben, der der Nationalversammlung Asyl zu gewähren vermochte. Man fordert einander auf, dorthin zu gehen. Die

1 Jean-Sylvain Bailly (1736–93), wurde bald nach dem 23. Juni Bürgermeister von Paris; im November 1791 mußte er zurücktreten, weil man ihn für das Massaker auf dem Marsfeld (vgl. Nr. **34**) verantwortlich machte. Zwei Jahre später wurde er guillotiniert.
2 Nach dem Tod des ersten Dauphin am 4. Juni hatte sich der Hof auf das Schloß Marly zurückgezogen.
3 Spielstätte des *jeu de paume*, eines Vorläufers des Tennisspiels.

Anordnung wird gegeben, alle eilen dorthin. Einer der Abgeordneten[4], der krank war und sich von Stunde zu Stunde über die Vorgänge in der Versammlung unterrichten ließ, springt aus dem Bett und läßt sich hintragen; er ist bei dem Aufruf zugegen, auf den der nationale Eid folgt; er bittet darum, die Reihenfolge möge mit Rücksicht auf seinen Zustand umgekehrt werden, so daß er als einer der ersten diesen Eid leisten könne. Seinem Wunsch wird entsprochen; er spricht die Eidesformel mit lauter Stimme: »Dem Himmel sei Dank!« sagt er beim Weggehen, »wenn ich sterbe, hat mein letzter Eid meinem Vaterland gegolten!«

Hier das Dekret, das über das Geschick Frankreichs entschieden hat: »Die Nationalversammlung hat beschlossen – in der Erwägung, daß angesichts ihres Auftrags, die Verfassung des Reiches festzulegen, die öffentliche Ordnung wiederherzustellen und die wahren Grundsätze der Monarchie aufrechtzuerhalten, nichts sie hindern kann, ihre Beratungen fortzusetzen und das bedeutende Werk zu vollbringen, zu dem sie sich versammelt hat, wo auch immer sie gezwungen sein mag zu tagen, ferner, daß überall dort, wo ihre Mitglieder sich versammeln, die Nationalversammlung ist –, daß alle ihre Mitglieder auf der Stelle den Eid leisten, sich niemals zu trennen, so lange bis die Verfassung des Reiches und die Sanierung der allgemeinen Lage erreicht und auf feste Grundlagen gestellt worden sind, und daß nach der Eidesleistung alle Abgeordneten, jeder für sich, durch ihre Unterschrift diese unumstößliche Entschließung bestätigen.«

Der Präsident leistete der Versammlung als erster diesen Eid und unterzeichnete ihn. Die Mitglieder leisteten ihn in die Hand ihres Präsidenten, und jeder setzte seine Unterschrift unter dieses bedeutende Dokument. Wer könnte glauben, daß an einem so ruhmvollen Tag ein Mann die Ewigkeit seiner Schande durch Verweigerung der Unterschrift sicherstellen wollte? Er war der einzige. Möge er die Früchte seiner Feig-

---

4 M. de Goupilleau, Abgeordneter der Vendée, dessen Patriotismus sich stets bewährt hat. [Anm. d. Verf.]

heit genießen! Möge der Name Martin aus Castelnaudary[5] in Ewigkeit Schimpf empfangen!

Während dieses großen Schauspiels gab sich die Hauptstadt, die fortlaufend unterrichtet wurde, dem Taumel der Freude, Bewunderung und Hoffnung hin. Die Mehrheit des Klerus entschied sich für den Anschluß[6], der sich am Montag, dem 22., in der Kirche Saint-Louis vollzog, wo die Nationalversammlung ihre Sitzung in erhabener Besinnlichkeit abhielt, trotz des Andrangs der Zuschauer, die die Seitenschiffe des Gotteshauses füllten.

9

Die Ablehnung der Forderungen des Dritten Standes durch den König (23. Juni 1789)

In der angekündigten Sondersitzung hielt Louis XVI eine kurze Ansprache; dann verlas der Kanzler Barentin die folgende Erklärung, die die Beschlüsse der Nationalversammlung aufhebt. Angesichts der Gefahr drohender Unruhen in Paris forderte der König die privilegierten Stände allerdings schon am 27. Juni auf, sich doch mit dem Dritten Stand zu vereinigen.

Quelle: RecEtats. Bd. 2. S. 275 f.

---

5 Hugues-Hélène-Joseph Martin-Saint-Jean (geb. 1766), Abgeordneter von Castelnaudary, trat nur bei dieser einen Gelegenheit in Erscheinung; er bezeichnete den Schwur als Akt der Rebellion und entkam nur mit Mühe dem Volkszorn.
6 Diese Entscheidung war bereits am 19. Juni gefallen, s. o.

ARTIKEL 1

Der König will, daß die alte Unterscheidung zwischen den drei Ständen im Staat in ihrer Ganzheit erhalten bleibt, da sie wesentlich an die Verfassung seines Reiches gebunden ist; und daß die von jedem der drei Stände frei gewählten Abgeordneten, die drei Kammern bilden und nach Ständen getrennt beraten, aber mit Billigung des Souveräns übereinkommen können, gemeinsam zu beraten, allein als die Gesamtheit der Vertreter der Nation betrachtet werden können. Folglich hat der König die Beschlüsse für null und nichtig erklärt, die von den Abgeordneten des Dritten Standes am 17. des Monats gefaßt wurden, sowie alle, die daraus hätten folgen können, weil sie illegal und nicht verfassungskonform sind.

ARTIKEL 2

Ihre Majestät erklärt alle Mandate[1], die in den drei Kammern überprüft oder noch zu überprüfen sind, für gültig, sofern kein Einspruch erhoben worden ist oder erhoben wird; und ihre Majestät verfügt, daß die Ergebnisse der Überprüfung zwischen den Ständen ausgetauscht werden sollen.

Hinsichtlich der Mandate, gegen die innerhalb jedes Standes Einspruch erhoben werden könnte und wegen derer die beteiligten Parteien um Entscheidung nachsuchen, wird *nur* für die gegenwärtige Sitzungsperiode der Generalstände ein Beschluß gefaßt werden, so wie im folgenden verfügt werden wird.

---

1 Am Modus der Verifikation der Mandate hatte sich der Streit zwischen den Ständen entzündet: Vor allem der Adel wollte sie für jeden Stand gesondert durchführen (und hatte das seinerseits schon am 11. Mai getan), nach dem Willen des Dritten Standes sollte die Überprüfung für die ganze Versammlung gemeinsam erfolgen; vom 12. bis 14. Juni wurden im Sitzungssaal des Dritten Standes die Namen aller Abgeordneten aufgerufen, auch die der nicht anwesenden Privilegierten. – Die letzte Entscheidung in Zweifelsfällen (bei umstrittenen Wahlen) sollte nach einem Vorschlag Neckers beim König liegen.

ARTIKEL 3

Der König erklärt alle Einschränkungen der Mandate für null und nichtig, verfassungswidrig, den lettres de convocation[2] widersprechend und dem Interesse des Staates entgegengesetzt, die die Freiheit der Abgeordneten einschränken und sie daran hindern würden, die Beratungen in den Formen durchzuführen, welche getrennt nach Stand oder gemeinsam durch den ausdrücklichen Wunsch der drei Stände eingeführt werden.

ARTIKEL 4

Sofern einige Abgeordnete entgegen der Intention des Königs den anmaßenden Eid geleistet haben sollten, nicht von einer bestimmten Form der Beratung abzugehen, überläßt es Ihre Majestät deren Gewissen zu bedenken, ob die Verfügungen, die sie treffen wird, vom Buchstaben oder Geist der Verpflichtung abweichen, die sie auf sich genommen haben dürften.

---

2 Die Einberufungsschreiben für die Ständeversammlung.

10

Bericht eines Beteiligten über den Sturm auf die Bastille

Die Bastille, mittelalterliche Festung und (in den achtziger Jahren kaum noch benutztes) Gefängnis, galt als Symbol des Despotismus; ihre Eroberung durch das Volk von Paris am 14. Juli 1789 wurde in Frankreich wie im Ausland als Beginn einer neuen Zeit gefeiert und löste die revolutionäre Begeisterung aus. Den Anstoß gab der Beschluß der Wahlversammlung des Dritten Standes (vgl. Nr. 5 zum Wahlverfahren für die Generalstände), angesichts tagelanger Unruhen eine Bürgermiliz (die spätere Nationalgarde) aufzustellen; in der Bastille hoffte man vor allem, Waffen zu finden. – Wegen der allgemeinen Anerkennung, die die ›Bezwinger der Bastille‹ genossen, wurden von denen, die Anspruch auf diesen Titel erhoben, Beweise gefordert; so kam es zu Protokollen wie dem folgenden, das am 12. August 1789 aufgenommen und von fünf Zeugen unterschrieben wurde.
Quelle: Soboul1789. S. 147–152.

Aussage von J.-B. Humbert, Uhrmacher, der als erster auf die Türme der Bastille gestiegen ist

Ich heiße J.-B. Humbert, geboren in Langres, wohnhaft und beschäftigt in Paris bei M. Belliard, königlichem Uhrmacher, Rue du Hurepoix.

In der Auffassung, daß ich zum Distrikt Saint-André-des-Arts gehörte, begab ich mich Montag morgen in diese Pfarre,[1] so wie alle Bürger, mit denen ich tagsüber und in der

---

1 D. h., er kam dem Aufruf der Wahlversammlung (s. o.) nach, demzufolge jeder der 60 Pariser Distrikte ein Kontingent von 200 Mann aufstellen sollte.

Die Erstürmung der Bastille (zeitgenössischer Stich)

Nacht von Montag auf Dienstag auf Patrouille ging, allerdings nur mit Degen, weil der Distrikt nicht über Gewehre, oder nur über einige wenige verfügt.

Übermannt von Müdigkeit, Erschöpfung und dem Bedürfnis nach Nahrung, verließ ich den Distrikt um sechs Uhr früh. Im Laufe des Vormittags erfuhr ich, daß im Hôtel des Invalides Waffen für die Distrikte ausgegeben würden; ich ging sofort zurück, um die Bürger[2] von Saint-André davon zu verständigen, die sich gegen halb eins versammelt hatten. M. Poirier, der Befehlshaber, erkannte die Tragweite dieser Nachricht und war bereit, Bürger dorthin zu führen, aber er konnte nicht abrücken, weil man ihn mit Fragen über verschiedene Dinge aufhielt. Da ich diesen Angelegenheiten nur sehr wenig Bedeutung beimaß, verglichen mit dem Vorteil, den Bürgern Waffen zu verschaffen, packte ich Herrn Poirier und nahm ihn gewissermaßen mit Gewalt mit, außerdem fünf oder sechs Bürger.

Wir erreichten das Hôtel des Invalides gegen zwei Uhr und trafen dort auf eine große Volksmenge, die uns voneinander trennte. Ich weiß nicht, was aus dem Befehlshaber und seiner Truppe geworden ist.

Ich folgte der Menge, um in den Keller zu gelangen, wo die Waffen lagerten. Auf der Treppe kam mir ein Mann mit zwei Gewehren entgegen, ich nahm ihm eins ab und machte kehrt. [...]

Mit meinem Gewehr suchte ich meinen Vorgesetzten, aber umsonst; dann machte ich mich auf den Weg zum Distrikt.

Unterwegs erfuhr ich, daß man im Rathaus Pulver ausgab. Ich ging hin und bekam wirklich ungefähr ein Viertelpfund, aber keine Kugeln, es hieß, es gäbe keine.

Als ich das Rathaus verließ, hörte ich, die Bastille würde belagert. Weil ich zu meinem Leidwesen keine Kugeln hatte,

---

2 *bourgeois*, nachdem er im vorigen Abschnitt von *citoyens* gesprochen hat; später wird *citoyen* zur offiziellen Anrede und zum Ehrentitel für diejenigen, die ›Bürgersinn‹ beweisen, während *bourgeois* pejorativen Charakter bekommt. Für Humbert sind die beiden Wörter noch synonym.

kam ich auf eine Idee, die ich sofort in die Tat umsetzte: Ich kaufte nämlich kleine Nägel beim Krämer am Coin du Roi auf der Place de Grève. Dort reinigte ich mein Gewehr und ölte es.[3]

Als ich den Laden verließ und mein Gewehr laden wollte, sprach mich ein Bürger an und sagte mir, daß im Rathaus Kugeln verteilt würden; ich lief hin und erhielt wirklich sechs kleine Kugeln, die man *chevrotines*[4] nennt.

[...] Ich erreichte] die Bastille über den Hof des Arsenal; es war ungefähr halb vier. Die äußere Zugbrücke war heruntergelassen, die Ketten durchtrennt; aber das Fallgitter versperrte den Zugang, man war dabei, leichte Artillerie hineinzuschaffen, die man vorher auseinandergenommen hatte. Ich ging über die kleine Brücke und half drinnen, die beiden Geschütze zu transportieren.

Als sie wieder auf ihre Lafetten montiert waren, stellte man sich in spontanem Einvernehmen in Fünfer- oder Sechserreihen auf, und ich befand mich in der ersten Reihe.

In dieser Formation marschierten wir zur Zugbrücke der Festung;[5] dort bemerkte ich zwei tote Soldaten, einen auf jeder Seite; der Soldat links trug die Uniform des Regiments von Ventimiglia, die Uniform des anderen konnte ich nicht genau sehen.

Wir richteten die Kanonen aus, die aus Bronze auf die

---

3 Die Gewehre der französischen Armee, die sich das Volk angeeignet hatte, waren 1777 eingeführt worden; sie wogen mehr als 4 kg und waren äußerst kompliziert zu handhaben (s. u.). Nach jeweils 30–40 Schuß mußten sie gereinigt werden (vgl. J.-P. Bertaud, *La Vie quotidienne des soldats de la Révolution. 1789–1799*, Paris 1985, S. 77–79).

4 Grober Schrot, der bei der Jagd auf junge Rehe (*chevrotins*) gebraucht wurde.

5 Der beigefügte Plan ermöglicht es, Humberts Weg nachzuvollziehen: Er kam durch die Porte de l'Arsenal (R) in die Cour de l'Avancée, den Vorhof (S). Die erste Zugbrücke (Q) war bereits überwunden, Humbert half mit, die Geschütze in den zweiten Hof (O) zu transportieren, die dann auf die Zugbrücke der eigentlichen Festung (M) gerichtet wurden. Um erkennen zu können, was oben auf den Türmen vor sich ging, mußte er sich von ihr entfernen und lief zur Terrasse (N); dann drangen die Revolutionäre in den großen Hof (Grande cour) ein, und Humbert stieg auf einen der sechs Türme.

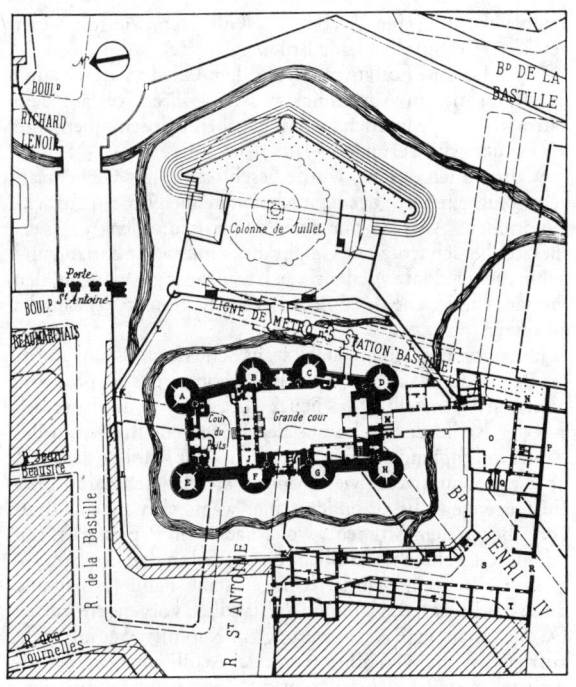

Grundriß der Bastille, darunter die heutige Straßenführung (nach: Jacques Hillairet, *Dictionnaire historique des rues de Paris*, Paris ⁴1963, Bd. 1, S. 151)

A: Tour du Coin, B: Tour de la Chapelle, C: Tour du Trésor, D: Tour de la Comté, E: Tour du Puits, F: Tour de la Liberté, G: Tour de la Bertaudière, H: Tour de la Bazinière, I: Sitzungssaal, J: Bibliothek, K: Schilderhäuser, L: Rundgang, M: innere Zugbrücke, N: Terrasse, O: Cour du Gouverneur, P: Hôtel du Gouverneur (Gouverneurshaus), Q: vordere Zugbrücke, R: Porte de l'Arsenal, S: Cour de l'Avancée (Vorhof), T: Kasernen, U: Eingang zur Bastille

Zugbrücke und eine kleinere aus Gußeisen, die mit Silber verziert war, auf die kleine Brücke.

Diese Kanone nötigte mich, aus dem Glied zu treten; und da wir in diesem Augenblick wissen wollten, ob auf dem Turm nicht neue Friedenssignale gegeben würden, übernahm ich es, über die Terrasse zu laufen.

Während ich das tat, wurde beschlossen, mit Gewehrsalven anzugreifen; ich beeilte mich, auf meinen Posten zurückzukommen. Aber da mir eine Menge Leute den Weg versperrte, lief ich trotz der Gefahr die Schutzwehr entlang und nahm meinen Platz wieder ein; ich war sogar gezwungen, den Fuß auf die Leiche des Soldaten vom Regiment Ventimiglia zu setzen.

Jeder von uns gab ungefähr sechs Schüsse ab. Dann wurde ein Papier durch ein ovales Loch geschoben, das ein paar Zoll breit war. Wir stellten das Feuer ein; einer von uns löste sich aus der Reihe und holte aus der Küche ein Brett, um das Papier in Empfang nehmen zu können. Wir schoben das Brett über die Schutzwehr; viele von uns stellten sich darauf, um ein Gegengewicht zu bilden; einer wagte sich auf das Brett vor, aber in dem Moment, wo er nach dem Papier griff, traf ihn ein Gewehrschuß tödlich, und er fiel in den Graben.

Sofort ließ ein Standartenträger seine Fahne fallen und holte das Papier, das laut und verständlich vorgelesen wurde. Da der Inhalt, eine Aufforderung zur Kapitulation, uns nicht zufriedenstellte, beschlossen wir, das Artilleriefeuer zu eröffnen; jeder stellte sich auf, um die Kanonenkugel durchzulassen.

In dem Augenblick, als wir die Lunte anzünden wollten, wurde die kleine Zugbrücke heruntergelassen; kaum daß sie unten war, besetzten wir sie; ich etwa als zehnter. Wir fanden die Tür verschlossen; nach etwa zwei Minuten machte ein Invalide auf und fragte, was wir wollten: »Man soll die Bastille übergeben«, antwortete ich mit den anderen zusammen; da ließ er uns hinein. Als erstes rief ich, man solle die ⟨große⟩ Brücke herunterlassen, was auch geschah.

Dann betrat ich den großen Hof (ungefähr als achter oder zehnter). Die Invaliden hatten rechts und links von den Schweizern Aufstellung genommen; wir riefen »Runter mit den Waffen«; sie gehorchten, bis auf einen Schweizer Offizier. Ich ging zu ihm hin und zeigte ihm mein Bajonett, um ihn zu zwingen, wobei ich wiederholte: »Runter mit den Waffen!« Er wandte sich an uns alle und sagte: »Meine Herren, seien Sie überzeugt, daß ich nicht geschossen habe.«

Ich antwortete ihm sofort: »Wie kannst du behaupten, daß du nicht geschossen hast, dein Mund ist noch ganz schwarz vom Abbeißen der Kartusche.«[6] Mit diesen Worten stürzte ich mich auf seinen Säbel; im selben Moment tat ein anderer das gleiche; während wir beiden uns darum stritten, wer den Säbel bekommen sollte, fällt mein Blick auf eine Treppe links. Ich sehe dort drei Bürger, die fünf oder sechs Stufen hinaufgestiegen waren und überstürzt wieder zurückkamen. Sofort ließ ich den Säbel los, und mit meinem Gewehr bewaffnet, das ich nicht abgelegt hatte, eilte ich zu der Treppe, um den Bürgern zu helfen, weil ich glaubte, man hätte sie zur Umkehr gezwungen. Ich stieg schnell bis zum Turm hinauf, ohne zu merken, daß mir keiner folgte; und ich traf auch niemanden, bis ich oben war. Im Turm fand ich einen Schweizer Soldaten, der niederkauerte und mir den Rücken zuwandte; ich legte auf ihn an und rief ihm zu: »Runter mit den Waffen!« Er drehte sich überrascht um, legte seine Waffen auf den Boden und sagte: »Kamerad, töten Sie mich nicht, ich gehöre zum Dritten Stand und werde Sie bis zum letzten Blutstropfen verteidigen; Sie wissen, daß ich meinen Dienst tun muß, aber ich habe nicht geschossen.«

Während er das sagte, faßte ich mein Gewehr fester; dann befahl ich ihm mit dem Bajonett auf seiner Brust, mir seine Munitionstasche um den Hals zu hängen, was er auch tat.

---

6 Beim Laden biß der Soldat zunächst den oberen Teil der Kartusche ab und schüttete das Pulver in die Zündpfanne; dann schob er den unteren Teil der Kartusche, der die Kugel enthielt, mit einem eisernen Ladestock in den Lauf. Ein geübter Schütze konnte zweimal pro Minute feuern (vgl. Bertaud, S. 78).

Gleich danach war ich bei der Kanone, die über die Zugbrücke der Bastille hinausragte, in der Absicht, sie von ihrer Lafette herunterzunehmen, damit sie nicht gebraucht werden könnte. Aber während ich zu diesem Zweck die rechte Schulter unter die Mündung brachte, traf mich ein Gewehrschuß aus der Umgebung, die Kugel verletzte mich am Hals und durchlöcherte meinen Rock und meine Weste. Ich fiel bewußtlos hin; der Schweizer, dem ich das Leben geschenkt hatte, zog mich auf die Treppe, ohne daß ich deswegen sein Gewehr losgelassen hätte, das ich hinter mir herschleifte, wie er mir sagte; aber ich hatte das Gewehr aus dem Hôtel des Invalides verloren.

Als ich wieder zu mir kam, fand ich mich auf der Treppe sitzend; der Schweizer hatte mich geschüttelt, um mich aus meiner Ohnmacht zu erwecken, und um die heftige Blutung aus meiner Wunde zu stillen, hatte er ein Stück von seinem Hemd abgeschnitten und mich damit verbunden.

Weil ich geschwächt war, beschloß ich, wieder hinunterzusteigen, und bat den Schweizer, mich zu stützen, was er bereitwillig tat. Auf halbem Weg trafen wir Bürger mit und ohne Küraß, die hinaufstiegen; da sie mich blutüberströmt sahen, glaubten sie, der Schweizer hätte mich verwundet; sie wollten ihn töten, ich trat ihnen entgegen und erklärte den Sachverhalt. Sie glaubten mir glücklicherweise aufs Wort, und ich ging weiter, immer noch von meinem Begleiter gestützt.

Als wir beide im Hof ankamen, wollte man den Schweizer nicht hinauslassen; ich mußte also allein gehen, man ließ mich durch, als man mein Blut und die Verwundung sah.

Bei der Küche der Bastille traf ich einen Feldscher, der mich drängte, ihm meine Wunde zu zeigen. Nachdem er sie untersucht hatte, versicherte er mir, daß die Kugel noch im Hals steckte und daß er sie nicht allein entfernen könnte; er veranlaßte mich, in ein Krankenhaus zu gehen und mich verbinden zu lassen.

Unterwegs traf ich jemanden, der aus dem Kloster der Minimen[7] kam, wo er sich eine Verstauchung am Handgelenk hatte behandeln lassen. Er brachte mich dorthin, wo man mich bereitwillig verband. Man fand keine Kugel.

11

Arthur Young über Plünderungen im Elsaß

Über den Verfasser vgl. Nr. 3.
Quelle: YoungTravels. S. 208 f. *Übers.:* Bd. 1. S. 267 f. (Revidiert.)

[Abend des 21. Juli 1789, in Straßburg.] Heute war ich Zeuge einer Szene, die für einen Fremden nur merkwürdig, aber für aufmerksame Franzosen schrecklich war. Ich ging über den Platz vor dem Rathaus, und der Pöbel warf die Fenster mit Steinen ein, obwohl ein Offizier mit einer Abteilung Berittener auf dem Platz war. Da ich merkte, daß der Pöbel sich nicht nur vermehrte, sondern auch mit jedem Augenblick dreister wurde, hielt ich es für der Mühe wert zu bleiben, um zu sehen, wie die Sache enden würde. In dieser Absicht kletterte ich auf das Dach einer Reihe von niedrigen Buden gegenüber dem Haus, an dem die Leute ihre Bosheit ausließen. Hier konnte ich alles bequem übersehen. Da das Volk merkte, daß die Truppen es nur mit Worten und Drohungen angriffen, wurde es immer heftiger und machte wütende Versuche, die Tür mit eisernen Brechstangen in Stücke zu hauen,

---

7 Minimen oder Paulaner, ein Bettelorden (gegründet 1453).

und lehnte Leitern an die Fenster. In einer Viertelstunde
etwa, während der der versammelte Magistrat Zeit hatte,
durch eine Hintertür zu entkommen, brachen sie alles auf
und stürzten unter allgemeinem Gejohle der Zuschauer wie
ein Wirbelsturm in das Haus. Von diesem Augenblick an
flogen Fensterflügel, Rahmen und Läden, Stühle, Tische,
Sofas, Bücher, Papiere, Gemälde usw. unaufhörlich aus allen
Fenstern in dem Gebäude, das siebzig bis achtzig Fuß breit
ist; und danach folgten Dachziegel, Leisten, Gitter, Verzierungen, kurz, alles, was man mit Gewalt losbrechen konnte.
Die Truppen, Kavallerie wie Infanterie, blieben ruhige
Zuschauer. Zuerst waren sie zu wenige, um einzugreifen; und
als sie zahlreicher wurden, war das Unheil schon zu weit
fortgeschritten, als daß man mehr hätte tun können als jede
Straße ringsum zu sichern und niemanden mehr an den
Schauplatz zu lassen, aber jedem mit seiner Beute den Rückzug zu gestatten. Zugleich wurden vor die Kirchentüren und
vor alle öffentlichen Gebäude Wachen gestellt. Ich sah zwei
Stunden lang an mehreren Orten dem Schauspiel zu. Zwar
war ich immer vor den herabfallenden Möbelstücken sicher;
aber ich war doch nahe genug, um zu sehen, daß ein hübscher
Knabe von etwa vierzehn Jahren erschlagen wurde, als er
seinen Raub einer Frau reichte, die nach dem Entsetzen in
ihrem Gesicht zu urteilen seine Mutter war. Ich bemerkte
unter den Plünderern mehrere gemeine Soldaten mit ihren
weißen Kokarden[1], die den Pöbel, sogar vor den Augen der
Offiziere der Abteilung, aufhetzten. Unter der Menge waren
so gut gekleidete Leute, daß ich sie mit großem Erstaunen
betrachete. Sie vernichteten alle öffentlichen Archive, die
Straßen ringsumher waren mit Papieren bestreut. Dieses
Unheil hat man bloß aus Mutwillen verursacht; denn es werden dadurch viele Familien zugrunde gerichtet, die mit dem
Magistrat in gar keiner Verbindung stehen.

---

1 Die blau-weiß-rote Kokarde der Revolution hat also die weiße der Königs-
treuen noch nicht überall verdrängt.

12

Bericht des *Journal de Paris* über die Abschaffung des Feudalsystems (4. August 1789)

Schon seit dem Frühjahr 1789, und verstärkt nach dem 14. Juli, war es auf dem Land zu Unruhen gekommen; die Bauern forderten die Abschaffung der Herrenrechte auf Abgaben oder Dienstleistungen. Um die Einheit der Revolution zu erhalten, machte die Nationalversammlung Zugeständnisse: Der Antrag des Abgeordneten Target, bis auf weiteres an allen Rechten festzuhalten, wird abgelehnt, und in der Nachtsitzung am 4. August bricht eine Art Taumel der Selbstlosigkeit aus, in dem die Vertreter der privilegierten Stände auf die meisten ihrer Vorrechte verzichten. Bei der Formulierung des (am 11. August verabschiedeten) Dekrets wird allerdings einiges davon wieder zurückgenommen; trotzdem verweigert der König seine Zustimmung und besinnt sich erst unter dem Eindruck der Ereignisse des 5. Oktober (s. Nr. 17) anders.

Quelle: Journal de Paris. Nr. 218 (6. August 1789). S. 980 f.

Mitternacht.

Als der Antrag[1] vorgelesen worden war, ergriff der Vicomte de Noailles das Wort, ohne abzuwarten, daß man etwas über die Formulierung des Beschlusses bestimmt hätte. Er bemerkte, daß die Unruhen, unter denen Frankreich leide und die durch Plagen und Unheil jeder Art verursacht seien, nur durch Erleichterungen und Wohltaten besänftigt werden könnten, und er schlug vor:

die Abschaffung der Feudalrechte, die auf Personen lasten, und die Ablösung[2] derer, die den Grundbesitz betreffen.

1 Der Antrag des Abgeordneten Target, s. o.
2 Die Lehnsmänner sollten sich von den Abgaben mit Geld freikaufen können;

Dieser Antrag, eingebracht von einem Abgeordneten, dessen Motiv zweifellos sehr großzügige Opferbereitschaft war, hat nicht nur unverbindliche Beifallsbekundungen ausgelöst, sondern eine Art Enthusiasmus der Uneigennützigkeit, der sich rasch auf alle Herzen übertrug. Niemals hat man sich derart ums Wort gestritten, und alle haben es nur ergriffen, um Opfer anzubieten, zu versprechen oder zu vollziehen. Ein Antrag jagte den anderen; kaum eingebracht, waren sie auch schon angenommen. Hier die Liste dessen, was die Nationalversammlung in einer einzigen Sitzung, an einem einzigen Abend für Frankreich und für die Menschheit getan hat.

Es wurde beschlossen:

die Abschaffung der Rechtsprechung der Grundherren;

die Abschaffung der Nebeneinkünfte, die die Pfarrer für sich in Anspruch nehmen.

Der Klerus hat in der Person des Bischofs von Nancy die Ablösung seiner Grundherrenrechte verlangt, mit dem Zusatz, der Kaufpreis solle angelegt werden, um ihn vor der Verschwendung der jetzigen Inhaber der Pfründen zu sichern und ihn deren Nachfolgern zu erhalten.

⟨Weiter wurden beschlossen⟩ die Abschaffung des Jagdrechts;

die Abschaffung des Amtes des Zunftmeisters;[3]

die Abschaffung der Grundherrenzehnten;

die Abschaffung der Taubenschläge;[4]

die Abschaffung des grundherrlichen Erbrechts[5] in Mont-Jura und der Franche-Comté;

---

die allgemeine wirtschaftliche Situation hätte dies allerdings gar nicht zugelassen, und in Wirklichkeit wurden keine Entschädigungen gezahlt.

3 Zu den Neuerungen der Revolution gehört auch die Einführung der Gewerbefreiheit und die Abschaffung der Zwangskörperschaften der Handwerker, mit ihren Zunftgerichten und anderen Ämtern.

4 Die Haltung von Tauben war wie die Jagd das Privileg der Grundherren; die Bauern durften Tauben und Wild auch dann nicht töten, wenn sie Schaden auf den Feldern anrichteten.

5 Das Erbe fiel an den Grundherrn, wenn ein Lehnsmann ohne direkte Nachkommen starb.

die Abschaffung aller Pensionen, die nicht durch bewiesene Dienstleistungen begründet sind;

eine aktualisierte und gleiche Veranlagung für alle Arten von Grundsteuern, unter Berücksichtigung der letzten sechs Monate.

Jeder Handwerker, der keine Gesellen beschäftigt, soll von allen Steuern befreit sein.

Recht soll kostenlos gesprochen, die Käuflichkeit und Erblichkeit der Justizämter sollen abgeschafft werden.

Alle schwebenden Prozesse wegen Grundherrenrechten sollen bis zum Abschluß der Verfassung ausgesetzt werden.

Man beschloß weiterhin die Aufhebung aller Privilegien einzelner Provinzen und ihre vollständige und unbedingte Unterwerfung unter die Gesetze und die Besteuerung, die durch den allgemeinen Willen der Repräsentanten der Nation beschlossen werden.

Die Abgeordneten aller privilegierten Provinzen, des Dauphiné, der Bretagne, Burgunds, des Bourbonnais, des Languedoc, der Provence, Lothringens, von Paris, Bordeaux, aus Artois und aus vielen anderen Städten sind nacheinander in diesem erhabenen Wettstreit von Gerechtigkeit und Großzügigkeit aufgetreten. Man hätte sagen können, daß alle diese Provinzen zum ersten Mal ihre Einheit und Zusammengehörigkeit manifestierten.

Diese großartige Szene, die so würdig ist, allen Zeiten überliefert zu werden und allen Völkern als Vorbild zu dienen, wurde schließlich durch den Vorschlag des Herzogs von Liancourt beendet, ihr eine Gedenkmünze mit folgender Inschrift zu widmen: *Der Abschaffung aller Privilegien und der vollkommenen Einigung aller Provinzen und aller Bürger.*

In einem so schönen Augenblick größten Glücks war es nur natürlich, die Herzen voller Freude und Rührung zum Himmel zu erheben. Der Erzbischof von Paris schlug vor, sich den Altären von Notre-Dame zu Füßen zu werfen und ein *Te Deum* zu singen; und alle Abgeordneten schienen ebenso fromm wie dieser Prälat.

P. S. Es war unmöglich, alle diese Opfer ebenso schnell zu verzeichnen, wie sie gebracht wurden und aufeinander folgten. Jetzt, wo wir schließen wollen, bemerken wir, daß uns viele entgangen sind: Diese Sitzung verlief so, daß man unmöglich all das Gute sagen kann, das getan wurde. M. Goulard, Pfarrer aus dem Forez, erinnerte an das Prinzip, das den Besitz mehrerer Pfründen verbietet, und verzichtete auf eine von zweien, die er besaß. M. de Verne, Pfarrer von Villefranche, tat das gleiche. Mehrere Barone aus dem Languedoc, der Provence und aus Artois verzichteten ebenfalls zugunsten der Nation auf ihre Baronate. Der Verzicht des Bischofs von Coutances auf die Einkünfte aus vakanten Pfarreien wurde protokolliert und fand mehrere Nachahmer. Für Burgund verzichteten die Bischöfe von Auxerre und Autun.

Diese unsterbliche Sitzung war fast schon geschlossen, als M. de Lally-Tollendal daran erinnerte, daß Louis XII[6] von den Generalständen den Titel »Vater des Volks« erhalten hatte, und vorschlug, Louis XVI in der Nationalversammlung den Titel »Wiederhersteller der Freiheit Frankreichs« zu verleihen. Dieser Beschluß, der das Glück vollkommen macht, das aus allen anderen erwachsen soll, wurde per Akklamation gefaßt, wobei der Beifall den ganzen Saal erschütterte.

Wir gestatten uns im allgemeinen keinerlei Reflexionen in diesen Aufzeichnungen, aber eine können wir unmöglich unterdrücken: Könnte so viel Gutes jemals an irgendeinem anderen Ort so schnell getan werden wie in einer Nationalversammlung?

6 1462–1515, galt als milder und gerechter Herrscher.

13

Bergier über die Abschaffung der Feudalordnung

Nicht in allen Schichten der Bevölkerung riefen die Beschlüsse der Nacht des 4. August Begeisterung hervor. Getroffen sahen sich neben dem Adel auch Teile des Bürgertums; denn die Grundherren hatten manche ihrer Rechte und Monopole weiterverkauft, und die Käufer (die oft keineswegs reiche Leute waren) verloren jetzt ihre Existenzgrundlage. Der Advokat Bergier (1742–1826), der dem permanenten Munizipalausschuß in Clermont-Ferrand angehörte, unterrichtete den Abgeordneten Gaultier de Biauzat über seine Bedenken.
Quelle: MègeBiauzat. Bd. 1. S. 267–269.

Clermont-Ferrand, 13. August 1789

Ihnen ist sehr pünktlich gehorcht worden. »Berücksichtigen Sie bitte, und geben Sie es als sicher bekannt«, so steht in Ihrem Brief vom achten, »daß die Bannrechte[1] zu der Klasse jener Rechte gehören, die ab sofort aufgehoben sind, und daß sie nur durch einen Redaktionsfehler im ersten Artikel des Dekrets ausgelassen und in den zweiten aufgenommen wurden.« Die beste Art, diese Erklärung des Beschlusses der Versammlung zu verbreiten, war, sie zu drucken, und so wurde sie noch in der Nacht, nachdem ich Ihren Brief erhalten hatte, in Druck gegeben. Ich für meinen Teil fühle mich jedoch nicht verpflichtet, zu applaudieren. Ein Beschluß, der mir die Mitgift einer meiner neun Töchter raubt, der mich ohne meine Einwilligung um mein Eigentum bringt, das ich sehr redlich für schönes bares Geld und mit der allgemeinen Rechtsauffassung als Garantie erworben habe, muß mir

1 Zu den *banalités* vgl. Nr. **5**, Anm. 8.

weder erfreulich noch gerecht erscheinen. Er ist für M. de
Merdogne, dem er ein Drittel seines väterlichen Erbes weg-
nimmt, und für hundert andere Personen in der Provinz auch
nicht gerade lustig; denn er raubt manchem von ihnen das
tägliche Brot und schickt sie ins Armenhaus[2]. Zu ihnen zählt
ein Herr Richard aus La Chaise-Dieu, ein kleiner Bürger, der
nichts weiter in der Welt besitzt als die Bannrechte dieses
Ortes. Unsere Hefte[3] haben uns dieses Schicksal nicht angekündigt. Sie atmen die Achtung vor dem Eigentum, und
wenn sie im Artikel 10 des letzten Abschnitts die Abschaffung der Bannrechte verlangen, dann nur gegen Entschädigung der Besitzer dieser Rechte. Wie hätte man denn auch in
der Provinz auf den Gedanken kommen können, die Rechte
sollten ohne Entschädigung abgeschafft werden, da es doch
weder Feudal- noch Herrenrechte sind, da sie ihren Ursprung
doch nur einer Vereinbarung verdanken und meist in der
Hand einfacher Privatleute sind, die sie käuflich erworben
haben! Ich habe auch in der allgemeinen Zusammenfassung
der Hefte gesehen, daß die meisten für die Abschaffung dieser
Einschränkungen der gesellschaftlichen Freiheit waren; aber
immer unter der Bedingung, daß eine Entschädigung gezahlt
würde. Das steht auf Seite 296 und 297 der Hefte des Dritten
Standes. In der Tat, Monsieur, wenn mir die Nationalversammlung das Eigentum an meinem Bannrecht ohne Entschädigung wegnehmen kann, dann kann sie mir ebenso meinen Zehnten[4], meinen Grundzins, mein Haus und mein Feld
nehmen; denn ich habe auf keines dieser Dinge einen besseren
Besitzanspruch als auf ein anderes. Meine Vorfahren oder ich
haben sie durch Kauf erworben. Die allgemeine Rechtsauffassung veranlaßte uns, das eine mit gleicher Sicherheit zu

2 *hôpital;* die Krankenhäuser hatten (neben Abteilungen für pflegebedürftige
alte Leute – vgl. Nr. 31, Anm. 2 – und Asylen für Geisteskranke) auch Armen-
häuser angegliedert.
3 Die Cahiers de doléances; vgl. Nr. 5.
4 Die *dîmes* (nicht nur Kirchenzehnten) wurden ebenso verpachtet oder verkauft
wie andere Abgaben.

kaufen wie das andere, weil sie alle im Handel waren. Und wenn dieses Rechtsverständnis nicht für das eine respektiert wird, braucht man es künftig auch nicht für das andere zu berücksichtigen; denn alles in allem ist der erste Ursprung jeden Eigentums nichts weiter als das Recht des ersten, der es in Besitz nimmt, oder, wenn man so will, des Stärkeren. Wenn die Weitergabe von einem Inhaber zum nächsten den Makel dieses Ursprungs während eines Umlaufs von dreizehn oder vierzehn Jahrhunderten nicht getilgt hat, dann muß man in dem Verzeichnis der Rechte des Gesellschaftsmenschen, mit dem sie die Verfassung einleiten wollen[5], die große Maxime streichen, die den ungefährdeten Besitz garantiert: »Niemand schuldet irgendwem das Opfer seines Eigentums, nicht einmal der politischen Körperschaft, die sich dieses nur im Fall einer unbedingten öffentlichen Notwendigkeit aneignen darf, und auch das nur dann, wenn sie dem Eigentümer vorher mindestens gleichwertigen Ersatz geleistet hat.«

Im Gegenteil, dann muß man sagen, in der großen Gesellschaft sei alles Gemeinschaftseigentum; ich schaudere, wenn ich an die Folgen denke – und breche ab.

Der Beschluß der Versammlung über die Taubenschläge[6], die in dieser Provinz jeder hat, der welche anlegen wollte, hat den meisten nicht besser gefallen. Unsere Limagne[7] verliert dadurch einen jährlichen Ertrag von fünf- bis sechshunderttausend Livres, ohne anderen Ersatz als die geringe Ersparnis an Arbeitszeit der Kinder, die man bisher beschäftigte, um den keimenden Hanf auf den Feldern zu bewachen. Was davon verlorenging, werden weiterhin die Spatzen fressen, und es wird deswegen nicht in den Speicher wandern. So ist der Gewinn sehr beschränkt, der Verlust aber nicht. Ich sage Verlust; denn wie könnte man Taubenschläge erhalten, wenn man die Tauben in der Hälfte der schönen Jahreszeit einge-

---

5 Die Erklärung der Menschenrechte, vgl. Nr. **15**. – Vgl. das folgende Zitat mit Artikel 17 der Erklärung.
6 Vgl. Nr. **12**, Anm. 4.
7 Tal der Auvergne.

sperrt lassen muß, will man nicht Gefahr laufen, daß sie vom ersten besten getötet werden? Sicher sind in der Auvergne wie anderswo bei den Taubenschlägen Mißbräuche abzustellen, aber Sie schaffen in Wahrheit die Tauben ganz ab; und binnen drei Jahren werden Sie das Unrecht einsehen, das Sie dem Land dadurch antun. Leider wird es dann zu spät sein, es wieder gutzumachen.

Verzeihen Sie, Monsieur, daß ich Ihnen so mein Herz ausschütte, es ist nur natürlich, daß ich einen für mich sehr beträchtlichen Verlust, auf den ich nicht gefaßt war, lebhaft empfinde; das hat mir die ersten Klagen eingegeben und mag als Entschuldigung dienen. Noch lebhafter nehme ich den Verlust meiner Nachbarn wahr, die weniger vorbereitet sind als ich, ihn zu ertragen, und vor allem erschrecken mich die drohenden Konsequenzen. Was die Taubenschläge angeht, so spielt mein persönliches Interesse dabei eine geringe Rolle; ich besitze nur einen einzigen Taubenschlag und habe ihn schon geopfert. Aber ich kann mich nicht enthalten, wegen der Leute in der Limagne allgemein betrübt zu sein.

Ich habe die Ehre, etc.

Bergier

14

Arthur Young über das Mißtrauen der Bevölkerung gegen Marie Antoinette

Über den Verfasser vgl. Nr. 3.

Quelle: YoungTravels. S. 235–238. *Übers.:* Bd. 1. S. 303 bis 305. (Revidiert.)

[13. August 1789, im Dorf Royat in der Nähe von Clermont.] Im Dorf merkte ich, daß mein Führer, statt die Gegend genau zu kennen, dort ganz fremd war; daher nahm ich eine Frau, die mich zu den Quellen weiter oben auf dem Berg führen sollte. Als ich zurückkam, wurde sie von einem Soldaten der Bürgerwehr festgenommen (denn selbst dieses elende Nest hat eine Nationalmiliz), weil sie ohne Erlaubnis einen Fremden geführt hatte. Man brachte sie zu einem Haufen Steine, den man *das Schloß* nannte. Mit mir hätte man nichts zu schaffen, sagte man; aber die Frau wollte man für die Zukunft mehr Vorsicht lehren. Da das arme Weib meinetwegen in Gefahr war, entschloß ich mich mitzugehen, um sie vielleicht durch Bezeugung ihrer Unschuld wieder freizubekommen. Der ganze Dorfpöbel zog hinter uns her, und die Kinder der Frau weinten bitterlich, weil sie fürchteten, daß ihre Mutter ins Gefängnis kommen sollte. Auf dem Schloß warteten wir eine Weile, dann wurden wir in ein anderes Zimmer gebracht, wo der Ausschuß des Ortes versammelt war. Man hörte die Klage an, und alle bemerkten scharfsinnig: Es wäre, in den jetzigen, so gefährlichen Zeiten, wo jedermann wüßte, daß eine so große und mächtige Person wie die Königin auf die beunruhigendste Weise gegen Frankreich konspirierte, allerdings ein großes Vergehen, wenn eine Frau als Führerin eines Fremden fungierte – noch dazu eines Fremden, der so viele verdächtige Fragen gestellt hätte wie ich. Und man kam sofort überein, sie sollte eingesperrt werden. Ich versicherte ihnen, sie wäre völlig unschuldig und könnte unmöglich einen strafbaren Beweggrund gehabt haben. Sie sah, fuhr ich fort, daß ich Lust hatte, die Quellen zu besuchen; und da mir, als ich die unteren gesehen hatte, ein Führer fehlte, der mich zu den höheren auf dem Berg bringen konnte, bot sie sich an. Sie hat gewiß keine andere Absicht gehabt, als für ihre arme Familie ein paar Sous zu verdienen. Ihre Untersuchung wandte sich dann mir zu. Wenn ich, sagte man, bloß Quellen habe sehen wollen, was mich dann bewogen hätte, eine Menge Fragen über den Wert, den Preis und die Produkte des Landes zu stellen? Was solche Erkundigungen mit Quellen und Vulkanen zu tun hätten? Ich erwiderte ihnen: So etwas wäre für mich persönlich von Interesse, da ich in England einiges Land bewirtschaftete. Und endlich, wenn sie nach Clermont schicken wollten, würden sie die Bestätigung dessen, was ich sagte, von verschiedenen angesehenen Leuten bekommen. Ich hoffte also, sie würden die Frau freilassen, da es ihre erste Unüberlegtheit wäre; denn als Vergehen könnte ich ihr Verhalten nicht bezeichnen. Anfangs schlug man mir meine Bitte ab; doch schließlich stimmte man zu, da ich erklärte: Wenn sie die Frau ins Gefängnis steckten, sollten sie das gleiche mit mir tun, und es dann verantworten, wie sie könnten. Man entließ nun die Frau mit einem Verweis, und auch ich ging weg, ohne mich weiter über die Unwissenheit zu wundern (denn ich habe damit schon früher zu tun gehabt), daß sie sich einbildeten, die Königin könnte so gefährlich gegen Felsen und Berge konspirieren. Meinen Führer fand ich mitten unter dem Pöbel, der ebensoviel über mich gefragt hatte wie ich über den hiesigen Feldbau. – Es gab zwei verschiedene Meinungen. Die eine Partei glaubte, ich wäre ein *Kommissar*, der den Hagelschaden taxieren sollte; die andere hielt mich für einen Agenten der Königin, die den Ort durch eine Mine in die Luft sprengen und alle, die mit dem Leben davonkämen, auf die Galeeren schicken wollte.

Es ist unglaublich, was für Mühe man aufgewendet haben muß, dem Volk den Charakter dieser Fürstin verhaßt zu machen! Und keine Absurdität scheint zu groß, kein Umstand zu unmöglich, als daß die Leute ihn nicht glaubten!

15
Die Erklärung der Menschen- und Bürgerrechte

Nach dem Vorbild der amerikanischen Unabhängigkeitserklärung von 1776 sollte die neue französische Verfassung durch eine Liste der Grundrechte eröffnet werden; seit Juli wurden mehrere Entwürfe (u. a. von Sieyes) diskutiert. Die Nationalversammlung stimmte am 26. August über den Text ab; der König akzeptierte ihn am 3. Oktober. – Die Abgeordneten brauchten noch zwei Jahre, um die Verfassung fertigzustellen, auf die der König am 14. September 1791 vereidigt wurde; bereits im Juli 1793 wurde die neue Verfassung der Republik Frankreich (seit September 1792) durch Volksentscheid angenommen (wegen der Kriegssituation allerdings nie in Kraft gesetzt), die auch die Menschenrechtserklärung wesentlich veränderte.

Quelle: PenséeRev. S. 115–118.

Da die Vertreter des französischen Volkes, die sich als Nationalversammlung konstituiert haben, festgestellt haben, daß die Unkenntnis, das Vergessen oder die Verachtung der Menschenrechte die alleinigen Ursachen des allgemeinen Unglücks und der Verderbtheit der Regierungen sind, haben sie beschlossen, die natürlichen, unveräußerlichen und heiligen Rechte des Menschen in einer feierlichen Erklärung niederzulegen, damit diese Erklärung allen Angehörigen der Gesellschaft ständig vor Augen steht und sie dauernd an ihre Rechte und Pflichten erinnert; damit die Handlungen der Legislative wie der Exekutive jederzeit mit dem Ziel jeder politischen Einrichtung verglichen werden können und dadurch größere Achtung genießen; damit die Ansprüche der Bürger, die sich künftig auf einfache und unbestreitbare Prinzipien gründen, sich immer auf die Erhaltung der Verfassung und das Allgemeinwohl richten mögen.

Daher erkennt und erklärt die Nationalversammlung, in Gegenwart und unter dem Schutz des Höchsten Wesens, folgende Menschen- und Bürgerrechte:

Artikel 1. Die Menschen werden frei und gleich an Rechten geboren und bleiben es für immer. Standesunterschiede dürfen nur im allgemeinen Nutzen begründet sein.

Art. 2. Das Ziel jeder politischen Vereinigung ist die Erhaltung der natürlichen und unveräußerlichen Rechte des Menschen. Diese Rechte sind Freiheit, Eigentum, Sicherheit und Widerstand gegen Unterdrückung.

Art. 3. Der Ursprung jeder Souveränität liegt wesentlich in der Nation. Keine Körperschaft, kein Individuum kann eine Gewalt ausüben, die nicht ausdrücklich von ihr ausgeht.

Art. 4. Die Freiheit besteht darin, alles tun zu können, was einem anderen nicht schadet. So haben die natürlichen Rechte jedes Menschen keine anderen Grenzen als die, die den anderen Mitgliedern der Gesellschaft den Genuß der gleichen Rechte sichern. Diese Grenzen können nur durch das Gesetz bestimmt werden.

Art. 5. Das Gesetz hat nur das Recht, Handlungen, die für die Gesellschaft schädlich sind, zu verbieten. Alles, was nicht durch das Gesetz verboten ist, kann nicht verhindert werden, und niemand kann gezwungen werden zu tun, was nicht vom Gesetz angeordnet ist.

Art. 6. Das Gesetz ist der Ausdruck des allgemeinen Willens. Alle Bürger haben das Recht, persönlich oder durch ihre Vertreter an seiner Formulierung Anteil zu nehmen. Es soll für alle gleich sein, sowohl wenn es beschützt, als auch wenn es bestraft. Da alle Bürger in seinen Augen gleich sind, sind sie gleichermaßen zu allen Würden, Posten und öffentlichen Ämtern nach ihren Fähigkeiten zugelassen, ohne andere Unterschiede als die, die sich aus ihren Tugenden und Talenten ergeben.

Art. 7. Kein Mensch kann in anderen als den durch das Gesetz bestimmten Fällen und außerhalb der Formen, die es vorschreibt, angeklagt, verhaftet und gefangengehalten werden. Diejenigen, die willkürliche Ordern[1] beantragen, ausfertigen, vollziehen oder vollziehen lassen, sollen bestraft werden. Andererseits muß jeder Bürger, der kraft des Gesetzes vorgeladen oder festgenommen wird, auf der Stelle gehorchen. Er macht sich durch Widerstand strafbar.

Art. 8. Das Gesetz soll nur offensichtlich und unbedingt notwendige Strafen verhängen. Und niemand kann kraft eines Gesetzes bestraft werden, das nicht vor dem Vergehen erlassen, verkündet und rechtlich angewandt worden war.

Art. 9. Da jeder Mensch so lange für unschuldig gehalten wird, bis er schuldig gesprochen worden ist, soll, wenn seine Verhaftung als unumgänglich betrachtet wird, jede Härte, die nicht unabdingbar ist, um sich seiner Person zu versichern, durch das Gesetz streng unterdrückt werden.

Art. 10. Niemand darf wegen seiner Meinungen, selbst in religiösen Fragen, behelligt werden, solange ihre Äußerung nicht die durch das Gesetz festgelegte öffentliche Ordnung stört.

Art. 11. Der freie Austausch der Gedanken und Meinungen ist eines der kostbarsten Menschenrechte. Jeder Bürger kann also frei reden, schreiben, drucken, mit der Einschrän-

---

1 Dieser Artikel zielt besonders auf die Lettres de cachet oder »königlichen Ordern«, die es ermöglichten, Personen ohne Gerichtsverhandlung festnehmen und beliebig lange einsperren zu lassen.

kung, daß er die Verantwortung für den Mißbrauch dieser
Freiheit in den durch das Gesetz bestimmten Fällen übernehmen muß.

Art. 12. Die Sicherung der Menschen- und Bürgerrechte
erfordert Ordnungskräfte. Diese Kräfte sind also zum Vorteil
aller geschaffen und nicht zum besonderen Nutzen derer,
denen sie anvertraut sind.

Art. 13. Für den Unterhalt der Ordnungskräfte und für die
Kosten der Staatsverwaltung ist eine allgemeine Steuer unbedingt notwendig. Sie soll gleichmäßig auf alle Bürger im Verhältnis zu ihrem Vermögen verteilt werden.

Art. 14. Die Bürger haben das Recht, selbst oder durch ihre
Vertreter die Notwendigkeit der öffentlichen Steuer festzustellen, sie frei zu bewilligen, ihre Verwendung zu überwachen und den Steuersatz, ihre Veranlagung, die Art der Ein-
ziehung und die Dauer zu bestimmen.

Art. 15. Die Gesellschaft hat das Recht, von jedem öffentlichen Beamten Rechenschaft über seine Amtsführung zu fordern.

Art. 16. In einer Gesellschaft, in der die Rechte nicht ver-
bürgt sind und die Gewaltenteilung nicht gewährleistet ist,
gibt es keine Verfassung.

Art. 17. Da das Eigentum ein unverletzliches und heiliges
Recht ist, kann es niemandem weggenommen werden, wenn
es nicht die nach dem Gesetz festgestellte, öffentliche Notwendigkeit offensichtlich erfordert, und auch dann nur unter
der Bedingung einer gerechten Entschädigung im voraus.

Marats »Gebote des Vaterlandes«

Jean-Paul Marat (1743–93) war der vielleicht radikalste unter den Publizisten der Revolutionszeit; politische Veränderung schien ihm nicht durch ein repräsentatives System, sondern nur durch unmittelbare Aktionen des Volkes, wie beim Sturm auf die Bastille, möglich. Da seine von ihm allein redigierte (und zeitweise auch gedruckte) Zeitung L'Ami du peuple (3–4 Nummern zu meist 8 kleinformatigen Seiten pro Woche) offen zur Gewalt aufrief, wurde er mehrfach angeklagt und lebte jahrelang im Untergrund; erst nach dem 10. August 1792 wurde er in den Konvent gewählt und spielte fortan eine führende Rolle. Am 13. Juli 1793 wurde er von Charlotte Corday, die in ihm den Urheber der Terreur sah, erstochen.

Die erste Nummer des Ami du peuple (noch unter dem Titel Le publiciste parisien) vom 12. September 1789 veröffentlicht die »Commandemans de la Patrie«, die die Form der biblischen Zehn Gebote im Französischen nachahmen:

> Avec ardeur tu défendras
> Ta liberté dès à-présent.
>
> Le mot noble tu rayeras
> De tes cahiers dorénavant.
>
> . . .

Quelle: MaratAPeuple. Nr. 1. S. 11 f.

> Ab jetzt verteidigen sollst du
> Die Freiheit unerschütterlich.
>
> Streichen sollst das Wort »adlig« du
> Aus deinen Schriften zukünftig.

Die Zahl der Geistlichen sollst du
halbieren, das ist notwendig.

Von Mönchen reinigen sollst du
Ganz Frankreich unwiderruflich.

Und ihnen abnehmen sollst du,
Was sie geraubt, unweigerlich.

Schneiden sollst den Juristen du
Die Nägel kurz und ordentlich.

Den Financiers sollst geben du
Den Abschied, und das endgültig.

Kennen sollst von den Steuern du
Grund und Verwendung eindeutig.

Und niemals mehr sollst schenken du
Den Faulpelzen verschwenderisch.

Gesetze sollst erlassen du
gut, doch für alle einsichtig.

Achtung schuldest der Tugend du,
und nicht dem Gelde sicherlich.

Zu Würden sollst berufen du
ehrliche Leute sorgfältig.

Strafen sollst ohne Gnade du
Alle Korrupten einheitlich.

Auf diese Art zerstörest du
Die Mißbräuche ganz endgültig.

Glücklich und frei wirst werden du,
Und nicht mehr Sklave sicherlich.

17

Rivarol über den Zug der Marktweiber nach Versailles (5./6. Oktober 1789)

Die unzureichende Versorgungslage in der Hauptstadt und Provokationen der Revolutionsgegner führten zu einer neuen Massendemonstration: Auf Befehl des Königs war das Regiment Flandern von Douai nach Versailles verlegt worden; am 1. Oktober gaben die Offiziere der Leibgarde ein Bankett für die Neuankömmlinge, bei dem sich auch der König und die Königin zeigten. Im Verlauf des Abends wurde die blau-weiß-rote Kokarde mit Füßen getreten, und es wurden gegenrevolutionäre Lieder gesungen. Als dies in Paris bekannt wurde, war die Empörung allgemein. Am 5. Oktober machen sich vom Rathaus aus zuerst einige hundert Frauen aus dem Volk, später auch die Nationalgarde unter Führung La Fayettes auf den Weg nach Versailles, um den König nach Paris zu holen.

Antoine de Rivarol (1753–1801), der vor allem als Verfasser der Preisschrift De l'universalité de la langue française *(1784; »Ce qui n'est pas clair n'est pas français« – »Was nicht klar ist, ist nicht französisch«) weiterlebt, war ein Journalist, der bis zu seiner Emigration witzig und aggressiv royalistische Positionen verteidigte, u. a. als ständiger Mitarbeiter des satirischen Blattes* Les Actes des Apôtres.

Quelle: RivarolOC. Bd. 4: Extraits du journal politique et national. S. 286–355. (Auszüge.)

[Rivarol leugnet die antirevolutionären Demonstrationen beim Bankett der Leibgarde und beschuldigt die Partei des Herzogs von Orléans, die entsprechenden Gerüchte lanciert zu haben.] Dieses Gemurmel und Geschrei hätte trotzdem

nur weiteres Geschrei und Gemurmel hervorgerufen, wenn
die Partei Orléans' nicht drei- oder vierhundert Fischweiber aufgelesen hätte, außerdem ein paar Lastenträger, die
genauso angezogen waren wie diese Frauen, und etliche
Wilde mit langen Bärten, spitzen Mützen, Piken[1], eisenbe-
schlagenen Prügeln und anderen bizarren Waffen; merkwürdige Männer, die man zum ersten Mal in Paris sah und die
mit diesem letzten Sturm auftauchten und wieder ver-
schwanden.[2]

Die Mörderbande, Männer, Frauen und Wilde, bemäch-
tigte sich am 5. Oktober um sieben Uhr früh des Rathauses
und plünderte es. Diese Neuigkeit wiegelte das Volk auf;
Massen von Arbeitern kamen aus den Faubourgs, die Trommeln schlugen Alarm, die Distrikte stellten einige Bataillone.
Die Place de Grève war bald umstellt, und man eroberte das
Rathaus zurück, aber ohne den Banditen ein Leid zuzufügen,
ohne sie zu vertreiben; im Gegenteil, die Sieger mischten sich

1 Die Pike war die typische Waffe der Revolutionäre; im März 1793 forderte
Danton im Konvent, alle Bürger mit Piken auszurüsten, um den inneren und
äußeren Gefahren zu begegnen. Auch die Soldaten wurden zum Teil mit Piken
in den Kampf geschickt, weil es nicht genug Gewehre gab.
2 Man bezeichnet die Frauen, die von Paris nach Versailles gezogen sind, immer
als *Fischweiber*. Das ist ein Unglück für jene, die in den Straßen und Markthallen
Fische und Früchte feilbieten; um der Wahrheit willen gilt es festzustellen, daß
sie, statt sich unter die falschen Fischweiber zu mischen, die sie rekrutieren und
nach Versailles führen wollten, den Wachtposten der Pointe Saint-Eustache
[Kreuzungspunkt von Rue Montmartre, Rue Montorgueil und Rue Rambuteau,
bei den alten Markthallen] um Unterstützung baten, um sie zurückzudrängen;
und sobald der König in die Tuilerien gebracht worden war, schickten sie am
7. Oktober morgens eine Abordnung dorthin mit dem Gesuch, der König und
die Königin sollten ihnen Genugtuung verschaffen für die furchtbare Verleumdung, die sie zu Komplizen der Gewalttaten vom Vortag gegen ihre Majestäten
machte.
Man meinte unter den Kreaturen, die die Banditen anführten, Männer in Frauenkleidern und Nationalgardisten aus Versailles zu erkennen; man meinte weiterhin alles wahrzunehmen, was der Straßenschmutz der Faubourgs Saint-
Antoine und Saint-Marcel, was die Dachkammern und die Gosse der Rue Saint-
Honoré an Gemeinem, Obskurem und Verkommenem ausspeien können. Die
Nationalversammlung hat sie immer *Bürgerinnen* genannt, und M. de Mirabeau
hat ihnen jederzeit tiefen Respekt bezeugt. [Anm. d. Verf.]

unter die Besiegten, und die Zahl der Nationalgardisten auf der Place de Grève nahm stündlich zu, sie strömten aus allen Distrikten, allen Vierteln und Straßen herbei. Gegen Mittag erschien der Befehlshaber selbst[3]. Das Volk rief ihm blutrünstig zu, man müsse nach Versailles ziehen, um den König und seine Familie zu holen, und da er zögerte, drohte man ihm mit der verhängnisvollen Laterne. Bleich, bestürzt, ohne Entschlußkraft und ohne einen bestimmten Plan schwankte er auf seinem Pferd inmitten dieser gewaltigen Menge, die seine Unentschlossenheit als Ablehnung auffaßte und ihn von allen Seiten bedrängte. [...] Gegen zwei Uhr war die Nationalgarde endlich ganz Herr der Lage auf der Place de Grève; mittlerweile waren dort an die 18 000 bewaffnete Männer versammelt. Der Marquis de La Fayette ging ins Rathaus und verlangte eine Anweisung des Magistrats, um mit der ganzen Nationalmiliz[4] »nach Versailles zu ziehen«. Zweifellos hätte ein anderer an seiner Stelle Beratungen darüber veranlaßt, wie man das Volk zerstreuen könnte; das wäre leicht gewesen, weil seine Armee die Place de Grève kontrollierte, und wenn diese Armee nicht gehorcht hätte, wäre das nicht eine gute Gelegenheit gewesen, den Oberbefehl über diese undisziplinierte Miliz niederzulegen? Aber, sei es aus Schwäche oder aus Ehrgeiz, M. de La Fayette ersuchte um die Anweisung für den Marsch nach Versailles. Zwanzig Personen bildeten zu diesem Zeitpunkt den Magistrat von Paris, statt der regulären 300; sie teilten M. de La Fayette den folgenden Beschluß mit: »Angesichts des Volkswillens wird dem Oberkommandierenden befohlen, sich nach Versailles zu begeben.« Versehen mit der Verfügung dieser zwanzig Bürger brach er gegen vier Uhr an der Spitze von 18 000 oder 20 000 Mann auf und marschierte gegen seinen König.

[Die Fischweiber haben unterdessen Versailles erreicht.]

3 La Fayette.
4 Rivarol bezeichnet La Fayettes Truppe bald als *garde nationale*, bald als *milice* (bzw. *milice nationale* oder *milice de Paris*, im Unterschied zu derjenigen von Versailles).

Nachdem sie dieses unbedeutende Hindernis überwunden hatten [einen Trupp Dragoner, der sie gegen den Befehl seiner Offiziere durchläßt], erschienen die Fischweiber vor der Nationalversammlung und wollten die Wachen überwältigen. Es wurde mehrheitlich beschlossen, ihnen Zutritt zum Sitzungssaal zu gewähren, viele gingen hinein und verteilten sich zwischen den Abgeordneten auf den Bänken. Zwei Männer führten sie an; einer von ihnen ergriff das Wort und sagte, sie seien nach Versailles gekommen, um Brot und Geld zu erhalten, und außerdem, damit die Leibgardisten bestraft würden, die die Kokarde der Nation[5] beleidigt hatten; sie hätten als gute Patrioten alle schwarzen und weißen Kokarden abgerissen, die ihnen in Paris und unterwegs unter die Augen gekommen wären. Gleichzeitig zog dieser Mann eine aus der Tasche, mit den Worten: Er wolle sich das Vergnügen machen, sie vor der Nationalversammlung zu zerreißen; was er auch tat. Sein Begleiter fügte hinzu: »Wir werden noch alle Welt zwingen, die Kokarde der Nation zu tragen.« Da seine Worte einiges Murren hervorriefen, fügte er hinzu: »Was denn? Sind wir nicht alle Brüder?« Der Präsident antwortete ihm besonnen: Die Versammlung könne diese Brüderlichkeit nicht leugnen; sie murre nur, weil er davon gesprochen habe, jemanden zum Tragen der Nationalkokarde zu zwingen. [Der König empfängt eine Abordnung der Nationalversammlung, die von einigen Fischweibern begleitet wird, und verspricht, Paris mit Lebensmitteln zu versorgen. Die Menge hat sich vor dem Schloß versammelt.]

Die Leibgarde, die Schweizer und das Regiment Flandern [. . .] umgaben den oberen Teil des Paradeplatzes; sie hielten die Fischweiber, die Lastenträger in Frauenkleidern und die Menge der Pariser Arbeiter auf, die sich immer noch am Gitter des ersten Hofes drängten, und mußten sich deren provozierende Reden gefallen lassen. Die Banditen mit ihren Piken und spitzen Mützen hielten sich als Reserve hinten; sie waren

5 *la cocarde patriotique* oder *nationale* ist die blau-weiß-rote; weiß war die Farbe des Königs, schwarz diejenige des Adels.

für einen Handstreich im Schloß vorgesehen und durften sich nicht auf dem Paradeplatz verausgaben.

Bald wurde das Einverständnis erkennbar, das zwischen der Bürgermiliz von Versailles und den Banditen bestand, und auch, wie wenig Hoffnung man auf die Soldaten des Regiments Flandern setzen konnte. Ungefähr um sechs Uhr stürzte sich einer von der Pariser Miliz, der mit den Fischweibern gekommen war, in die Reihen der Leibgarde, um in den ersten Hof vorzudringen. Um ihn nicht töten zu müssen, ließ man ihn durch bis zum Gitter; aber der Marquis de Savonnières, ein Offizier der Leibgarde, sah, wie der Mann versuchte, durch das Gitter den Schweizer Posten zu erdolchen, der sich weigerte, ihm zu öffnen, und ritt auf ihn zu, um ihn abzudrängen. Sofort schoß ein Soldat der Nationalgarde von Versailles auf M. de Savonnières und zerschmetterte ihm den Arm. Das war das Zeichen für ein Blutbad: Der Offizier der Leibgarde stürzte inmitten seiner Schwadron, die getreu den Befehlen des Königs nicht an Rache dachte und nur ihre Stellung hielt. Eine starke Gewehrsalve war der Lohn für diese Zurückhaltung; einige Leibgardisten und viele ihrer Pferde wurden schwer verwundet, was ein Freudengeheul der Fischweiber und der Banditen auslöste. Gleichzeitig richtete die Miliz von Versailles, noch nicht zufrieden mit dieser ersten Aktion, die Kanone, die vor der Kaserne der ehemaligen Gardes françaises[6] stand, auf die Leibgarde. Als der König vom Schicksal seiner unglücklichen Gardisten unterrichtet wird, läßt er ihnen befehlen, sich in ihr Quartier zurückzuziehen, in der Annahme, ihr Rückzug würde das Volk beruhigen. Sie formieren sich sofort und verlassen den Paradeplatz; aber die Miliz von Versailles greift sie immer noch an und schießt auf das Ende der Kolonne; mehrere Leibgardisten werden verwundet, und Trupps dieser Miliz verfol-

---

6 Der König hatte das Regiment der Gardes françaises am 31. August 1789 entlassen, weil seine Angehörigen am Bastille-Sturm und anderen Unruhen teilgenommen hatten; die Pariser Stadtverwaltung gliederte sie dann in die Nationalgarde ein.

gen sie unter ständigem Gewehrfeuer bis zu den Ställen. Aus allen Straßen wurde geschossen, und überall flogen Kugeln. Die Leibgardisten, von denen einige an ihren Verwundungen gestorben sind, zogen sich geordnet zurück, ohne auch nur einmal Gegenmaßnahmen zu ergreifen. Es war ungefähr sieben Uhr. [. . .]

Der so oft wiederholte Befehl an die Adresse der Leibgarde, nicht auf die Bürger zu schießen und sich ohne Widerstand abschlachten zu lassen, gibt Anlaß zu [einer Überlebung]. Wie! Fischweiber und Banditen, der Abschaum von Paris, sind Bürger, auf die man Rücksicht nehmen muß, Untertanen, die die ganze Zuneigung des Königs verdienen, den sie abschlachten kommen! Und sechshundert ruhmreiche Militärs, die bereit sind, all ihr Blut für diesen gleichen König zu vergießen, sind nur Automaten, deren Tapferkeit man fesseln und die man einem unrühmlichen, sicheren Tod weihen muß! Die Nachwelt wird daran erkennen, von was für Leuten der König umgeben war. Dieses Verbot ist der größte Fehler von Louis XVI, wenn man zwischen so vielen Katastrophen Fehler ausmachen will; denn dieser Ratschluß war nicht nur unmenschlich, er war in noch höherem Maße unpolitisch. Man hätte nur ein Wort sagen müssen: Die sechshundert Leibgardisten hätten die Banditen mit der flachen Klinge des Säbels bis nach Paris getrieben, ohne daß man auf die Schweizer oder das Regiment Flandern hätte zurückgreifen müssen, trotz des Widerstands der Miliz von Versailles. Aber während der ganzen Revolution und besonders an diesem Tag kam keiner auf einen mutigen Ratschlag; man hatte Angst, die Miliz von Versailles zu reizen, wenn man sich verteidigte; man hatte immer Angst. Wenn einer der Minister zitternd irgendeine Feigheit vorschlug, hörte ihm ein anderer bebend zu, und ein dritter suggerierte sie stammelnd dem König. Das energischste Vorhaben, zu dem man sich entschloß, war die Flucht. Aber der König wollte nicht fliehen. [Unter dem Eindruck der Vorkommnisse gibt Louis XVI seine Zustimmung zur Erklärung der Menschenrechte und zu den bereits verabschiedeten Artikeln der Verfassung. Spät in der Nacht erreicht La Fayette mit seiner Truppe Versailles; er stellt Wachen auf. Die königliche Familie, die Abgeordneten und La Fayette gehen schlafen.]

Gegen sechs Uhr sammelten sich die verschiedenen Gruppen von Banditen, Fischweibern und Arbeitern, und nach einigem Hin und Her zog die Menge rasch zum Quartier der Leibgarde, mit dem Ruf: »Erschlagt die Leibgardisten, keine Gnade!« In Sekundenschnelle drangen sie in die Kaserne ein. Die wenigen Gardisten versuchten zu entkommen; überall verfolgte man sie mit unerklärlicher Wut. Man tötete einige von ihnen; andere wurden schrecklich mißhandelt und flohen zum Schloß. Dort fielen sie den Milizen von Versailles und Paris in die Hände; fünfzehn wurden ergriffen und zum Gitter geführt, wo man sie festhielt, bis man sich über die Art ihrer Strafe verständigt hätte. Fast zur gleichen Zeit rückte der größte Teil der Banditen an, Männer und Frauen, die bereits die Kaserne geplündert und verwüstet hatten; sie drangen vor den Augen der Miliz von Paris in alle Höfe des Schlosses ein, ohne daß die von M. de La Fayette aufgestellten Wachen den geringsten Widerstand leisteten. Sofort stürmten die einen über die große Treppe, die anderen von der Kapelle her ins Schloßinnere und brachen die Tür zum Wachraum der Cent-Suisses[7] auf, aber vorher töteten sie zwei Leibgardisten, die auf Posten standen, der eine beim Gitter und der andere in der Halle. Ihre noch zuckenden Leiber wurden unter die Fenster des Königs geschleift, wo eine Art Ungeheuer mit langem Bart, das mit einem Beil bewaffnet war und eine ungewöhnlich hohe Mütze trug, ihnen den Kopf abschlug. Eben diese beiden Köpfe wurden zuerst in Versailles zur Schau gestellt, dann auf Piken vor dem Wagen des Königs hergetragen und an diesem und dem folgenden Tag in den Straßen von Paris gezeigt.

---

7 Ein Corps der königlichen Garde, das aus 100 Schweizern bestand.

Die Mörder sind also in den Wachraum der Cent-Suisses eingedrungen und haben oben auf der Marmortreppe einen dritten Leibgardisten getötet; jetzt fordern sie mit lautem Geschrei den Kopf der Königin. Die schrecklichen Drohungen und das Geheul dieser wilden Tiere hallten im ganzen Schloß wider; die Leibgarde errichtet in ihrem Wachraum eine Art Barrikade und zieht sich zum Œil-de-bœuf[8] hin zurück, aber ihre kümmerliche Barrikade wird bald aus dem Weg geräumt, und man verfolgt sie von Saal zu Saal. Der Gardist, der vor der Tür der Königin auf Posten stand[9], verteidigt sich heldenhaft, und bevor er unterliegt, schlägt er durch sein Rufen und durch wiederholtes Hämmern an die Tür des Gemachs Alarm. Die Königin wird von ihren Frauen geweckt, springt aus dem Bett und flieht im Hemd über einen langen, schmalen Balkon, der an den Fenstern der inneren Gemächer entlangläuft; sie erreicht eine kleine Tür, die zum Œil-de-bœuf führt, und nachdem sie fünf Minuten darauf gewartet hat, daß diese Tür geöffnet würde, sucht sie Zuflucht im Schlafzimmer des Königs. Kaum hatte sie ihr Gemach verlassen, als eine Mörderbande, darunter zwei Männer in Frauenkleidern, bis zum Bett vordrangen und die Vorhänge mit ihren Piken hochhoben. Voller Wut, die Königin nicht gefunden zu haben, stürmten sie zurück in die Galerie, um ins Œil-de-bœuf einzudringen, sie hätten zweifellos Frankreich Grund zur Trauer gegeben, wenn sie nicht auf die Grenadiere der ehemaligen Gardes Françaises getroffen wären, die dieses Vorzimmer schon besetzt hielten, das Gemach des Königs verteidigten und die Standarte der Leibgarde schwenkten, um diese vor der Wut der Schlächter zu retten, indem sie sie entweder gefangennahmen oder ins

8 Ein bestimmter Saal des Schlosses, der sein Licht durch ein rundes Fenster (*Œil-de-bœuf*) bekommt.
9 Es war der Chevalier de Miomandre Sainte-Marie; er erhielt mehrere Hiebe mit Piken und Säbeln in den Leib und auf den Kopf. Man nahm eine Trepanation vor, und er starb nicht an seinen Wunden. Einer seiner Kameraden, M. de Repaire, kam ihm zu Hilfe, auch um die Tür der Königin zu verteidigen; er wurde ebenso schlimm verletzt wie der andere. [Anm. d. Verf.]

Gemach von Louis XVI und den Ratssaal eintreten ließen; dort wollten diese Unglücklichen das Leben des Königs entschlossen bis zum letzten Blutstropfen verteidigen. Endlich treiben die Grenadiere, nachdem sie den Leibgardisten etwas Luft verschafft haben, die blutrünstige Meute der Banditen und Mörder allmählich zurück, zwingen sie hinunter in die Höfe und besetzen alle strategischen Positionen, um das Schloß vor einer neuen Invasion zu schützen.

[La Fayette rettet den beim Schloßgitter festgehaltenen Leibgardisten das Leben, der König verhindert, daß einige andere getötet werden.]

Obwohl das Volk die Leibgardisten verschont hatte, verlor es den Hauptzweck seines Unternehmens nicht aus den Augen und verlangte mit lautem Geschrei, der König solle seinen Sitz nach Paris verlegen. M. de La Fayette schickte eine Meldung nach der anderen; der König, erschöpft, von allen Seiten bedrängt und bestürmt, gab schließlich nach und versprach, er würde mittags abfahren. Diese Zusage ging gleich von Mund zu Mund, und der Beifall des Volkes, Kanonenschüsse und das Trommelfeuer der Musketen antworteten darauf. Ihre Majestät trat selbst auf den Balkon, um sein Wort zu bekräftigen.

Als er nun zum zweiten Mal erschien, kannte die Freude der Pariser keine Grenzen mehr und äußerte sich in den scheußlichsten Formen. Man packte die Leibgardisten, denen man gerade das Leben geschenkt hatte; man riß ihnen die Uniform vom Leib und steckte sie in diejenige der Nationalgarde. Sie wurden als Gefangene, Geiseln, als Zierde des Triumphes der Sieger zurückgehalten. Die beiden Milizen aus der Hauptstadt und aus Versailles beleidigten mehrere Stunden lang pausenlos durch ihre Glücksbezeugungen den König und seine Familie. Das Ungeheuer mit der spitzen Mütze und dem langen Bart, das wir schon portraitiert haben, spazierte ostentativ über den Platz, stellte sein Gesicht und seine Arme zur Schau, die mit dem Blut der Leibgardisten verschmiert waren, und beklagte sich, daß man ihn nach Ver-

sailles hätte kommen lassen, um nur zwei Köpfe abzuschla-
gen. Aber nichts kam der unmenschlichen Raserei der
Fischweiber gleich: Drei von ihnen setzten sich auf die Leiche
eines Leibgardisten und verschlangen sein Pferd, das die
anderen zerstückelt und zubereitet hatten; die Pariser tanzten
um dieses merkwürdige Festmahl herum. Angesichts ihres
Überschwangs, ihrer Unruhe, ihrer unartikulierten, barbarischen Schreie hätte sich Louis XVI, der sie von seinem Fenster aus sah, für den König der Kannibalen und aller Menschenfresser der neuen Welt halten können. Bald danach verlangten das Volk und die Milizen, die Königin zu sehen, um
ihren Rausch durch einen neuen Erfolg noch zu steigern.
Diese Fürstin, die bisher nur für die Gazetten und die Gesell-
schaftschronik gelebt hatte und jetzt für die Geschichte lebt,
erschien auf dem Balkon, mit dem Dauphin und Madame
Royale[10] an ihrer Seite. Zwanzigtausend Stimmen riefen ihr
zu: »Keine Kinder!« Sie schickte sie zurück und zeigte sich
allein. Da triumphierten die von ihr in dieser Erniedrigung
demonstrierte Größe und der Beweis von Mut, den sie durch
ihren Gehorsam in einer so gefährlichen Situation gab, dank
des Überraschungseffekts über die Barbarei des Volkes: man
spendete ihr von allen Seiten Beifall. Ihre Natur erhob
plötzlich die Instinkte der verirrten Menge, und während
ihre Feinde Verbrechen, Verschwörungen und langwierige
Machenschaften benötigten, um sie ermorden zu lassen,
brauchte sie nur einen Augenblick, um Bewunderung zu
erregen. So brachte die Königin die öffentliche Meinung zum
Schweigen, indem sie ihr Leben aufs Spiel setzte; während der
König das seine nur auf Kosten des Throns und seiner Freiheit rettete. [...]

Der König fuhr erst um ein Uhr mittags ab. Alles war
schon ziemlich lange bereit für den Triumphzug, dessen

---

10 Marie-Thérèse (1778–1851), die einzige Tochter des Königspaars; nach dem
10. August 1792 wurde sie mit ihren Eltern und dem Dauphin im Temple gefangengehalten, sie überlebte als einzige die Terreur und wurde 1795 den Österreichern übergeben.

Hauptperson er war; und das Volk murrte schon laut über die Verzögerung des Vollzugs[11].

Zuerst sah man den größten Teil der Pariser Truppen vorbeimarschieren; jeder Soldat hatte ein Brot auf sein Bajonett gespießt. Dann folgten die Fischweiber, trunken von Raserei, Freude und Wein, die mit Bändern geschmückte Äste in Händen hielten, rittlings auf Kanonen oder im Sattel saßen und die Hüte der Leibgarde aufgesetzt hatten; manche hatten einen Küraß angelegt, andere trugen Säbel und Gewehre. Der Haufen der Banditen und der Pariser Arbeiter umgab sie, und inmitten dieser Truppe hielten zwei Männer mit nackten, blutbefleckten Armen die Köpfe von zwei Leibgardisten hoch. Die Karren mit Getreide und Mehl, die man in Versailles konfisziert hatte, bildeten, bedeckt mit Blattwerk und grünen Zweigen, einen Konvoi, dem die Grenadiere folgten; sie hatten die Leibgardisten in Gewahrsam, denen der König das Leben gerettet hatte. Diese Gefangenen wurden einzeln mitgeführt, sie waren unbewaffnet, ohne Kopfbedeckung und zu Fuß. Die Dragoner, die Soldaten des Regiments Flandern und die Cent-Suisses waren auch dabei; sie marschierten vor, neben und hinter der Karosse des Königs. Der Fürst hatte die ganze königliche Familie und die Erzieherin der Kinder[12] bei sich; man kann sich leicht vorstellen, in welchem Zustand sie waren; obwohl die Königin, aus Sorge, sie könnten der Hauptstadt mehr Trauer als Haltung zeigen, den Prinzessinnen und ihrem ganzen Gefolge nahegelegt hatte, die nachlässige Toilette vom Morgen in Ordnung zu bringen. Es wäre schwierig, das Durcheinander und die Schwerfälligkeit dieses Zuges zu schildern, der von halb zwei bis sieben Uhr unterwegs war. Man brach unter einer Salve aus allen Muske-

11 *exécution*, »Durchführung, Vollzug«, aber auch »Hinrichtung«.
12 Louise-Elisabeth de Croy-d'Havrès, spätere Duchesse de Tourzel (1749 bis 1832), löste die Duchesse de Polignac, die Vertraute Marie Antoinettes, als Erzieherin der Kinder ab, nachdem diese im Sommer 1789 emigriert war; sie war bei dem Fluchtversuch nach Varennes mit dabei, begleitete die königliche Familie nach dem 10. August 1792 in den Temple, wurde dann aber bald von ihr getrennt.

ten der Garde von Versailles und der Pariser Milizen auf. Von
Zeit zu Zeit hielt man an, um weitere Salven abzufeuern; dann
stiegen die Fischweiber von ihren Kanonen und Pferden, um
im Reigen um die beiden abgeschlagenen Köpfe und vor der
Karosse des Königs zu tanzen; sie stießen Jubelschreie aus,
fielen den Soldaten um den Hals und grölten Lieder mit dem
Refrain: »Hier kommen der Bäcker, die Bäckersfrau und der
kleine Bäckerjunge.«[13] Der Schrecken eines düsteren, kalten
und regnerischen Tages, die niederträchtige Miliz, die im
Schlamm watete, diese Harpyien, diese Monster mit mensch-
lichem Gesicht, und die zwei hochgehaltenen Köpfe; ein
Monarch, der inmitten seiner gefangenen Gardisten mit seiner ganzen Familie langsam weggeschleppt wurde – all das
ergab ein so schreckliches Schauspiel, eine so jämmerliche
Mischung aus Schande und Leid, daß die Augenzeugen ihre
Phantasie noch nicht haben beruhigen können[14]; und daher
kommen so zahlreiche grundverschiedene und verstümmelte
Berichte über diese Nacht und diesen Tag, die den Franzosen
noch mehr Anlaß zur Reue geben werden, als sie den
Geschichtsschreibern an bemerkenswerten Details liefern.

13 Weil man sich von der Ankunft der Königsfamilie in Paris eine Verbesserung
der Lebensmittelversorgung erhoffte.
14 Rivarol publizierte sein *Journal politique et national* 1789/90; in jeder Nummer zeichnet er ein Ereignis aus den ersten Monaten der Revolution nach, d. h.,
er urteilt noch nicht aus historischer Distanz, aber auch nicht mehr aus dem
Blickwinkel des auf die Tagesaktualität fixierten Journalisten.

18

Ein Augenzeugenbericht über den Zug der Marktweiber nach Versailles

Ganz anders als von Rivarol werden die Ereignisse des 5. Oktober von einer der Beteiligten dargestellt.
Quelle: CahiersFemmes. S. 79–82.

Ereignisse in Paris und Versailles

Oktober 1789

von einer der Damen, die die Ehre gehabt hat, der Abordnung bei der Nationalversammlung anzugehören.

Gegen halb neun Uhr morgens sprachen viele Frauen im Rathaus vor: Die einen verlangten M. Bailly und M. de La Fayette, weil sie von ihnen wissen wollten, warum man sich nur mit größter Mühe und zu einem so hohen Preis Brot verschaffen könne; andere forderten unbedingt, daß der König und die Königin nach Paris kommen und im Louvre wohnen sollten, wo sie, hieß es, ungleich besser aufgehoben wären als in Versailles; wieder andere verlangten, daß alle, die schwarze Kokarden trugen, sie auf der Stelle ablegten; daß man das Regiment Flandern und die Leibgarde entließe und daß ihre Majestäten keine anderen Garden haben sollten als die Pariser Nationalgardisten. Unterdessen waren der Kommandant M. de Gouvion[1], Richard du Pin, stellvertretender

---

1 Louis-Jean-Baptiste Comte Gouvion (1752–1823), der während der ersten Feldzüge der Revolution zum General aufstieg; nicht zu verwechseln mit dem jüngeren Laurent Gouvion-Saint-Cyr, dem späteren Marschall Napoléons. – Gouvion führt hier den Titel eines *Major-Général*; dieser Rang wurde 1790 abgeschafft, Napoléon belebte ihn später wieder, gab ihm aber eine andere Bedeutung. Im Ancien Régime gab es je einen Major-Général für die Infanterie, die Kavallerie und die Dragoner; ihre Aufgabe bestand vor allem darin, ihren

Zug der Marktweiber nach Versailles (zeitgenössischer Stich)

Kommandeur der Sieger der Bastille, und der Zeugmeister Lefèvre in größter Gefahr, denn die Menge wollte sie aufhängen, aus Wut darüber, daß sie weder Waffen noch Munition fand, und sie entkamen nur durch eine Art Wunder. Gegen Mittag oder ein Uhr hatte es der Marquis de La Fayette, der sich von einem Zug nach Versailles offenbar nichts Gutes erwartete, endlich für richtig gehalten, den dringenden Wünschen der Bürger nachzugeben; da verläßt Marie-Louise Lenoël, verehelichte Cheret, wohnhaft Rue de Vaugirard, die gerade auf dem Markt in Passy gute Geschäfte machte, plötzlich ihre tugendhafte Mutter, verzichtet auf einen sicheren Gewinn, mischt sich unter die Bürgerinnen, die nach Versailles ziehen, und vertraut sich mit ihnen der Führung der Herren Hulin, Maillard und anderer Sieger der Bastille[2] an; dieser Helden, die ihrem Lorbeer vom 14. Juli die Ehre hinzufügen wollten, die Nationalversammlung auf die Wurzel des Unglücks der Bevölkerung aufmerksam zu machen, ohne die die größten Monarchen absolut nichts sind. Am Point-du-jour machten die Bürgerinnen unserer Hauptstadt halt, um sich zu formieren; die Männer zwangen in Sèvres[3] die Händler, ihnen gegen Bezahlung Lebensmittel zu überlassen, und begaben sich nach Versailles. Unterwegs wurden zwei oder drei Personen angehalten, darunter einer, der im Auftrag des Königs unterwegs war; man zerriß ihre schwarzen Kokarden und zwang sie, sich dem Zug anzuschließen. Als der den Wohnsitz ihrer Majestäten erreichte, klatschten die Bürger von Versailles, das Regiment Flandern und die Dragoner (mit Ausnahme der Offiziere) in die Hände, taten ihre Befriedigung durch Freudenschreie kund, beglückwünschten die Ankömmlinge und baten sie, sich für das Gemeinwohl einzu-

Truppen in der Schlacht die Befehle des Oberkommandierenden zu überbringen und dafür zu sorgen, daß diese befolgt wurden.

2 Pierre-Augustin Hulin (1758–1841) stand beim Sturm auf die Bastille an der Spitze der Gardes françaises, die sich dem Volk angeschlossen hatten; unter Napoléon brachte er es bis zum General. Maillard (1763–94), Gerichtsdiener, nahm auch unter der Terreur aktiv Anteil an der Revolution.

3 Im Original *Sève*; das Dorf Sèvres wurde von der Nationalgarde geplündert.

setzen. Wie konnte man eine solche Bitte überhaupt an
Frauen richten, die als Französinnen geboren wurden und an
ihrer Spitze die Helden der Bastille hatten? Einige Minuten
später, gegen vier Uhr, schlugen unsere Bürgerinnen unter
der Führung der Herren Hulin und Maillard den Weg zur
Nationalversammlung ein, zu der sie sich nur mit Mühe
Zugang verschafften. Welch beeindruckendes Schauspiel bot
sich ihnen dar! Ihr Erscheinen mußte freilich gewissen Mitgliedern eines Standes mißfallen, den es nie gegeben hätte,
wenn unsere Väter klug genug gewesen wären, nachzuden-
ken und zu erfassen, daß es, da es zur Zeit der fränkischen
Invasion Galliens nur zwei Arten von Leuten gab: die Sieger,
die den Adel bildeten, und die Besiegten, die nicht adlig
waren, höchst absurd ist, unter die Repräsentanten einer
Nation wie der unseren Männer aufzunehmen, die nur die
Nutznießer der Güter sind, die blinde Leichtgläubigkeit
ihnen zugesteht. Wie dem auch sei, trotz der Furcht, die
unsere lieben Freundinnen unter den Pfaffen verbreiteten –
einige von ihnen verließen den Saal –, schienen sie den ehren-
werten Mitgliedern der Nationalversammlung unbedingt
entschlossen, das Feld nicht zu räumen, bevor nicht etwas
Definitives entschieden wäre; deshalb gestand man unseren
zwölf Vertreterinnen[4] folgendes zu: 1. eine neue Export-
sperre für Getreide; 2. das Versprechen, den Weizenpreis auf
die angemessene Summe von 24 Livres festzusetzen, damit
das Brot billig und selbst für die minderbemittelten Bürger
erschwinglich wäre; 3. einen Fleischpreis von nicht mehr als 8
Sous pro Pfund. Unterdessen vergnügten sich, so sagt man,
die Leibgarde und die Nationalgardisten damit, in der
Gegend herumzuschießen; bleibt zu fragen, ob die ersteren
sich mit Ruhm bedeckt haben; aber es geht das Gerücht, daß
wir nur geringe Verluste erlitten haben und daß der König am

---

4 Entgegen dem Eindruck, den der Bericht Rivarols (Nr. **17**) erweckt, empfing
die Nationalversammlung zunächst offenbar in der Tat nur eine Abordnung von
15 Frauen, von denen sechs den Präsidenten zum König begleiteten; erst später
besetzten die Fischweiber den Sitzungssaal.

5. Oktober 1789 einmal mehr bewiesen hat, daß er den Titel
Wiederhersteller der Französischen Nation verdient, den man
ihm am 17. Juli verliehen hat[5]. Unsere ruhmreichen Bürgerinnen sind auf Kosten ihrer Majestät in Wagen zum Rathaus
von Paris zurückgebracht worden, wo wir die Befreierinnen
der Hauptstadt empfangen haben; dieses Ereignis muß auf
immer und ewig die Machenschaften der gegenwärtigen und
künftigen Aristokraten zum Scheitern bringen.

Madame Cheret[6]

19

Mme de Staël über die Parteien in der Nationalversammlung

Über die Verfasserin vgl. Nr. 6.
Quelle: StaëlCons. S. 192–197. (Gekürzt.) *Übers.:* Bd. 2.
S. 304–316. (Revidiert.)

5 Am 17. Juli war der König nach Paris gekommen, hatte sich vor dem Rathaus
mit der blau-weiß-roten Kokarde gezeigt und so die Ereignisse vom 14. sanktio-
niert. – In der Nacht vom 4. August verlieh ihm die Nationalversammlung den
Titel »Wiederhersteller der Freiheit Frankreichs«, vgl. Nr. 12.
6 Über diese Madame Cheret ist weiter nichts bekannt; sie wird durch die
Überschrift und die Namensnennung am Schluß als Verfasserin bezeichnet.
Innerhalb des Textes ist von ihr jedoch in der dritten Person die Rede, und am
Ende reiht sich der/die Schreibende in die Gruppe derer ein, die Paris nicht
verlassen und den zurückkehrenden Fischweibern einen triumphalen Empfang
bereitet haben. Madame Cheret war also offenbar die Informantin des anonym
bleibenden Verfassers und hat den Bericht nicht selbst verfaßt, was bei einer Frau
aus dem Volk auch verwundert hätte.

Über die verschiedenen Parteien, die in der Nationalversammlung auf sich aufmerksam machten

In der ganzen Volkspartei war die Denkweise grundsätzlich gleich, denn alle wollten die Freiheit. Aber unter der Mehrheit wie unter der Minderheit der Versammlung gab es einzelne Gruppierungen, und größtenteils gründeten sie auf den persönlichen Interessen, die anfingen, sich zu rühren. Wenn der Einfluß der Versammlungen nicht auf die Gesetzgebung allein beschränkt ist und sich ein großer Teil der Macht, die über Geld und Stellen entscheidet, in ihren Händen befindet, so erzeugen in allen Ländern, aber besonders in Frankreich, Ideen und Grundsätze nur noch Sophismen, durch welche die allgemeinen Wahrheiten auf geschickte Weise in den Dienst persönlicher Berechnung gestellt werden.

Die Seite der Aristokraten, die man die rechte nannte, setzte sich fast ganz aus Adligen, Mitgliedern der Parlements und Prälaten zusammen; kaum dreißig Mitglieder des Dritten Standes hatten sich ihnen angeschlossen. Diese Partei, die gegen alle Beschlüsse der Versammlung protestiert hatte, nahm nur aus Vorsicht teil. Alles, was dort geschah, erschien ihr anmaßend, aber wenig seriös, so lächerlich fand sie die Entdeckung des 18. Jahrhunderts: *eine Nation*, da man bisher nur Adlige, Priester und Volk gehabt hatte! Wenn die Deputierten der Rechten ihre ironische Haltung ablegten, behandelten sie jede Veränderung der alten Institutionen als Gottlosigkeit; wie wenn innerhalb der Natur nur die gesellschaftliche Ordnung zur doppelten Schwäche der Kindheit und des Greisenalters verurteilt wäre und von einem gestaltlosen Anfang zu einem debilen Alter übergehen sollte, ohne daß die im Lauf der Zeit erworbenen Kenntnisse ihr jemals wahre Kraft verleihen könnten. Die Privilegierten bedienten sich der Religion als Schutzwehr für die Interessen ihrer Kaste, und indem sie so Privilegien und Dogmen vermischten, haben sie der Herrschaft des wahren Christentums in Frankreich sehr geschadet.

Der Adel hatte [...] M. de Cazalès[1] als Redner, der vor fünfundzwanzig Jahren geadelt worden war; denn die meisten begabten Männer unter den alten Edelleuten hatten die Partei des Volkes ergriffen. Der Abbé Maury[2], der Redner des Klerus, verteidigte oft die gute Sache, weil er zur Partei der Besiegten gehörte, und dieser Vorteil trug mehr zu seinen Erfolgen bei als sein Talent selbst. Der Erzbischof von Aix[3], der Abbé de Montesquiou[4] usw., geistreiche Verteidiger ihres Standes, suchten manchmal, wie auch Cazalès, ihre Gegner zu gewinnen, um von ihnen nicht Zustimmung zu ihrer Meinung, sondern Beifall für ihr Talent zu erhalten. Die übrigen Aristokraten richteten nur Beschimpfungen an die Adresse der Volkspartei; und da sie sich nie mit den Umständen abfanden, glaubten sie, das Gute zu tun, während sie das Übel verschlimmerten. Ganz damit beschäftigt, ihren Ruf als Propheten zu rechtfertigen, wünschten sie ihr eigenes Unglück um der Genugtuung willen, richtig vorausgesagt zu haben.

Die beiden radikalsten Parteien der Versammlung plazierten sich im Saal gleichsam an den beiden äußersten Enden eines Amphitheaters und setzten sich rechts und links auf die obersten Bänke. Weiter unten auf der rechten Seite fand man, was man die Ebene oder den Sumpf[5] nannte, das heißt die Gemäßigten, meistenteils Verteidiger der englischen Verfassung. Ich habe die wichtigsten unter ihnen schon erwähnt: Malouet, Lalli [sic], Mounier[6]; sie waren die gewissenhafte-

---

1 Jacques de Cazalès (1758–1805), einer der engagiertesten Verteidiger der alten Ordnung in den Generalständen; emigrierte 1792.
2 Jean-Siffrein Maury (1746–1817), seit 1785 Mitglied der Académie française, begabter Redner; 1792 emigriert, 1794 Kardinal. Schloß sich 1806 Napoléon an.
3 Boisgelin de Cucé, galt wie der Abbé de Montesquiou als Liberaler.
4 Abgeordneter des Klerus von Paris.
5 Die *plaine* oder der *marais*, im Gegensatz zur *montagne* (s. u.); diese Bezeichnungen werden erst für die Convention (seit September 1792) gebräuchlich.
6 Drei Führer der *monarchiens*, die eine konstitutionelle Monarchie nach engli-

sten Männer in der Versammlung. Aber obgleich Lalli mit
einer prächtigen Beredsamkeit begabt, Mounier ein äußerst
kluger Publizist und Malouet ein Administrator ersten Ranges war; obgleich sie außerhalb von den Ministern, Necker an
der Spitze, unterstützt wurden und in der Versammlung
mehrere verdiente Männer sich oft ihre Meinung zu eigen
machten, übertönten die beiden radikalen Parteien ihre Stimmen, die mutigsten und reinsten von allen. Man konnte sie
unablässig in der Wüste einer verirrten Menge hören; aber die
fanatischen Aristokraten konnten diese Männer nicht ertragen, die eine weise, freie und folglich dauerhafte Verfassung
schaffen wollten; und oft sah man, wie sie lieber den wüten-
den Demagogen die Hand reichten, deren Wahnsinn Frankreich wie sie selbst mit schrecklicher Anarchie bedrohte.
Gerade das charakterisiert den Parteigeist, oder vielmehr jene
übersteigerte Eigenliebe, die keine andere Sichtweise außer
ihrer eigenen gelten läßt.

Von den Unparteiischen stieg man wieder hinauf zur
Volkspartei, die, wenn auch ganz einig über alle wichtigen
Fragen, sich in vier Gruppen teilte, die man leicht unterscheiden konnte. M. de La Fayette[7] erfreute sich als Befehlshaber
der Nationalgarde und als der uneigennützigste und glühend-
ste Freund der Freiheit großen Ansehens in der Versammlung; aber seine Skrupel erlaubten ihm nicht, auf die Beratungen der Volksvertreter Einfluß zu nehmen, und vielleicht
hätte es ihn auch zuviel Überwindung gekostet, seine Popularität außerhalb der Versammlung aufs Spiel zu setzen durch
Debatten, in denen die königliche Autorität gegen die demo-

schem Vorbild erstrebten. – Lally-Tollendal verdankte seinen Ruf als Opposi-
tioneller der Tatsache, daß er Voltaire veranlaßt hatte, für die Rehabilitierung
seines 1766 hingerichteten Vaters zu kämpfen (dieser hatte Pondichéry den Eng-
ländern übergeben); das Urteil wurde 1778 revidiert.
7 Gilbert Motier, Marquis de La Fayette (1757–1834), hatte im amerikanischen
Unabhängigkeitskrieg gekämpft; zunächst begeisterter Anhänger der Revolution, versuchte er später, die Monarchie zu retten, geriet zwischen alle Fronten
und emigrierte nach dem 10. August 1792. Die Österreicher setzten ihn gefangen, erst Napoléon sorgte für seine Befreiung.

kratischen Prinzipien verteidigt werden mußte. Er zog sich lieber auf die passive Rolle zurück, die dem Militär zukommt. Später opferte er mutig diese Liebe zur Popularität, seine größte Leidenschaft; aber solange die verfassunggebende Versammlung bestand, verlor er von seinem Ansehen bei den Abgeordneten, weil er zu selten Gebrauch davon machte.

Mirabeau, dessen Bestechlichkeit man kannte, genoß persönliche Sympathie nur bei denen, die an seinen künftigen Erfolgen teilhaben wollten. Aber obwohl er eigentlich keine Partei hatte, nahm er auf alle Einfluß, wenn er von seiner bewundernswerten Geisteskraft Gebrauch machte. Die einflußreichen Männer auf der Volksseite waren, eine kleine Zahl von Jakobinern ausgenommen, Duport, Barnave[8] und einige junge Leute vom Hof, die Demokraten geworden waren; Männer, die unbestechlich, aber äußerst begierig waren, eine Rolle zu spielen. Duport, Rat am Parlement, war sein ganzes Leben lang von den Nachteilen der Institution durchdrungen gewesen, zu der er gehörte; seine profunden Kenntnisse in der Jurisprudenz aller Länder erwarben ihm in dieser Hinsicht das Vertrauen der Versammlung.

Barnave, ein junger Advokat aus der Dauphiné, von seltener Begabung, war durch sein Talent mehr als irgendein anderer Abgeordneter dafür geschaffen, ein Redner nach englischer Art zu sein. Durch ein unüberlegtes Wort brachte er sich um alles Ansehen bei der Partei der Aristokraten. Nach dem 14. Juli war man mit Recht über den Tod dreier während des Aufstands ermordeter Opfer[9] empört. Barnave, berauscht vom Triumph dieses Tages, ertrug ungeduldig die

8 Adrien Duport (1759–98), Abgeordneter des Adels, war wie Alexandre Lameth und Barnave ein Führer der Fortschrittlichen.
9 Flesselles, der Vorsteher der Pariser Kaufmannschaft, war am 14. Juli im Rathaus festgehalten und endlich getötet worden, sein Kopf wurde auf einer Pike durch die Stadt getragen. Am 22. Juli wurde Foullon, ein Mitarbeiter des Kriegsministers und angeblicher Spekulant, verhaftet; von ihm ging das Gerücht, er habe gesagt, das Volk solle Heu fressen. Die wütende Menge erhängte ihn an einer Laterne. Das gleiche Schicksal widerfuhr wenig später seinem Schwiegersohn Bertier, dem königlichen Intendanten von Paris.

Anklagen, die sich gegen das ganze Volk zu richten schienen; und er rief in bezug auf die grausam Ermordeten aus: *War denn ihr Blut so rein?* Verderbliches Wort, ohne jede Beziehung zu seinem wahrhaft anständigen, feinfühligen und sogar empfindsamen Charakter. Aber seine Karriere hatte er sich durch diese zu verurteilenden Worte für immer verdorben: Alle Zeitungen, alle Reden der Rechten brandmarkten ihn damit, und man reizte seinen Stolz so sehr, daß es ihm unmöglich wurde, Reue zu zeigen, ohne sich zu erniedrigen. [. . .]

In der ersten Reihe der Volkspartei fiel der Abbé Sieyes auf, den sein Charakter isolierte, obwohl er von den Bewunderern seines Geistes umgeben war. Er hatte bis zum vierzigsten Lebensjahr ein einsames Leben geführt und über politische Fragen nachgedacht, wobei er eine große Abstraktionsfähigkeit erkennen ließ; aber er war wenig geeignet, mit den anderen Menschen umzugehen, so leicht ärgerte er sich über ihre Fehler und so sehr verletzte er sie durch die seinen. Da er aber doch einen überlegenen Geist besaß und sich lakonisch und schneidend auszudrücken vermochte, war es in der Versammlung Mode, ihm einen geradezu abergläubischen Respekt zu zollen. Mirabeau wollte nichts lieber als dem Schweigen des Abbé Sieyes einen höheren Rang als seiner eigenen Beredsamkeit einräumen, denn diese Art von Rivalität braucht man nicht zu fürchten. Man glaubte, Sieyes, dieser geheimnisvolle Mann, besitze Geheimnisse über Verfassungen, von denen man ganz erstaunliche Wirkungen erhoffte, wenn er sie offenbaren würde. Einige junge Leute, und sogar überlegene Geister bekannten öffentlich die größte Bewunderung für ihn; und einstimmig lobte man ihn auf Kosten jedes anderen, weil er sich bei keiner Gelegenheit ganz und gar einschätzen ließ.

Mit Sicherheit wußte man nur, daß er die Sonderstellung des Adels verabscheute; und doch hatte er von seinem Priesterstand her eine Neigung für den Klerus behalten, die sich bei der Abschaffung der Zehnten[10] aufs deutlichste kundtat. *Sie wollen frei sein und verstehen nicht, gerecht zu sein*, sagte er bei dieser Gelegenheit; und alle Fehler der Versammlung waren in diesen Worten enthalten. Man mußte sie freilich auf die verschiedenen Klassen der Gesellschaft gleichermaßen anwenden, die Anspruch auf Geldentschädigungen hatten. Die Anhänglichkeit des Abbé Sieyes an die Geistlichkeit hätte jeden anderen um allen Einfluß bei der Volkspartei gebracht; aber wegen seines Hasses gegen den Adel verziehen ihm die Montagnards seine Schwäche für die Priester.

Diese Montagnards bildeten die vierte Partei der linken Seite. Robespierre gehörte schon zu ihnen, und der Jakobinismus wurde von ihren Clubs vorbereitet. Die Anführer der Volkspartei machten sich über die Übertreibungen der Jakobiner lustig und gefielen sich in der maßvollen Pose, die sie im Vergleich zu den aufrührerischen Verschwörern annehmen konnten. Man hätte sagen mögen, daß die angeblich Gemäßigten sich die fanatischen Demokraten zu Anhängern machten, wie der Jäger seine Meute führt und sich rühmt, sie im Zaum halten zu können.

Man wird sich fragen, welche Partei in dieser Versammlung die von Orléans genannt werden konnte. Vielleicht gab es gar keine, denn niemand erkannte den Duc d'Orléans[11] als Oberhaupt an, und er selbst wollte niemandes Führer sein. Im Jahre 1788 hatte ihn der Hof sechs Wochen lang in eine seiner Ländereien verbannt, und man hatte sich einige Male seinen ständigen Reisen nach England widersetzt; die gereizte Stimmung des Herzogs muß man diesen Widrigkeiten zuschreiben. In ihm war mehr Unzufriedenheit als zielstrebiges Pla-

---

10 Die *dimes*, die Abgaben auf alle landwirtschaftlichen Produkte, Arbeitsleistungen usw. zugunsten der Kirche, die trotz der Bezeichnung weit weniger als den zehnten Teil des Werts ausmachten.

11 Herzog Louis-Philippe-Joseph von Orléans, genannt Philippe Egalité (1747–93), unterstützte die Revolution; in den Unruhen vom 5./6. Oktober 1789 sahen viele das Werk seiner Partei (vgl. Nr. **17**). Stimmte in der Convention für den Tod des Königs, geriet trotzdem unter der Terreur in Verdacht und wurde im November 1793 guillotiniert.

nen, mehr flüchtige Anwandlungen als wirklicher Ehrgeiz. Der Glaube an die Existenz einer Partei des Hauses Orléans wurde durch eine Idee erzeugt, die allgemein in den Köpfen der Publizisten von damals vorhanden war, daß nämlich eine Abweichung von der erblichen Linie, so wie sie in England gegeben hatte, die Einführung der Freiheit begünstigen könnte; denn man würde an die Spitze der Verfassung einen König setzen, der ihr den Thron verdankte, statt eines Königs, der sich durch sie beraubt fühlte. Aber der Duc d'Orléans war in jeder Beziehung am wenigsten geeignet, in Frankreich die Rolle von William III in England[12] zu spielen; und selbst wenn man die Achtung, die man für Louis XVI empfand und die man ihm schuldete, außer acht ließ, konnte der Duc d'Orléans weder sich selbst behaupten, noch irgend jemanden stützen. Er besaß Eleganz, vornehme Manieren und Geist in Gesellschaft, aber seine Erfolge in der großen Welt bewirkten bei ihm eine große Leichtfertigkeit in den Grundsätzen, und als die revolutionären Stürme ihn erfaßten, war er ziellos und ohne Willen. Mirabeau sondierte in einigen Gesprächen seine Moral und war danach überzeugt, daß kein politisches Vorhaben auf einen solchen Charakter gegründet werden könne.

Der Herzog von Orléans stimmte in der verfassunggebenden Versammlung immer mit der Volkspartei, vielleicht in der unbestimmten Hoffnung, das große Los zu ziehen; diese Hoffnung hat sich jedoch bei niemandem jemals konkretisiert. Man sagt, der Pöbel stand in seinem Sold. Aber dem sei, wie es wolle, nur wer keinen Begriff von der Revolution hat, kann auf den Gedanken kommen, dieses Geld, wenn es denn bezahlt wurde, habe den mindesten Einfluß ausgeübt. Ein ganzes Volk wird nicht durch solche Mittel in Bewegung

---

12 William III von Oranien (1650–1702), Schwiegersohn von König James II, dessen Versuche, den Katholizismus in England wiederzubeleben, auf Widerstand stießen; vom Parlament ins Land gerufen, landete William 1688 in England und vereinigte die Mehrheit des Volkes hinter sich, so daß er James ablösen konnte (Glorious Revolution).

gesetzt. Der große Irrtum der Hofleute war immer, in einigen Details die Ursache der Empfindungen zu suchen, die die ganze Nation artikulierte.

20

Marat über Vorschläge, bestimmten Gruppen die Bürgerrechte zu verweigern

Mit der Annahme der Menschen- und Bürgerrechtserklärung am 26. August 1789 hatte die Nationalversammlung noch nicht darüber entschieden, ob diese Rechte wirklich für alle gelten sollten; im Ami du peuple vom 25. Dezember 1789 berichtet Marat über eine diesbezügliche Debatte. Dabei wurden Restriktionen abgelehnt; die Frage nach der Rechtsstellung der Juden wurde vertagt, sie wurden erst durch ein Dekret vom 28. September 1791 als Vollbürger anerkannt.
Quelle: MaratAPeuple. Nr. 77. S. 2 f.

Die Tagesordnung führte zurück zu der Diskussion betreffs der Nichtkatholiken, Juden, Schauspieler und des Vollstreckers der Urteile in Kriminalprozessen[1].

Der Duc de Liancourt ergriff das Wort; er sprach nur über die Frage der Schauspieler. »Wir müssen weder Dekrete verabschieden, um sie einzubeziehen, noch um sie auszuschließen, das haben sie nicht nötig; man soll sie nicht aus der allgemeinen Ordnung herausnehmen.«

---

1 Im allgemeinen wird der Henker von den übrigen Bürgern gemieden, häufig gilt er als ehrlos.

Der Prince de Broglie sagte, man müsse die Frage der Juden vertagen, über die übrigen dagegen entscheiden, und er legte den Entwurf eines entsprechenden Dekrets vor.

M. Reubell[2] forderte, den Ausschluß der Juden deutlich zu artikulieren.

M. Sachet protestierte lebhaft gegen diesen Ausschluß, der zu diesem Zeitpunkt nichts weniger als angebracht sei.

Der Abbé Maury, der das Schicksal der Juden festlegen wollte, schlug vor, die Frage folgendermaßen zu stellen: Haben die Juden oder haben sie nicht das Bürgerrecht in Frankreich, ja oder nein?

Anschließend ereiferte er sich über die Schauspieler und fand es höchst ungewöhnlich, daß sie in Briefwechsel mit dem Präsidenten der Versammlung stünden[3]; sofort gab es Unruhe auf allen Seiten, und man rief ihn zur Ordnung.

Der Abbé Maury erklärte sich: Er habe sich darüber beklagt, daß die Schauspieler, die angesichts der Öffentlichkeit der Sitzungen genau wüßten, worum es ginge, es in ihrem Brief ganz bewußt in Frage gestellt hätten, ob die Versammlung ein nur sie betreffendes Dekret erlassen hätte oder nicht.

Auf die Debatten über die Zulassung der Schauspieler folgten jene über die Zulassung der Juden.

Nach so langen Auseinandersetzungen, Verbesserungsvorschlägen[4] und erneuten Verbesserungsvorschlägen wurde endlich das folgende Dekret erlassen:

»Die Nationalversammlung beschließt

1. daß die Nichtkatholiken[5], die sonst alle durch die früheren Dekrete festgelegten Bedingungen erfüllt haben, um das aktive und passive Wahlrecht zu erhalten, ohne Ausnahme auf allen Ebenen der Administration gewählt werden können.

---

2 Jean-François Reubell (1747–1807) gehörte später zu den Montagnards.
3 Bezugnahme auf eine frühere Sitzung.
4 *mandemens*, offenbar Druckfehler für *amandemen(t)s*.
5 D. h. die Protestanten; eine Diskussion über die Rechte dieser Gruppe faßt Marat ebensowenig zusammen wie eine über den Sonderfall des Henkers.

2. Daß die Nichtkatholiken alle zivilen und militärischen Positionen besetzen können wie alle anderen Bürger, ohne daß damit bezüglich der Juden etwas vorweggenommen sein soll, über die sich die Versammlung eine Entscheidung vorbehält.

Darüber hinaus sollen gegen die Wählbarkeit eines Bürgers keine anderen Gründe für einen Ausschluß vorgebracht werden können als die, die sich aus den konstitutionellen Dekreten ergeben.«

21

Arthur Young über das Leben der königlichen Familie in Paris

Seit dem 6. Oktober 1789 residierte Louis XVI in den Tuileries; der Hof lebte hier in wesentlich beengteren Verhältnissen als in Versailles, vor allem aber kam die Lage der königlichen Familie in der Hauptstadt, ständig bewacht von der Bevölkerung, einer Gefangenschaft sehr nahe. – Über Arthur Young vgl. Nr. 3.
Quelle: YoungTravels. S. 288 f. *Übers.:* Bd. 1. S. 495 f. (Revidiert.)

Den vierten [Januar 1790]. Nach dem Frühstück ging ich im Garten der Tuileries spazieren und sah dort das Außerordentlichste, was Franzosen oder Engländer jemals in Paris sehen konnten. Der König ging spazieren, von sechs Grenadieren der Nationalgarde, einem oder zwei Offizieren seiner Garde und einem Pagen begleitet. Die Tore des Gartens werden mit Rücksicht auf ihn verschlossen gehalten, so daß nur die Abgeordneten und Leute mit einem Sonderausweis Zugang haben. Sobald er aber ins Schloß zurückging, wurden die Türen für alle ohne Unterschied geöffnet, obgleich die Königin noch mit einer Hofdame im Garten spazierte. Auch sie wurde von Nationalgardisten begleitet, die ihr so dicht auf dem Fuße folgten, daß sie, wenn die Königin nicht sehr leise sprach, alle ihre Worte hören konnten. Hinter ihr ging ein Haufen Pöbel, der sehr laut sprach und ihr weiter keine Achtung erwies, als den Hut abzunehmen, wenn sie vorbeiging; was in der Tat noch mehr war, als ich erwartet hatte. Die Königin scheint nicht recht gesund zu sein; man sieht es an ihrem Gesicht, daß sie sehr gelitten hat. Der König aber ist so korpulent, wie ihn nur alle Bequemlichkeiten machen können. Auf seinen Befehl ist hier für den Dauphin ein kleiner Garten abgeteilt, wo er spielen kann, und eine kleine Hütte ist errichtet worden, in die er hineintreten kann, wenn es regnet. Er arbeitete gerade mit seiner kleinen Hacke und einem Rechen, hatte aber auch zwei Mann Wache bei sich. Er ist ein sehr hübscher Knabe von fünf oder sechs Jahren[1], mit einer guten Physiognomie. Zu meiner Freude bemerkte ich, daß, wohin er auch ging, alle Hüte vor ihm abgenommen wurden. Anfangs ist es erschreckend, die ganze Familie so streng bewacht zu sehen (denn sie sind wirklich Gefangene); und es wäre noch weit erschreckender, wenn es nicht unbedingt notwendig wäre, um die Revolution durchzusetzen. Das kann ich mir allerdings nicht vorstellen; sollte es aber erforderlich sein, so kann man das Volk nicht tadeln, daß es alle möglichen Maßnahmen ergreift, um die Freiheit zu sichern, die es durch eine gewaltsame Revolution errungen hat.

1 Der Dauphin war 1785 geboren worden.

Die königliche Familie im Garten der Tuileries
(zeitgenössischer Stich)

22

Das Dekret über die Abschaffung des Adels (Sitzung der Nationalversammlung vom 19. Juni 1790)

Dieses Dekret verbietet in Artikel 2 das Führen von Adelstiteln; das bedeutet, daß der Comte de Mirabeau künftig nur noch als Honoré-Gabriel Riqueti, der Marquis de La Fayette nur noch als Gilbert Motier hätte bezeichnet werden dürfen, usw. Die Journalisten verwendeten nach Erlaß des Dekrets zum Teil auch diese Familiennamen, kehrten angesichts der allgemeinen Verwirrung aber bald zu den früheren Titeln zurück, die dann meist wie Namen gebraucht wurden (d. h. nur Mirabeau, La Fayette usw.).
Quelle: FrRevDoc. S. 66.

Artikel 1. Der erbliche Adel ist für immer abgeschafft; folglich dürfen die Titel *prince, duc, comte, marquis, vicomte, vidame, baron, chevalier, messire, écuyer, noble*[1] und alle anderen vergleichbaren Titel von niemandem, wer es auch sei, angenommen noch an jemanden verliehen werden.

Art. 2. Kein französischer Bürger darf einen anderen als seinen wirklichen Familiennamen führen; auch soll keiner Livree tragen oder tragen lassen, noch ein Wappen haben. Weihrauch soll in den Kirchen nur noch zur Ehre der Gottheit verbrannt werden, sonst soll er niemandem dargebracht werden, wer es auch sei.

Art. 3. Die Titel *monseigneur* und *messeigneurs* dürfen ebensowenig wie die Titel *excellence, altesse, éminence, gran-*

---

1 Prinz, Herzog, Graf; der Marquis steht zwischen dem Herzog und dem Grafen; Vizegraf; der *vidame* hielt ein Lehen von einem Bistum; Baron, Ritter; der Ehrentitel *Messire* war in späterer Zeit dem königlichen Kanzler vorbehalten; Junker, Edler.

deur[2] für irgendeine Körperschaft oder ein Individuum gebraucht werden, doch darf deshalb kein Bürger unter Berufung auf das vorliegende Dekret für sich das Recht in Anspruch nehmen, sich an den Grabmälern in den Kirchen oder an Urkunden, Rechtstiteln und anderen für die Familien oder die Besitzverhältnisse wichtigen Schriftstücken und an Denkmälern auf öffentlichen Plätzen oder auf Privatgrund zu vergreifen; und die Durchführung der Bestimmungen über die Livreen und die an den Kutschen angebrachten Wappen kann von niemandem vor dem 14. Juli, soweit es die Bürger von Paris, bzw. vor Ablauf von drei Monaten, soweit es die Bewohner der Provinzen betrifft, vollzogen oder gefordert werden.

Art. 4. Nicht betroffen von den Bestimmungen des vorliegenden Dekrets sind alle Ausländer, welche in Frankreich ihre Livreen behalten und ihre Wappen weiterführen können.

23

Das Ça ira

Zum ersten Jahrestag des Bastillesturms sollte auf dem Marsfeld das »Fest der Föderation« gefeiert werden, mit Abordnungen der Nationalgarden aus ganz Frankreich (vgl. Nr. 24); da die Herrichtung des Festplatzes nur schleppend voranging, übernahm die Pariser Bevölkerung die Initiative, Männer und Frauen aus allen Schichten griffen zu Hacke und Schaufel, um die Erdwälle aufzuwerfen, auf denen die

2 *Monseigneur* (*Messeigneurs*, Plural), etwa »gnädiger Herr«, respektvolle Anrede für hohe weltliche und geistliche Würdenträger; Exzellenz, Hoheit, Eminenz, Euer Gnaden.

Zuschauer Platz finden sollten. In der Atmosphäre universeller Verbrüderung entstand das Ça ira, das populärste Revolutionslied, bis es Mitte 1792 von der Marseillaise (Nr. 43) abgelöst wurde. – Um die Möglichkeit zum Vergleich zu geben, wird hier auch der Originaltext abgedruckt.

Quelle: ÇaSemmer. S. 56–59. (Übers. nicht übernommen.)

He, es geht los, es geht los, es geht los,
Die Aristokraten an die Laterne,
He, es geht los, es geht los, es geht los,
Die Aristokraten, hängt sie auf!
Und hängen sie dann an dem Pfahl,
Haun wir sie auf den Arsch noch mal!
He, es geht los, es geht los, es geht los . . .

He, es geht los, es geht los, es geht los,
Trotz Aristokraten und trotz dem Regen,
He, es geht los, es geht los, es geht los,
Wir werden zwar naß, doch das hört schon auf!

Den Rücken längs, Rücken längs, Rücken längs,
Rinnts mir auf dem Rückweg vom Marsfeld, vom Marsfeld;
Den Rücken längs, Rücken längs, Rücken längs,
Und ich bin bis auf die Knochen naß.

Was stört's mich, daß das Wasser rinnt,
Wenn ich dabei die Freiheit find?
Soll es doch aus Eimern gießen,
Und wenn die Klamotten triefen,
Schrei ich desto lauter bloß:
Das Wasser rinnt, Wasser rinnt, Wasser rinnt,
Und ich bin bis auf die Knochen naß.

Ah! ça ira, ça ira, ça ira,
Les aristocrates à la lanterne,
Ah! ça ira, ça ira, ça ira,
Les aristocrates on les pendra;
Et quand on les aura tous pendus,
On leur fich'ra la pelle au cul.
Ah! ça ira, ça ira, ça ira . . .

Ah! ça ira, ça ira, ça ira,
En dépit d'z'aristocrat' et d'la pluie,
Ah! ça ira, ça ira, ça ira,
Nous nous mouillerons, mais ça finira.

Ça m'coule au dos, coule au dos, coule au dos,
En revenant du Champ de Mars;
Ça m'coule au dos, coule au dos, coule au dos,
Je suis mouillé jusques aux os.

Qué'qu' ça m'fait à moi d'êt' mouillé,
Quand c'est pour la Liberté?
Quand il tomb'rait des-z-hall'bardes
Qui m'mouill'raient moi-z-et mes-z-hardes,
J'en crierais encore plus haut:
Ça m'coule au dos, coule au dos, coule au dos.
Je suis mouillé jusques aux os.

24

Garat über das Fest der Föderation
(14. Juli 1790)

Mit dem Festakt auf dem Marsfeld beginnt die Reihe der ›offiziellen‹, von der jeweiligen Regierung oder von politisch führenden Gruppen organisierten Feiern, die ein wesentlicher Bestandteil revolutionärer Identitätsfindung werden. – Dominique-Joseph Garat (1749–1833), Advokat, berichtete im Journal de Paris *über die Sitzungen der Nationalversammlung; im Oktober 1792 löste er Danton als Justiz-, im März 1793 Roland als Innenminister ab. Er wurde später verhaftet, überlebte aber die Terreur. – Sein Bericht über den Verlauf des Festakts für das* Journal de Paris *wurde in die* Correspondance littéraire *übernommen, mittels derer Baron Melchior von Grimm (1723–1807) jahrzehntelang verschiedene europäische Höfe über das kulturelle Leben in Paris unterrichtete.*

Quelle: CorrGrimm. Bd. 16. S. 40–48. (Gekürzt.)

Brief von M. Garat, Abgeordnetem der Nationalversammlung, an einen seiner Freunde, geschrieben am 14. Juli 1790

Wozu habe ich mich dir gegenüber nur verpflichtet! Ich habe versprochen, dir gleich nach dem Fest zu schreiben, das die Hauptstadt der Nation gegeben hat; aber weißt du, in welchem Zustand ich diese großartige Feierlichkeit verlassen habe? Ich war halb tot vor Hunger und Kälte und völlig erschöpft. Die tiefen Eindrücke, die ich empfangen habe, überwältigten mich zusätzlich (wie es beinahe immer geschieht), und dadurch, daß ich sie empfand, verlor ich die nötige Kraft, um sie wiederzugeben. Trotzdem muß ich dir etwas schreiben, aber sei versichert, daß ich dir nichts von dem sagen werde, was ich gesehen und gefühlt habe; man braucht einige Zeit, um sich über das, was an einem solchen Tag geschehen ist, Rechenschaft abzulegen.

Die Nationalversammlung war der Sammelplatz für ihre Mitglieder; sie begaben sich um neun Uhr dorthin und warteten etwa anderthalb Stunden darauf, daß der Oberkommandierende der Pariser Garde, M. de La Fayette, ihnen den Zeitpunkt zum Abmarsch bezeichnete; es sollte der Moment sein, in dem ein Teil der Truppen, die sich föderieren würden, vom Rathaus aus die Place Louis XV[1] erreicht hätten, wo sie die Nationalversammlung in die Mitte nehmen sollten. M. de Bonnay, der wegen seiner seltenen Begabung für die Präsidentschaft so ausgesprochen würdig war, an einem solchen Tag an der Spitze der Nationalversammlung zu stehen, gab uns unterdessen die Marschordnung bekannt.

Vom Sitzungssaal aus begaben wir uns in die große Allee der Tuilerien. Wir sollten uns in zwei Zweierreihen aufstellen, also zu je vier nebeneinander. Ein unglücklicher Zufall machte es etwas schwierig, dieser Ordnung zu entsprechen: Seit mehreren Tagen hatte es geregnet; heute, an einem Tag, der unbedingt strahlenden Sonnenschein verdient gehabt hätte, goß es in Strömen. Bevor sie sich aufgestellt, bevor sie einen Schritt getan hatten, waren die Vertreter der Nation völlig durchnäßt; ein Schirm mußte manchmal für drei oder vier Personen herhalten, das heißt, er schützte keinen richtig. Das Wasser kam von oben und unten, man hätte verzweifeln mögen. Allerdings haben wir uns für eine bessere Lösung entschieden: Alles wird leicht zu einer Freude, wenn man die

---

1 Die heutige Place de la Concorde. – Die Abgeordneten zogen vom (1871 zerstörten) Palais des Tuileries durch den Park zum Pont-Tournant, dem Westausgang des Jardin des Tuileries, überquerten die Place Louis XV und bogen in den Cours-la-Reine ein, um dem Lauf der Seine zu folgen (der heutige Pont de la Concorde existierte noch nicht); die Schranke der Conférence befand sich auf der Höhe der heutigen Avenue de New-York.

Freude im Herzen trägt; wir beschlossen, über unser Unheil
zu lachen. Auf dem ganzen Weg konnten wir bei den Zuschauern, die sich in Zweier- und Dreierreihen entlang der
Strecke postiert hatten, die gleiche Einstellung beobachten;
sie waren durch und durch naß, und sie sangen. Im Cours-la-
Reine wäre schwer zu sagen gewesen, ob unter oder auf den
Bäumen mehr Leute waren.

In der Nähe des Pont-Tournant begrüßte uns M. de La
Fayette. Neben diesem General, der in so vollendeter Weise
die Hoffnungen erfüllt, zu denen er in frühester Jugend
Anlaß gegeben hat, sahen wir ein Bataillon Helden, die kaum
größer waren als ihre Säbel und Grenadiersmützen; es sind
Soldaten von zwölf oder dreizehn Jahren, ihr Bataillon heißt
Hoffnung des Vaterlandes. Nicht weit weg von ihnen hatte
das Veteranenbataillon Aufstellung genommen; so folgte auf
eine angenehme eine tiefe Empfindung, und man erfaßte mit
einem einzigen Blick das Ende und den Anfang des Lebens,
die beide dem Vaterland geweiht waren. [. . .]

Vom Ende des Cours-la-Reine bis zur Schranke der Conférence reiht sich auf einer Seite, wie du weißt, ein Haus an das
andere; wir konnten kaum eins davon sehen, sie waren fast
ganz von den Zuschauern verdeckt, die mit dem ganzen Leib
aus den Fenstern heraushingen, um mehr Platz zu finden.
Man hatte an mehreren Stellen die Dächer abgedeckt, aber sie
waren schwarz von Menschen.

Eine sehr feste, sehr breite Schiffsbrücke war binnen weniger Tage gegenüber dem Marsfeld errichtet worden, um den
Föderierten und den Vertretern der Nation den Übergang zu
ermöglichen. Während wir über diese Brücke schritten,
deren rasche Vollendung uns eine Art Wunder schien, hatten
wir einen Triumphbogen mit drei großen Durchgängen vor
Augen, die in etwa nach dem Vorbild des Bogens an der Porte
Saint-Denis entworfen waren. Die Basreliefs und Inschriften
dieses Triumphbogens sprachen nicht von Krieg und blutigen
Siegen, sondern von Freiheit, Verfassung und Menschen-
rechten.

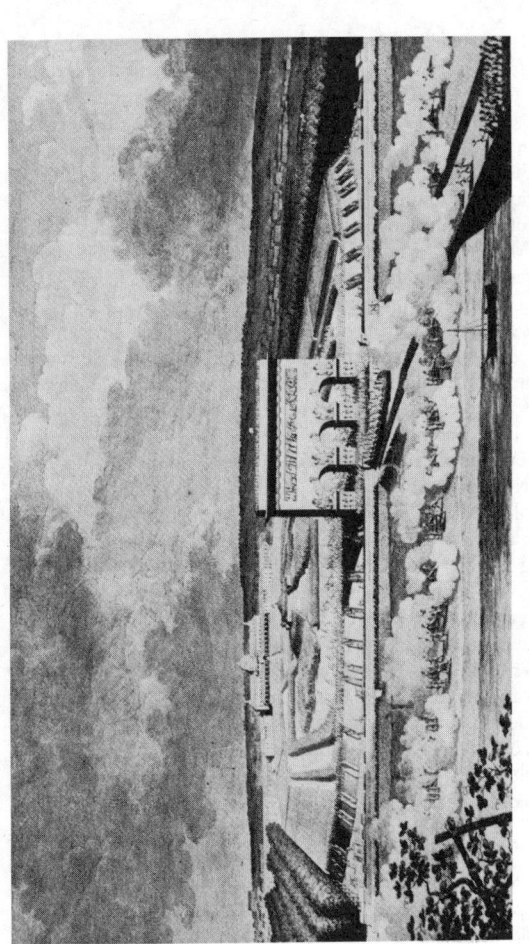

Das Fest der Föderation auf dem Marsfeld (zeitgenössischer Stich)

Als wir diese Tore durchschritten hatten, meinten wir nicht, ein freies Feld, sondern eine andere Welt zu betreten. Stell dir einen unübersehbaren Raum vor, der auf beiden Seiten von einem Halbkreis aus aufgeschütteter Erde begrenzt wird, auf welchen man je zwölf oder vierzehn Reihen Bänke aufgestellt hatte, mit Zwischenräumen, um freie Zu- und Abgänge und sämtliche Bewegungen zu ermöglichen.

Dem Triumphbogen gegenüber, am anderen Ende des weiten Marsfelds, erhob sich eine überdachte Tribüne von eleganter Bauweise. In der Mitte sah man auf etwa halber Höhe den Thron des Königs der Franzosen, Louis XVI. Rechts und links davon erhoben sich vom Boden bis fast zu dem Zeltdach Stufen, auf denen ganz oben die Vertreter der Nation, weiter unten die Mitglieder des Magistrats, die Wahlmänner von Paris und die außerordentlichen Deputierten des ganzen Reiches Platz nehmen sollten.

Über dem Thron gab es oben auf der Tribüne eine Loge für die Königin, den Dauphin, die königliche Familie und ihr Gefolge. Mitten in dem gewaltigen Rund des Marsfelds, das noch unermeßlicher schien, seit so viele Dinge seine Ausdehnung markierten, erhob sich der Altar des Vaterlandes. Auf allen vier Seiten führten Stufen, die durch ihre Ausdehnung dazu geschaffen waren, einem ganzen Volk als Treppe zu dienen, in allmählichem Anstieg hinauf; auf diesen Stufen hatten sich die Diener der Religion verteilt, in weißen Gewändern, die die Phantasie an Leviten und Hierophanten erinnerten.

In dem Augenblick, als die Nationalversammlung den Eindruck dieses großartigen Bildes empfing, waren die Stufen des Altars ganz von bewaffneten Nationalgardisten besetzt, und die friedlichen Diener der Religion standen auf dem Altar[2], vielleicht dem höchsten von allen, die je errichtet wurden; sie schienen nicht länger derart erhoben, um die Men-

---

2 Hier ist Garats Schilderung nicht ganz klar: Im vorigen Abschnitt standen die Geistlichen auf den Stufen, jetzt sind es die Soldaten.

schen zu beherrschen, sondern um dem Himmel näher zu kommen.

Im selben Augenblick setzte der Regen noch heftiger wieder ein, und die Zuschauer, die auf der ganzen Länge der Seitenterrassen ihre Schirme aufspannten, so daß diese einander berührten, bildeten über ihren Köpfen eine Art Seidendach in unterschiedlichen Farben; bald danach hörte der Regen auf, und die zugeklappten Schirme gaben den Blick auf mehr als 100 000 Zuschauer frei. [...]

Die Regenschauer setzten immer wieder ein; sie schienen sich verschworen zu haben, das Fest zu trüben, aber das ist ihnen schlecht gelungen. Während eines Platzregens begannen einige Föderierte einen Rundtanz, sie fanden bald Nachahmer, die Tänze vermehrten sich außerordentlich; manchmal wurden die Kreise kleiner und zahlreicher, dann dehnten sie sich aus, und einige wenige bedeckten das ganze Marsfeld. Die Luft hallte von Gesängen und Freudenschreien wider; man sah nur Soldaten und Grenadiere, die liefen und sprangen und sich dabei an den Händen hielten. Es war ein einmalig angenehmes und zugleich eindrucksvolles Schauspiel, wie diese Armee in dem Augenblick, da sie schwor, ihr Blut bis zum letzten Tropfen für die Freiheit zu vergießen, unter den Augen der gesetzgebenden Körperschaft um den Altar des Vaterlandes tanzte. [...]

Als der Monarch erschien und auf dem Thron Platz nahm, der sich nicht länger im Inneren des Palastes verbarg, da hättest du von überallher auf dem Marsfeld die Nationalgardisten und Soldaten herbeieilen sehen können; du hättest sehen können, wie sie sich um die Tribüne dicht zusammendrängten, so daß sie sich gegenseitig fast völlig verdeckten und von ihren Leibern nur die Gesichter erkennbar waren, in denen sich alle Regungen ihrer Seele abzeichneten. Wo sind die gemeinen Sklaven, wo sind die Betrüger geblieben, die den Königen einredeten, sie müßten die Freiheit des Volkes als Vernichtung der Monarchie fürchten? Welcher König empfing jemals Zeugnisse einer aufrichtigeren und zärtlicheren

Liebe? Welcher Thron vernahm jemals den Widerhall zahl-
reicherer und glänzenderer Ergebenheitsbekundungen? Sah
Louis XIV in den Galerien oder Gärten seines Versailles den
Thron jemals durch ein so großartiges Schauspiel erhöht?

Nachdem sich die Bannerträger gesammelt hatten, stellten
sie sich alle rings um den Altar auf, um ihre Fahnen im Namen
des Höchsten Wesens segnen zu lassen; und sicherlich muß
der Segen des Himmels auf die Feldzeichen eines Volkes von
hervorragender Kühnheit herabsteigen, das in seinen Gesetzen versprochen hat, sich niemals durch den Ruhm von
Eroberungen zu beflecken. Als sie sich vom Altar entfernten,
zogen die Banner der Départements nacheinander vor Ihrer
Majestät vorbei, und da sah man einen großen Teil dieser
Soldaten und Bürger in zwei Reihen, von denen eine die Stufen des Thrones und die andere die des Altars berührte.

M. de La Fayette, dem die Dekrete der Nationalversammlung und der König die Sorge für die Sicherheit an diesem
großen Tag anvertraut hatten, erschien in der Mitte der beiden Reihen, stieg in einer gewissen Entfernung von der Tribüne vom Pferd und näherte sich dem Thron Ihrer Majestät,
um ihre Befehle entgegenzunehmen. Sagt Tacitus, als er von
Agricola spricht[3], nichts erhöhe den Glanz eines Thrones so
sehr wie der Anblick eines Mannes, dessen Seele stolz und
edel ist, der trotz seiner Jugend schon triumphale Erfolge
aufzuweisen hat und der vor ihm die Stirn beugt? Ich bin
nicht sicher, ob Tacitus das gesagt hat, aber ich habe es heute
erfahren.

Der Bischof von Autun[4] hat die Messe gefeiert, die in der
Tat nur von einem Priester zelebriert werden durfte, der emp-
funden hat, daß Gott nicht von Sklaven angebetet werden

---

3 Der Gedanke scheint bei Tacitus nicht nachweisbar.
4 Charles-Maurice, Prince de Talleyrand-Périgord (1754–1838), seit 1788
Bischof von Autun, billigte die Kirchenpolitik der Nationalversammlung und
weihte die ersten vom Volk gewählten Bischöfe (vgl. Nr. **29**); unter Napoléon
Außenminister, wandte sich später wieder den Bourbonen zu (Führer der französischen Delegation beim Wiener Kongreß, usw.).

will. Es gibt Gelegenheiten, bei denen die Geheimnisse, an die man immer glauben muß, weniger übernatürlich scheinen; heute zum Beispiel dürften diejenigen, die diese Messe hörten, leichter geglaubt haben, daß Gott auf diesen Altar herabgestiegen ist, um den versammelt eine glückliche Nation den Schwur leistet, beständig die heiligsten Pflichten zu erfüllen.

Du kennst, mein Freund, die Eidesformeln der Föderierten, der Vertreter der Nation und des Königs der Franzosen[5]; alle diese Schwüre wurden mit tränenfeuchten Augen geleistet, und diese Tränen bieten die Gewähr dafür, daß sie nicht vergeblich sein werden.

Monsieur, der Bruder des Königs, der die Freiheit schon geliebt und unterstützt hat, als sie erst in der Hoffnung existierte[6], hatte es verdient, die Danksagungen der auf ewig wiederhergestellten Freiheit zu empfangen, und er vernahm die Dankesrufe des freien Volks, die sich an ihn persönlich richteten.

Was soll ich dir schließlich sagen, mein Freund? Ich glaube nicht, daß es jemals ein schöneres Schauspiel auf Erden gab oder so viele Seelen, die zur gleichen Zeit von derselben Freude durchdrungen waren.

---

5 Für die Föderierten sprach La Fayette den Eid, »der die Franzosen untereinander und mit ihrem König vereint, um die Freiheit, die Verfassung und das Gesetz zu verteidigen«; der König schwor der Nation und der (noch nicht vollendeten) Verfassung Treue.
6 Der Comte de Provence (der spätere Louis XVIII; 1755–1824) galt 1789 als liberal; im Juni 1791 gelang ihm die Flucht aus Frankreich, während der König und die Königin in Varennes festgehalten wurden (vgl. Nr. **32**). Mit Hilfe der Emigranten suchte er nach dem Tod seines Bruders und des Dauphin seine Ansprüche auf den Thron durchzusetzen, was erst nach Napoléons Sturz gelang.

25

Marat über das Verschwinden von Münzgeld

*Da die Nationalversammlung darauf verzichtete, noch länger
die alten Steuern zu erheben, die Ausgaben aber weiterliefen,
wurde die Finanzlage immer prekärer. Im April 1790 kam es
daher zur Ausgabe von Papiergeld (Assignaten) im Wert von
400 Millionen Livres[1], wofür die Staatsgüter, deren Verkauf
geplant war, die Sicherheit bildeten: Die Güter sollten von
den künftigen Erwerbern in Assignaten bezahlt, das so in die
Staatskasse zurückfließende Papiergeld sollte vernichtet werden; bis dahin wurden die Scheine mit 3% verzinst. Schon
nach wenigen Monaten hatten sie jedoch 5 bis 6% an Wert
gegenüber dem Münzgeld verloren; trotzdem wurde Ende
August eine zweite Emission von Assignaten vorgeschlagen,
die durch den Verkauf der Kirchengüter gedeckt werden
sollte. Die Nationalversammlung stimmte am 29. September
nach ausgiebiger Diskussion der Ausgabe von weiteren 800
Millionen Livres in (nicht verzinslichem) Papiergeld zu.
Unterdessen horteten Spekulanten die Münzen, deren Wert
im Verhältnis zu den Assignaten beständig stieg. Unmittelbar
vor der Entscheidung der Nationalversammlung meldete sich
Marat zu Wort.*

Quelle: MaratAPeuple. Nr. 234 (28. September 1790). S. 1
bis 4. (Gekürzt.)

Bemerkungen über den Mangel an Münzgeld und Mittel, Abhilfe zu schaffen

Die Nationalversammlung hat soeben eines jener Dekrete
erlassen, die geeignet sind, die Befürchtungen der Staats-

---

1 Vgl. die ausführliche Darstellung bei Florin Aftalion, *L'économie de la Révolution française*, Paris 1987 (Coll. *Pluriel*), S. 101–121.

gläubiger zu beschwichtigen und das Vertrauen wiederzubeleben.

Sie ordnet die Schaffung von Assignaten an, die (in Form
von Papiergeld: 400 Millionen Assignaten[2], die im ganzen
Reich in Umlauf gebracht werden und denen mindestens
zweieinhalb Milliarden gemünztes Gold, Silber oder Kleingeld gegenüberstehen) die Bedenken wegen der gefährlichen
Auswirkungen von Papiergeld zerstreuen sollen. Ihre all-
mähliche Verbreitung soll das Vertrauen vermehren; und da
das Münzgeld mit ihnen konkurrierend umläuft, können die
Staatsgläubiger in dieser weisen Maßnahme lediglich den
sicheren Beweis dafür sehen, daß sie bezahlt werden.

Als Gläubiger des Staates spende ich dem Dekret Beifall
und bemühe mich, Vertrauen zu fassen. Ich habe das Münzgeld verschwinden sehen, und ich bemerkte, wie der Spekulant von dem geringen Ansehen des Handelsplatzes Paris pro-
fitiert und sich den ganzen Tag das Hirn zermartert, um sich
zu bereichern oder für die Verluste schadlos zu halten, die die
augenblicklichen Umstände ihm vielleicht verursacht haben.
Meine Befürchtungen nehmen zu, wenn ich bedenke, daß
Geldangelegenheiten ein ebenso sicheres wie lukratives Spe-
kulationsobjekt bieten.

Der Mangel an Münzen hat seine Ursache mehr noch im
wahren Wert des Metalls als in Spekulationen. Man würde zu
Unrecht behaupten, daß ⟨nur⟩ das Mißtrauen das geprägte
Gold und Silber aus dem Verkehr zieht, daß die Feinde des
jetzigen Systems es am liebsten bis zum letzten Ecu[3] verschwinden sähen. Ich würde diesen Gründen gern beipflich-
ten, wenn ich darüber hinwegsehen könnte, *daß zwischen
Gold und Silber absolute Unverhältnismäßigkeit besteht,
wenn ich nicht Ecus in Barren verwandelt sähe, die man dann
ins Ausland verschiebt*; es wäre noch ein Glück, wenn diese

---

2 Marat scheint die Fakten absichtlich zu verdrehen: Die 400 Millionen sind
längst in Umlauf, jetzt geht es um eine zweite Emission.
3 Silbermünze im Wert von 3 Livres.

selben Barren, die dann den Direktoren der Diskontkasse[4] zu
überhöhten Preisen verkauft werden, sich nur von Ecus in
Barren und von Barren in Ecus verwandelten, um der Verlok-
kung einer Krämerseele von Spekulant zu dienen, der das
genaue Gegenteil eines wahren Bürgers ist.

Ich übergehe die Schäden, die eine totale Knappheit von
Münzen im Reich verursachen würde, den Mangel an Geld-
stücken, der derzeit in Paris besteht, und die Unersättlichkeit
jener verächtlichen Kapitalisten[5], die die Ecus auspressen und
hundertfachen Gewinn machen. Diese Übelstände, die sehr
bald verschwinden werden, sind es nicht wert, die Aufmerksamkeit des Lesers zu fesseln.

Worauf soll man die Geschäfte mit unserem Münzgeld
zurückführen? Auf die Unverhältnismäßigkeit zwischen
Gold und Silber, zugunsten dieses letzten Metalls. Vor zwan-
zig Jahren war die Mark Silber zu 11 Deniers 10 Gran[6] 51
Livres wert. Sie hat nach und nach an Wert zugenommen und
kostet heute im Handel 55 Livres; für feines Silber zu 11
Deniers 23 Gran zahlt man 57 Livres. Es ist nützlich zu wissen, daß das feinste Silber 12 Deniers reines Metall enthält,
daß ein Denier 24 Gran entspricht und daß ein Gran feines
Silber 3 Sous 8 Heller[7] wert ist. Wenn man nun die geringere
Qualität von Silber für Tafelgeschirr betrachtet, das laut
Gesetz 11 Deniers 10 Gran haben muß, stellt man fest, daß
eine Mark davon 54 Livres 12 Sous 4 Heller kostet; und wenn
man weiter geht bis zum Silber, aus dem die Ecus geprägt
werden und das 10 Deniers 21 Gran hat, stellt sich heraus, daß
eine Mark davon 52 Livres 4 Sous 8 Heller bringt, während es

4 Die 1776 gegründete Caisse d'escompte, Vorläuferin der Banque de France;
sie hatte (s. u.) dem Staat beträchtliche Kredite gewährt, um die laufenden Ausgaben zu decken.
5 Hier in der älteren Bedeutung: einer, der von Kapitalerträgen und Geldge-
schäften (im Gegensatz zur Warenproduktion) lebt.
6 *marc, denier* und *grain* sind Gewichte: Ein Denier entspricht 1,275 g, ein
Gran weniger als 0,1 g; im folgenden geht es um den Reinheitsgrad des Silbers.
7 Hier *denier* nicht als Gewicht, sondern als Münze; wir setzen das deutsche
Äquivalent »Heller« ein, um Mißverständnisse zu vermeiden.

gemünzt nur 49 Livres 16 Sous ergibt. Wenn aber das Silber
für Geschirr zu 11 Deniers 10 Gran wenigstens 55 Livres wert
ist und das für die Ecus 52 Livres 4 Sous 8 Heller, ist es klar,
daß man am Einschmelzen und Ausführen unserer Ecus viel
verdienen kann. Deshalb schmilzt der Goldschmied sie trotz
der Strenge des Gesetzes ein, da er einerseits sicher ist, mit
dem Metall einen realen Gewinn zu machen, und andererseits
dadurch verführt wird, daß er sich leichter Ecus verschaffen
kann als Piaster oder andere Arten von Silber in Barren; um so
mehr, als er das eine wie das andere nur mit barem Geld
bezahlt. Wie kann man demnach daran zweifeln, daß das
Umschmelzen von Gold[8], das das Wertverhältnis von Gold
und Silber zerstört hat, eine der wichtigsten Ursachen für das
Verschwinden von Münzgeld ist?

Beim jetzigen Stand der Dinge gibt es im Reich ungefähr
eineinhalb Milliarden Livres in Silbermünzen, ohne die
Menge, die verschwunden ist. Es werden Assignaten für 400
Millionen in Umlauf gebracht, mit dem Ziel, die Verbindlich-
keiten gegenüber der Diskontkasse zu decken, deren Schuld-
verschreibungen vor allem in der Hauptstadt umlaufen. Die
Provinzen sind bereit, die Assignaten zu akzeptieren: Dem
Binnenhandel wird dadurch die Bezahlung von Wechseln
und Schuldscheinen erleichtert werden. Aber die Manufakturen, die Landwirtschaft, die Truppen, die staatlichen Aufgaben, der private Verbrauch benötigen immer noch eine
gewisse Menge an Münzgeld. Wäre es möglich, daß es auf-
hörte, eine Ware zu sein, deren Preis sich je nach dem Bedarf
verändert? Wenn es einen Weg gibt, der Habgier der Kapitalisten Einhalt zu gebieten und Maßnahmen zum Vorteil der
Nation zu ergreifen, müssen wir dann nicht schleunigst den
Übeln abhelfen, deren Beendigung durch das freie Spiel der
wirtschaftlichen Kräfte wir nicht so bald erhoffen können?
Versuchen wir, das Münzgeld wieder in Umlauf zu bringen,

8 Lies: Silber?

das durch zahlreiche von Eigennutz diktierte Spekulationen verschwunden ist.

Ich sehe nur ein Mittel: die Umschmelzung aller Gold- und Silbermünzen anzuordnen und ihren Metallgehalt ein für allemal festzulegen.

[Es folgen technische Details.]

26

G. A. von Halem über eine Theateraufführung in Paris

Seit dem Sturm auf die Bastille bestimmte die Politik alle Bereiche des Lebens, und die Theater blieben davon nicht ausgenommen: Nicht nur, daß die neuen Stücke ausnahmslos direkte oder indirekte Anspielungen auf die revolutionären Ereignisse enthielten (bis hin zu Werken des Musiktheaters, in die Revolutionslieder wie das Ça ira integriert wurden); auch in älteren Dramen achtete man genau auf Stellen, die sich auf die gegenwärtige Situation deuten ließen, Bekenntnisse zur Freiheit etwa wurden frenetisch beklatscht. Dabei kam es nicht selten zu Konflikten und selbst handgreiflichen Auseinandersetzungen mit Royalisten, die ihrerseits allen positiven Äußerungen über das Königtum applaudierten. Offenbar war dem Publikum mehr daran gelegen, seine eigenen Überzeugungen zu demonstrieren, als ein Theaterstück zu sehen, denn das Spektakel im Zuschauerraum ließ in vielen Fällen kaum zu, daß man sich auf das Geschehen auf der Bühne konzentrierte.

Der Deutsche Gerhard Anton von Halem (1752–1819), Jurist, Dichter und Historiker, veröffentlichte Blicke auf einen Teil Deutschlands, der Schweiz und Frankreichs bei einer Reise vom Jahre 1790 *(2 Tle, Hamburg 1791), auf der Grundlage seiner Briefe und Tagebücher aus der fraglichen Zeit.*

Quelle: LandauerBriefe. Bd. 2. S. 269–272.

[…] Die stärksten Äußerungen des herrschenden Freiheitsgeistes sah ich aber in der Vorstellung des *Brutus*[1]. Dies Voltairische Stück hatte, wie es 1730 zuerst aus des Dichters Händen kam, in Frankreich nicht den Beifall erhalten, den es im Auslande erhielt und den besonders die ersten beiden Akte so sehr verdienen. Die darin verbreiteten Freiheitsideen sind zu verschieden von denen, die damals herrschten oder geäußert werden durften. Es war nur sechzehnmal gegeben und nachher von der Bühne verdrängt worden. Bei jetzigen so veränderten Umständen suchte das Nationaltheater[2], das im Geruch des Aristokratismus ist, durch Vorstellung des Brutus andre Grundsätze zu affichieren. Indessen bot der Brutus Anspielungen dar von mancherlei Art. Nicht nur konnten die republikanisch Gesinnten bei den energischen Versen, in denen Brutus wider die von ihm zertrümmerte monarchische Gewalt donnert, applaudieren, sondern die Monarchisten fanden auch Gelegenheit, ihre Hände zu bewegen, wenn Aron die Süßigkeiten der absoluten Monarchie rühmt und von Volk und Senat mit Verachtung spricht. Alles war daher auf die erste Vorstellung vom 17. November ⟨1790⟩ ge-

1 Über die Aufnahme von Voltaires (1694–1778) Brutus-Drama innerhalb und außerhalb Frankreichs informiert von Halem korrekt. Der Held des Stückes ist Brutus, der erste Konsul der römischen Republik; er ließ den eigenen Sohn hinrichten, weil dieser (bei Voltaire aus Liebe zur Tochter des abgesetzten Tyrannen Tarquinius Superbus) Hochverrat begangen hatte.
2 Das Théâtre-Français spielte zu dieser Zeit noch im Faubourg Saint-Germain; manche Schauspieler, vor allem der berühmte Talma (1763–1826), standen der Revolution nahe, andere waren Royalisten. Im Jahr 1791 kam es zur Spaltung: Talma und seine Freunde verließen das Theater und spielten von da an im Haus der heutigen Comédie française.

spannt, und schon einige Tage vorher waren alle Patrioten
in mehreren Zeitungsblättern zu Besuchung dieses Freiheits-
stücks eingeladen worden. Schon um fünf Uhr fuhr ich hin,
und – kein Platz mehr zu finden. Um allen zu besorgenden
Unordnungen vorzubeugen, war von Polizei wegen verfügt,
daß man alle Stöcke und viel mehr noch alles Gewehr zurücklassen sollte. Da man dies nicht, wie bei den nachherigen
Vorstellungen geschah, in den Affichen bekanntgemacht
hatte und man das Verbot von der Wache zuerst vernahm, so
erregte dies Unzufriedenheit und Unordnung, weil man mit
den Stöcken nirgendshin wußte. Dienstbare Weibsbilder
waren nicht wie in den Tuilerien zur Hand, und man mußte
also die Stöcke ins nächste Kaffeehaus bringen. Neben mir am
Büro, wo die Billetts genommen werden, stand Mirabeau und
erhielt noch im vierten Rang einen Platz, weil es Mirabeau
war. Ich folgte aufs Geratewohl dem Schwarme und erhielt
noch ein Plätzchen in einer vermieteten Loge, bis die Miet-
leute kamen, Mirabeau'n empfing bei seinem Eintritt ein
Donner von Applaudissements. Alles rief: Mirabeau auf die
Galerie! Da er nicht kam, so machte sich eine Deputation zu
ihm auf. »Das französische Volk«, redete ihn der eine an,
»verlangt seinen Brutus. – Und du«, sagte er zu Mirabeaus
Gefährten, dem Nationaldeputierten Mailly, »und du, Titus!
komm auch!« Die beiden mußten nachgeben und wurden fast
hinabgetragen und mit wiederholtem Jauchzen in der Galerie
empfangen. Welcher Triumph für ihn, als nachher Valerius'
Worte an Brutus:

> »Du bist es, der allein den Blick hier auf sich lenkt,
> der unsre Ketten brach und uns die Freiheit schenkt!«,

auf ihn gedeutet wurden.

Ich mußte für das Mal weichen. Aber bei der zweiten Vorstellung, die zwei Tage nachher gegeben ward, fand ich mich
früh genug und ohne Stock ein. Das Haus war erstaunlich
gefüllt. Um sich bis zu Anfang des Spiels zu desennuyieren,
entstanden Anträge im Parkett. Einer sprang auf die Bank

und schlug vor, die Büste Brutus', des Vaters der Freiheit, auf Subskription in Marmor hauen und vor dem Theater aufstellen zu lassen. Der Antragsteller wurde sehr applaudiert. Der Vorhang hob sich, und das Theater zeigte auf der einen Seite Voltaires, auf der andern Seite Brutus' Büste. Der römische Senat, ganz in antikem Kostüm, ist versammelt beim Altare des Mars. Im Hintergrunde erblickt man die Türme Roms und des Capitolium. Es hatte jemand vorn aufs Theater eine Brieftasche gelegt. Ein Senator nahm sie auf, zog ein Blatt heraus und las die Worte:

»Du zeigst, o Marmorbild, den Brutus groß und schlicht!
Da in Paris du bist, verließest Rom du nicht.«

Vanhove machte den Brutus vortrefflich, Sainval den Sohn.

Alles ging gut, bis Porsennas Gesandter Aron in der zweiten Szene des ersten Akts die Worte sagt:

»Zermalmt den Staat nicht ganz, den ihr nur ändern sollt.«

Hier entstanden Applaudissements aus den ersten Logen und dem Orchester, dessen Sitze den ersten Logen gleich bezahlet werden und wo auch ich war. Die Revolutionäre im Parkett hatten die Applaudisseurs genau bemerkt; und gleich darauf erhob sich ein Lärm, der das Spiel gewiß zehn Minuten lang unterbrach. Auf die in den Logen wurde so lange gedeutet und so lange gelärmet, bis sie sich entfernet hatten. Die im Orchester hielten sich länger und warteten, bis ein Haufe aus dem Parkett mit geballten Fäusten auf sie eindrang. Nun war es Zeit für die fünf oder sechs, die applaudiert hatten, sich zu retirieren. Sie liefen aufs Theater, und die Wache, die jetzt aus den Kulissen hervorkam, konvoyierte sie durch den römischen Senat und entrettete sie so den Gefahren des tarpejischen Felsens[3].

Bei der ersten Vorstellung hatten bei den Worten der sechsten Szene des vierten Akts, wo Brutus seinem Sohne sagt:

3 Vom tarpejischen (oder kapitolinischen) Felsen wurden in Rom Verbrecher in den Tod gestürzt.

»Seh ich dich Sieger nicht, wähl ich gleich dir den Tod,
nicht herrsche mehr in Rom ein König und Despot!«

einige applaudiert. Auf einmal wird gepfiffen. Einer schwingt
seinen Hut um den Kopf und ruft: Es lebe der König! – Es
lebe der König! wiederholten nun laut Parterre und Logen
und huldigten so, während sie der Freiheit huldigten,
zugleich ihrem Könige. Bei der zweiten Vorstellung hörte
man bei diesen Worten weder Applaudissements noch Huldi-
gungen, und das Stück endigte ohne weitere Unordnung. Am
Schluß war ich frappiert, Davids[4] Brutusgemälde hier auf der
Bühne dargestellt zu finden. Brutus' letzte Worte, womit das
Stück sich schließt, sind:

»Rom ist nun frei: das ist genug . . . den Göttern Dank!«

Vanhove nahm ganz die Stellung, die Davids Brutus hat.
Zugleich wurde des Sohnes Leiche im Fond übers Theater
getragen. Jeder Pariser kennt Davids Gemälde. Jeder
erkannte gleich die Absicht, den Künstler durch diese Darstellung öffentlich vor der Nation zu ehren. Allgemeines
Applaudissement verstärkte diese Nationalfeier.

---

4 Der Klassizist Jacques-Louis David (1748–1825) war der von den Regierenden
und dem Volk gleichermaßen geschätzte, gleichsam offizielle Maler der Revolution; später verherrlichte er Napoléon.

Marat über eine Gewalttat aristokratischer Frauen

*Die Politik erhitzte die Gemüter, und Übergriffe gegen
Andersdenkende waren an der Tagesordnung: Das Volk in
den Städten, vor allem in Paris, aber auch auf dem Land
brachte seine Unzufriedenheit in vielen spontanen Aktionen
zum Ausdruck; aber auch Auseinandersetzungen zwischen
einzelnen führten schnell zu Handgreiflichkeiten. Einen
besonders spektakulären Fall schildert Marat – wobei man
allerdings darauf hinweisen muß, daß der* Ami du peuple
*solche Gerüchte im allgemeinen ungeprüft wiedergibt und
auch gelegentlich Falschmeldungen verbreitet.*
Quelle: MaratAPeuple. Nr. 295 (29. November 1790). S. 4 f.

Grausames Vorkommnis

Der Organist der Kathedrale von Poitiers hatte am Sonntag,
dem 14. dieses Monats, das Lied *Ça ira* gespielt; daraufhin
begaben sich ungefähr fünfzig Frauen aus der Aristokratie
zur Orgel, riefen den Organisten in einen Nebenraum, pack-
ten ihn und verstümmelten ihn barbarisch. Der arme Abailard[1] starb während der Behandlung. Ein solches Verbrechen
verdient, daß das Volk dafür eindrucksvolle Rache nimmt;
selbst wenn es den Mörder im Bett des Königs suchen müßte.

---

1 Abailard (1079–1142), Philosoph und Theologe, wurde auf Anweisung des
Onkels seiner Geliebten Heloïse entmannt.

Hébert, der »Père Duchesne«, über die Einschmelzung der Kirchenglocken

In der Nacht des 4. August 1789 hatte die Nationalversammlung die Abschaffung der kirchlichen Zehnten verfügt (vgl. Nr. 12); später hatte der Klerus auch der Enteignung seines Grundbesitzes zugestimmt, der öffentlich versteigert wurde. Die prekäre wirtschaftliche Situation zwang unterdessen zu außerordentlichen Opfern; vor allem das Fehlen von Münzgeld (vgl. Nr. 25) ließ den Gedanken aufkommen, die Kirchenglocken einzuschmelzen, um Metall zu gewinnen.

Jacques Hébert (1757–94) redigierte seit 1790 (allein) den Père Duchesne, eine radikale Zeitung, in Umfang und Erscheinungsmodus mit Marats Ami du peuple vergleichbar (vgl. Nr. 16); der Autor schlüpft in die Rolle des Ofensetzers Père Duchesne, einer populären Figur des Volkstheaters, die sich durch dezidiert revolutionäre Ansichten und eine deftige Sprache auszeichnet. Er gibt sich als das Sprachrohr der Pariser Sektionen, d. h. der radikalen Sans-culottes, aus, versucht aber eher, diese im Sinne jakobinischer Politik zu manipulieren. Der Wohlfahrtsausschuß ließ zeitweise einen großen Teil der Auflage von 30 000 Exemplaren des Père Duchesne kostenlos unter den Soldaten verteilen. Hébert geriet u. a. wegen seines Antiklerikalismus in Gegensatz zu Robespierre und wurde am 24. März 1794 guillotiniert.

Quelle: HébertDuchesne. Nr. XXXIV[1] (13. Dezember 1790). S. 1–4.

1 Die ersten Nummern des *Père Duchesne* sind nicht durchgezählt (auch später wird nie ein Datum angegeben, die genannten Erscheinungstage sind erschlossen; vgl. *Le Père Duchesne d'Hébert*, réimpression avec notes et introd. par F. Braesch, Fasz. 1, Paris [o. J.]; umfaßt die Nummern I–XLIV und 1–82, bis zum 30. September 1791). Aus der Reihe selbständiger, in unregelmäßiger Folge erscheinender Pamphlete wird erst allmählich eine Zeitung; dazu paßt auch, daß bis zuletzt jede Nummer einen eigenen (allerdings nach

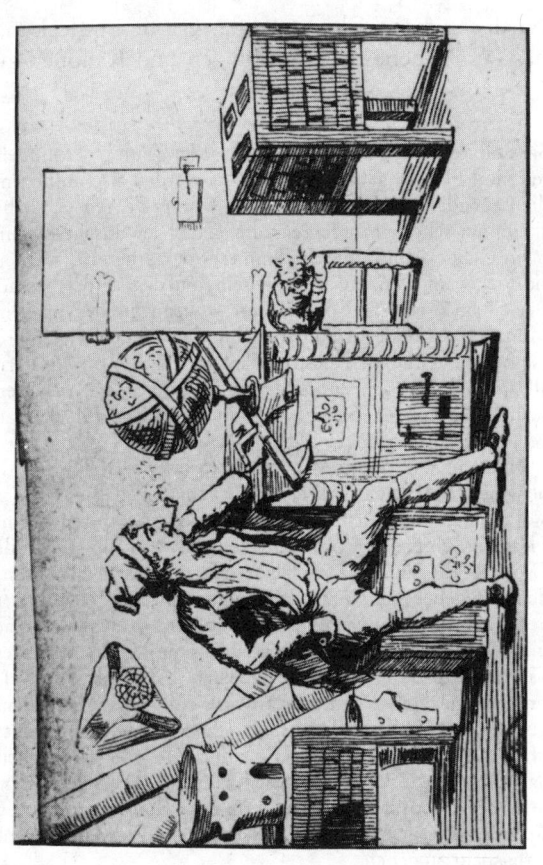

Der Père Duchesne
(aus dem *Almanach du Père Duchesne*)

Nieder mit den Glocken, oder Große Entdeckung des Père Duchesne, um Münzen und Kanonen zu erzeugen

Sie sind im Arsch, die Glocken, die so lange unser Trommelfell zum Platzen gebracht haben, sie werden also aufhören, die Lebenden zu belästigen, um die Toten zu ehren. Ich habe sie immer schon von Herzen zum Teufel gewünscht – wenn mein Gebet nicht in diesem Sinn erhört worden ist, werden sie doch wenigstens zu etwas gut sein, und das ist noch besser. Bei einem Gebimmel ohne Taufe – wenn dieses Metall in Münzen oder andere nützliche Dinge verwandelt wird, wird es noch beweisen, daß diese verdammten Säcke von Priestern alles zu ihrem Vorteil zu wenden wußten. Die Lumpen hatten keine Hemmungen, Schätze sogar noch in ihren Glocken zu verstecken!

Heißen Dank, Sankt Mirabeau, gepriesen seist du, du hast den Gesetzgebern Frankreichs klargemacht, daß es für das Volk besser ist, Kleingeld zu haben, das es gegen Wein, Fleisch, Gemüse und grobe Stoffe tauschen kann, als große Glocken, die nur den Zweck hatten, den Menschen die Stunden anzugeben, die sie aus Frömmigkeit ihrer Arbeit und der Sorge für ihre Familien entziehen mußten. Ja, Scheiße, ohne die Glocken, die durch ihren verdammten Krach ein ganzes Viertel aufforderten, Obacht zu geben, hätten nicht so viele Frauen – sie taten es demonstrativ, aus einer rein äußerlichen, nur auf der Eitelkeit gründenden Frömmigkeit heraus – das Haus verlassen, und nicht so oft durch ihre Nachlässigkeit das furchtbarste Unheil angerichtet. Es ist, Scheiße, besser, den Suppentopf aufzusetzen, der unsere Kinder satt machen soll, als sie aus den Augen zu lassen, um ein Ave Maria herunterzuhaspeln zu gehen.

einem bestimmten Schema formulierten) Titel trägt, der jeweils den Inhalt angibt.

So weit, so gut, Scheiße, sie werden diese unnützen Gerät-
schaften schnellstens verkaufen, die immer nur dazu gedient
haben, die Ruhe der Bürger zu stören. Ich für meinen Teil
habe mir vorgenommen, eines der wichtigsten Glockenspiele
der Hauptstadt zu erwerben. Was für ein Vergnügen wird das
für mich sein, die große Glocke von Notre-Dame in den Ofen
zu schmeißen! Mit dem Zeug, Scheiße, mache ich Ofenrohre,
die was taugen; das wird was Solides. Diese Verwendung
wird sicher viel besser sein als die, für die diese blöden Glok-
ken bestimmt waren. Sie werden wenigstens die wärmen, die
sie taub gemacht haben, he! wozu all dieses Scheißgebimmel!
Wozu ist es nötig, die Leute aus ihrem ersten Schlaf zu reißen? Die blöden Kanoniker haben drauf geschissen; sie
kamen um Mitternacht vom Nachtessen, um zur Matutin zu
gehen, und danach schliefen sie bis in den Tag hinein, aber die
armen Arbeiter aus der Nachbarschaft waren von dem blöden
Krawall genauso wach und mußten nichtsdestoweniger beim
ersten Hahnenschrei[2] wieder aufwachen und aufstehen.

29

Hébert über die Auseinandersetzung der Revolutionäre mit dem Papst

*Am 12. Juli 1790 wurde die Zivilverfassung des Klerus von der
Nationalversammlung beschlossen; sie sah u. a. vor, daß alle
Geistlichen bis hinauf zu den Bischöfen von den Aktivbürgern
gewählt werden sollten, die Bischöfe sollten danach nicht vom*

---

2 Druckfehler im Original, der zeigt, wie hastig diese Blätter produziert wurden: *champ* statt *chant*.

Papst, sondern von einem französischen Erzbischof geweiht
werden. Die Priester wurden als Beamte vom Staat besoldet;
am 27. November 1790 forderte die Versammlung von ihnen
einen Eid auf die Verfassung, die (zahlreichen) Geistlichen,
die ihn verweigerten, wurden ihres Amtes enthoben. Diese
Maßnahmen wurden von Papst Pius VI. (1775–99) erstmals
am 10. März 1791 verurteilt; am 24. Mai wurde mit der
Abreise des Nuntius der Bruch der Beziehungen des Heiligen
Stuhls zu Frankreich vollzogen. – Von Héberts Invektive
anläßlich der ersten Äußerung des Papstes wird im folgenden
nur der Anfang wiedergegeben.
Quelle: HébertDuchesne. Nr. 44 (27. März 1791). S. 1–3.

Der Papst im Arsch, oder Die große Wut
des Père Duchesne gegen den Bischof von Rom, der alle
Franzosen exkommuniziert und mit den Kardinälen, den
Bischöfen und allen blöden Pfaffen das furchtbare Kom-
plott ausgeheckt hat, die Nationalversammlung, den
Jakobinerclub und alle guten Bürger abmurksen zu lassen.
Ernennung eines Patriarchen, um den Klerus von Frank-
reich zu führen.

Wofür hält uns denn dieser blöde Ablaßkrämer? Glaubt er
mit seinem Klopapier, seinen Bullen, seinen Kanonen ohne
Lunte[1], seinem Bannstrahl und all dem Unsinn, womit er
unsere Väter einschläferte oder erschreckte – glaubt er etwa,
Scheiße, damit noch die Franzosen von heute gängeln zu können? Wir leben nicht mehr in der Zeit von König Dagobert[2],

1 Nicht nachzuahmendes Wortspiel: *canons* sowohl »Kanonen« wie »Kanones,
kirchliche Gesetze«.
2 Druckfehler im Original *d'Agobert*; Name von drei fränkischen Königen des
7. und frühen 8. Jh.s, hier sprichwörtlich zur Bezeichnung einer fernen Vergangenheit.

und wir sind nicht mehr einfältig genug, um heute noch die
Ablässe zu kaufen, die die Priester in früheren Jahrhunderten
verschacherten, oder um uns durch einen Bann aus der Fassung bringen zu lassen, den der Bischof von Rom gegen das
Reich schleudern mag. Aus und vorbei, wir lassen uns von
diesen Lumpen von Pfaffen nicht hereinlegen. Ihre Beichte,
ihr Fegfeuer, ihre Absolution sind heute bloß noch Futter für
Dummköpfe. Die angeblichen Schlüssel von Sankt Peter, mit
denen die Schwindler von Päpsten einst die zwei Türflügel
zum großen Salon des ewigen Vaters öffneten, scheinen uns
bloß noch Dietriche, mit denen der römische Pontifex einmal
mehr unsere Häuser und Truhen aufsperren möchte, um uns
wegzunehmen, was wir haben. [. . .]

30

Marat über einen patriotischen Frauenclub

*Die Erklärung der Menschen- und Bürgerrechte spricht nicht
von den Rechten der Frau, und es war nie ernsthaft daran
gedacht, die Frauen an den allgemeinen Wahlen teilnehmen
zu lassen; sie spielten jedoch bei den revolutionären Aktivitäten der Pariser Bevölkerung eine wichtige Rolle (erstmals am
5./6. Oktober 1789, vgl. Nr. 17), gaben in der Nationalversammlung oder im Jakobinerclub von der Zuschauertribüne
aus lautstark ihre Meinung kund und gründeten bald auch
eigene Clubs. Frauen wie Mme Roland (vgl. Nr. 64), Théroigne de Mericourt (vgl. Nr. 45) oder Olympe de Gouges
(vgl. Nr. 37) bestimmten auf jeweils unterschiedliche Art den
Gang der Revolution mit. Der wohl wichtigste Erfolg der
Frauen war die Einführung der Ehescheidung durch das*

Gesetz vom 20. September 1792 (sie wurde unter Napoléon erschwert, nach der Restauration abgeschafft und war erst seit 1884 wieder möglich). Die radikal linke Position der Frauen machte sie der Convention verdächtig, die ihre Clubs Ende Oktober 1793 verbot.

Quelle: MaratAPeuple. Nr. 315 (19. Dezember 1790). S. 6 f.

An den Ami du peuple

Der patriotische Frauenclub der Hauptstadt hat angesichts der Tatsache, daß die Männer zu feige sind, um das Dekret über die Zivilkonstitution des Klerus ⟨vom König⟩ billigen zu lassen, den feierlichen Beschluß gefaßt, daß vier Legionen beherzter Frauen sich zu verschiedenen Unternehmungen aufmachen werden, wenn dieses Dekret nicht innerhalb von acht Tagen angenommen wird.

Die erste Legion wird die Minister und die anderen Verschwörer gegen die Volksfreiheit in Gewahrsam nehmen. Die zweite wird zum Rathaus ziehen, um dem Herrn Bailly zu verstehen zu geben, daß er der Nationalgarde verbieten soll, sich den Absichten der Frauenarmee entgegenzustellen.

Die dritte wird die Tuileries aufsuchen, um die sofortige Billigung des Dekrets über die Zivilverfassung des Klerus zu fordern; wenn der König ablehnt oder auch nur zögert, werden zwei andere Legionen, die ein Reservecorps bilden, mit allen Piken der Faubourgs herbeieilen und den König in die Stadt führen, damit er seinen Bürgereid wiederholt[1] und der Nation das Privileg des suspensiven Veto[2] zurückgibt, das er so schlecht anwendet.

---

1 Er hatte ihn am 14. Juli 1790 auf dem Marsfeld geleistet, vgl. Nr. **24**.
2 Die Nationalversammlung hatte dem König am 15. September 1789 ein Veto mit aufschiebender Wirkung (für maximal vier Jahre) gegen alle Gesetzesvorlagen zugebilligt.

In Anbetracht der Tatsache, daß der Bürgermeister verpflichtet ist, alle Bürger zu schützen, die marschieren, um die
Freiheit zu verteidigen, wird der Herr Bailly aufgefordert
werden, dem General[3] Anweisung zu geben, daß er für jede
Frauenlegion eine Ehrenwache zu Fuß und zu Pferd aufbie-
tet. Sollte der Herr Bailly auf den Gedanken kommen, diesen
Operationsplan zu durchkreuzen und vom Kriegsrecht[4] zu
reden, wäre die Laterne der Lohn für seinen Antipatrio-
tismus.

Wenn ein einziger der Polizeispitzel, Haudegen und Hals-
abschneider des Generals die Nase herauszustrecken wagt,
soll ihm mit Küchenmessern die Gurgel durchgeschnitten
werden; und ihr Held wird dann neben seinem städtischen
Federfuchser laterniert[5].

Beschlossen im patriotischen Frauenclub; Formulierungs-
änderung durch den *Ami du peuple* gestattet.

An die Patrioten des Frauenclubs

Der *Ami du peuple* bewundert den Eifer und den Mut der
Heldinnen der Hauptstadt, aber er ist darüber nicht über-
rascht; er weiß seit langem, daß die Frauen weit besser zur
Sache gehen als die Männer. [. . .]

---

3 La Fayette.
4 Die *loi martiale* (am 21. Oktober 1789 von der Nationalversammlung
beschlossen) ermöglichte den Einsatz von Truppen bei Unruhen.
5 Das Verbum *lanterner* ist seit dem 16. Jh. in Bedeutungen wie »unschlüssig
sein«, »jemanden durch unverschämte Reden ermüden« belegt; in der Revolution wird es (wohl zunächst scherzhaft) mit den Laternen in Verbindung
gebracht, die die Volksmassen als Galgen für ihre Opfer benutzen.

31

Marat über die Situation der Bauarbeiter

Der Redakteur des Ami du peuple *weist nicht nur selbst auf Mißstände, republikfeindliche Aktivitäten usw. hin, sondern veröffentlicht auch regelmäßig Leserzuschriften ähnlichen Inhalts. Die Schuldigen werden stets mit vollem Namen genannt, häufig werden auch die Adressen angegeben; darin liegt eine implizite Aufforderung zu Strafaktionen, denen die ›Patrioten‹ nicht selten nachgekommen sind. – Die Klagen der Bauarbeiter zeigen, daß das Privateigentum, das der ersten Nationalversammlung als unantastbar galt, in den Grundschichten der Bevölkerung Anlaß zu Diskussionen gab.*
Quelle: MaratAPeuple. Nr. 487 (12. Juni 1791). S. 1–5.

An den Ami du peuple

Teurer Prophet, wahrer Verteidiger der besitzlosen Klasse, erlauben Sie, daß Arbeiter Ihnen alle Veruntreuungen und Schändlichkeiten enthüllen, die unsere Baumeister[1] sich ausdenken, um uns zur Verzweiflung zu treiben und dadurch zum Aufstand zu veranlassen. Nicht zufrieden damit, daß sie auf Kosten der armen Hilfsarbeiter gewaltige Vermögen angehäuft haben, verbreiten diese gierigen Unterdrücker, die alle miteinander im Bunde sind, abscheuliche Schmähschriften gegen uns, um uns unsere Arbeit wegzunehmen; sie haben die Unmenschlichkeit soweit getrieben, daß sie sich an den Gesetzgeber wandten, um ein barbarisches Dekret gegen

---

1 *maître maçon*, d. h. (selbständiger) Maurermeister, der Gehilfen beschäftigt; die hier angegriffenen Unternehmer arbeiten an öffentlichen Gebäuden, wie das Inhaltsverzeichnis der Nummer des *Ami du peuple* zeigt. Die neue Kirche Sainte-Geneviève wird 1791 als Panthéon Begräbnisstätte für berühmte Franzosen aus Vergangenheit und Gegenwart.

uns zu erlangen, das uns nur die Möglichkeit läßt, am Hunger zugrundezugehen. Diese niederträchtigen Menschen, die untätig die Früchte des Schweißes der Hilfsarbeiter verschlingen und der Nation niemals irgendeinen Dienst geleistet haben, hatten sich am 12., 13. und 14. Juli in Kellergewölben versteckt. Als sie sahen, daß die Klasse der Unglücklichen allein die Revolution gemacht hatte, kamen sie aus ihren Schlupflöchern, um uns wie Banditen zu behandeln; als sie dann erkannten, daß die Gefahren vorüber waren, fingen sie an, in den Distrikten zu intrigieren, um Posten zu ergattern, sie trugen plötzlich Uniform und Epauletten. Heute, da sie glauben, die Stärkeren zu sein, möchten sie uns unter das härteste Joch beugen; sie zermalmen uns ohne Mitleid und Reue.

Hier nennen wir, teurer Freund des Volkes, einige dieser unwissenden, habgierigen und unersättlichen Unterdrücker, die die Maurer von Sainte-Geneviève denunzieren.

Poncé, Baumeister der neuen Kirche Sainte-Geneviève, gebürtig aus Chalon-sur-Saône, von Beruf Archivar, versteht nichts von der Baukunst, aber die Kunst des Raubens so perfekt, daß er sich auf Kosten seiner Arbeiter Renten in Höhe von 90 000 Livres erworben hat.

Campion, gebürtig aus Coutance, zunächst Hilfsarbeiter in Paris, heute Baumeister der Kirche Saint-Sauveur, obwohl er sehr unwissend ist; er hat sich das kleine Hôtel Talaru angeeignet und erfreut sich derzeit des Besitzes von Renten in Höhe von 20 000 Livres.

Guillot, der seine Frau an einer Straßenecke aufgelesen hat und, man weiß nicht wie, Baumeister geworden ist, besitzt heute Renten in Höhe von 30 000 Livres.

Bievre, gebürtig aus Argenton, Gehilfe bei Roland und Compagnie, die er durch seine törichten Maßnahmen während der Arbeiten am Handelspalast ruiniert hat, hat trotzdem ein Vermögen an Renten in Höhe von 30 000 Livres beiseitegeschafft. [...]

So weit einige Beispiele für die Wege, auf denen unsere Vampire zum Erfolg kommen, und für ihre skandalösen Vermögen. Sollte man glauben, daß sie, die im Geld schwimmen, Geiz und schmutzige Habsucht an den Tag legen und versuchen, den Tagelohn von 48 Sous, den die Verwaltung uns bewilligt hat, noch zu drücken; sie wollen nicht berücksichtigen, daß wir höchstens sechs Monate im Jahr Arbeit haben, was unseren Tagelohn auf 24 Sous reduziert, und von diesem kümmerlichen Lohn müssen wir uns ernähren, Miete zahlen, uns kleiden und unsere Familien unterhalten, wenn wir Frau und Kinder haben; daher bleibt uns, wenn wir unsere Kräfte im Dienst des Staates erschöpft haben, durch die Mißhandlungen unserer Vorgesetzten, den Hunger und die Ermüdung aufgerieben sind, oft kein anderer Ausweg, als unsere Tage in Bicêtre[2] zu beschließen, während unsere Vampire in Palästen wohnen, die köstlichsten Weine trinken, auf Daunenkissen schlafen, in vergoldeten Wagen herumfahren und im Überfluß und über den Vergnügungen unser Unglück vergessen; oft verweigern sie der Familie eines Arbeiters, der mittags verletzt oder getötet wird, den Lohn für die geleisteten Arbeitsstunden.

Nehmen Sie unsere Klagen zur Kenntnis, teurer Freund des Volkes, und verschaffen Sie unseren gerechten Beschwerden Gehör in diesen Augenblicken der Verzweiflung, da wir unsere Hoffnungen enttäuscht sehen; denn wir hatten uns geschmeichelt, an den Vorteilen der neuen Ordnung Anteil zu haben, und daß uns unser Los erleichtert werden müßte.

> *Unterzeichnet* von allen Arbeitern
> der neuen Kirche Sainte-Geneviève
> (insgesamt 340).

Paris, 8. Juni 1791

---

2 Bicêtre lag vor den Toren von Paris; es war ein Hospital, das (wie im Ancien Régime üblich) auch alte Menschen aufnahm, denen die finanziellen Mittel oder die Kräfte fehlten, um sich selbst zu versorgen.

Die Schamröte steigt einem ins Gesicht, und man stöhnt vor Schmerz, wenn man eine so nützliche Klasse von Unglücklichen der Willkür einer Handvoll Schurken ausgeliefert sieht, die von ihrem Schweiß fett werden und ihnen auf barbarische Weise die armseligen Früchte ihrer Arbeit wegnehmen. Derartige Mißstände, die die Gesellschaft der Dienste einer zahlenmäßig bedeutenden Klasse achtbarer Bürger berauben oder eher darauf abzielen, diese durch Elend zu zerstören, hätten durchaus die Aufmerksamkeit der Nationalversammlung erregen und einige der Augenblicke beschäftigen sollen, die sie so vielen nutzlosen Diskussionen, so vielen lächerlichen Streitereien widmet.

32

Die Duchesse de Tourzel über die Flucht nach Varennes

In der Nacht des 20. Juni 1790 verließ die königliche Familie unerkannt Paris, in Begleitung der Gouvernante der Kinder, der späteren Duchesse de Tourzel; während der ersten Etappe fuhr Graf Fersen (1755–1810), ein schwedischer Offizier in französischen Diensten, den Wagen; er war in die Königin verliebt und galt als ihr Liebhaber. Es war geplant, daß die königliche Familie zur belgischen Grenze reisen sollte (Belgien war österreichisches Territorium), hinter Châlons (s. Karte) sollten sie von Soldaten des Marquis de Bouillé (1739–1800) erwartet werden, des Oberkommandierenden für Lothringen, das Elsaß und die Franche-Comté, dem der König vertraute. Die Flüchtlinge hatten bald mehrere Stunden Verspätung gegenüber dem festgelegten Zeitplan; die Sol-

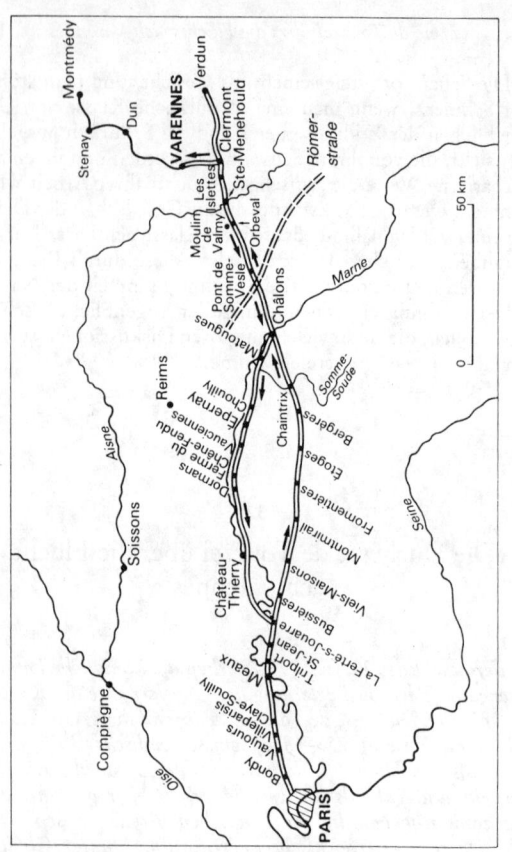

Der Weg der königlichen Familie nach Varennes; nicht ver-
zeichnet sind die in unmittelbarer Nähe von Paris gelegenen
Stationen (nach: Jacques Godechot, *La Révolution française.
Chronologie commentée 1787–1799*, Paris 1988, S. 88)

daten erregten das Aufsehen der Bevölkerung und waren genötigt, sich von der Straße zurückzuziehen. Gegen acht Uhr am folgenden Abend erreichte der Wagen Sainte-Menehoud; der Postmeister dort erkannte den König, ritt nach Varennes, wo er gleichzeitig mit der Kutsche ankam, und sorgte dafür, daß sie angehalten wurde. Am 22. Juni mußten Louis und seine Familie die Rückreise nach Paris antreten; in Dormans trafen sie auf drei Kommissare der Nationalversammlung, darunter Barnave und Pétion.

Die Nationalversammlung einigte sich darauf, in der Flucht eine ›Entführung‹ des Königs zu sehen; das wurde dadurch erleichtert, daß Bouillé, der aus Frankreich geflohen war, die Verantwortung für diese ›Entführung‹ auf sich nahm. Das Volk ließ sich freilich nicht täuschen, und bald wurden Stimmen laut, die für die Absetzung Louis' und die Errichtung einer Republik eintraten.

Quelle: TourzelMém. S. 303–312. (Gekürzt.)

[. . .] Um keinen Verdacht zu erregen, führte die Königin ihre Kinder selbst am Montagabend[1] im Tivoli[2] im Garten von M. Boutin spazieren und gab bei ihrer Rückkehr dem Bataillonskommandanten Anweisungen für die Ausfahrt am nächsten Tag. Ich tat dasselbe hinsichtlich des Dauphin. Um meinen Leuten jeden Gedanken an eine mögliche Abreise zu nehmen, sagte ich, sie sollten mir am nächsten Tag zu der Zeit, da ich vom Dauphin käme, ein Bad bereiten; dann ging ich wie gewohnt um zehn Uhr zu ihm hinauf, zusammen mit meiner Kammerfrau, die in einem Zimmer neben dem seinigen schlief.

Einen Augenblick später kam die Königin ins Zimmer und

1 Der Montag war der 20. Juni.
2 Der Tivoli, ursprünglich Folie-Butin genannt, war ein großer Park, hinter der heutigen Gare Saint-Lazare im 9. Arrondissement gelegen, mit Felsen, Ruinen etc.; er war 1766 von einem Privatmann angelegt worden und stand der Pariser Bevölkerung an zwei Tagen in der Woche offen.

weckte den jungen Prinzen, der tief schlief. Kaum hatte er
gehört, daß er in eine Festung reisen sollte, wo er sein Regiment befehligen würde, sprang er aus dem Bett und rief:
»Schnell, schnell, wir wollen uns beeilen, bringt mir meinen
Säbel, meine Stiefel, und los!« Die Vorstellung, Heinrich IV.
zu gleichen, den er sich zum Vorbild genommen hatte, regte
ihn so auf, daß er unterwegs kein Auge zutat.   [...]

Wir gingen hinunter in den von der Königin bewohnten
Zwischenstock, wohin auch der König gekommen war. Ihre
Majestäten sagten mir, es würden ihnen drei Leibgardisten
folgen, von denen einer der Königin den Arm geben würde,
um sie zu Fuß zum Wagen zu führen; die beiden anderen
sollten die Reisekutsche fahren, die den König in einiger Entfernung vom Tor erwarten würde (denn die ganze königliche
Familie verließ das Schloß zu Fuß, mit Ausnahme des Dauphin und von Madame Royale). Der König fügte hinzu, ich
würde erst unterwegs die Einzelheiten über die Reise erfahren, damit mir Schwierigkeiten beim Antworten erspart blieben, wenn ich das Unglück haben sollte, angehalten zu werden; er gab mir dann ein von seiner Hand unterzeichnetes
Billett, damit ich bei einem Zwischenfall beweisen könnte,
daß ich den Dauphin und Madame auf seinen Befehl weg-
brächte. Er gab mir außerdem die Erlaubnis, M. de Gouvion[3]
mitzunehmen, falls wir ihn treffen sollten und er sich bereit
erklärte, die Abreise Ihrer Majestäten zu unterstützen. Ich
hatte auch zwei Goldstücke markiert; das eine wollte ich
einem Nationalgardisten geben, wenn wir zufällig einem
begegneten, und ihm versprechen, ich würde sein Glück
machen und ihm eine schöne Summe Geldes geben, wenn er
mir das Pendant zu dem Geldstück brächte, das ich zum
Vergleich behielte.

Ich hatte schon längst für meine Tochter Pauline vorsorg-
lich ein Leinenkleidchen und eine Mütze machen lassen, um
den Dauphin als Mädchen zu verkleiden, wenn die Umstände

---

3 Wohl der Major-Général Comte de Gouvion, vgl. Nr. **18**, Anm. 1.

diese Veränderung erforderten. Wir benutzten die Sachen mit Erfolg. Als der Wagen angekommen war, schaute die Königin selbst nach, ob auf dem Hof alles ruhig sei; als sie niemanden sah, umarmte sie mich mit den Worten: »Der König und ich, Madame, wir geben das Teuerste, was wir besitzen, voll Vertrauen in Ihre Hände; es ist alles bereit, brechen Sie auf!« Wir gingen durch die Wohnung von M. de Villequier, wo es keine Schildwache gab, nach unten, passierten eine selten benutzte Tür und stiegen in eine alte, unmoderne Kutsche, die einer Droschke glich und die Graf Fersen lenkte.

Um dem König Zeit zu lassen, uns zu folgen, machten wir eine Spazierfahrt über die Quais und kamen durch die Rue Saint-Honoré zurück, um die königliche Familie gegenüber dem Haus zu erwarten, das damals Hôtel de Gaillarbois hieß. Graf Fersen spielte die Rolle des Droschkenkutschers perfekt, er pfiff, unterhielt sich mit einem sogenannten Kameraden, der zufällig dort stand, und bot ihm Tabak aus seiner Dose an. Ich saß wie auf Kohlen, obwohl ich mir keine Unruhe anmerken ließ, als Madame Royale zu mir sagte: »Da geht M. de La Fayette.« Ich versteckte den Dauphin unter meinen Röcken und versicherte den Kindern, sie könnten ganz ruhig sein; dabei war ich selbst es gar nicht. In geringem Abstand folgte M. de Bailly. Beide gingen nichtsahnend an uns vorbei; nach drei Viertelstunden voller Angst war es mir ein Trost, Madame Elisabeth kommen zu sehen. Das war immerhin ein Hoffnungsschimmer. Es war unterdessen halb zwölf, und erst nach Mitternacht kam der König. M. Bailly und M. de La Fayette, die an der Abendaudienz teilgenommen hatten, hatten ihn in eine Unterhaltung verstrickt, und um keinerlei Verdacht zu erregen, wollte der Fürst nicht den Eindruck erwecken, als ob er es eilig hätte, sich zurückzuziehen. Danach mußte er sich ausziehen, zu Bett gehen, erneut Toilette machen, eine Perücke aufsetzen, um sich zu verkleiden, und sich zu Fuß von den Tuileries zum Wagen begeben. Die Königin sollte erst nach dem König aufbrechen. Die tiefe Zuneigung, die er für sie empfand, wurde bei dieser Gelegenheit deutlich an der Art erkennbar, wie er seine Unruhe zeigte. Sobald sie in den Wagen gestiegen war, drückte er sie an sich, küßte sie und wiederholte ständig: »Wie froh bin ich, Sie endlich hier zu sehen!« Alle umarmten sich; die ganze königliche Familie erwies mir diese Ehre, und überzeugt, daß wir das Schwierigste hinter uns hätten, begannen wir zu hoffen, der Himmel sei unserer Reise günstig.

Der König erzählte uns, wie er, nachdem er M. Bailly und M. de La Fayette losgeworden war, in aller Ruhe allein durch das große Tor der Tuileries hinausgegangen war; er sei sich völlig sicher gewesen wegen seiner Vorsichtsmaßnahme, den Chevalier de Coigny, dessen Haltung der seinen genau glich, regelmäßig durch dieses Tor hinausgehen zu lassen, was die Posten an jenem Tor seit zwei Wochen daran gewöhnt habe, ihn ganz unbehelligt passieren zu lassen; seine Sicherheit sei so groß gewesen, daß er sogar seinen aufgegangenen Schuh wieder zugebunden habe, ohne daß jemand darauf achtete, und daß er keinerlei Schwierigkeiten gehabt habe. [...]

Wir erlebten mehrere kleine Zwischenfälle, die ganz deutlich zeigten, daß oft die unbedeutendsten Dinge Einfluß auf große Ereignisse haben. Graf Fersen fürchtete, die Leibgardisten könnten einen anderen Weg genommen haben als den, den er ihnen angegeben hatte, und daß man, wenn er auf dem kürzesten Weg bliebe, noch einmal die Tore von Paris passieren müsse, um wieder mit ihnen zusammenzutreffen; um das zu vermeiden, entschied er sich für den längeren Weg, was uns eine halbe Stunde kostete. Zusammen mit den drei Viertelstunden, die die Abendaudienz des Königs länger gedauert hatte, ergab das anderthalb Stunden Verspätung. Dann trafen wir bei den Posten am Tor auf eine Hochzeitsgesellschaft, viele Leute und viele Lampen, aber wir wurden glücklicherweise nicht erkannt und kamen ohne Schwierigkeiten durch. Zu allem Unglück stürzten zwischen Nintré und Châlons die Pferde vor dem Wagen des Königs zweimal, die Zügel rissen, und wir brauchten mehr als eine Stunde, um den Schaden zu beheben.

Es wurde sehr zu Unrecht behauptet, der König hätte angehalten, um zu Abend zu essen. Er und die königliche Familie haben immer nur im Wagen gegessen. Es wurde nirgendwo angehalten; auf dem ganzen Weg stieg der König nur ein einziges Mal aus, ging in einen Stall, wo kein Mensch war, sprach mit niemandem und kam sofort zurück in den Wagen. Die Kinder verließen die Kutsche nur zweimal, als sie große Steigungen im Schritt hinauffuhr; ich nutzte solche Momente, damit sie Luft schöpfen konnten, aber diese kleinen Spaziergänge verursachten keine Verzögerung.

In einiger Entfernung vor den Toren von Clichy trafen wir den Wagen, der auf uns wartete, und ließen die alte Droschke und die Pferde zurück, ohne uns darum zu kümmern, was aus ihnen wurde. Graf Fersen fuhr den König bis Laye, von wo ab wir Postpferde benutzten. Als der König ihn verließ, zeigte er ihm auf sehr herzliche Weise seine Dankbarkeit. Er meinte, er würde sie bald anders als mit Worten ausdrücken können, und hoffte darauf, ihn bald wiederzusehen.

Wir reisten recht bequem in einer großen Berline, die aber nichts Außergewöhnliches an sich hatte, wie es nach dem traurigen Ausgang dieser unseligen Reise immer wieder behauptet wurde.[4] Ich sollte unter dem Namen einer Baronin Korff für die Herrin gelten; der König ging als mein Kammerdiener durch, die Königin als meine Kammerfrau und Madame Elisabeth als das Kindermädchen. Es war bekannt, daß die Baronin Korff, deren Namen ich benutzte, die Reise von Paris nach Montmédy ganz bewußt auf derselben Straße wie wir gemacht hatte, in einem Wagen, der dem unseren glich, mit derselben Zahl von Begleitern, und daß nirgendwo ihr Paß verlangt worden war. Man war in der Vorsicht so weit gegangen, die Zahl der Stunden zu berechnen, die sie ge-

---

4 Durchgehend ist die Tendenz erkennbar, die Ursachen für das Scheitern des Unternehmens in widrigen Umständen, nicht in Fehlern der königlichen Familie zu suchen; das macht die Darstellung der Duchesse de Tourzel zumindest einseitig, denn es ist erwiesen, daß die Flüchtlinge sich höchst unglücklich verhielten. (Vgl. zuletzt Michel de Lombarès, *Enquête sur l'échec de Varennes*, Paris 1988.)

braucht hatte, um Montmédy zu erreichen, und das traurige
Ergebnis dieser letzten Maßnahme wird sich zeigen.

Als wir die Schranken passiert hatten, begann der König an
einen günstigen Ausgang seiner Reise zu glauben und fing an,
über seine weiteren Pläne zu reden. Er wollte zuerst nach
Montmédy fahren, um sich Klarheit darüber zu verschaffen,
was er für angebracht hielt, fest entschlossen, das Königreich
nur dann zu verlassen, wenn die Umstände dazu nötigten,
einige Grenzstädte zu durchqueren, um schneller die französische Stadt zu erreichen, in der er sich niederzulassen
gedachte; denn er hatte nicht vor, sich auch nur einen Augenblick im Ausland aufzuhalten.

»Jetzt bin ich also«, sagte der gute König, »aus Paris heraus,
wo ich so viel Bitteres schlucken mußte. Seid überzeugt,
wenn ich erst einmal den Hintern im Sattel habe, werde ich
ein ganz anderer Mensch sein als der, den ihr bisher kennengelernt habt.« Dann las er uns das Memorandum vor, das er in
Paris zurückgelassen hatte, damit es zur Nationalversammlung gebracht würde; er freute sich schon im voraus über das
Glück, das er Frankreich zu bringen hoffte: Die Rückkehr
der Prinzen, seiner Brüder[5], und seiner treuen Diener; die
Möglichkeit, die Religion wieder in ihre Rechte einzusetzen
und das Leid wieder gutzumachen, das die Maßnahmen, zu
denen er gezwungen worden war, ihr möglicherweise zugefügt hatten.[6] Als er dann sah, daß es acht Uhr war, sagte er:
»La Fayette fühlt sich jetzt gar nicht wohl in seiner Haut.«

Es war schwierig, sich in die Besorgnis des Generals hin-
einzuversetzen und ein anderes Gefühl zu empfinden als
Freude darüber, die Abhängigkeit von ihm abgeschüttelt zu
haben. [...]

---

5 Monsieur, der Comte de Provence, verließ Paris in der gleichen Nacht wie die
königliche Familie; er reiste auf einem anderen Weg nach Mons in Belgien und
erreichte sein Ziel ohne Zwischenfälle.
6 Hier ist in erster Linie an die Zivilverfassung des Klerus gedacht, die der König
nur auf massiven Druck hin akzeptiert hatte.

33

Panon Desbassayns über die Stimmung in Paris nach der Flucht nach Varennes

Henry-Paulin Panon Desbassayns (1732–1800) stammte von der Île Bourbon (heute: La Réunion), wo er Kaffee- und Baumwollplantagen besaß; er hielt sich von Ende 1784 bis Februar 1786 und erneut von April 1790 bis Oktober 1792 in Frankreich auf, um Geschäfte zu tätigen und sich um die Erziehung seiner Kinder zu kümmern (drei seiner Söhne hatte er 1780 nach Europa geschickt, vier weitere Kinder begleiteten ihn auf der zweiten Reise). Im Tagebuch der Jahre 1790–92 kommentiert er auch die revolutionären Ereignisse, die er in Paris verfolgen konnte.

Quelle: PanonVoyage. S. 186–188.

Dienstag, 21. Juni 1791

Etwas sehr Unglückliches ist geschehen: Der König, der Dauphin, die Königin, Madame, Madame Victoire und Monsieur, der Bruder des Königs[1], haben heute nacht Paris verlassen. Es heißt, sie sind über Meaux gefahren. Die dadurch erregte Unruhe hat Paris völlig überrascht. Zwischen neun und zehn Uhr morgens schlugen die Trommeln Alarm. Die Distrikte versammelten sich, die Nationalgarde griff zu den Waffen. Das Volk drang ins Schloß des Königs ein und zerschlug viele Möbel, die der Königin gehörten. Da das gerade erst passiert ist, kennt man die Einzelheiten noch nicht. Erst in einigen Tagen wird man alles wissen. In Paris herrscht Ordnung. Die Nationalgarde sorgt dafür. Überall werden die Namen des Königs, des Dauphin, der großen Herren und das

---

1 Die Liste der Flüchtlinge ist ungewöhnlich: mit *Madame* dürfte Madame Royale, die Tochter des Königspaars, gemeint sein (vgl. Nr. 17, Anm. 10); den Namen Victoire führt kein Mitglied der königlichen Familie.

königliche Wappen entfernt, die sich über den Haustoren
und anderswo befinden. Meinem Zimmer gegenüber hat man
den Namen des Königs über einem Haustor gelöscht und den
des Dauphin an dem Hôtel garni, das *Hôtel du Dauphin* hieß.
Das alles geht ganz ruhig vor sich, aber die Nation ist empört
über die Abreise des Königs. Ständig sind Patrouillen auf
der Straße, um die Ordnung aufrechtzuerhalten. Städtische
Beamte, die von Nationalgardisten eskortiert werden, machen Proklamationen der Distrikte und des Bürgermeisters
bekannt und mahnen in wahrhaft patriotischen Reden zur
Mäßigung, um die Gemüter zu beruhigen. M. Cazalès, ein
Abgeordneter der Rechten, war sehr glücklich, daß ihm die
Nationalgarde zu Hilfe kam. Das Volk hätte ihm übel mit-
gespielt.

Man gibt Anweisung, alle Häuser zu erleuchten. Die Place
de Grève ist voller Menschen. Sie verhalten sich ruhig. Man
fordert alle Einwohner von Paris auf, ruhig zu bleiben und
nicht in Panik zu geraten. M. de La Fayette und M. Bailly
legen jeder für sich die Redlichkeit an den Tag, für die sie von
jeher bekannt sind. Sie waren während des Vormittags in der
Nationalversammlung, um ihre Befehle entgegenzunehmen,
und auch in ihrer Eigenschaft als Abgeordnete.

Dieses Ereignis wird in der Geschichte große Bedeutung
gewinnen. Wir sind jetzt an einem Punkt, wo man alle seine
Ideen in Frage stellen muß. Ich befürchte einen Bürgerkrieg.
Der Gedanke läßt mich schaudern. Man muß auch damit
rechnen, daß der König einen Vertrag mit den ausländischen
Mächten geschlossen hat. Das wäre ein sehr großes Unglück.
Beruhigend ist, daß er ein gutes Herz hat, wie es heißt, und
man kann sich nur schwer vorstellen, daß er mit Gewalt gegen
sein Volk vorgeht.

Die Nationalversammlung weicht nicht von der Stelle.
Man hat durch ein Dekret angeordnet, die Straßen zu
beleuchten, aus Vorsicht, zur größeren Sicherheit. Die Nationalversammlung hat keinen Beschluß über die Regent-
schaft gefaßt, wie es zunächst geheißen hatte. Wenn man alle

Karikaturen von Louis XVI und Marie Antoinette (anonym)

Neuigkeiten aufschreiben sollte, die kursieren, würden sich
drei Viertel als falsch erweisen. Angeblich ist der König durch
die Abflußkanäle der Küche entwichen, die in die Seine mün-
den. Man hat den Jardin des Tuileries geschlossen, weil der
Andrang zu groß war. Es wurde angeordnet, keine Kutsche
und keinen Reiter aus Paris herauszulassen, außer auf offizielle Anordnung.

Ich wollte nicht, daß meine Söhne heute abend ausgehen,
obwohl alles ganz ruhig ist. Ganz plötzlich verbreitet sich die
Falschmeldung, der König sei festgenommen. Die Freude
darüber dauert nur einen kurzen Augenblick. Viele überlegen
sich, daß der König der Postverbindung und der Relaisstatio-
nen, die für ihn vorgesehen sind, sehr sicher sein muß, wenn
er diesen gewaltsamen Ausweg gewählt hat.

Mittwoch, 22. Juni 1791

Keine Nachrichten vom König. Man weiß nicht einmal, welche Straße er genommen hat. Die Nationalversammlung ist
immer noch beisammen. Sie hat sich nicht vertagt. Sie trifft
Vorkehrungen, um das Unglück eines Krieges abzuwenden.
Die Minister sind vor ihr erschienen. Sie haben ihre Weisun-
gen entgegengenommen, jeder für seinen Geschäftsbereich.
In der Hauptstadt herrscht äußerste Ruhe. Die Ordnung
wird aufrechterhalten. Anscheinend macht man sich keine
Sorgen um die Zukunft.

Bei einem Spaziergang auf den Champs-Elysées folgte mir
eine ziemlich gut gekleidete Frau, die laut den Wunsch aussprach, alle Aristokraten das Schicksal von Damiens[2] erleiden
zu lassen und sie jeden Tag mit Nadeln zu stechen!

---

2 Robert-François Damiens (1715–57), Soldat, später Bediener, verübte 1757
ein Attentat auf Louis XV und verletzte ihn leicht mit einem Messer; seine
Hinrichtung war einer der spektakulärsten Versuche des verunsicherten Regimes, an alte Traditionen anzuknüpfen: Die Hand, die er gegen den König erhoben hatte, wurde verbrannt, zuletzt wurde er geviertelt (was erst nach zahlreichen Fehlversuchen gelang).

Als ich gerade zu Bett gehen wollte, hörte ich großen Lärm auf der Straße. Ein Reiter teilte dem Volk mit, der König sei in Itenay oder Varennes von der Nationalgarde festgenommen worden. Er hatte es nicht mehr weit bis zur Grenze. Das Volk hat begeistert seiner Freude über die Verhaftung des Königs und seiner Familie Ausdruck gegeben.

34

Der Jakobinerclub über das Massaker auf dem Marsfeld

Nach der Flucht nach Varennes war der König bis auf weiteres von seinem Amt suspendiert worden; radikale Gruppen, wie der Club des Cordeliers, dem u.a. Danton, Marat und Hébert angehörten, und die Volksgesellschaften (Sociétés populaires; Mitglieder vor allem Handwerker, Kaufleute usw.) forderten seine endgültige Absetzung. Am 15. Juli beschloß die Nationalversammlung, Louis XVI im Amt zu halten, die Jakobiner, die vorher über eine Petition gegen den König beraten hatten, übernahmen diesen Standpunkt. Am 17. Juli wollten die Cordeliers auf dem Marsfeld eine republikanische Petition zur Unterschrift auslegen; dabei kam es zu Unruhen, Bailly und La Fayette ließen die Nationalgarde in die Menge feuern, was für beide das Ende ihrer Popularität bedeutete. – Die Pariser Jakobiner ließen eine vom 7. August datierte Darstellung der Ereignisse und ihres Anteils daran drucken, die an die Clubs in der Provinz verschickt wurde.

Quelle: SociétéJacobins. Bd. 3. S. 72–76. (Auszüge.)

Denkschrift

der Gesellschaft der Freunde der Verfassung, die im Jakobinerkloster in Paris tagt, an die angeschlossenen Gesell-
schaften über die Ereignisse auf dem Marsfeld am 17. Juli
1791

[. . .] Am 15. Juli verlangte eine Abordnung von Bürgern
Zutritt zum Sitzungssaal unserer Gesellschaft; sie unterrichtete uns über ihr Vorhaben, eine Petition an die Nationalversammlung zu richten, und erbat Ratschläge dafür. Die
Gesellschaft beriet bereits über diese wichtige Angelegenheit,
die alle beschäftigte. Man ernannte Kommissare, um einen
Text aufzusetzen, der von denen, die ihm zustimmten, einzeln unterzeichnet werden sollte.

Sie kennen den Wortlaut dieser Petition, die Ihnen bereits
zugesandt wurde; Sie können sie beurteilen; Sie wissen, daß
die Nationalversammlung darin gebeten wurde, Louis XVI
nicht wieder in sein königliches Amt einzusetzen, ohne die
Wünsche der Nation zu erforschen. Sie ging von der Auffassung aus, diese Frage gehöre zu jenen, welche nur durch den
förmlichen Willen des Souveräns entschieden werden können. Das war der Vorwand für alle gegen uns verbreiteten
Verleumdungen. Müssen wir daran erinnern, daß die Nationalversammlung zu dem Zeitpunkt, als diese Petition beschlossen wurde, über diese Frage noch nicht entschieden
hatte, daß sie erst am nächsten Abend eine Vorentscheidung
traf und verfügte, daß Louis XVI von seinem Amt suspendiert bleiben sollte, bis ihm die Verfassung vorgelegt worden
sei; daß in dieser Frage also noch alle Meinungen möglich
waren, sogar nach der Denkweise derer, die das Prinzip, von
dem wir ausgegangen sind, mißbilligen? Sollen wir hinzufügen, daß die Clubmitglieder sofort, als dieses Dekret bekannt
wurde, die Petition durch die Vermittlung von zwölf zu diesem Zweck ernannten Kommissaren zurückzogen, in der
Auffassung, sie könne nicht mehr den Nutzen erzielen, den

sie sich davon erhofften? Sollen wir schließlich zu bedenken geben, daß eine Petition, eine Willensäußerung, die Bekanntmachung irgendeiner Meinung über eine entscheidende Angelegenheit, über das Schicksal der Freiheit, nicht als ein Verbrechen betrachtet werden konnte? Brüder und Freunde, und doch war dies unser ⟨einziges⟩ Verbrechen.

Am nächsten Tag begaben sich die Bürger, die die Petition unterstützen wollten, friedlich und ohne Waffen zum Feld der Föderation[1], um sie auf dem Altar des Vaterlands zu unterzeichnen; vorher hatten sie den Magistrat in der durch die Dekrete vorgeschriebenen Form vom Zweck ihrer Versammlung unterrichtet. Alles ging in vollkommener Ordnung vor sich. An diesem Morgen zogen die Kommissare unserer Gesellschaft im Namen der Mitglieder die Petition zurück. Sie sehen folglich, daß die Angelegenheit uns von da an überhaupt nicht mehr betrifft. [. . .]

Die Bürger, die weiter darauf bestanden, der Nationalversammlung eine Petition vorzulegen, kamen am nächsten Tag, dem Sonntag, wieder zum Altar des Vaterlandes, um die Sache weiterzuverfolgen. [. . .]

Man hatte verabredet, die Petition mittags zu unterzeichnen. Gegen sieben Uhr morgens wurden zufällig zwei Männer mit Vorräten unter dem Altar des Vaterlandes entdeckt; sie hatten viele Löcher in die Treppenstufen gebohrt. Mit dieser Neuigkeit eilte man zur Rue Gros-Caillou[2]; das Gerücht breitet sich aus, die beiden hätten Posten bezogen, um den Altar des Vaterlands in die Luft zu sprengen; man führt sie dem Sektionskomitee vor; aber dort packen sie einige Männer und töten sie. Gerade die glühendsten Freunde der Freiheit haben diese verbrecherische Gewalttat am aufrichtigsten verabscheut; sie fanden sie um so widerwärtiger, als merkwürdige Umstände ihnen schlimme Verdächtigun-

---

1 Anderer Name des Marsfelds, seit dem Fest der Föderation am 14. Juli 1790 (vgl. Nr. **24**).
2 Die Rue Gros-Caillou lag neben dem Pferdemarkt; sie verlief ähnlich wie die heutige Rue Duméril im 13. Arrondissement.

gen hinsichtlich der Gründe eingaben, die die Mörder ange-
stachelt haben könnten, die beiden Opfer den gesetzlichen
Nachforschungen zu entziehen; aber sie waren noch weit
mehr empört, als sie sahen, daß heimtückische Menschen sich
diese Tat zunutze machten, um den Patrioten und dem Volk
den Krieg zu erklären, obwohl diese sie mit Abscheu verurteilten. Es erschien ihnen als ein weiteres Vergehen, die
Begleitumstände und Ursachen des Vorfalls entstellen zu
wollen und beispielsweise zu verbreiten, die beiden Männer
wären hingeschlachtet worden, weil sie gesagt hätten, man
müsse das Gesetz befolgen, und das in der Absicht, schlimm-
ste Verdächtigungen auf die guten Bürger zu lenken, die man
als Aufrührer darstellen wollte, um dieses Vergehen mit Vor-
gängen zu verknüpfen, die anderswo und zwischen anderen
Personen vorgefallen sind.

Man muß sich ins Gedächtnis rufen, daß die Bürger, die
sich wegen der Petition versammeln sollten, zu dieser Zeit
noch nicht auf dem Feld der Föderation angekommen waren,
wohin sie sich erst mittags begeben sollten.

Gegen zwei Uhr suchten städtische Beamte diesen Ort auf;
sie trafen Bürger ohne Waffen an, die sich mit einer Petition
beschäftigten. Sie dachten und kamen überein, daß dort
nichts das Eingreifen der Ordnungsmacht erforderlich machen könne; sie zogen sich zurück und ließen die Bürger in
dieser Gewißheit; eine Abteilung der Nationalgarde und Geschütze, die vorher im Zusammenhang mit den Vorfällen in
der Rue Gros-Caillou dorthin verlegt worden waren, wurden
gleichzeitig auf den persönlichen Befehl des Kommandanten
der Pariser Garde abgezogen. Immer noch herrschte Ruhe.
Gegen sechs bis sieben Uhr abends rückten Abteilungen
der Nationalgarde an mit einem Artillerietrain, gefolgt vom
Bürgermeister und der roten Fahne[3] ... Brüder und
Freunde, Bürgerblut ist vergossen worden ... Fordert von
uns keine Einzelheiten über diesen unseligen Abend. Gott

3 Das Kriegsrecht (vgl. Nr. 30, Anm. 4) sah vor, daß eine rote Fahne die Aufrührer auf einen bevorstehenden Truppeneinsatz aufmerksam machte.

bewahre uns davor, daß wir leichtfertig irgend jemanden beschuldigen! [. . .]

Wir glauben alles zu erfüllen, was wir dem Gemeinwohl und der Wahrheit schuldig sind, wenn wir nur einige entscheidende Tatsachen anführen, die geeignet sind, die Notwendigkeit der Einheit ⟨aller Bürger⟩ spürbar zu machen.

Einerseits scheint es sicher, daß an einer Stelle des Marsfelds Männer, die einem verbreiteten Verdacht zufolge dort plaziert worden waren, mit Steinen nach den Nationalgardisten warfen; andererseits ist es ebenfalls bekannt, daß geschossen wurde, ehe die drei im Kriegsrecht vorgeschriebenen Warnungen ergangen waren. Vermutlich hat das erste dieser beiden Fakten das zweite nach sich gezogen. Es scheint weiterhin gesichert, daß ein Mann eine Pistole auf den Kommandanten der Nationalgarde richtete, die nicht losging. Man hat sogar hinzugefügt, der Kommandant hätte für ihn um Gnade gebeten. Was auch der Grund für diesen Zwischenfall gewesen sein mag, er war offensichtlich dazu angetan, die Nationalgarde gegen die versammelten Bürger einzunehmen und aufzubringen. [. . .]

35

Panon Desbassayns über die Vorfälle auf dem Marsfeld

Die Tagebuchnotiz, die Panon Desbassayns offensichtlich machte, bevor er von den Schüssen am Abend des 17. Juli erfuhr, zeigt deutlich, wie Ereignisse durch die umlaufenden Gerüchte verändert werden. – Über den Autor vgl. Nr. 33.
Quelle: PanonVoyage. S. 202.

Sonntag, 17. Juli 1791

Das Volk ist in höchster Aufregung. Manche wollen Louis XVI nicht mehr als König. Die unterschiedlichen Meinungen verursachen viel Unordnung. Alle sollten sehr besonnen sein und nach dem Dekret der Nationalversammlung handeln. Das Schlimme an dem Meinungsstreit ist, daß alle Parteien erregt sind und sich so hineinsteigern, daß sie sich endlich als Todfeinde betrachten. Meiner Meinung nach müßten sie sich mäßigen, das Gesetz befolgen und niemandes Tod wünschen. All das trägt zur Gruppenbildung bei, und die Gemüter erhitzen sich.

Heute wurden auf dem Marsfeld zwei Männer, ein junger und ein Invalide mit einem Holzbein, festgenommen, die man unter dem Altar des Vaterlandes fand. Man beschuldigt sie, Bohrer dabei gehabt und Löcher in den Boden gemacht zu haben, um den Frauen über ihnen unter den Rock sehen zu können. Diese Neugier kam sie teuer zu stehen. Das Volk hat sie gepackt und zum Richter geführt, der sie angeblich nicht für schuldig befand und wieder freiließ. Die Leute haben sie aber genommen und aufgehängt. Die Nationalgarde kam zu spät, um ihnen zu helfen. Viele Menschen haben sich auf dem Marsfeld zusammengerottet, das beunruhigt die Polizei. Schließlich erschienen M. de La Fayette und M. Bailly. Wegen der Unruhe auf dem Marsfeld hielten sie es für nötig, die Trommeln Alarm schlagen zu lassen. Ich war gerade im Palais Royal, die Nachricht hat nicht viel Aufsehen erregt. Die Truppen haben Posten bezogen, sie haben Befehl, sich marschbereit zu halten. Jeder kann mit dem Eifer der Garde zufrieden sein, ganz Paris ist ihr sehr zu Dank verpflichtet, daß sie die Ordnung in der Stadt aufrechterhält, ohne jemanden zu schikanieren. Das Gerücht geht um, M. de La Fayette wäre verletzt, zum Glück ist das falsch.

36

Die Erklärung von Pillnitz

Nach der gescheiterten Flucht der königlichen Familie (von der Kaiser Leopold II. von Österreich, der Bruder Marie Antoinettes, vorher unterrichtet gewesen war) verstärkten die Emigranten, allen voran die beiden Brüder des Königs, ihre Bemühungen, die europäischen Mächte zu Maßnahmen gegen die Revolution zu bewegen. Am 27. August 1791 erklärten der Kaiser und König Friedrich Wilhelm II. von Preußen in Pillnitz gemeinsam ihre Absicht, Louis XVI zu unterstützen; dies trug wesentlich zur Schaffung des Klimas bei, aus dem im April 1792 die französische Kriegserklärung an Österreich entstand.
Quelle: FrRevDoc. S. 104 f.

Seine Majestät der Kaiser[1] und Seine Majestät der König von Preußen haben die Wünsche und Vorstellungen Monsieurs und des Comte d'Artois[2] angehört und erklären gemeinsam, daß sie die Situation, in der sich der König von Frankreich derzeit befindet, als Gegenstand eines gemeinsamen Interesses aller Herrscher Europas betrachten. Sie hoffen, daß dieses Interesse unfehlbar von den Mächten anerkannt wird, deren Hilfe gefordert ist, und daß diese sich folglich nicht weigern werden, gemeinsam mit Ihren Majestäten und gemäß ihren

1 Da Leopold den Kaisertitel des Deutschen Reiches führte (erst sein Nachfolger Franz II. nimmt 1804 den Kaisertitel für Österreich an), erübrigt sich eine Präzisierung.
2 Charles-Philippe de Bourbon, Comte d'Artois (1757–1836), der jüngere Bruder des Königs, war ein Gegner aller Reformen; zu seiner Unbeliebtheit in der Bevölkerung trug bei, daß er als Liebhaber Marie Antoinettes galt. Er emigrierte sofort nach dem 14. Juli 1789; nach dem Tod von Louis XVIII wurde er 1824 als Charles X König, die Revolution von 1830 beseitigte sein reaktionäres Regime und zwang ihn erneut zur Emigration.

Kräften die wirksamsten Mittel einzusetzen,[3] um dem König von Frankreich die Möglichkeit zu verschaffen, in vollkommener Freiheit die Grundlagen einer monarchischen Regierung zu festigen, die den Rechten der Herrscher und dem Wohl der französischen Nation in gleicher Weise angemessen ist. Dann und in diesem Falle sind Ihre Majestäten der Kaiser und der König von Preußen entschlossen, sofort in wechselseitigem Einvernehmen mit Hilfe der notwendigen Streitkräfte zu handeln, um das erstrebte gemeinsame Ziel zu erreichen. Bis dahin werden sie ihren Truppen die geeigneten Befehle erteilen, damit diese in der Lage sind einzuschreiten.

37

Olympe de Gouges über die Rechte der Frau

Olympe de Gouges (1748–93) hat zu den revolutionären Ereignissen aus betont weiblicher Perspektive publizistisch Stellung genommen. Durch uneheliche Geburt von vornherein zur Außenseiterin gestempelt, geht sie im Alter von sechzehn Jahren eine Ehe ein, wird früh Witwe und hat einen oder mehrere reiche Liebhaber, die sie aushalten; um das Jahr 1780 beginnt sie zu schreiben und verfaßt zunächst eine Reihe von Theaterstücken, die aber nicht aufgeführt werden. In den Revolutionsjahren äußert sie sich in zahlreichen Pamphleten zu politischen Fragen; sie tritt für die Gleichberechtigung der Frau und für die Abschaffung der Sklaverei in den Kolo-

---

3 Indem die beiden Herrscher ihr Eingreifen von der (nicht sehr wahrscheinlichen) Zustimmung der übrigen europäischen Mächte abhängig machen, nehmen sie ihrer Erklärung einiges von ihrer Wirkung (vgl. François Furet / Denis Richet, *Die Französische Revolution*, München [o. J.], S. 188).

nien ein, verurteilt die Hinrichtung des Königs und kämpft allgemein für girondistische Positionen gegen die Montagnards. 1793 wird sie verhaftet und am 3. November hingerichtet.

Die Déclaration des droits de la femme et de la citoyenne wurde im September 1791 veröffentlicht; vorangestellt ist ein Brief an Marie Antoinette, in dem Olympe de Gouges die Königin auffordert, für die Rechte der Frau einzutreten.
Quelle: CahiersFemmes. S. 208–212. (Gekürzt.)

Die Rechte der Frau

Mann, bist du fähig, gerecht zu sein? Eine Frau stellt dir diese Frage. Dieses Recht zumindest wirst du ihr nicht nehmen können. Sag mir, wer hat dir die unumschränkte Macht verliehen, mein Geschlecht zu unterdrücken? Deine Kraft? Deine Talente? Betrachte den Schöpfer in seiner Weisheit: Überblicke die Natur in all ihrer Größe, der du dich offenbar nähern willst, und nenne mir daraus, wenn du es wagst, ein Beispiel für diese tyrannische Herrschaft[1]. Geh zu den Tieren, befrage die Elemente, studiere die Pflanzen, wirf zuletzt einen Blick auf alle Veränderungen der geordneten Materie und laß dich von den Tatsachen überzeugen, wenn ich dir die Mittel dazu gebe. Suche, erforsche und unterscheide, wenn du kannst, die Geschlechter in der Ordnung der Natur. Überall findest du sie in enger Verbindung, überall arbeiten sie in harmonischer Gemeinschaft an diesem unsterblichen Meisterwerk.

Nur der Mann hat sich aus der Ausnahme ein Prinzip

---

1 Von Paris bis Peru, von Rom bis Pamir, / Ist und bleibt doch der Mensch das allerdümmste Tier. [Anm. d. Verf.] – Im Original: »De Paris au Perou, du Japon jusqu'à Rome, / Le plus sot animal, à mon avis, c'est l'homme«; *homme* hier wohl nicht »Mann«, da es um das Fehlverhalten des Menschengeschlechts im Verhältnis zu den Tieren usw. geht.

zusammengeschustert. Wunderlich, blind, aufgeblasen von den Wissenschaften und degeneriert, will er in diesem Jahrhundert der Aufklärung und des Scharfsinns, in krassester Unwissenheit, despotisch über ein Geschlecht befehlen, dem alle intellektuellen Fähigkeiten verliehen worden sind. Er möchte von der Revolution profitieren, er verlangt sein Recht auf Gleichheit, um nicht noch mehr zu sagen.

Erklärung der Rechte der Frau und Bürgerin

Zu verabschieden von der Nationalversammlung in den letzten Sitzungen dieser Legislaturperiode oder in der nächsten.

PRÄAMBEL[2]

Die Mütter, Töchter, Schwestern, Vertreterinnen der Nation, verlangen, als Nationalversammlung anerkannt zu werden. In Anbetracht der Tatsache, daß Unkenntnis, Vergessen oder Verachtung der Rechte der Frau die einzigen Ursachen des öffentlichen Unglücks und der Verderbtheit der Regierungen sind, haben sie beschlossen, die natürlichen, unveräußerlichen und heiligen Rechte der Frau in einer feierlichen Erklärung darzulegen, damit diese Erklärung allen Mitgliedern der Gesellschaft beständig vor Augen ist und sie unablässig an ihre Rechte und Pflichten erinnert; damit die Handlungen der weiblichen wie der männlichen Gewalt in jedem Augenblick mit dem Zweck jeder politischen Einrichtung verglichen werden können und dadurch mehr geachtet werden; damit die Ansprüche der Bürgerinnen, fortan auf einfache und unbestreitbare Prinzipien gegründet, sich im-

---

2 Der Text folgt in allen Einzelheiten der Formulierung der Menschenrechtserklärung (Nr. 15) und nimmt nur da Veränderungen vor, wo es darum geht, spezifisch weibliche Anliegen herauszustellen.

mer auf die Erhaltung der Verfassung, der guten Sitten und das Allgemeinwohl richten mögen.

Infolgedessen erkennt und erklärt das an Schönheit wie Mut angesichts der Schmerzen der Mutterschaft überlegene Geschlecht, in Gegenwart und unter dem Schutz des Höchsten Wesens, folgende Rechte der Frau und Bürgerin:

Artikel 1. Die Frau ist von Geburt frei und bleibt dem Manne gleich an Rechten. Soziale Unterschiede dürfen nur im gemeinen Nutzen begründet sein.

Art. 2. Das Ziel jeder politischen Vereinigung ist die Erhaltung der natürlichen und unveräußerlichen Rechte von Mann und Frau. Diese Rechte sind Freiheit, Eigentum, Sicherheit und Widerstand gegen Unterdrückung.

Art. 3. Der Ursprung jeder Souveränität ruht wesentlich in der Nation, die nur die Gemeinschaft aller Frauen und Männer ist. Keine Körperschaft, kein Individuum können eine Gewalt ausüben, die nicht ausdrücklich von ihr ausgeht.

Art. 4. Freiheit und Gerechtigkeit bestehen darin, den anderen alles zurückzugeben, was ihnen gehört. So wird die Frau in der Ausübung ihrer natürlichen Rechte nur durch die fortdauernde Tyrannei beschränkt, die der Mann ihr entgegensetzt. Diese Beschränkungen müssen durch Gesetze der Natur und Vernunft abgeschafft werden.

[...]

Art. 6. Das Gesetz ist der Ausdruck des allgemeinen Willens. Alle Bürgerinnen und Bürger sollen persönlich oder durch ihre Vertreter an seiner Formung mitwirken. Es soll für alle gleich sein: Da alle Bürgerinnen und Bürger in seinen Augen gleich sind, sollen sie gleichermaßen zu allen Würden, Posten und öffentlichen Ämtern nach ihren Fähigkeiten zugelassen werden, ohne andere Unterschiede als die ihrer Tugenden und Talente.

Art. 7. Keine Frau genießt Sonderrechte; jede kann in den durch das Gesetz bestimmten Fällen angeklagt, verhaftet und gefangengehalten werden. Frauen wie Männer sind diesem strengen Gesetz unterworfen.

[. . .]

Art. 9. Die Strenge des Gesetzes muß gegenüber jeder Frau walten, die für schuldig befunden wurde.

Art. 10. Niemand soll wegen seiner Meinungen, selbst weltanschaulicher Art, behelligt werden. Die Frau hat das Recht, das Schafott zu besteigen; ebenso muß ihr Zugang zur Rednertribüne gewährt werden, solange ihre Äußerungen nicht die durch das Gesetz festgelegte öffentliche Ordnung stören.

Art. 11. Der freie Austausch der Gedanken und Meinungen ist eines der kostbarsten Rechte der Frau, denn diese Freiheit garantiert, daß die Väter ihre Kinder vor dem Gesetz anerkennen müssen. Jede Bürgerin kann folglich in aller Freiheit sagen: »Ich bin die Mutter eines Kindes, das Sie gezeugt haben«, ohne daß ein barbarisches Vorurteil sie zwingt, die Wahrheit zu verschleiern[3]; unter Vorbehalt der Verantwortlichkeit für den Mißbrauch dieser Freiheit in den durch das Gesetz bestimmten Fällen.

[. . .]

38

Aus der Verfassung von 1791

Seit Juli 1789 hatte die Nationalversammlung am Text der Verfassung gearbeitet, dem der König am 13. September 1791 zustimmte. Sie räumt ihm ein suspensives Veto (für die Dauer von maximal vier Jahren, d. h. zwei Legislaturperioden)

---

3 Nach geltendem Recht stand es im Ermessen des Mannes, die Vaterschaft für ein uneheliches Kind anzuerkennen; wenn er dies ablehnte, hatte die Frau keine Handhabe, ihn zu Unterhaltszahlungen usw. zu zwingen. Dieser Zustand wurde noch im Code Napoléon für das ganze 19. Jh. festgeschrieben.

gegen jedes von der Nationalversammlung verabschiedete
Gesetz ein; auch die Exekutivgewalt liegt bei ihm, er ernennt
und entläßt die Minister. Das Zensuswahlrecht (s. u.) schränkt
die Zahl der ›Aktivbürger‹, die die Abgeordneten bestimmen
können, bedeutend ein. Die Menschenrechtserklärung ist der
Verfassung vorangestellt. – Mit der Erklärung Frankreichs
zur Republik im September 1792 wird die Verfassung hinfäl-
lig. Anfang Juni 1793, nach der Vertreibung der girondistischen Führer, verabschiedet die Convention eine neue Verfassung, die allerdings erst nach Ende des Krieges in Kraft gesetzt
werden soll und nie Gültigkeit erlangt.

Quelle: Tulard/Fayard/Fierro. S. 677–682. (Auszüge.)

Titel II
Von der Einteilung des Reiches und dem
Stand der Bürger

Artikel 1. Das Königreich ist eins und unteilbar; sein Territorium ist in 83 Départements eingeteilt, jedes Département in
Distrikte, jeder Distrikt in Kantone.

Art. 2. Französische Bürger sind: – all jene, welche in
Frankreich als Kinder eines französischen Vaters geboren
sind; – jene, welche in Frankreich als Kinder eines ausländischen Vaters geboren sind und ihren Wohnsitz im Reich
genommen haben; – jene, die, im Ausland als Kinder eines
französischen Vaters geboren, aber nach Frankreich gekommen sind, sich hier niedergelassen und den Bürgereid geleistet
haben; – schließlich jene, die im Ausland geboren sind und, in
welchem Grade auch immer, von einem Franzosen oder einer
Französin abstammen, die aus religiösen Gründen vertrieben
wurden, wenn sie nach Frankreich zurückkehren, um hier zu
wohnen, und den Bürgereid leisten.

Art. 3. Diejenigen, welche außerhalb des Reiches von ausländischen Eltern geboren wurden, aber in Frankreich woh-

nen, werden nach fünfjähriger ununterbrochener Verweildauer im Reich zu Bürgern, wenn sie außerdem Grundbesitz erworben oder eine Französin geheiratet oder einen Landwirtschafts- oder Gewerbebetrieb gegründet und den Bürgereid geleistet haben.

Art. 4. Die Legislative kann aus wichtigen Erwägungen heraus einem Ausländer die Einbürgerungsurkunde geben, ohne andere Auflagen, als daß er seinen Wohnsitz in Frankreich nimmt und dort den Bürgereid leistet.

Art. 5. Der Bürgereid lautet: »Ich schwöre, der Nation, dem Gesetz und dem König treu zu sein und mit all meiner Kraft die Verfassung des Reiches, die durch die verfassunggebende Nationalversammlung in den Jahren 1789, 1790 und 1791 beschlossen wurde, zu erhalten.«

Art. 6. Die Eigenschaft eines französischen Bürgers geht verloren: – 1. durch die Einbürgerung in einem fremden Land; – 2. durch die Verurteilung zu Strafen, die die Aberkennung der Bürgerrechte mit sich bringen, solange der Verurteilte nicht rehabilitiert ist; – 3. durch eine Verurteilung in Abwesenheit, solange das Urteil nicht aufgehoben wird; – 4. durch die Aufnahme in einen ausländischen Ritterorden oder eine ausländische Körperschaft, die Adelsbeweise oder Geburtsunterschiede voraussetzt oder religiöse Gelübde fordert.

Art. 7. Das Gesetz betrachtet die Ehe nur als zivilrechtlichen Vertrag. – Die Legislative wird für alle Einwohner ohne Unterschied die Art bestimmen, wie Geburten, Heiraten und Todesfälle festgestellt werden sollen. Sie wird auch die öffentlichen Beamten ernennen, die die Urkunden darüber aufnehmen und archivieren.

[...]

Titel III
Von den öffentlichen Gewalten

[. . .]

Kapitel 1
Von der gesetzgebenden Nationalversammlung

Art. 1. Die Nationalversammlung, die die gesetzgebende Körperschaft bildet, tagt ständig und besteht nur aus einer Kammer.

Art. 2. Sie wird alle zwei Jahre durch Neuwahlen gebildet.
– Jeder Zeitraum von zwei Jahren bildet eine Legislaturperiode.

[. . .]

Art. 5. Die gesetzgebende Körperschaft kann nicht durch den König aufgelöst werden.

Abschnitt I. Zahl der Volksvertreter. Grundlagen der Vertretung.

Art. 1. Die Zahl der Abgeordneten der gesetzgebenden Körperschaft beträgt 745 für die 83 Départements, aus denen das Reich besteht, unabhängig davon, wie viele den Kolonien zugestanden werden können.

Art. 2. Die Abgeordneten werden auf die 83 Départements proportional zu den drei Faktoren des Territoriums, der Bevölkerung und der direkten Besteuerung verteilt.

Art. 3. Von den 745 Abgeordneten werden 247 dem Territorium zugeordnet. Jedes Département soll drei Vertreter bestimmen mit Ausnahme des Départements Paris, das nur einen bestimmt.

Art. 4. 249 Abgeordnete sind der Bevölkerung zugeordnet.
– Die Gesamtzahl der wahlberechtigten Bevölkerung des Reichs wird in 249 Teile eingeteilt. Jedes Département bestimmt so viel Abgeordnete, wie es Teile der Bevölkerung repräsentiert.

Art. 5. 249 Abgeordnete werden entsprechend der direkten Besteuerung bestimmt. – Das Gesamtaufkommen an direkten Steuern im Reich wird ebenfalls in 249 Teile eingeteilt, und jedes Département bestimmt so viele Abgeordnete, wie es Teile der Steuer bezahlt.

Abschnitt II. Urversammlungen. Bestimmung der Wahl-
männer.

Art. 1. Um die gesetzgebende Nationalversammlung zu wählen, versammeln sich die Aktivbürger alle zwei Jahre zu Urversammlungen in den Städten und Kantonen. – Die Urversammlungen finden nach dem Recht am zweiten Sonntag im März statt, wenn sie durch die vom Gesetz bestimmten öffentlichen Beamten nicht schon früher einberufen worden sind.

Art. 2. Um Aktivbürger zu sein, muß man: – als Franzose geboren oder Franzose geworden sein; – das 25. Lebensjahr vollendet haben; – seit der gesetzlich festgelegten Zeit seinen Wohnsitz in der Stadt oder dem Kanton haben; – in irgendeinem Ort des Reichs eine direkte Steuer zahlen, die mindestens den Wert von drei Arbeitstagen hat, und darüber eine Quittung vorlegen; – darf man nicht in dienender Stellung, d. h. Lohndiener sein; – muß man im Rathaus seines Wohnsitzes in die Stammrolle der Nationalgarde eingetragen sein; – und den Bürgereid geleistet haben.

[. . .]

Art. 6. Die Urversammlungen bestimmen die Wahlmänner nach Maßgabe der Zahl der in der Stadt oder dem Kanton wohnenden Aktivbürger. – Für hundert Aktivbürger, ob in der Versammlung anwesend oder nicht, wird ein Wahlmann bestimmt. – Für 151 bis 250 Bürger werden zwei bestimmt, und so weiter.

Art. 7. Keiner soll zum Wahlmann bestimmt werden können, der nicht über die notwendigen Bedingungen für das aktive Bürgerrecht hinaus: – in Städten mit mehr als 6000 Einwohnern: Eigentümer oder Nutznießer eines Besitzes ist, der in den Steuerrollen mit einem Ertrag in Höhe des örtlichen Gegenwerts von 200 Arbeitstagen veranlagt ist; oder Mieter einer Wohnung ist, die ebendort mit einem Ertrag in Höhe des Gegenwerts von 150 Arbeitstagen veranlagt ist. [Für kleinere Städte und für das Land werden analoge Bedingungen formuliert, mit etwas niedrigeren Sätzen.]

Abschnitt III. Wahlversammlungen. Bestimmung der Abgeordneten.

Art. 1. Die in jedem Département bestimmten Wahlmänner versammeln sich, um die Zahl der Abgeordneten, die ihr Département zu benennen hat, und eine Anzahl von Stellvertretern zu wählen, die einem Drittel der Abgeordneten entspricht.

[. . .]

Kapitel 2
Vom Königtum, der Regentschaft und den Ministern

Abschnitt I: Vom Königtum und dem König.

Art. 1. Das Königtum ist unteilbar und dem regierenden Hause in der männlichen Linie nach dem Prinzip der Erstgeburt erblich übertragen, unter dauerndem Ausschluß der Frauen und ihrer Nachkommenschaft. – (Über die Wirkung eines Verzichts im derzeit regierenden Hause ist vorab nicht entschieden worden.)

Art. 2. Die Person des Königs ist unverletzlich und heilig. Sein einziger Titel ist: *König der Franzosen.*

Art. 3. Es gibt in Frankreich keine Autorität, die über dem Gesetz steht; der König regiert nur durch das Gesetz und kann nur in seinem Namen Gehorsam fordern.

Art. 4. Der König soll bei seiner Thronbesteigung, oder sobald er großjährig geworden ist, der Nation in Gegenwart der gesetzgebenden Körperschaft den Eid leisten, »der Nation und dem Gesetz treu zu sein, alle ihm übertragene Macht zur Erhaltung der durch die verfassunggebende Nationalversammlung in den Jahren 1789, 1790 und 1791 beschlossenen Verfassung einzusetzen und die Gesetze in Anwendung zu bringen«. [...]

Art. 5. Wenn der König einen Monat nach Aufforderung durch die gesetzgebende Körperschaft den Eid nicht geleistet hat, oder wenn er ihn geleistet hat und widerruft, ist davon auszugehen, daß er abgedankt hat.

Art. 6. Wenn der König sich an die Spitze einer Armee stellt und sie gegen die Nation führt, oder wenn er sich nicht durch einen offiziellen Akt einem solchen Unternehmen widersetzt, sofern es in seinem Namen ausgeführt wird, ist davon auszugehen, daß er abgedankt hat.

Art. 7. Wenn der König das Reich verlassen hat und nach einer Aufforderung durch die gesetzgebende Körperschaft nicht in der durch die Proklamation gesetzten Frist, die nicht weniger als zwei Monate betragen darf, zurückkehrt, ist davon auszugehen, daß er abgedankt hat. [...]

Art. 8. Nach der ausgesprochenen oder rechtlichen Abdankung gehört der König zur Klasse der Bürger und kann für seine Handlungen nach seiner Abdankung angeklagt und verurteilt werden wie sie.

Art. 9. Das Privatvermögen, das der König bei seiner Thronbesteigung besitzt, wird unwiderruflich mit den Nationalgütern vereinigt. Er hat über die Besitzungen, die er unter einem besonderen Titel erwirbt, die Verfügung. Wenn er über sie nicht verfügt hat, werden sie am Ende seiner Regierung gleichfalls den Nationalgütern zugeschlagen.

Art. 10. Die Nation sorgt für den Glanz des Thrones durch eine Zivilliste, deren Höhe die gesetzgebende Körperschaft bei jedem Regierungswechsel für die ganze Regierungszeit bestimmt.

[...]

Art. 12. Der König hat außer der Ehrengarde, die am Ort seiner Residenz durch die Bürger der Nationalgarde gestellt wird, eine aus den Mitteln der Zivilliste bezahlte Garde. Sie darf die Zahl von 1200 Mann Infanterie und 600 Mann Kaval-

lerie nicht überschreiten. – Die Dienstgrade und Beförde-
rungsregeln sind die gleichen wie bei den Linientruppen; aber
diejenigen, welche die Garde des Königs bilden, haben
Dienstgrade ausschließlich dort und können keine anderen in
der Linienarmee erhalten.

[...]

39

Barnave und Marie Antoinette über die
Uniform der königlichen Garde

Barnave, einer der führenden Köpfe in der Nationalver-
sammlung (vgl. Nr. 1), gehörte zu den drei Abgeordneten, die
die königliche Familie von Varennes nach Paris zurückholten;
wohl bei dieser Gelegenheit kam es zu einer persönlichen
Annäherung an Marie Antoinette. In der Folgezeit begannen
Barnave und einige Gleichgesinnte eine Geheimkorrespon-
denz mit der Königin, die auch fortgeführt wurde, nachdem
Barnave sich nach Grenoble zurückgezogen hatte, und die
vor allem darauf abzielte, ihr Ratschläge zur Rettung der
Monarchie zu geben. – Die Verfassung vom 3. September
1791 gestand dem König eine eigene Garde von höchstens
1200 Mann zu Fuß und 600 Mann Kavallerie zu; sie wurde
aufgestellt, nachdem der König der Verfassung zugestimmt
hatte (und bereits Ende Mai 1792 durch die Gesetzgebende
Versammlung wieder entlassen). Die Warnungen Barnaves
und seiner Freunde machen deutlich, was für eine symbolische
Bedeutung in den Revolutionsjahren Äußerlichkeiten wie die
Farbe der Uniformen gewannen.

Quelle: MarieABarnave. S. 193–195.

An die Königin

29. November [1791]

[...] Nicht wir haben Zweifel, da wir unaufhörlich damit beschäftigt sind, sie bei anderen zu zerstreuen; aber wenn die Feinde des Königs so große Anstrengungen unternehmen, um sie aufrechtzuerhalten, bedeutet es, ihnen entgegenzukommen, wenn man einige der Mittel außer acht läßt, mit denen man sie bekämpfen kann. Und in dieser Hinsicht haben die kleinen Dinge manchmal mehr Bedeutung als die großen.

Will man vermeiden, daß die königliche Garde ein Anlaß für Unruhen wird, statt ein Mittel der Sicherheit zu sein, muß man sich mit allen Details beschäftigen. Alles ist verdorben, wenn die aristokratischen Reden der Offiziere zur Spaltung zwischen ihnen und ihren Soldaten führen.

Alles ist verloren, wenn man einen Weg findet, diese Garde und die Nationalgarde miteinander zu verfeinden, und dazu kann die Uniform ausreichen.

Die Uniform beider Corps muß notwendigerweise die drei Farben aufweisen; wenn der Rock der Infanterie weiß ist, können die Ärmelaufschläge leicht rot und der Kragen blau sein.

Wenn die Kavallerie blaue Röcke trägt, können die beiden anderen Farben ebenfalls Platz finden; aber das Blau muß Königsblau sein: das ist das Blau der Franzosen und das der Nationalgarde. Himmelblau ließe sie wie ein ausländisches Regiment aussehen und wäre ein Grund, sie abzulehnen.

Wenn eines der Corps die Farbe der französischen Infanterie und das andere die der Nationalgarde hat, mit den Verzierungen, die man passenderweise hinzufügt, ist alles in Ordnung. Es wäre sehr nachteilig, wenn man davon abwiche, und es gibt keinen überzeugenden Grund dafür. [...]

Brief Marie Antoinettes

30. November [1791]

Wir haben die Uniform verändert: die Hauptfarbe ist Königsblau, wie es gewünscht wurde; die von den Herren vorgebrachten Überlegungen sind richtig und wurden angemessen berücksichtigt; folglich wird die Uniform derjenigen der früheren Grenadiere von Frankreich gleichen. Ich habe nur einen einzigen Augenblick für mich. Aber die Zeiten sind interessant: Die Antwort des Königs an die Abordnung vom letzten Dienstag[1], das Dekret über die Priester[2] erfordern ausgereifte und schnelle Überlegungen.

An die Königin

1. Dezember [1791]

Die drei Farben sind heute die Farben Frankreichs. Sie kommen in der Marineflagge, der Kokarde, den Fahnen und Standarten der Truppen vor; sie sind also nicht die Farben von M. d'Orléans[3], sondern die Farben der französischen Nation; entweder repräsentiert der König nicht die Nation, oder es müssen auch seine Farben sein.

Wenn die Infanterie weiße Röcke bekommt, mit blauem Revers und rotem Kragen (was bis auf die Kragen die Uni-

---

1 Die Abordnung der Nationalversammlung hatte ihre Besorgnis angesichts der Umtriebe der Emigranten zum Ausdruck gebracht. – Am 9. November war verfügt worden, daß alle Emigranten, die nicht bis zum 1. Januar 1792 nach Frankreich zurückkehrten, als Verräter behandelt und gegebenenfalls mit dem Tode bestraft werden sollten.

2 Bruch in der Satzkonstruktion: *La réponce du Roi ... le tems de s'expliquer sur le décret des prêtres demande de ... réflections*, aber nicht die Bedenkzeit, sondern das Dekret selbst fordert Überlegung. Dieses Dekret bot den Priestern, die den Eid auf die Verfassung verweigert hatten (vgl. Nr. 29), die Möglichkeit an, durch einen bürgerlichen Treueid ihre Lage zu legalisieren.

3 Ihm gegenüber mußte die Königsfamilie negativ eingestellt sein.

form des Regiments des Königs ist), wenn die Kavallerie Königsblau trägt, mit weißem Revers und rotem Kragen (das ist die Uniform mehrerer Kavallerieregimenter), ist alles gut. Die drei Farben kommen ohne Übertreibung vor, und es gibt keinen Grund für Vorwürfe.

Wenn man andere Farben wählt, wenn man sich für das gelbe Revers entscheidet, das das Kennzeichen der Truppen von Koblenz[4] ist, muß man sich auf eine Gärung gefaßt machen, die die Szenen des 6. Oktober[5] wieder aufleben lassen kann.

Soll man ein Königreich wegen Farben verlieren, wegen tausend nichtiger Kleinigkeiten, gerade zu dem Zeitpunkt, da man sich mit so großer Standhaftigkeit wappnet und so viele Opfer bringt, um es zu bewahren?[6]

40

Verhaltensmaßregeln der Gruppe um Barnave für Marie Antoinette

Zu dem Briefwechsel der Königin mit Barnave vgl. Nr. 39; der Brief, aus dem hier Auszüge mitgeteilt werden, datiert vom 5. Januar 1792.

Quelle: MarieABarnave. S. 229 f.

4 Koblenz war das Zentrum der Emigranten-Armee.
5 D. h. den Zug der Marktweiber 1789, vgl. Nr. 17.
6 Die Diskussion über die Uniformen war damit noch nicht zu Ende: Anfang Dezember warnten Barnaves Freunde die Königin erneut vor der Wirkung, die gelbe Revers auf die Bevölkerung haben würden (vgl. MarieABarnave, S. 197–199).

[. . .] ⟨Die Königin⟩ soll jeden Tag ihre Popularität erhalten und zu steigern trachten: sich im Theater zeigen, die Armen unterstützen; auf die rechte Art und mit den gebotenen Abstufungen wirkt solches Verhalten nicht affektiert . . . Wenn die Königin die Öffentlichkeit eindeutig hinter sich hat, werden alle Versuche, ihr zu schaden, ohne Wirkung bleiben.

Sie soll, wie ich oben schon ausgeführt habe, oft die Minister sehen, sie durchdringen mit ihrer Entschlußkraft und der Standfestigkeit ihres Charakters, sich ihres Vertrauens versichern und sie an sich binden.

Schließlich soll sie ihre Gefühle bestimmten Personen gegenüber verbergen; deren Einstellung ist so beschaffen, daß sie alles tun werden, um der Königin zu schaden, weil sie sich von ihr verachtet glauben; dabei würden sie vor ihr auf den Knien liegen, wenn sie sich etwas davon versprächen. Solche Rücksichten kosten Anstrengung, aber es gilt, einen Augenblick der Krise zu überstehen; bald wird ein Zeitpunkt erreicht sein, wo sie weniger notwendig sind.

Im übrigen erheben über den Zwang zu solchen Rücksichten hauptsächlich Popularität und persönliches Vertrauen, was sich durch aktives und konsequentes Verhalten von der Öffentlichkeit erlangen läßt. Es verleiht die Möglichkeit, die Minister zu lenken, auszusuchen und zu entlassen und nicht von jenen beherrscht zu werden, die, obwohl sie ihre Position der Wahl des Königs verdanken, nach Unabhängigkeit streben und sich manchmal sogar in Gegensatz zu ihm zu stellen suchen.

Die Königin wird die Vorsichtsmaßnahmen nicht aus den Augen verlieren, die getroffen werden müssen, um alle Gegensätze zwischen der Nationalgarde und der neuen Garde des Königs zu vermeiden. Wenn die Kommandanten darum bemüht und intelligent sind, wird man ihnen leicht begreiflich machen können, wie sich das Offizierscorps zu verhalten hat; es gilt, ihnen einen starken Willen zu zeigen und bei der ersten vorkommenden Unvorsichtigkeit ein Exempel zu statuieren.

Die neue Garde muß der Nationalgarde jede nur denkbare Höflichkeit und Zuvorkommenheit erweisen. Der König selbst soll sie verpflichten, brüderlich miteinander umzugehen.

Alle diese Anstrengungen sind mühsam und im einzelnen oft abstoßend. Aber sie werden von Erfolg gekrönt sein, und je mehr Mut und Standhaftigkeit nötig sind, um zum Ziel zu gelangen, um so größeren Gewinn wird man in der Form von Bewunderung der Zeitgenossen und allgemeiner Anerkennung daraus ziehen.

41

Henry Sanson über die Erfindung der Guillotine

Der Arzt Joseph-Ignace Guillotin (1738–1814) setzte sich als Abgeordneter der Nationalversammlung für eine Humanisierung der Todesstrafe ein: Die je nach der Art des Verbrechens und dem Stand des Delinquenten unterschiedlichen Hinrichtungsarten des Ancien Régime (z. B. Hängen, Rädern, Verbrennen bei lebendigem Leib ...) sollten einheitlich durch die – bisher Angehörigen des Adels vorbehaltene – Enthauptung ersetzt, und diese sollte mittels einer Maschine durchgeführt werden. Den Mechanismus entwarf wohl der Chirurg Antoine Louis (die Guillotine wurde deshalb auch »Louison« genannt); im April 1792 wurde die erste Hinrichtung durchgeführt. Die Maschine stand bis Mai 1793 auf der Place du Carrousel zwischen Louvre und Tuileries, dann auf der Place de la Concorde, später noch auf anderen Plätzen.

Henry Sanson (geb. 1799), der Enkel des Henkers der Revolution, Charles-Henri Sanson, verfaßte als letzter der Dynastie der Sanson, die seit 1685 die Henker von Paris gestellt hatte, in den vierziger Jahren des 19. Jahrhunderts Memoiren seiner Familie, die neben mündlichen Überlieferungen und Notizen der Vorfahren (vgl. Nr. 69) auch gedruckte Quellen zur Revolutionsgeschichte (eher unkritisch) auswerten; der Authentizitätsgrad seiner Erzählungen ist daher unterschiedlich. Auch jene Fakten, die einer kritischen Überprüfung nicht standhalten, haben allerdings in der zeitgenössischen Diskussion über die revolutionären Ereignisse eine Rolle gespielt und verdienen daher Beachtung.

Quelle: SansonMém. Bd. 3. S. 389–404.

[Doktor Guillotin verfolgt in der Nationalversammlung das Ziel, eine humanere Form der Hinrichtung einzuführen.]

Seine langwierigen Überlegungen zu diesem Gegenstand hatten ihn zu dem Schluß geführt, daß die Enthauptung seinem Ideal am nächsten käme. Sie ist die würdigste Hinrichtungsart; sie trifft den Menschen an seinem edelsten und wichtigsten Organ, dem vermuteten Sitz der Intelligenz und des Denkens. Während sie bisher einer privilegierten Klasse vorbehalten gewesen war, wurde sie aufgrund des Prinzips der Gleichheit aller im Verbrechen zur Hinrichtungsform des allgemeinen Rechts. Aber wie viele Beispiele konnte man nicht dafür anführen, daß das Schwert unerfahrener Vollstrecker aus der Enthauptung eine grausige Schlächterei gemacht hatte? Man mußte ein schnelleres, sichereres, unfehlbareres Mittel als die menschliche Hand finden, und nur die Technik konnte es bieten. Von da an bestand das Problem für Guillotin nur noch darin, die beste Maschine zur Enthauptung zu finden. Solche Nachforschungen verlangten Zeit und Kenntnisse, die unser armer Doktor nicht besaß, da er sich bisher eher damit beschäftigt hatte, Leben zu retten oder zu verlängern, als zu töten.

Um die nötige Zeit für seine Forschungen und Studien zu gewinnen, beschränkte er sich daher zunächst darauf, die Grundlagen zu schaffen, indem er in der Nationalversammlung erst einmal den folgenden Vorschlag einbrachte:

»In allen Fällen, in denen das Gesetz die Todesstrafe gegen einen Angeklagten verhängt, soll die Hinrichtungsart dieselbe sein, welcher Art auch das Verbrechen ist, dessen sich der Verurteilte schuldig gemacht hat. Der Verbrecher soll enthauptet werden, und zwar mittels einer einfachen Maschine.« [...]

Die Vorschläge Guillotins wurden an den Siebenerausschuß überwiesen, der mit der Reform der Kriminalgesetzgebung befaßt war. Er wurde erst 1791 damit fertig, als das Strafgesetzbuch schließlich endgültig festlegte, daß jeder zum Tod Verurteilte enthauptet werden sollte, aber ohne noch die Exekutionsform zu bestimmen. Meinen Großvater versetzte diese Entscheidung sehr in Unruhe, da sie, wenn man kein mechanisches Mittel einführte, der Geschicklichkeit des Vollstreckers eine Verantwortung aufzubürden drohte, vor der er mit Recht erschrak. Er richtete ein Memorandum an den Justizminister, in dem er ihn auf alle Schwierigkeiten der Enthauptung mit dem Schwert hinwies: Es seien dazu Festigkeit und Mut erforderlich, die man nicht bei allen Delinquenten finde; eine größere Zahl von Hinrichtungen auf einmal sei unmöglich wegen der Abnutzung der Schwerter, die schartig oder stumpf werden könnten.

»Es ist sicher«, fügte er hinzu, »daß bei der Hinrichtung mehrerer Verurteilter nacheinander der Schrecken, den die Exekution durch den Anblick des vergossenen Blutes erzeugt, Entsetzen und Schwäche bei den letzten hervorruft. Diese Schwäche wird ihnen nicht mehr erlauben, sich aufrecht zu halten, und ein unüberwindliches Hindernis für die Vollstreckung darstellen, die wirklich zu einem Massaker würde, wenn man sich darüber hinwegsetzen wollte.« [...]

Alle diese Beobachtungen führten Charles-Henri Sanson zu dem Schluß, daß man unbedingt eine Maschine einführen müsse, die den Delinquenten in einer horizontalen Lage halte, damit er nicht das Gewicht seines Körpers tragen müsse, und mit der man präziser und sicherer als mit Menschenhand arbeiten könne.

[Bei der Suche nach einem geeigneten Instrument stößt Sanson auf im 16. Jahrhundert gebräuchliche Enthauptungsmaschinen, die seiner Vorstellung jedoch noch nicht genau entsprechen.]

Glücklicherweise verkehrte seit einiger Zeit ein deutscher Mechaniker namens Schmidt bei meinem Großvater, mit dem er gelegentlich von dem Problem gesprochen hatte, das ihn und Doktor Guillotin beschäftigte. Dieser Schmidt, der damals Cembalos baute, war ein geschickter Handwerker und passionierter Musiker, wie fast alle seine Landsleute. Er hatte meinen Großvater kennengelernt, weil er ihm einige Instrumente verkauft hatte, und pflegte diese Bekanntschaft, indem er das Cembalo stimmen kam oder die bestellten Teile für andere Instrumente brachte. Die gemeinsame Musikliebe verband ihn mehr und mehr mit Charles-Henri Sanson, der ebenfalls Melomane war und recht gut Geige und Cello spielte; die Musik Glucks führte sie schnell zu völligem Einvernehmen.

Schmidt kam also sehr oft, um das Cembalo zu bearbeiten, während Charles-Henri Sanson seine Geige zum Schluchzen oder sein Cello zum Seufzen brachte. Eines Abends nun, zwischen einer Arie aus *Orpheus* und einem Duett aus *Iphigenie in Aulis*, wechselte man die Instrumente, wenn ich mir dieses schreckliche Wortspiel erlauben darf, und mein Großvater kam auf jenes zurück, für das er ratlos die genaue Form suchte.

»Warten Sie, ich glaube, ich habe, was Sie brauchen, ich habe mir darüber Gedanken gemacht«,[1] antwortete Schmidt.

---

1 Der Autor karikiert den deutschen Akzent Schmidts in der im 19. Jh. gebräuchlichen Weise, d. h., indem er die stimmhaften und stimmlosen Konsonanten vertauscht: *Attendez, che crois que ch'ai fotre affaire, ch'y ai bensé.*

Er nahm einen Bleistift und zeichnete rasch mit einigen Strichen eine Skizze:

ES WAR DIE GUILLOTINE!

Die Guillotine, mit ihrer scharfen Stahlschneide, die zwischen zwei Balken hängt und durch die einfache Führung eines Seils in Bewegung gesetzt wird; der Delinquent wird der Länge nach an ein Kippbrett gebunden, so daß sich sein Hals genau unter der Schneide befindet, wenn es heruntergelassen wird. Die Schwierigkeit war überwunden, das Problem gelöst: Schmidt hatte endlich einen Weg gefunden, den Delinquenten liegend hinzurichten und zu verhindern, daß die Exekution seinetwegen mißlingt. [...]

In der Sitzung vom 31. April 1791 informierte ⟨Doktor Guillotin⟩ die Nationalversammlung über diese Maschine. In der Hitze der Improvisation wählte er unglückliche Formulierungen, die eine unbändige Heiterkeit erzeugten und beinahe den Erfolg seiner Sache gefährdet hätten. Er behauptete, daß diese humane Hinrichtungsform keinerlei Schmerzen verursache, und sagte, daß der Delinquent höchstens »ein leichtes Gefühl der Kälte am Hals« verspüre. Dieser Satz war schon etwas gewagt, aber als er hinzufügte: »Mit dieser Maschine haue ich Ihnen den Kopf im Handumdrehen ab, und Sie spüren nichts«, brach die ganze Nationalversammlung in ein langes Gelächter aus, das man nur beruhigen konnte, indem man zur Tagesordnung überging.

[Doktor Louis, der Arzt des Königs, prüft im Auftrag der Nationalversammlung den Plan der Maschine; Louis XVI interessiert sich dafür, man arrangiert für ihn ein Treffen mit Guillotin und Sanson.]

Während ⟨Doktor Louis den Plan der Guillotine⟩ prüfte, öffnete sich der Vorhang vor einer Tür, und eine weitere Person betrat den Raum.

Doktor Louis stand auf. Der Neuankömmling warf einen kühlen Blick auf Guillotin, der sich tief verneigte, und wandte sich unvermittelt an Antoine Louis:

»Nun, Doktor, was halten Sie davon?«

Die Guillotine (zeitgenössischer Stich)

»Ich finde es perfekt«, antwortete der Doktor, »und es
bestätigt voll und ganz, was M. Guillotin mir darüber gesagt
hat. Sie können sich übrigens selbst ein Urteil bilden.«

Dabei reichte er dem Frager die Skizze. Dieser betrachtete
sie einen Augenblick schweigend, schließlich schüttelte er
zweifelnd den Kopf.

»Wird dieses sichelförmige Eisen auch wirklich seinen
Zweck erfüllen? Meinen Sie, daß ein so geformtes Instrument
sich genau jedem Hals anpaßt? Manche dürfte es nur leicht
ritzen, und einen anderen Hals würde es nicht einmal umfas-
sen können.«

Seit diese Person hereingekommen war, hatte sich Charles-
Henri Sanson keinen Blick und kein Wort entgehen lassen.
Der Klang der Stimme bewies ihm, daß sein erster Eindruck
ihn nicht getrogen hatte: Es war wirklich der König, den er
vor sich hatte, der König in dunklem Anzug, ohne Orden,
der durch das Verhalten, das er an den Tag legte und denen,
die ihn erkennen mußten, aufzwang, zeigte, daß er diesmal
sein Inkognito wahren wollte.

Charles-Henri Sanson war von der Richtigkeit dieser
Beobachtung beeindruckt, schaute automatisch auf den Hals
des Königs, den dünne Krawatten aus Spitze immer freilie-
ßen, und bemerkte, daß der Fürst, der im übrigen sehr kräftig
gebaut war, einen muskulösen Hals hatte, dessen Umfang
bei weitem den Halbkreis übertraf, den der Stift Schmidts
skizziert hatte. Er schauderte unwillkürlich; und während
er seinen Gedanken nachhing, vernahm er wieder die Stimme des Königs, der zu ihm hinschaute und Doktor Louis leise
fragte:

»Ist das *der Mann*?«

Der Doktor nickte zustimmend.

»Fragen Sie ihn nach seiner Meinung«, fuhr Louis XVI
fort.

»Sie haben gehört, was Monsieur gesagt hat«, bemerkte der
Arzt des Königs; »wie denken Sie über die Form des Fallbeils?«

»*Monsieur* hat völlig recht«, antwortete mein Großvater, wobei er das Wort Monsieur absichtsvoll betonte, »die Form des Fallbeils könnte gewisse Schwierigkeiten verursachen.«

Der König lächelte zufrieden; dann nahm er eine Feder vom Tisch von Doktor Louis und verbesserte die Skizze, indem er den Halbkreis durch einen schrägen Strich ersetzte.

»Übrigens kann ich mich auch täuschen«, fügte er hinzu, »und wenn man Versuche macht, muß man es auf beide Arten probieren.«

Dann stand er auf, grüßte mit einer Handbewegung und zog sich zurück.

42

L.-S. Mercier über die Guillotine

Die Auffassung des Doktor Guillotin, die Enthauptung biete die Gewähr für eine absolut schmerzlose Hinrichtung (s. S. 202), blieb nicht unbestritten; nach dem Ende der Schrek-kensherrschaft diskutierte Louis-Sébastien Mercier (zu ihm vgl. Nr. 2) die Frage unter medizinischen Gesichtspunkten.

Quelle: MercierNParis. Bd. 1. S. 192–196 (Kap. 39). *Übers.:* S. 192–196. (Revidiert.)

Ist der Tod auf der Guillotine eine humane Hinrichtungsform?

Die französische Nationalversammlung ließ sich zweifellos von humanitären Prinzipien leiten, als sie 1791 verschiedenen Persönlichkeiten die Frage vorlegte, ob, wenn das Gesetz gegen einen Schuldigen die Todesstrafe aussprächt, ein Mittel zu finden sei, dem Delinquenten irgendwie den Schmerz bei der Hinrichtung zu nehmen. Die unter dem Namen Guillotine bekannte Maschine wurde vorgeschlagen; die Akademie für Chirurgie wurde konsultiert; man nahm verschiedene Versuche an Leichen vor, um zu prüfen, ob der Hals sofort durchtrennt würde, und man kam einstimmig zu der Erkenntnis, daß diese Maschine, die den Kopf im Bruchteil einer Sekunde vom Rumpf trennt, das Leben im kürzestmöglichen Zeitraum beendet. An dieser Behauptung bestand damals kein Zweifel. Niemand konnte sich vorstellen, daß unmittelbar nach der Köpfung[1] auch nur der geringste Schmerz, der niedrigste Grad von Empfindung vorhanden sein könnte, weder im Kopf noch im Rumpf, sobald diese beiden Teile vollkommen voneinander getrennt sind. Zu keiner Zeit gab es bei irgendeinem Volk die Auffassung, das Leben und folglich die Empfindung könnte diese Verstümmelung überdauern, sei es auch nur einige Augenblicke. Nichtsdestoweniger scheint sich seit einiger Zeit die gegenteilige Meinung durchzusetzen. Offenbar fürchtet man heute, man habe sich über diesen Gegenstand getäuscht und 1791 zu hastig entschieden. Die einen fragen allen Ernstes, ob es wirklich wahr sei, daß der durch das Funktionieren der Maschine Hingerichtete keinen Schmerz mehr leide, sobald der Kopf vom Rumpf getrennt sei. Die anderen glauben in den zuckenden Bewegungen der Gesichtsmuskeln unmittelbar nach der Exekution Zeichen eines heftigen Schmerzes und die Äußerung einer noch nicht ganz erloschenen Empfindung zu sehen. Man geht sogar so weit, Kummer und Leid derjenigen wieder lebendig werden zu lassen, deren Verwandte und Freunde durch diese Todesart umgekommen sind; man behauptet nämlich, daß ein vom Körper getrennter Kopf den Schmerz *bewußt* spüre, daß in ihm mit der Wärme noch Leben vorhanden sei. Man fürchtet, die Vorstellung von

1 Im Original *détruncation*, ein Neologismus (entlehnt aus lat. *detruncatio*, »das Abhauen«).

Schmerz sei noch in diesem Kopf, wie sie im Stumpf eines Menschen ist, dem man ein Glied amputiert hat und der an diesem nicht mehr vorhandenen Glied leidet.

Alle diese Überlegungen fallen in sich zusammen, wenn der Hingerichtete auf der Stelle tot ist. Es gilt hier folglich eine anatomische Frage zu behandeln. Nun verfügt der Mensch erwiesenermaßen über zwei Organe, die für das Wesen so notwendig und so wichtig sind, daß dieses sofort endet, wenn eines der beiden aufhört zu arbeiten. Das eine ist das Gehirn, das andere das Herz. Deswegen bezeichnet man sie als lebenswichtige[2] Organe; denn das Leben kann ohne sie und ohne ihre Aktivität nicht fortbestehen. So ist eine Wunde am Herzen notwendigerweise tödlich, und eine Verletzung des Gehirns, die so schwer ist, daß es nicht mehr arbeitet, ist es gleichfalls. Im einen wie im anderen Fall hängt die Schnelligkeit, mit der der Tod eintritt, davon ab, wie schnell das Herz oder das Gehirn zu funktionieren aufhört. Diese Wahrheit ist in allen Lehrbüchern enthalten; und es existiert keine einzige gerichtsmedizinische Abhandlung, die nicht ausdrücklich die notwendigerweise tödlichen Folgen jeder Verletzung konstatiert, die die Tätigkeit des Herzens oder des Gehirns zu beenden vermag; das heißt, daß das Leben und jede Empfindung im gleichen Moment aufhören, in dem das Herz nicht mehr schlägt. Ebenso endet das Leben und stirbt das Gefühl in dem Augenblick, in dem das Gehirn nicht mehr funktioniert.

So sieht man diejenigen plötzlich sterben, die einen schweren Schlaganfall erleiden, bei welcher Krankheit das Gehirn tot ist, wenn sie einen bestimmten Grad erreicht. Gleichfalls stirbt man plötzlich, selbst wenn das Gehirn ganz gesund ist, sofern durch irgendeine Ursache ein Bruch oder Riß im Herzen entsteht und es zum Stillstand bringt. Nun ist aber für jeden, der nur ein wenig nachdenken will, völlig klar, daß

---

2 Frz. *organes vitaux*; die ältere Medizin unterschied zwischen *organes naturels* (vor allem die Leber), *vitaux* (vor allem das Herz) und *animaux* (vor allem das Gehirn), d. h., Herz und Gehirn gehören in verschiedene Kategorien.

nicht nur das Herz, sondern auch das Gehirn aufhört zu arbeiten, sobald der Kopf eines lebenden Menschen vom übrigen Körper getrennt wird. In diesem Fall tritt der Tod augenblicklich ein, weil der Stillstand der beiden lebenswichtigen Organe selbst augenblicklich erfolgt. Tod und Schmerz könnten nur dann dauern und verlängert werden, wenn die eine oder andere dieser lebenswichtigen Funktionen langsam erlösche; was unmöglich ist, weil im Augenblick der vollständigen Köpfung die schreckliche Blutung aus den Gefäßen des Kopfes und des Rumpfes das Herz und das Gehirn zum Stillstand bringt. Wenn man unbedingt wissen will, ob das Opfer wirklich leidet und wie lange, dann lautet die Antwort, daß sein Schmerz sich nach der Zeit bemißt, die das Fallbeil für die Enthauptung braucht.

Man könnte vermuten, daß, wenn sie eine Sekunde dauert, das Opfer eine Sekunde lang leidet. Aber man würde sich immer noch täuschen, wenn man diese Berechnung für richtig hielte, wie wahrscheinlich sie auch sein mag; denn der Schmerz, obwohl etwas Materielles, setzt immer eine Überlegung, einen Gedanken, ein Urteil, mit einem Wort eine intellektuelle Aktivität voraus, um von dem, der ihn erfährt, deutlich gespürt zu werden. Wie stellt man sich nun aber diese Geistesaktivität vor, wenn das Organ, ohne das es sie nicht geben kann, nicht mehr arbeitet? Also ist offensichtlich, daß, da die Tätigkeit des Herzens und des Gehirns augenblicklich endet, kein Schmerz und keine Empfindung mehr in einem leblosen Körper sein können.

Einer der gelehrtesten Ärzte des letzten Jahrhunderts hat im voraus alle Fragen beantwortet, die man zu diesem Thema stellen könnte. In seinem Traktat über den Schlaganfall äußert sich Wepfer so: »Die Strafe der Enthauptung beweist eindeutig, wie sehr das Gehirn während des ganzen Lebens auf das unablässige Funktionieren des Herzens angewiesen ist. Denn sobald der Kopf vom Körper getrennt ist, sterben auch im Kopf jedes Gefühl und jede Bewegung: *omnis sensus et motus animalis, etiam in capite, moriuntur.*«

Was diejenigen irreführen kann, die nicht die geringste Ahnung von Anatomie haben, sind das Zucken des Fleisches und die Reizbarkeit der Muskeln, die mehr oder weniger erhalten bleiben, solange der Körper warm ist. Aber diese Reizbarkeit oder Kontraktion der Muskeln in einem Körper, der, obwohl leblos, noch nicht erkaltet ist, kann nicht die geringste Empfindung hervorrufen und darf nicht mit dieser verwechselt werden. Niemand hat je geglaubt, daß man, wenn ein Wurm oder Aal in mehrere Stücke geschnitten wird, seine Empfindung durch Reizung eines dieser Stücke mit einer Nadel stimulieren kann, obwohl diese jeweils für sich genommen noch einige Zeit reizempfänglich sind. Was wir sagen, ist so gewiß und von allen Anatomen so sicher erwiesen, daß es seit den Anfängen dieser Wissenschaft bis heute keinen einzigen gegeben hat, der die der von uns hier vorgestellten entgegengesetzte Meinung gebilligt hätte.[3]

43

Die Marseillaise

Der Chant de guerre pour l'armée du Rhin, wie das Lied zunächst hieß, wurde Ende April 1792, nach der Kriegserklärung an Österreich, von Claude-Joseph Rouget de Lisle (1760–1836) gedichtet, einem Aristokraten, der als Kapitän der Pioniere in Straßburg Dienst tat. Die Freiwilligen aus Marseille brachten es im Juli nach Paris (daher der Name); es wurde das populärste Revolutionslied überhaupt und löste damit das Ça ira (Nr. 23) ab. Seit 1795 ist es Nationalhymne.

3 Ich verdanke diese Beobachtungen dem Chirurgen Lassus, meinem Freund und Kollegen am Institut National. [Anm. d. Verf.] – P. Lassus (1741–1806), verfaßte eine *Pathologie chirurgicale*.

*Um den wichtigen Text im Detail verständlich zu machen,
wird eine wortgetreue Prosaübersetzung geboten; das Original ist beigegeben.*

Quelle: AnthologieXVIII[e]. S. 147–149.

Vorwärts, Kinder des Vaterlandes,
der Tag des Ruhms ist da.
Gegen uns hat die Tyrannei
ihre blutigen Standarten erhoben.
Hört ihr im Gelände
die wilden Soldaten brüllen?
Sie kommen,   [töten.
um unsere Söhne und Frauen in unseren Armen zu
Zu den Waffen, Bürger! Stellt eure Bataillone auf;
wir wollen marschieren, unreines Blut soll unsere Äcker
                                           tränken.

Was will diese Horde von Sklaven,   [haben?
von Verrätern und Königen, die sich verschworen
Für wen sind diese schändlichen Fesseln,
Die seit langem vorbereiteten Ketten bestimmt?
Für uns Franzosen; oh, was für eine Beleidigung!
Wie muß sie unser Blut in Wallung bringen!
Man wagt daran zu denken, gerade uns
wieder in die alte Sklaverei zu bringen.

Was denn! diese ausländischen Kohorten
sollten in unserer Heimat gebieten!
Was denn! Söldnerscharen
sollten unsere stolzen Krieger niederwerfen!
Großer Gott! von gebundenen Händen
sollte unsere Stirn unter das Joch gebeugt werden!
Gemeine Despoten sollten
die Herren über unser Schicksal werden!

Allons, enfants de la patrie,
Le jour de gloire est arrivé!
Contre nous de la tyrannie
L'étendard sanglant est levé!
Entendez-vous, dans les campagnes,
Mugir ces féroces soldats?
Ils viennent jusque dans nos bras
Egorger nos fils, nos compagnes!
Aux armes, citoyens! formez vos bataillons!
Marchons! qu'un sang impur abreuve nos sillons!

Que veut cette horde d'esclaves,
De traîtres, de rois conjurés?
Pour qui ces ignobles entraves,
Ces fers dès longtemps préparés?
Français! pour nous, ah! quel outrage!
Quels tranports il doit exciter!
C'est nous qu'on ose méditer
De rendre à l'antique esclavage?

Quoi! ces cohortes étrangères
Feraient la loi dans nos foyers!
Quoi! ces phalanges mercenaires
Terrasseraient nos fiers guerriers!
Grand Dieu! par des mains enchaînées
Nos fronts sous le joug se ploîraient!
De vils despotes deviendraient
Les maîtres de nos destinées!

Zittert, Tyrannen, und ihr, Verräter,
der Schandfleck aller Parteien:
Zittert, eure verruchten Pläne
werden endlich ihren Lohn empfangen.
Alles ist Soldat, um euch zu bekämpfen;
wenn unsere jungen Helden fallen,
bringt Frankreich neue hervor,
die bereit sind, gegen euch zu streiten.

Franzosen, als großmütige Krieger
sollt ihr Schläge austeilen oder zurückhalten:
Verschont jene unglücklichen Opfer,
die sich widerwillig gegen euch bewaffnen.
⟨Nicht⟩ aber die blutrünstigen Despoten,
⟨nicht⟩ aber die Komplizen Bouillés,
Alle diese Tiger, die ohne Mitleid
den Busen ihrer Mutter zerfleischen.

Heilige Liebe zum Vaterland,
führe und stärke unsere rächenden Arme;
Freiheit, süße Freiheit,
kämpfe an der Seite deiner Verteidiger.
Der Sieg möge beim männlichen Klang deiner Stimme
unter unsere Fahnen eilen.
Deine sterbenden Feinde
sollen deinen Triumph und unseren Ruhm sehen.

Wir werden in die Bahn treten,
wenn die Älteren nicht mehr sind;
wir werden dort ihre Asche
und die Spuren ihrer Tugenden finden.
Es verlangt uns weit weniger danach, sie zu überleben,
als ihr Grab zu teilen;
wir werden den erhabenen Stolz haben,
sie zu rächen oder ihnen nachzufolgen.

Tremblez, tyrans! et vous, perfides,
L'opprobre de tous les partis,
Tremblez! vos projets parricides
Vont enfin recevoir leur prix!
Tout est soldat pour vous combattre.
S'ils tombent, nos jeunes héros,
La France en produit de nouveaux,
Contre vous tout prêts à se battre!

Français, en guerriers magnanimes,
Portez ou retenez vos coups!
Epargnez ces tristes victimes,
A regret s'armant contre nous.
Mais ces despotes sanguinaires,
Mais ces complices de Bouillé,
Tous ces tigres qui, sans pitié,
Déchirent le sein de leur mère! . . .

Amour sacré de la patrie,
Conduis, soutiens nos bras vengeurs!
Liberté! Liberté chérie,
Combats avec tes défenseurs!
Sous nos drapeaux, que la victoire
Accoure à tes mâles accents!
Que tes ennemis expirants
Voient ton triomphe et notre gloire!

Nous entrerons dans la carrière
Quand nos aînés n'y seront plus;
Nous y trouverons leur poussière
Et la trace de leurs vertus.
Bien moins jaloux de leur survivre
Que de partager leur cercueil,
Nous aurons le sublime orgueil
De les venger ou de les suivre!

44

Das Manifest des Herzogs von Braunschweig

Nach der Kriegserklärung Frankreichs an Österreich (20. April 1792) mußte die schlecht vorbereitete französische Armee, der unter anderem ausgebildete Offiziere fehlten (die emigrierten adligen Offiziere waren noch nicht ersetzt), eine Reihe von Niederlagen hinnehmen; Gerüchte über den Verrat der eigenen Generäle und innenpolitische Ereignisse (etwa die Entlassung des Kabinetts durch den König am 13. Juni) führten am 20. Juni zu einer Volksdemonstration, in deren Verlauf die Menge in die Tuileries eindrang, die königliche Familie umringte und Louis XVI zwang, eine rote phrygische Mütze aufzusetzen. Zum Jahrestag des Bastille-Sturms kamen dann Tausende Föderierte (Vertreter der Nationalgarden aus der Provinz) nach Paris, die am 17. Juli in einer Petition die Absetzung des Königs forderten. Die ohnehin gespannte Atmosphäre wurde durch das (von Emigranten redigierte) Manifest des Oberbefehlshabers der feindlichen Truppen weiter angeheizt, das in arrogantem Ton vor weiteren Übergriffen warnte. Es wurde am 28. Juli in Paris bekannt und war eine der Ursachen für den Sturm auf die Tuileries am 10. August.

Quelle: FrRevDoc. S. 186–190. (Gekürzt.)

Ihre Majestäten der Kaiser[1] und der König von Preußen haben mir den Oberbefehl über die Armeen anvertraut, die sie beide an der Grenze Frankreichs zusammengezogen haben; ich will also den Bewohnern dieses Königreichs die Gründe nennen, die die Maßnahmen der beiden Fürsten bestimmt haben, und die Absichten, welche sie leiten.

---

1 Vgl. Nr. 36, Anm. 1.

Nachdem diejenigen, die die Zügel der Macht ⟨in Frankreich⟩ an sich gerissen haben, den deutschen Fürsten ihre Rechte und Besitzungen im Elsaß und in Lothringen willkürlich entrissen, im Inneren die Ordnung gestört, die rechtmäßige Regierung gestürzt und gegen die geheiligte Person des Königs und seine erlauchte Familie Anschläge und Gewalttätigkeiten verübt haben, die sich noch täglich fortsetzen und wiederholen, haben sie schließlich das Maß vollgemacht, indem sie Seiner Majestät dem Kaiser einen ungerechten Krieg erklärt und seine niederländischen Provinzen angegriffen haben; einige Besitzungen des Deutschen Reiches sind in diese Übergriffe einbezogen worden, und mehrere andere sind der gleichen Gefahr nur dadurch entgangen, daß sie den gebieterischen Drohungen der herrschenden Partei und ihrer Abgesandten nachgaben.

Seine Majestät der König von Preußen, der Seiner kaiserlichen Majestät durch ein enges Verteidigungsbündnis alliiert und selbst ein mächtiges Mitglied des deutschen Reichsverbands ist, konnte daher nicht davon absehen, seinem Verbündeten und den übrigen Staaten zu Hilfe zu kommen; aus diesem doppelten Grund übernimmt er die Verteidigung des Kaisers und Deutschlands.

Mit diesen bedeutsamen Interessen verbindet sich noch ein gleich wichtiges Ziel, das den beiden Monarchen am Herzen liegt: der Anarchie im Innern Frankreichs ein Ende zu machen, den Angriffen auf Thron und Altar entgegenzutreten, die rechtmäßige Macht wieder einzusetzen, dem König seine Freiheit und Sicherheit wiederzugeben, deren er beraubt ist, und ihn in den Stand zu setzen, die gesetzmäßig ihm zukommende Autorität auszuüben.

In der Überzeugung, daß der gesunde Teil der französischen Nation die Maßlosigkeit der Partei verabscheut, die ihn unterdrückt, und daß der größere Teil der Bewohner ungeduldig den Augenblick erwartet, der Hilfe bringt, um sich offen gegen die verhaßten Maßnahmen seiner Unterdrücker zu erklären, fordern Ihre Majestäten der Kaiser und der

König von Preußen die Franzosen auf, unverzüglich zur Vernunft, zur Gerechtigkeit, zur Ordnung und zum Frieden zurückzukehren. Von dieser Auffassung ausgehend erkläre ich, der Unterzeichnete, General und Oberbefehlshaber über die beiden Armeen, folgendes:

1. Daß die beiden alliierten Höfe durch unwiderstehliche Umstände in den gegenwärtigen Krieg hineingezogen wurden, daß sie kein anderes Ziel verfolgen als das Glück Frankreichs und sich nicht durch Eroberungen bereichern wollen.

[Die folgenden Punkte enthalten die Versicherung, daß die Alliierten sich nicht in die inneren Angelegenheiten Frankreichs einmischen wollen, und fordern die Nationalgarde, die Linientruppen, die Beamten und die Bewohner der Provinz unter Strafandrohung zur Unterwerfung unter den König auf.]

8. Die Stadt Paris und alle ihre Bewohner sind ohne Unterschied gehalten, sich sofort und ohne Verzug dem König zu unterwerfen, ihm voll und ganz die Freiheit zu geben und ihm sowie allen Mitgliedern seiner Familie die Unverletzlichkeit und Achtung zu garantieren, zu denen das Natur- und Völkerrecht die Untertanen gegenüber ihren Fürsten verpflichten. Ihre Majestäten machen alle Mitglieder der Nationalversammlung, des Départements, der Distrikte, des Magistrats, die Angehörigen der Nationalgarde von Paris, die Friedensrichter und alle, die es sonst betreffen mag, persönlich bei ihrem Leben und unter der Androhung, von einem Kriegsgericht ohne Hoffnung auf Begnadigung verurteilt zu werden, verantwortlich für alles, was geschehen wird. Ihre Majestäten erklären ferner auf Ihr kaiserliches und königliches Ehrenwort, daß, wenn das Schloß der Tuileries gestürmt oder beschädigt, wenn die geringste Gewalt oder Beleidigung dem König, der Königin und der königlichen Familie zugefügt, wenn nicht auf der Stelle ihre Sicherheit, ihr Leben und ihre Freiheit geschützt werden, sie eine beispielhafte und für alle Zeiten denkwürdige Rache nehmen und die Stadt Paris einer militärischen Strafaktion und gänzlicher Zerstörung preisge-

ben, die Aufrührer, die Anschläge begangen haben, aber den
verdienten Strafen ausliefern werden. Dagegen versprechen
ihre Majestäten den Einwohnern von Paris, sich bei Seiner
allerchristlichsten Majestät dafür zu verwenden, daß ihnen
ihre Fehler und Irrtümer verziehen werden, und die entschiedensten Maßnahmen zu ergreifen, um ihre Personen und
ihren Besitz zu schützen, wenn sie die obige Aufforderung
schnell und genau befolgen.

[...]

Aus diesen Gründen fordere ich alle Bewohner des Reiches
auf und ermahne sie aufs entschiedenste und dringlichste, sich
dem Vorrücken und den Operationen des von mir befehligten
Heers nicht zu widersetzen, sondern ihm überall die Tore zu
öffnen, guten Willen zu zeigen und alle Hilfe und allen Beistand zu leisten, die die Umstände fordern können.

Gegeben im Hauptquartier Koblenz am 25. Juli 1792
Unterzeichnet: *Karl Wilhelm Ferdinand*
Herzog von Braunschweig-Lüneburg

45

Peltier über den Sturm auf die Tuileries

*Mit den Ereignissen des 10. August 1792 endet die Monarchie
in Frankreich: Die Pariser Sektionen, deren Delegierte in der
vorangehenden Nacht den Magistrat abgelöst und eine radikale Commune begründet hatten, versammelten sich vor den
Tuileries; Louis XVI floh mit seiner Familie in die Nationalversammlung. Als die aus Schweizern bestehende Palastwa-
che in die Menge feuerte, kam es zum Kampf, mehrere hundert Schweizer wurden getötet und das Schloß in Brand*

gesteckt. Die Legislative suspendierte Louis XVI, überließ die Entscheidung über die Staatsform aber dem neu zu wählenden Nationalkonvent. Als der am 21. September 1792 zusammentrat, proklamierte er als erstes die Republik.

Jean-Gabriel Peltier (1765–1825) war der vermutliche Gründer und neben Rivarol (vgl. Nr. 17) und Suleau (s. u.) einer der wichtigsten Mitarbeiter an der satirischen antirevolutionären Zeitung Les Actes des Apôtres, *die von November 1789 bis Oktober 1791 erschien. Seinen Bericht über die Ereignisse des 10. August veröffentlichte er im Londoner Exil.*

Quelle: PeltierTableau. Bd. 1. S. 117–119. 137–141. 253 bis 262. (Gekürzt.)

(Die Nacht vor dem 10. August)

Um fünf Uhr weckte man die Kinder, und die Königin ließ sie zu sich bringen.

Die ganze Nacht über waren die Meinungen zwischen Furcht und Hoffnung geteilt. Der König hatte sich in seine Gemächer zurückgezogen und widmete sich in ruhigen Augenblicken den Pflichten, die seine christlichen Tugenden ihm auferlegten. Er empfing seinen Beichtvater, den Abbé Hébert, und bereitete sich wie ein ergebenes Opfer auf alle Möglichkeiten vor, mit der gelassensten und bescheidensten Resignation.

Die Königin begab sich mit Madame Elisabeth[1] bald zum König, bald zu ihren Kindern, dann kehrte sie wieder in den Ratssaal zurück. Kein lautes Wort, keine Geste der Verbitterung oder der Furcht trübten ihren bekannten Charakter und ihre edle und majestätische Haltung.

Die versammelten Minister nahmen Meldungen entgegen, gaben sie an die königliche Familie weiter und berieten

---

1 Die Schwester des Königs (1764–94) wurde mit der königlichen Familie im Temple interniert und am 10. Mai 1794 hingerichtet.

gemeinsam mit M. Rœderer[2] und den beiden Mitgliedern des
Magistrats über Wege, den König und seine Familie vor den
Dolchen der Mörder zu bewahren.

Um sechs Uhr rückten mehrere Bataillone mit Piken an,
unter dem Vorwand, das Schloß zu verteidigen. M. de la
Chesnaye, Regimentskommandant, dirigierte sie zur Ufer-
terrasse. Ihre Kanonen blieben in den Höfen zurück.

Inspektion der Schloßgarde durch den König

Um halb sechs bat man den König, alle Posten abzugehen und
durch seine Gegenwart die tapferen Männer zu ermutigen,
die ihn, seine Familie, die Krone und die Verfassung verteidigen sollten. Er hatte die ganze Nacht nicht geschlafen, seine
Haare hingen wirr herunter; trotzdem hatte er sich nicht
umgezogen. In einem einfarbigen violetten Rock, den Hut
unter dem Arm, den Degen an der Seite, suchte er zunächst
die Posten im Schloß auf; die Königin, die Kinder, die Princesse de Lamballe und einige andere Damen begleiteten ihn
auf diesem ersten Rundgang. Augenzeugen haben mir berichtet, daß er sehr mitgenommen aussah, aber immer noch gut-
mütig erschien, feuchte Augen hatte und dennoch lächelte. Er
sprach genau diese Worte, mit gebrochener Stimme: »Nun
denn! es heißt, sie kommen. ... Ich weiß nicht, was sie wollen ... Ich werde die guten Bürger nicht verlassen, meine
Sache ist auch die ihre ...« Obwohl man nicht auf den
genauen Wortlaut dieser Sätze achtete, die von den Antworten der Offiziere oft unterbrochen wurden, war die Wirkung,
die sie bei der Nationalgarde erzeugten, etwa folgende:
»Diesmal bin ich damit einverstanden, daß meine Freunde

---

2 Pierre-Louis Rœderer (1754–1835), Abgeordneter der ersten Nationalversammlung, 1792 Prokuralsyndikus des Départements Seine (der Prokuralsyndikus hatte auf Départements- oder Distriktsebene die Verantwortung für die
Justiz). Sein Einsatz für die königliche Familie machte ihn unter der Terreur
verdächtig, unter Napoléon konnte er seine politische Karriere fortsetzen.

mich verteidigen, wir wollen alle zusammen untergehen oder
uns retten.« Auch die Königin sprach einige Worte. Sie schien
nur mit Mühe die Seufzer in ihrer Brust zu ersticken. Ihr
österreichischer Mund und ihre Adlernase, voller als gewöhnlich, verliehen ihrer Physiognomie ein majestätisches
Aussehen, das man sich schwer vorstellen kann, wenn man
sie nicht in diesem Augenblick gesehen hat.

Die Nationalgarde schien einen Moment gerührt und einigermaßen guten Willens; wenigstens ließen alle Äußerungen
dies vermuten. [...]

(Théroigne de Méricourt und Suleau)

In der Sektion der Feuillants[3] hatte an diesem Tag Bonjour
den Vorsitz, ein ehemaliger Beamter im Marineministerium,
fanatischer Jakobiner, den seine eigenen Kollegen aus dem
Amt gejagt hatten, weil er den Minister, M. de Fleurieu,
denunziert hatte. Sowie man einen Gefangenen herführte,
wurde er der Nationalgarde übergeben, bis er an der Reihe
wäre, verhört zu werden.

Um halb neun Uhr morgens brachte man einen jungen
Mann von dreißig Jahren, der die Mütze und die Uniform der
Nationalgarde trug. Der gute Zustand seines Rocks, seine
glänzenden Waffen und sein attraktives Aussehen hatten
Aufsehen erregt, und er war auf der Terrasse des Klosters der
Feuillants festgenommen worden. Es war Suleau[4], ein Roya-

3 Das Kloster der Feuillants, das der Sektion den Namen gab, lag in der Rue
Saint-Honoré, nicht weit von den Tuilerien entfernt; seit Juli 1791 war es der Sitz
des Clubs der Gemäßigten, die sich nach ihm benannten (sie hatten sich nach
dem Massaker auf dem Marsfeld [vgl. Nr. **34**] von den Jakobinern abge-
spalten).
4 Louis-François Suleau (1758–92), vor der Revolution Advokat, seit 1789
Journalist, Mitarbeiter an den *Actes des Apôtres*; 1791 gründete er eine eigene
Zeitung, *Journal de M. Suleau*, die es auf 15 Nummern (bis April 1792) brachte.
Eine Reise nach Koblenz, ins Hauptquartier der Emigranten, verlief für ihn eher
enttäuschend.

list, der sehr bekannt war durch seine gegen den Herzog von Orléans gerichteten Pamphlete, seine witzigen Verhöre im Châtelet[5], eine Zeitung, die er veröffentlicht hatte, und eine Reise nach Koblenz, deren Umstände sehr spektakulär gewesen waren. Er beklagte sich energisch über seine Festnahme und erklärte, er bringe eine wichtige Order, die er vorzeigte. Es hieß dort ausdrücklich: »Der Nationalgardist, der diesen Befehl überbringt, muß sich ins Schloß begeben, um dort die Lage der Dinge zu überprüfen und dem Prokuralsyndikus des Départements[6] Bericht zu erstatten. Gezeichnet Borie und Leroux, Magistratsbeamte.« Als man ihn zum Wachlokal brachte, wurde die Echtheit dieser Order bestritten. Man schickte sie zur Überprüfung ins Schloß. Die Beamten bezeugten nicht nur die Echtheit ihrer Unterschrift, sondern versicherten sogar, daß Suleau persönlich Überbringer der Order war.

Seit sieben Uhr morgens hatte sich das Volk im Hof des Klosters der Feuillants zusammengedrängt. Ein Kommissar des Magistrats, der einen Aufruhr befürchtete, stieg auf ein Gerüst, um zu der Menge zu sprechen und sie zum Rückzug zu bewegen; er versprach ihnen, daß die Schuldigen der Strenge des Gesetzes ausgeliefert würden. Das Pflichtbewußtsein dieses Beamten brachte ihn in Gefahr, er wurde beschuldigt, man forderte ihn auf, sich zurückzuziehen; auf dem Gerüst löste ihn das Frauenzimmer Théroigne de Méricourt[7] ab, im Reitkleid, der gewöhnlichen Uniform der

---

5 Sitz des Pariser Kriminalgerichts; Suleau war ja Anwalt gewesen.
6 Rœderer, s. Anm. 2.
7 Obwohl diese Théroigne de Méricourt hinreichend bekannt ist, scheint es nicht unnötig, hier zu wiederholen, daß sie eine Prostituierte war, aus Luxemburg gebürtig, dreißig Jahre alt, klein, mager, leidend, durch ihr ausschweifendes Leben verbraucht; die Revolution war ihre letzte Chance. Sie fand keine Liebhaber mehr, die sie korrumpieren konnte, und verlegte sich auf Abgeordnete. Anfangs bewunderte sie Barnave, dann schätzte sie Pétion. Später führte sie ein offenes Haus, reiste, wurde von ⟨Kaiser⟩ Leopold inhaftiert und wieder freigelassen, und jetzt erscheint sie wieder in der Arena, wenn es darum geht, Blut zu vergießen. Ihre Affaire mit Populus war eine Erfindung des Autors der

Patriotinnen, mit dem Säbel im Wehrgehänge; diese Elende stachelte das Volk auf, die 22 Gefangenen zu massakrieren. Sie brachte den Haufen dazu, einige Kommissare zu benennen, an deren Spitze sie selbst zum Komitee hinaufstieg und forderte, man solle dem Volk die Opfer ausliefern. Präsident Bonjour verbot der Nationalgarde, dem Willen des Volkes Widerstand entgegenzusetzen, und befahl ihnen sogar, die Waffen niederzulegen. Das Komitee verfügte über etwa 200 Soldaten; bis auf sehr wenige gehorchten sie dem Präsidenten. Das Volk drang ein; als erstes Opfer ergriff es einen riesigen Mann, den Abbé Bouyon; man riß ihn aus den Armen des Kommissars, der ihn gerade verhörte – trotz langen und energischen Widerstands von der Überzahl bezwungen, wurde er in den Hof geschleppt und um neun Uhr in Stücke gerissen. Dieser Abbé Bouyon war ein dramatischer Dichter, der den Epigrammen des Cousin Jacques[8] größere Bekanntheit verdankte als den Mißerfolgen, die beinahe alle seine Stücke im Theater der Montansier[9] gehabt hatten.

Vor dem Tod Bouyons hatte Suleau der Nationalgarde gesagt: »Ich sehe genau, daß das Volk heute Blut will; aber

Actes des Apôtres, und diese Erfindung leitete sich vom Namen des angeblichen Liebhabers selbst ab. [Anm. d. Verf.]

Die negative Einstellung Peltiers gegenüber Théroigne ist unübersehbar, die mitgeteilten Fakten scheinen allerdings zu stimmen: Sie war 1761 geboren, wurde von ihren Eltern verstoßen, als sie ein uneheliches Kind bekam, und ging 1789 aus Begeisterung für die Revolution nach Paris; weil sie der Gironde nahestand, wurde sie 1793 auf offener Straße verprügelt und war danach geistesgestört. Sie starb 1817 im Asyl der Salpêtrière. – Um die große Zahl ihrer Liebhaber anzudeuten, dichteten ihr die Autoren der *Actes des Apôtres* eine Affaire mit *Populus* (lat., »Volk«) an; das führte zu der irrigen Meinung, sie wäre die Geliebte eines Abgeordneten, der *Populе* hieß. (Vgl. M. Pellet, *Un journal royaliste en 1789. Les Actes des Apôtres (1789–1791)*, Paris 1873, S. 145–147.)

8 Pseudonym von Louis-Abel Beffroy de Reigny (1757–1811), der als Textdichter (und auch Komponist) einer die Anfänge der Revolution in allegorischer Verkleidung darstellenden Oper, *Nicodème dans la lune ou La Révolution pacifique* (1790), Erfolg hatte.

9 Die Montansier (eigtl. Marguerite Brunet, 1730–1820), eine Kurtisane, hatte seit 1777 die Leitung der Theater des Hofes; Ende 1789 eröffnete sie ein Theater im Palais Royal, an der heutigen Spielstätte der Comédie-Française, und sympathisierte mit der Revolution.

vielleicht genügt ihnen ein Opfer, lassen Sie mich vorange-
hen. Ich werde für alle zahlen.« Er stürzte sich aus dem Fenster; man hielt ihn zurück. Armer Suleau, dieser Charakter-
zug ehrt dein Andenken mehr als alles, was du vorher getan
hattest.

Nach dem Abbé Bouyon kam ein ehemaliger königlicher
Gardist an die Reihe, M. de Solminiac; sein heftiger Widerstand machte seinen Tod nur noch grausamer. Danach wurde
ein Unbekannter niedergemetzelt.

Suleau war der nächste. Schon hatte ein Aufrührer namens
d'Aubigny, der später vom neuen Magistrat wegen Dieb-
stahls davongejagt wurde, den Gefangenen mit Vorwürfen
und Beschimpfungen überhäuft; er hatte ihm auch seine Gre-
nadiersmütze, seinen Säbel und seine Munitionstasche weggenommen. Suleau protestierte immer noch sehr energisch
gegen diese Gewaltakte. Schließlich fragte Théroigne überall
nach dem ›Abbé Suleau‹. Sie kannte ihn nicht einmal. Eine
Frau zeigt auf ihn, das Volk drängt sich um ihn; Théroigne
packt ihn beim Kragen und hilft ihn wegzuschleppen. Suleau
kämpft wie ein Löwe gegen zwanzig Rasende. Im Handge-
menge bekommt er einen Säbel zu fassen, er schlägt zu, verschafft sich Luft, er war im Begriff, Théroigne zu durchboh-
ren; da packt man ihn, macht ihn verteidigungsunfähig,
schleppt ihn in den Hof und haut ihn in Stücke.

M. de Vigier, ein ehemaliger Leibgardist und ein Mann,
wie die Natur sie gelegentlich gern schafft, damit sie als
Muster dienen, bekannt unter dem Namen *Beau Vigier*, war
das fünfte Opfer. Da er Kraft mit Eleganz und Wendigkeit
mit Grazie verband, verteidigte er sich fast eine Viertelstunde
lang. Zweimal riß er sich los, zweimal wurde er von den
Angreifern eingeholt. Schließlich unterlag er.

Vier weitere Opfer folgten auf ihn; die neun Leichen wurden zur Place Vendôme geschafft und ihre Köpfe auf Piken
gespießt. [...]

(Das weitere Schicksal der königlichen Familie)

Erst um ein Uhr morgens erlaubte man dem König, die Loge zu verlassen, in der er sechzehn furchtbare Stunden verbracht hatte. Niemand konnte dort etwas zu sich nehmen. Etwas Obst und Wasser mit Johannisbeersirup aus dem Café nebenan war alles, was Ihre Majestäten bekommen konnten. Jeden, der von den Tuileries kam und bis zu ihr zu gelangen vermochte, fragte die Königin sehr bewegt und mit rührendem Interesse nach dem Schicksal der unglücklichen Frauen, die sie im Schloß hatte zurücklassen müssen; es war ihr ein Trost zu erfahren, daß sie gerettet waren. Überwältigt von Hitze, Erschöpfung und Schlaflosigkeit nickte der Dauphin auf dem Schoß seiner Mutter ein; der Schlaf der Unschuld mitten im Aufruhr des Königsmords bot ein rührendes Schauspiel.

Carl, der Oberst der Gendarmerie, war mit in der Loge des Königs. Gegen drei Uhr nachmittags war großer Lärm in der Passage zum Kloster der Feuillants zu hören. Carl sagte, er wolle nachschauen gehen, was vorginge; er war kaum draußen, als die Unruhe zunahm. Ihre Majestäten wollten den Grund wissen; sie erfuhren schaudernd, daß er im Tod des armen Carl bestand, der sie eben erst verlassen hatte. [...]

Im Lauf des Tages hatte man vier kleine Zimmer hergerichtet, die dem Baumeister des Klosters der Feuillants als Wohnung dienten. Dorthin führte man die königliche Familie. Kommissare der Nationalversammlung und eine Abteilung der Nationalgarde begleiteten sie. Alle vier Zimmer lagen nebeneinander, im ersten, das als Vorzimmer diente, schliefen – oder eher: wachten – fünf Edelleute, die den König niemals verlassen wollten.

Die königliche Familie verteilte sich folgendermaßen: Der König schlief im zweiten Zimmer, nur halb ausgekleidet; ein um den Kopf geschlungenes Handtuch ersetzte ihm die Nachtmütze. Die Königin ruhte im dritten Zimmer, die Kinder an ihrer Seite; Madame Elisabeth, Madame de Lamballe und Madame de Tourzel bekamen das letzte Zimmer und richteten sich, so gut sie konnten, auf am Boden ausgebreiteten Matratzen ein.

Am folgenden Morgen um zehn Uhr mußten sie in die Loge des *Logographe*[10] zurückkehren, wo sie immer noch von der Garde, den Beschimpfungen des Pöbels und den Debatten der Versammlung umgeben waren; an diesem Morgen forderte das von tückischer Demagogie aufgehetzte Volk mit lautem Geschrei die Köpfe der Schweizer, die im Wachlokal des Feuillants-Klosters gefangen saßen. Die Drohungen, von denen die Versammlung widerhallte, ließen alle vor Schreck erstarren. Vergniaud[11], der den Vorsitz hatte, konnte nicht umhin auszurufen: Großer Gott! Was für Kannibalen! Panik ergriff die Versammlung, so daß M. Caslon, einer der für den Ordnungsdienst Verantwortlichen, zu den Majestäten eilte und ihnen nahelegte, sich in den Vorraum der Loge zurückzuziehen, sobald sie das Volk eindringen sähen. König und Königin mußten diesen Augenblick als den letzten ihres Lebens betrachten, als Vorzeichen des Todes. Ruhig und ergeben hatte der König doch noch die Geistesgegenwart, seinen anwesenden Dienern zu sagen, er wünsche, sie entfernt und ganz außer Gefahr zu sehen. Diese bedrohliche Situation dauerte so lange, bis Pétion[12] und Danton mit der

10 Die Zeitung Le Logographe leitete ihren Namen von einem Stenographie-System ab, das *logographie* hieß; ihr wichtigster Inhalt waren die Protokolle der Sitzungen der Nationalversammlung, die von den Berichterstattern mitgeschrieben wurden.

11 Pierre-Victurnien Vergniaud (1753–93), Advokat, Abgeordneter der Legislative und der Convention, zählte zu den Führern der Gironde; als Gegner der Monarchie begünstigte er die Volkserhebung des 10. August. Später suchte er mäßigend zu wirken und wurde am 31. Oktober 1793 mit den anderen prominenten Girondisten hingerichtet.

12 Jérôme Pétion de Villeneuve (1756–94), Advokat, Abgeordneter der Generalstände, seit November 1792 Bürgermeister von Paris; nach den Ereignissen des 20. Juni 1792 (vgl. Nr. 44) wurde er vom Département abgesetzt (7. Juli), aber von der Nationalversammlung in seiner Funktion bestätigt (13. Juli). Er näherte sich später der Gironde an, wurde im Juni 1793 unter Anklage gestellt und floh in die Normandie; als ihn die Verfolger in Saint-Emilion einzuholen drohten, tötete er sich.

Nachricht kamen, sie hätten das Volk beruhigt und bürgten für das Leben der Schweizer. [...]

Der König und seine Familie verbrachten noch den ganzen Sonntag und den Montagmorgen in der Loge des *Logographe*. Alle, die je geliebt haben, mögen sich ihre Einsamkeit vorstellen, getrennt von den Freunden, die sich seit zwei Jahren unablässig in so rührender Weise um sie bemüht und so liebevoll Anteil an ihrem Schicksal genommen hatten; ihr Herz war gebrochen; diese Empfindung mußte sie gefühllos machen gegen die neuen Beleidigungen, die sie während der beiden Sitzungen noch erfuhren; was in diesen zwei Tagen zwischen ihnen vorging, blieb ohne Zeugen und ist der Geschichte noch unbekannt.

Am Montag, dem 13., um drei Uhr jedoch fuhr die königliche Familie auf Vorschlag Manuels[13], des Prokurators der Commune – dieser Vorschlag wurde zum Dekret – in zwei Wagen los, um sich zum Temple zu begeben; die Fahrt dauerte zwei Stunden. Pétion und Manuel begleiteten den König; das scheußliche Vergnügen der Rache funkelte in ihren Augen; diese beiden treulosen Beamten, die einen Monat vorher abgesetzt worden waren, hielten sich für römische Konsuln, die ihre Gefangenen in die Verliese auf dem Kapitol brachten. Sie hatten der Nationalversammlung versprochen, der königlichen Familie die Rücksicht und Achtung entgegenzubringen, die man dem Unglück schuldig ist; zuerst lenkten sie die Fahrt zur Place Vendôme, wo sie ihre Majestäten ausdrücklich auf die Bruchstücke der Statue von Louis XIV hinwiesen; mit dieser ersten bitteren Erfahrung verband sich der Schrecken, wieder durch den immer noch betrunkenen Mob fahren und bei jedem Schritt tausend neue Kränkungen einstecken zu müssen; endlich wurden sie in dem Gefängnis abgesetzt, wo sie seit vier Monaten stöhnen,

13 Louis-Pierre Manuel (1751–93), Prokurator (etwas Ähnliches wie Staatsanwalt) der Commune seit 1791; stimmte in der Convention gegen den Tod des Königs und wurde später hingerichtet.

und zwar von diesen beiden Aufrührern des 20. Juni[14], denen der König selbst am 6. Juli bereitwillig vergeben hatte, als das Département, die Ehre und Frankreich sie ihrer Ämter enthoben hatten.

So wurde der allertugendhafteste der sechsundsechzig Könige, die ihm auf dem Thron von Frankreich vorangegangen waren, von seinen Untertanen eingekerkert, von der Außenwelt abgeschnitten und zu den bittersten Entbehrungen verurteilt; derjenige, der die Folter abgeschafft, die Leibeigenschaft beseitigt, das Los der Sträflinge erleichtert, der französischen Marine zu neuem Aufschwung verholfen, *die Freiheit Amerikas gewährleistet hatte*; der als erster das Budget der Nation offenlegte, der sie als erster loyal zusammengerufen hatte, um ihm bei der Beseitigung der Mißstände zu helfen, die die Regierungsarbeit behinderten[15]; dem, als er im Alter der Leidenschaften war, die strengsten Sittenrichter während achtzehn Jahren nicht eine Verfehlung vorzuwerfen hatten, inmitten von Verderbtheit und allgemeiner Unmoral; und als Lohn für alle diese Zugeständnisse, alle diese Wohltaten wird er nach drei Jahren der Demütigungen und des Schmerzes von ehrlosen Rebellen mit seiner Frau, seiner Schwester und seinen Kindern ins tiefste Verlies geschleppt, von Rebellen, denen sein Herz immer noch gern verziehen hätte. Weder die Tugenden ihrer Majestäten, noch die Anmut und Unschuld ihrer Kinder, noch die Reinheit von Madame Elisabeth, nichts konnte ihre Henker erweichen. Der Gerechte liegt in Ketten, wie Gott sagt, die Familie teilt seine Gefangenschaft; unsere Tränen, unsere Wünsche ersterben auf der Schwelle des Turms, der sie einschließt. Beten wir zur Vorsehung, achten wir ihre Entschlüsse, hoffen wir, daß sie über die Tage der Opfer wacht.

---

14 Weder Pétion noch Manuel hatten versucht, das Eindringen des Volkes in die Tuileries zu verhindern.
15 Gemeint ist die Einberufung der Generalstände.

46

Panon Desbassayns über den Sturm auf die Tuileries

Über den Verfasser vgl. Nr. 33. – Panon Desbassayns, den seine Aufzeichnungen als politisch interessiert ausweisen, versucht sich über die Ereignisse des Tages zu informieren, ohne sich unmittelbar an den Ort des Geschehens zu wagen; daß die Politik das alltägliche Leben nicht völlig verdrängt, zeigt freilich die Tatsache, daß er sich an diesem besonderen Tag auch eine anatomische Abnormität (ein Kind mit zwei Köpfen) anschaut.

Quelle: PanonVoyage. S. 299 f.

Freitag, 10. August 1792

Die ganze Nacht wurde Sturm geläutet, und heute morgen schlugen die Trommeln Alarm. Es waren viele Leute auf der Straße, Patrouillen die ganze Nacht hindurch. Das Volk von Paris, die Nationalgardisten und die Föderierten aus den verschiedenen Départements[1] sind zu den Tuileries gezogen. Der König, die Königin, der Kronprinz, Madame[2] und Madame Elisabeth haben sich in die Nationalversammlung zurückgezogen. Als das Volk dicht vor dem Schloß war, hat die Schweizer Garde auf die Leute geschossen. Nach ein paar Salven waren die Schweizer geschlagen und sind alle umgekommen. Wenn sich welche retten konnten, dann nur wenige.

Da der König und seine Familie nicht mehr im Schloß waren, nahm das Volk es ein. Die einzelnen Ereignisse dieses Tages werden erst später bekannt werden, wenn wieder Ruhe

1 Die Föderierten waren zum 14. Juli 1792 nach Paris gekommen und dort geblieben, vgl. S. 214.
2 Wohl die Tochter des Königspaars, vgl. Nr. 17, Anm. 10.

herrscht. Man muß in Paris sein, um sich eine Vorstellung vom heutigen Tag machen zu können.

Ich bin um neun Uhr morgens ausgegangen. Auf den Straßen war erkennbar mehr Verkehr als sonst. Die Geschäfte waren geschlossen. Ich bin zum Palais Royal gegangen. Es waren wenig Leute da, und sie machten einen beunruhigten Eindruck. Ich habe einen Rundgang unter den Arkaden gemacht, die Läden waren zu.

Für 30 Sous ging ich hoch in die dritte Etage, um mir ein Kind von fünf oder sechs Wochen anzuschauen, das zwei Köpfe hat. Es ist ein Junge, mit nur einem, allerdings perfekt entwickelten Geschlechtsteil. Nur ein Anus, der seine Aufgabe gut erfüllt. Er hat auch nur einen Unterleib. Der Oberkörper teilt sich über dem Magen: vier Arme, die vollkommen entwickelt sind, zwei Hälse und zwei Köpfe, die ebenfalls nicht mißbildet sind. Im Gegenteil, hübsche Gesichter. Beide Köpfe nehmen gut die Brust der Amme an und saugen eifrig. Als ich wieder herunterkam, schloß der Hausherr oder der Portier überstürzt die Ausgangstür und sagte, daß ich ebensogut den Ausgang zur Straße nehmen könnte; er käme gerade von der Place Vendôme, wo es Tote gegeben hätte, und seiner Meinung nach würden noch viele andere sterben müssen. Er hatte Blut am Bein.

Ich ging also auf die Straße hinaus, die zum Théâtre des Variétés[3] führt. Dann kehrte ich ins Palais Royal zurück und hörte bei verschiedenen Gruppen zu, die von den aktuellen Ereignissen sprachen. Jeder sagte, was er dachte. Ich hielt es für das Klügste, mich zurückzuziehen.

Dann ging ich zu Mme La Gironde[4], wo die ganze Familie versammelt war. Wir blieben den Rest des Tages zusammen. M. Hébert, Ritter des Ordens von St.-Louis, der Abgeordne-

---

3 Das Théâtre des Variétés spielte im Palais Royal selbst, bevor es 1807 in das Haus am Boulevard Montmartre umzog, wo es noch heute untergebracht ist; in seinem alten Saal spielt heute das Théâtre du Palais Royal.
4 Die Varnier de La Gironde waren die einzigen Verwandten, die Panon Desbassayns in Paris hatte.

ter der Nationalversammlung ist und bei M. La Gironde wohnt, trat ein und sagte uns, er sei, obwohl man ihn als Abgeordneten erkannte, mißhandelt worden und gezwungen gewesen, kehrtzumachen; er wolle aber trotzdem versuchen, die Versammlung zu erreichen.

Im Lauf des Tages sahen wir viele Patrouillen vorbeimarschieren. Wir sahen auch Leute, die Fetzen von den Röcken der Schweizer auf ihre Piken oder Bajonette gespießt hatten. Auch die Fahne der Schweizer wurde vorbeigetragen. Einer hatte auf seiner Pike den Kopf eines Mannes; es war wohl der eines Offiziers der Schweizer. [...]

47

Jourgniac de Saint-Méard über die Septembermorde

Ende August sind die österreichischen Truppen im Norden und die preußischen Truppen unter dem Herzog von Braunschweig in Lothringen auf französisches Territorium vorgerückt; am 23. August wird Longwy an die Preußen übergeben. Diese Nachricht alarmiert die Pariser Bevölkerung: Die Aushebung von 30000 Mann wird beschlossen, bei Haussuchungen wird nach Waffen geforscht. Vom 2. bis 6. September werden in den überfüllten Pariser Gefängnissen mindestens 1200 Personen ermordet oder nach einem summarischen ›Prozeß‹ hingerichtet; so starb etwa die Hälfte aller Häftlinge, in der Mehrzahl Kriminelle, aber auch viele Priester, die den Eid verweigert hatten. Das Massaker wurde unter anderem durch die Furcht verursacht, nach dem Abmarsch der Soldaten könnten die Feinde der Republik von den Gefängnissen aus eine Gegenrevolution beginnen (vgl. Nr. 48). Die Regierung (mit Danton als Justizminister) unternahm kaum etwas, um dem Morden Einhalt zu gebieten.

Über Jourgniac de Saint-Méard, der die Vorgänge in der Abbaye beschrieben hat (Mon agonie de trente-huit heures), ist nur bekannt, was aus seinem Bericht hervorgeht: Er war Infanterieoffizier mit fünfundzwanzig Dienstjahren, überzeugter Royalist und hatte für das Journal de la Cour et de la ville *von Gautier de Syonnet, eine radikal konterrevolutionäre Zeitung, Beiträge geliefert; deshalb war er denunziert und verhaftet worden. In der Nacht vom 3. zum 4. September wurde er dem Tribunal vorgeführt, beeindruckte die Richter durch sein unerschrockenes Auftreten und dadurch, daß er sich zu seinen Überzeugungen bekannte, und wurde freigelassen.*

Quelle: CollMém. S. 22–30. (Gekürzt.)

Beginn meiner achtunddreißigstündigen Agonie

Sonntag, 2. September. – Unser Schließer[1] brachte unser Essen früher als gewohnt; seine verstörte Miene, sein unsteter Blick ließen uns etwas Verhängnisvolles ahnen. Um zwei Uhr kam er zurück; wir umringten ihn, er reagierte auf keine unserer Fragen, und nachdem er entgegen seiner Gewohnheit alle Messer eingesammelt hatte, die wir sorgfältig in unsere Servietten wickelten, schickte er unwirsch den Krankenwärter des Schweizer Offiziers Reding hinaus.

Halb drei. – Das furchtbare Geschrei des Volkes wurde auf erschreckende Art durch die Trommeln, die Alarm schlugen, durch das Signal der drei Kanonenschüsse und durch das Sturmläuten aus allen Richtungen vermehrt.

In diesem Augenblick des Schreckens sahen wir drei Wagen vorbeifahren, denen eine unzählige Menge rasender

---

1 Er hieß Bertrand und war Ausschreier der Oper gewesen, um die Wagen [der Besucher, die das Theater verließen] herbeizurufen. [Anm. d. Verf.]

Das Massaker in der Abbaye, dem Gefängnis im Kloster
Saint-Germain-des-Près (aus *Les Revolutions de Paris*, 1791)

Männer und Frauen folgte, mit dem Ruf: »Zur Force! Zur Force!«[2] Man fuhr zur Abbaye, die man zu einem Gefängnis für die Priester gemacht hatte. Einen Augenblick später hörten wir, daß alle Bischöfe und Kleriker massakriert worden seien, die, so drückte man sich aus, an diesem Ort *eingeloch*[3] worden waren.

Gegen vier Uhr. – Die herzzerreißenden Schreie eines Mannes, den man mit Säbelhieben zerstückelte, zogen uns zum Fenster des kleinen Turms, und wir sahen gegenüber der Loge der Schließer den Körper eines Toten auf dem Pflaster liegen; einen Augenblick später massakrierte man einen anderen, und so weiter.[4]

Es ist ganz unmöglich, das Grauen der tiefen, düsteren Stille auszudrücken, die während der Exekutionen herrschte; sie wurde nur durch die Schreie der Opfer und den Widerhall der Säbelhiebe unterbrochen, die ihre Köpfe trafen. Sobald sie niedergeschlagen waren, erhob sich ein Gemurmel, verstärkt durch Rufe *Vive la nation*, die für uns tausendmal schrecklicher waren als die grausige Stille.

Zwischen den Metzeleien hörten wir unter unseren Fenstern: »Es darf kein einziger entkommen; man muß sie alle töten, und besonders die in der Kapelle, wo nur Verschwörer sind.« Man sprach von uns, und ich glaube, man braucht nicht zu versichern, daß wir uns oft nach dem ›Glück‹ derer sehnten, die in den düstersten Verliesen eingesperrt waren.

Alle Arten der schrecklichsten Unruhe quälten uns und veranlaßten uns zu schaurigen Überlegungen; ein Augenblick

2 Wir wußten noch nicht, daß die Worte *A la Force!* das Zeichen dafür waren, daß man Opfer in den Tod schickte. [Anm. d. Verf.]
3 Frz. *parqués*, »eingepfercht«, ein offenbar umgangssprachlicher Ausdruck.
4 Nachdem man alle im Kloster eingesperrten Priester umgebracht hatte, begann man das Massaker an den Gefangenen damit, daß man 156 Schweizer Soldaten tötete, die in der Abbaye saßen und von denen sich keiner retten konnte. Dann kamen die anderen Gefangenen an die Reihe. Man begann mit M. de Montmorin und M. Thierry, dem Kammerdiener des Königs. Bestimmten Gefangenen drückte man eine brennende Fackel aufs Gesicht, sobald sie die Loge verließen, um getötet zu werden. Diese Maßnahme wurde angewendet, damit das Volk sie nicht erkannte. [Anm. d. Verf.]

der Stille auf der Straße wurde durch Lärm im Inneren des
Gefängnisses unterbrochen.

Fünf Uhr. – Mehrere Stimmen riefen laut nach M.
Cazotte[5]; einen Augenblick später hörten wir auf der Treppe
lautes Reden einer Menschenmenge, Waffengeklirr, Schreie
von Männern und Frauen. Es war jener alte Mann mit seiner
Tochter, die man wegschleppte. Als er draußen war, warf
sich ihm das mutige Mädchen an den Hals. Das Volk war von
diesem Schauspiel gerührt, bat für ihn um Gnade und erlangte
sie. [...]

Mitternacht. – Zehn Männer mit blankgezogenem Säbel,
vor denen zwei Schließer mit Fackeln gingen, betraten unser
Gefängnis und befahlen uns, an den Fußenden der Betten
Aufstellung zu nehmen. Nachdem sie uns gezählt hatten,
erklärten sie, wir seien einer für den anderen verantwortlich,
und schworen, daß wir alle abgeschlachtet würden, »ohne
vom Präsidenten angehört zu werden«, wenn nur ein einziger
entkäme. Die letzten Worte waren ein Hoffnungsschimmer
für uns; denn wir wußten noch nicht, ob wir vor dem Tod
»angehört« würden.

Montag, 3. ⟨September⟩, zwei Uhr früh. – Man schlug mit
kräftigen Stößen eines der Gefängnistore ein; wir dachten
zuerst, es wäre die Tür der Schließerloge, und man käme, um
uns in unseren Zellen niederzumetzeln, aber wir wurden
etwas ruhiger, als wir auf der Treppe sagen hörten, es sei die
eines Verlieses gewesen, in dem sich einige Gefangene verbar-
rikadiert hatten. Wenig später erfuhren wir, daß man dort alle
umgebracht hatte. [...]

[Am Vormittag] bestand unsere wichtigste Beschäftigung
darin herauszufinden, welche Körperhaltung wir einnehmen

5 Jacques Cazotte (1719–92), bekannt als Verfasser von *Le Diable amoureux*,
hatte sich im Alter der Mystik zugewandt; er betrachtete die Revolution als
Teufelswerk und schrieb mehrfach an den König, um ihm Gegenmaßnahmen
und Fluchtmöglichkeiten vorzuschlagen. Die Entdeckung des Briefwechsels
nach dem 10. August führte zu seiner Verhaftung; nach seiner Befreiung, die so
vor sich ging, wie Jourgniac sie schildert, wurde er erneut verhaftet und am
25. September 1792 guillotiniert.

müßten, um möglichst schmerzlos zu sterben, wenn wir an den Ort des Gemetzels gelangten. Wir schickten von Zeit zu Zeit einige von unseren Leidensgenossen ans Fenster des kleinen Turms, um etwas über die Position der unglücklichen Opfer zu erfahren und aufgrund der Schilderung abzuschätzen, welche Stellung empfehlenswert wäre. Wir hörten, daß jene, die die Hände hoben, viel länger litten, weil die Säbelhiebe so abgeschwächt wurden, bevor sie den Kopf trafen; daß bei manchen sogar Arme und Hände abfielen, ehe der Körper zusammensackte, während jene, die die Arme hinter dem Rücken hielten, offenbar viel weniger litten ... Nun denn! Über diese grausigen Details machten wir uns Gedanken. ... Wir berechneten die Vorteile dieser letzten Haltung und rieten uns gegenseitig, sie einzunehmen, wenn wir an der Reihe wären, abgeschlachtet zu werden ...!!! [...]

48

Guittard de Floriban über die Septembermorde

Nicolas-Célestin Guittard de Floriban (1724–96), ein wohlhabender Bürger, der seit 1769 in Paris von seinen Renten lebte, führte seit 1791 ein Tagebuch, das neben Persönlichem ausführliche Berichte über das politische Geschehen enthält. Er stand der Revolution in ihren Anfängen positiv gegenüber und hält noch die Septembermorde, die ihn erschrecken, für notwendig; erst später verurteilt er eine politische Entwicklung, die zu Inflation und Teuerung führte und ihn dadurch ins Unglück stürzte.

Quelle: GuittardJournal. S. 175–177.

Massaker in Paris

Heute hat man in den Gefängnissen und auf der Straße alle Gefangenen getötet, die den Tod verdient hatten, und alle revolutionsfeindlichen Priester, die Komplizen waren. Man kann die Leute nicht zählen, deren man sich entledigt hat, die Gefängnisse sind leer. Es war unumgänglich, diese Exekution durchzuführen. Ein Teil der Bewohner von Paris wird morgen oder später zur Armee aufbrechen: Paris wird dann aller bewaffneten Männer beraubt sein, und jene Unseligen hätten uns während der Abwesenheit aller Bürger umbringen können. Wie traurig ist es, derart zu den äußersten Mitteln greifen zu müssen, aber es heißt, man soll besser den Teufel töten, als daß er uns tötet ... Alle diese Elenden hätten uns nicht verfehlt, wenn sie uns entkommen wären.

Man hat Sturm geläutet, und überall in Paris haben die Trommeln Alarm geschlagen. Morgen oder später wird man auslosen, wer zur Armee muß. Man hat alle Häuser inspiziert, wo es Reit- und Wagenpferde gibt. Man hat sie heute alle requiriert, um Pferde für die berittenen Dragoner zu haben, um die Geschütze und die Bagagewagen zu ziehen.

Niemals seit der Revolution befand sich Paris in einer solchen Krise, wie wir sie heute erleben.

Das Vaterland ist in Gefahr, und die Feinde stehen sozusagen vor der Tür. Also wird der Ausgang der Schlachten, die es wahrscheinlich diesen Monat geben wird, über unser Schicksal entscheiden.

Daher hat man heute den ganzen Nachmittag überall in Paris Menschen abgeschlachtet (das Massaker dauerte fünf oder sechs Tage).

Montag, 3. [September]

18 Grad.[1] *Südwestwind; bedeckter Himmel.*

M. und Mme Sel und M. Stra. prand.[2]

Wir haben uns mit M. Eschard getroffen und sind zusammen im Café gewesen.

Heute hat man weiter Häftlinge getötet und auch die frühere Princesse de Lamballe[3] zu Tode gebracht. Man hat ihr den Kopf abgeschnitten und ihn in Paris auf einer Pike umhergetragen, und ihren Leichnam durch die Gosse geschleift, weil sie Komplizin der Revolution war[4]; man behauptet das auch von Mme de Toursel, ihrer Ehrendame[5].

60000 Nationalgardisten aus Paris und dem Département haben sich gestern und heute versammelt, um eilends zu den Grenzen zu marschieren.

Heute hat man mit dem Massaker in Bicêtre angefangen und weiter das getötet, was in den Gefängnissen noch übrig war.

49

Peltier über die Ermordung der Princesse de Lamballe

Über den Autor vgl. Nr. **45**. – *Marie-Thérèse de Savoie-Carignan, Princesse de Lamballe (1749–92) zog den Haß des Volkes einzig und allein durch ihre Freundschaft mit Marie*

---

1 *Ther*[*momètre*] *18*; Guittard notiert regelmäßig, wie das Wetter ist.

2 *prand*[*ent*], oder eine ähnliche (lateinische) Form: Er hatte sie zum Mittagessen zu Gast.

3 Guittard schreibt *Lambage*.

4 D. h. der konservativen ›Gegenrevolution‹, die der König nach einer weitverbreiteten Auffassung vor dem 10. August vorbereitete.

5 Wohl nicht identisch mit der Gouvernante der Kinder des Königspaars.

Der Temple, das Gefängnis der königlichen Familie
(aus *Les Révolutions de Paris*)

*Antoinette auf sich, deren Oberhofmeisterin sie war. Da sie
am 10. August bei der königlichen Familie blieb und ihr in den
Temple folgte (wo sie allerdings nur kurze Zeit bleiben
durfte), verdächtigte man sie, an den konterrevolutionären
Verschwörungen des Königs beteiligt gewesen zu sein.*

Quelle: PeltierTableau. Bd. 1. S. 337–344.

Die unglückliche Prinzessin war am Abend des zweiten ⟨September⟩ verschont worden; sie hatte sich aufs Bett geworfen,
unter der Last von Unruhen und Schrecken aller Art. Sie
schloß die Augen nur, um sie sofort wieder zu öffnen, weil sie
aus entsetzlichen Alpträumen auffuhr. Gegen acht Uhr morgens betraten zwei Nationalgardisten das Zimmer und kündigten ihr an, daß sie in die Abbaye[1] verlegt würde. Sie antwortete, wenn sie schon im Gefängnis sei, wolle sie ebensogern in dem bleiben, wo sie sich befinde, wie in ein anderes
gehen; deshalb weigerte sie sich kategorisch. Darauf näherte
sich ihr einer der Nationalgardisten und sagte ihr grob, daß
sie gehorchen müsse und daß ihr Leben davon abhänge. Sie
antwortete, sie werde tun, was man von ihr wünsche, und bat
die beiden, sich aus ihrem Zimmer zurückzuziehen; sie zog
ein Kleid über, rief den Nationalgardisten, der ihr den Arm
reichte, und ging hinunter in die gefürchtete Loge der Schließer, wo sie die beiden schärpentragenden Magistratsbeamten
antraf, die die Gefangenen aburteilten. Pétion, der sie am
nächsten Abend noch sah, hielt es nicht für angebracht, ihre
Namen zu nennen, aber man erfuhr bald, daß es Hébert und
Lhuillier[2] waren. Vor diesem schrecklichen Gericht verur-

---

1 Das frühere Gefängnis der Abtei Saint-Germain-des-Prés; nach dem
10. August waren dort politische Gefangene wie eidverweigernde Priester und
Soldaten des Königs inhaftiert, die nicht beim Tuileries-Sturm umgekommen
waren.
2 Über Hébert, den »Père Duchesne«, vgl. Nr. **28**; Louis-Marie Lhuillier
(1746–94), Angehöriger des Pariser Magistrats, präsidierte die radikale Commune von Paris, die für die Ereignisse des 10. August verantwortlich war. Er
wurde 1794 als Hébertist verhaftet und tötete sich im Gefängnis.

sachten ihr der Anblick der blutigen Waffen, der Henker, deren Hände, Gesicht und Kleidung blutbefleckt waren, die Schmerzensschreie der Unglücklichen, die man auf der Straße abschlachtete, einen derartigen Schock, daß sie mehrmals ohnmächtig wurde. Noch bevor sie dank der Fürsorge von Madame Navarre, ihrer Kammerfrau, wieder richtig zu sich gekommen war, verlor sie erneut das Bewußtsein. Als sie in der Lage war, einem Verhör zu folgen, machte man Anstalten anzufangen. Hier der ungefähre Wortlaut dieses Verhörs, wie er der Familie der Prinzessin von einem Augenzeugen mitgeteilt wurde.

Frage. Wer sind Sie?

Antwort. Marie Louise, Princesse de Savoye.

Frage. Ihr Stand?

Antwort. Oberhofmeisterin der Königin.

Frage. Hatten Sie Kenntnis von den Verschwörungen des Hofs am 10. August?

Antwort. Ich weiß nicht, ob es am 10. August Verschwörungen gab, aber ich weiß, daß ich keine Kenntnis davon hatte.

Frage. Schwören Sie Freiheit, Gleichheit, Haß dem König, der Königin und der Monarchie?

Antwort. Die ersten beiden Dinge kann ich leicht schwören; das letzte nicht, es entspricht nicht meiner Gesinnung.

Hier flüsterte ihr einer der Zuhörer zu: »Schwören Sie doch, wenn Sie nicht schwören, sind Sie des Todes.« Die Prinzessin antwortete nichts, hob die Hände vor die Augen und machte einen Schritt zum Ausgang hin.

Der Richter sagte darauf: »Man soll Madame entlassen.« Es ist bekannt, daß dieser Satz den Tod bedeutete. Man hat das Gerücht verbreitet, es sei keineswegs die Absicht des Richters gewesen, sie zur Hinrichtung zu schicken, aber jene, die die Schrecklichkeit ihres Todes abmildern wollten, haben vergessen zu sagen, welche Vorkehrungen man getroffen hatte, um sie zu retten. Die einen behaupten, als die Tür der Loge geöffnet wurde, habe man ihr nahegelegt, *Vive la nation* zu rufen;

sie habe aber, erschrocken vor dem Anblick des Blutes und der Leichen, nur antworten können: »Nein, wie schrecklich!«, und die Mörder hätten diesen Ausruf, der so natürlich war, auf die Parole *Vive la nation*, die sie hören wollten, bezogen; deshalb habe man sie auf der Stelle erschlagen. Andere sagen, sie hätte an der Tür nur die Worte gesprochen: »Ich bin verloren.« Was sie auch gesagt haben mag, ihr Tod war beschlossene Sache, und deshalb versetzte man ihr, kaum daß sie über die Schwelle getreten war, einen Säbelhieb von hinten über den Kopf, der ihr Blut herausschießen ließ, das Blut aus der Linie so vieler Könige. Zwei Männer hielten sie unter den Armen gepackt und zwangen sie, über die Leichen zu gehen. Sie verlor jeden Augenblick das Bewußtsein. Gerade befanden sie sich in einem engen Durchgang, der von der Rue St. Antoine zum Gefängnis führt und *Cul de sac des prêtres*[3] heißt. Als sie schließlich so geschwächt war, daß sie sich nicht mehr aufrecht halten konnte, brachte man sie mit Pikenstößen auf einem Leichenhaufen um. Sofort wurde sie ausgezogen; dann stellte man ihren Körper zur Schau und lieferte ihn den Schmähungen des Pöbels aus. So blieb er mehr als zwei Stunden liegen. Wenn das Blut, das aus ihren Wunden floß, oder das Blut der anderen Toten den Leib des unglücklichen Opfers beschmutzte, wuschen es Männer ab, die eigens dafür abgestellt waren, damit die Zuschauer ihre weiße Haut sehen konnten. Mir fehlt der Mut, alle Exzesse der Barbarei und Geilheit zu schildern, mit denen man sie besudelte. Ich will mich darauf beschränken, daß man eines ihrer Beine in ein Kanonenrohr steckte. Gegen Mittag entschloß man sich, ihr den Kopf abzuschneiden und ihn in Paris herumzutragen. Ihre anderen abgetrennten Gliedmaßen wurden gleichfalls einer Horde von Kannibalen ausgeliefert, die sie durch die Straßen schleppten. Ihr Kopf wurde zu-

---

3 Die Princesse de Lamballe war in La Force (im 4. Arrondissement) inhaftiert; das Frauengefängnis lag in der Rue Pavée, einer Nebenstraße der Rue Saint-Antoine.

erst zur Abtei Saint-Antoine[4] getragen, wo sie einige Zeit verbracht hatte. Man zeigte ihn Madame de Beauveau, die früher die Äbtissin und eine enge Freundin der Madame de Lamballe gewesen war. Von dort brachte man ihn zum Temple, wie ich gleich berichten werde, dann zum Palais Royal und zum Hôtel de Toulouse, wo sie lange beim Duc de Penthièvre, ihrem Schwiegervater, gewohnt hatte[5]. Ein Teil ihrer geschändeten Überreste wurde gesammelt und beerdigt.

Als die Urheber dieses Massakers beschlossen hatten, den verstümmelten Leichnam zum Temple zu bringen, um der königlichen Familie und der Königin im besonderen eine bis in unsere Zeit unbekannte Qual zu bereiten, verständigte sich der Rat der Kommissare im Temple mit einer Abordnung der Nationalversammlung, die in aller Eile dorthin gekommen waren. Durch die Halbherzigkeit ihrer Maßnahmen wurden sie Komplizen der Schmähung, die man – ich sage nicht einmal der Monarchie, sondern der bloßen Menschlichkeit antat: Da sie die Raserei der Mörder billigten und sie nicht durch die ihnen unterstellte Garde gewaltsam zurückdrängen wollten, ließen sie die Gewehre dieser Garde überprüfen, um sicherzugehen, daß sie nicht geladen waren, und befahlen ihr, die Bajonette abzunehmen. Dann ließen sie längs der Mauern des Temple ein dreifarbiges Band spannen und an mehreren Stellen Zettel mit folgender Aufschrift befestigen:

Ihr Bürger,
die ihr die Liebe zur Ordnung
mit gerechter Rache zu verbinden wißt,
respektiert diese Schranke;
sie ist nötig für die Überwachung
wegen der Verantwortung, die uns übertragen ist.

---

4 Die Abtei Saint-Antoine-des-Champs besteht nicht mehr; sie lag an der Rue du Faubourg-Saint-Antoine.
5 Die Prinzessin war seit 1767 Witwe.

Gorsas[6], der lange der Verteidiger, dann der Ankläger der Massaker des 2. September war, schrieb am vierten mit seiner üblichen Prahlerei, das Volk hätte vor dieser unüberwindlichen Barriere haltgemacht, es habe sich diesem geheiligten Band sogar mit frommer Achtung genähert und es auf den Knien geküßt. Dieses Verhalten, wenn es denn so gewesen sein sollte, würde nur beweisen, was man schon längst weiß, nämlich, daß die erregte Masse empfänglich für alle Eindrücke ist. Sie metzelt nieder, wirft sich anbetend zu Boden, trinkt Blut, spricht von Menschlichkeit, flucht, gehorcht, lacht, weint, tötet, singt, verehrt, wie ein Automat, der der Feder gehorcht, die ihn in Bewegung setzt.

Da die Absichten derer, die den mordenden Pöbel manipulierten, in Hinblick auf die Gefangenen des Temple vielleicht noch nicht geklärt waren, ließen sie ihre Agenten die dreifarbige Schranke nicht verletzen. Man unterhandelte mit den Kommissaren, um zu erreichen, daß der Kopf der Madame de Lamballe hineingelassen würde. Man beteuerte, man wolle den Geiseln im Temple keine Gewalt antun, aber es solle einer Abordnung Zutritt gewährt werden, um, wie sie sagten, diesen ruchlosen Kopf »bis zu den Stufen des Throns« zu begleiten und denen, die schuld daran waren, das Ergebnis ihrer Verschwörungen und Komplotte zu zeigen. Die beiden feigen Kommissare im Temple, Chardier und Guichard, erschraken vor diesem Anblick, gaben dem Wunsch der Mörder nach und informierten den König und seine Familie vom Verlangen des Volkes und der Notwendigkeit, dieses traurige Schauspiel zu betrachten. Der Inspektor des Temple, der Maurer Palloy[7], und der kommandierende Offizier der

---

6 Antoine-Joseph Gorsas (1752–93), seit 1789 Herausgeber des *Courrier de Versailles à Paris*, der gegen die Monarchie und für Robespierre eintrat; als Abgeordneter der Convention stand er der Gironde nahe und wurde am 7. Oktober 1793 guillotiniert.

7 Pierre-François Palloy (1755–1835), Bauunternehmer, hatte 1789 den Auftrag bekommen, die Bastille abzutragen, und die Steine zu Modellen des Gefängnisses verarbeiten lassen, die er dann teuer verkaufte; er baute auch den Turm des Temple für die königliche Familie um.

Nationalgarde blieben beim König. Die Kommissare geleiteten den Zug mit der grausigen Trophäe in den Haupthof des Temple; er durchquerte die Passage du Bailly und gelangte in den Garten unter den Fenstern des Seitengebäudes, des sogenannten Kleinen Turms, den die königliche Familie damals bewohnte[8]. Als der Kopf der Princesse de Lamballe so weit gekommen war, forderte der Kommandant der Nationalgarde den König auf, sich am Fenster zu zeigen; der Fürst, der glauben mußte, seine letzte Stunde habe geschlagen, bereitete sich aufs Sterben vor, wie er es später wieder tat. Er verbarg seinen Schmerz hinter seiner Würde und antwortete mutig seinem Kerkermeister, der ihm aus diesem Anlaß eine Rede im Sinne der Revolution hielt: »Sie haben recht, Monsieur«; dann trat er ans Fenster und zog sich fast augenblicklich wieder zurück. Die Königin und Madame Elisabeth waren ohnmächtig und sahen dieses schreckliche Schauspiel nicht.

50

Goethe über die Kanonade von Valmy

Valmy (nicht weit von Varennes entfernt, wo etwas mehr als ein Jahr zuvor die Flucht der königlichen Familie zu Ende gegangen war) bedeutet die Wende in der Anfangsphase des Krieges gegen die Koalition: Dumouriez und Kellermann stoppen den Vormarsch der preußischen Armee; ihr Kommandant, der Herzog von Braunschweig, zögert, sich auf eine wirkliche Schlacht einzulassen, und zieht sich nach der Kanonade des 20. September nach Osten zurück.

8 Bis die Arbeiten am Hauptturm beendet waren, wohnte die königliche Familie im »Kleinen Turm«, einem Anbau am Gebäude; am 29. September zog Louis XVI als erster in den Hauptturm um.

*Johann Wolfgang Goethe nahm 1792/93 an den militäri-
schen Operationen der Preußen teil (Herzog Carl August von
Sachsen-Weimar kommandierte eine Brigade ihrer Armee);
er hat den entscheidenden Tag in dem 1822 veröffentlichten
autobiographischen Bericht* Campagne in Frankreich 1792 *ge-
schildert.*

Quelle: GoetheWerke. Bd. 10. S. 229–235.

[...] schon dämmerte der Tag, und mit demselben strich ein
Sprühregen daher; es war schon völlig hell, als wir uns in
Bewegung setzten. Da des Herzogs von Weimar Regiment
den Vortrab hatte, gab man der Leibschwadron, als der vor-
dersten der ganzen Kolonne, Husaren mit, die den Weg unserer Bestimmung kennen sollten. Nun ging es, mitunter im
scharfen Trab, über Felder und Hügel, ohne Busch und
Baum; nur in der Entfernung links sah man die Argonner
Waldgegend; der Sprühregen schlug uns heftiger ins Gesicht;
bald aber erblickten wir eine Pappelallee, die, sehr schön
gewachsen und wohlunterhalten, unsere Richtung quer
durchschnitt. Es war die Chaussee von Châlons auf Sainte-
Menehould[1], der Weg von Paris nach Deutschland; man
führte uns drüber weg und ins Graue hinein.

Schon früher hatten wir den Feind vor der waldichten
Gegend gelagert und aufmarschiert gesehen, nicht weniger
ließ sich bemerken, daß neue Truppen ankamen; es war Kellermann[2], der sich soeben mit Dumouriez vereinigte, um dessen linken Flügel zu bilden. Die Unsrigen brannten vor
Begierde, auf die Franzosen loszugehen, Offiziere wie
Gemeine hegten den glühenden Wunsch, der Feldherr möge

---

1 Vgl. die Karte S. 164.
2 François-Etienne-Christophe Kellermann (1735–1820), seit März 1792 General, ist der eigentliche Sieger von Valmy, obwohl Dumouriez den Oberbefehl
hatte. Unter der Terreur wird er als Gemäßigter verhaftet, setzt danach seine
militärische Karriere fort und bringt es unter Napoléon bis zum Marschall von
Frankreich.

in diesem Augenblicke angreifen; auch unser heftiges Vordringen schien darauf hinzudeuten. Aber Kellermann hatte sich zu vorteilhaft gestellt, und nun begann die Kanonade, von der man viel erzählt, deren augenblickliche Gewaltsamkeit jedoch man nicht beschreiben, nicht einmal in der Einbildungskraft zurückrufen kann.

Schon lag die Chaussee weit hinter uns, wir stürmten immerfort gegen Westen zu, als auf einmal ein Adjutant gesprengt kam, der uns zurückbeorderte; man hatte uns zu weit geführt, und nun erhielten wir den Befehl, wieder über die Chaussee zurückzukehren und unmittelbar an ihre linke Seite den rechten Flügel zu lehnen. Es geschah, und so machten wir Fronte gegen das Vorwerk La Lune, welches auf der Höhe, etwa eine Viertelstunde vor uns, an der Chaussee zu sehen war. Unser Befehlshaber kam uns entgegen; er hatte soeben eine halbe reitende Batterie hinaufgebracht, wir erhielten Ordre, im Schutz derselben vorwärts zu gehen, und fanden unterwegs einen alten Schirrmeister, ausgestreckt, als das erste Opfer des Tags, auf dem Acker liegen. Wir ritten ganz getrost weiter, wir sahen das Vorwerk näher, die dabei aufgestellte Batterie feuerte tüchtig.

Bald aber fanden wir uns in einer seltsamen Lage, Kanonenkugeln flogen wild auf uns ein, ohne daß wir begriffen, wo sie herkommen konnten; wir avancierten ja hinter einer befreundeten Batterie, und das feindliche Geschütz auf den entgegengesetzten Hügeln war viel zu weit entfernt, als daß es uns hätte erreichen sollen. Ich hielt seitwärts vor der Fronte und hatte den wunderbarsten Anblick; die Kugeln schlugen dutzendweise vor der Eskadron nieder, zum Glück nicht ricochetierend[3], in den weichen Boden hineingewühlt; Kot aber und Schmutz bespritzte Mann und Roß; die schwarzen Pferde, von tüchtigen Reitern möglichst zusammengehalten, schnauften und tosten; die ganze Masse war, ohne sich zu trennen oder zu verwirren, in flutender Bewegung. Ein son-

---

3 D. h., es gibt keine Querschläger.

derbarer Anblick erinnerte mich an andere Zeiten. In dem ersten Gliede der Eskadron schwankte die Standarte in den Händen eines schönen Knaben[4] hin und wider; er hielt sie fest, ward aber vom aufgeregten Pferde widerwärtig geschaukelt; sein anmutiges Gesicht brachte mir, seltsam genug aber natürlich, in diesem schauerlichen Augenblick, die noch anmutigere Mutter vor die Augen, und ich mußte an die ihr zur Seite verbrachten friedlichen Momente gedenken.

Endlich kam der Befehl, zurück und hinab zu gehen; es geschah von den sämtlichen Kavallerieregimentern mit großer Ordnung und Gelassenheit, nur ein einziges Pferd von Lottum[5] ward getötet, da wir übrigen, besonders auf dem äußersten rechten Flügel, eigentlich alle hätten umkommen müssen.

Nachdem wir uns denn aus dem unbegreiflichen Feuer zurückgezogen, von Überraschung und Erstaunen uns erholt hatten, löste sich das Rätsel; wir fanden die halbe Batterie, unter deren Schutz wir vorwärts zu gehen geglaubt, ganz unten in einer Vertiefung, dergleichen das Terrain zufällig in dieser Gegend gar manche bildete. Sie war von oben vertrieben worden und an der andern Seite der Chaussee in einer Schlucht herunter gegangen, so daß wir ihren Rückzug nicht bemerken konnten, feindliches Geschütz trat an die Stelle, und was uns hätte bewahren sollen, wäre beinahe verderblich geworden. Auf unseren Tadel lachten die Bursche nur und versicherten scherzend: hier unten im Schauer sei es doch besser.

Wenn man aber nachher mit Augen sah, wie eine solche reitende Batterie sich durch die schreckbaren schlammigen Hügel qualvoll durchzerren mußte, so hatte man abermals den bedenklichen Zustand zu überlegen, in den wir uns eingelassen hatten.

Indessen dauerte die Kanonade immer fort: Kellermann

4 Carl Emil von Bechtolsheim (1779–1811), dessen Mutter zur Weimarer Gesellschaft gehörte.
5 Preußisches Dragonerregiment.

hatte einen gefährlichen Posten bei der Mühle von Valmy, dem eigentlich das Feuer galt; dort ging ein Pulverwagen in die Luft, und man freute sich des Unheils, das er unter den Feinden angerichtet haben mochte. Und so blieb alles eigentlich nur Zuschauer und Zuhörer, was im Feuer stand und nicht. Wir hielten auf der Chaussee von Châlons an einem Wegweiser, der nach Paris deutete.

Diese Hauptstadt also hatten wir im Rücken, das französische Heer aber zwischen uns und dem Vaterland. Stärkere Riegel waren vielleicht nie vorgeschoben, demjenigen höchst apprehensiv, der eine genaue Karte des Kriegstheaters nun seit vier Wochen unablässig studierte.

Doch das augenblickliche Bedürfnis behauptet sein Recht selbst gegen das Nächstkünftige. Unsere Husaren hatten mehrere Brotkarren, die von Châlons nach der Armee sollten, glücklich aufgefangen und brachten sie den Hochweg daher. Wie es uns nun fremd vorkommen mußte, zwischen Paris und Sainte-Menehould postiert zu sein, so konnten die zu Châlons des Feindes Armee keineswegs auf dem Wege zu der ihrigen vermuten. Gegen einiges Trinkgeld ließen die Husaren von dem Brot etwas ab; es war das schönste weiße; der Franzos erschrickt vor jeder schwarzen Krume. Ich teilte mehr als einen Laib unter die zunächst Angehörigen, mit der Bedingung, mir für die folgenden Tage einen Anteil daran zu verwahren. Auch noch zu einer andern Vorsicht fand ich Gelegenheit; ein Jäger aus dem Gefolge hatte gleichfalls diesen Husaren eine tüchtige wollene Decke abgehandelt, ich bot ihm die Übereinkunft an, mir sie auf drei Nächte, jede Nacht für acht Groschen, zu überlassen, wogegen er sie am Tage verwahren sollte. Er hielt dieses Bedingnis für sehr vorteilhaft; die Decke hatte ihm einen Gulden gekostet, und nach kurzer Zeit erhielt er sie mit Profit ja wieder. Ich aber konnte auch zufrieden sein; meine köstlichen wollenen Hüllen von Longwy[6] waren mit der Bagage zurückgeblieben, und nun

6 Am 23. August hatte die preußische Armee die Stadt Longwy eingenommen.

hatte ich doch bei allem Mangel von Dach und Fach außer meinem Mantel noch einen zweiten Schutz gewonnen.

Alles dieses ging unter anhaltender Begleitung des Kanonendonners vor. Von jeder Seite wurden an diesem Tage zehntausend Schüsse verschwendet, wobei auf unserer Seite nur zweihundert Mann und auch diese ganz unnütz fielen[7]. Von der ungeheuren Erschütterung klärte sich der Himmel auf: denn man schoß mit Kanonen völlig als wär' es Pelotonfeuer[8], zwar ungleich, bald abnehmend, bald zunehmend. Nachmittags ein Uhr, nach einiger Pause, war es am gewaltsamsten, die Erde bebte im ganz eigentlichsten Sinne, und doch sah man in den Stellungen nicht die mindeste Veränderung. Niemand wußte, was daraus werden sollte.

Ich hatte so viel vom Kanonenfieber gehört und wünschte zu wissen, wie es eigentlich damit beschaffen sei. Langeweile und ein Geist, den jede Gefahr zur Kühnheit, ja zur Verwegenheit aufruft, verleitete mich, ganz gelassen nach dem Vorwerk La Lune hinaufzureiten. Dieses war wieder von den Unsrigen besetzt, gewährte jedoch einen gar wilden Anblick. Die zerschossenen Dächer, die herumgestreuten Weizenbündel, die darauf hie und da ausgestreckten tödlich Verwundeten und dazwischen noch manchmal eine Kanonenkugel, die sich herüberverirrend in den Überresten der Ziegeldächer klapperte.

Ganz allein, mir selbst gelassen, ritt ich links auf den Höhen weg und konnte deutlich die glückliche Stellung der Franzosen überschauen; sie standen amphitheatralisch in größter Ruh und Sicherheit, Kellermann jedoch auf dem linken Flügel eher zu erreichen.

Mir begegnete gute Gesellschaft, es waren bekannte Offiziere vom Generalstabe und vom Regimente, höchst verwundert, mich hier zu finden. Sie wollten mich wieder mit sich zurücknehmen, ich sprach ihnen aber von besondern Absich-

7 Die Verluste der Franzosen bewegten sich in etwa gleicher Höhe.
8 Salvenfeuer; ein Bataillon bestand aus acht Pelotons, die in zwei Abteilungen abwechselnd feuerten.

ten, und sie überließen mich ohne weiteres meinem bekannten wunderlichen Eigensinn.

Ich war nun vollkommen in die Region gelangt, wo die Kugeln herüber spielten; der Ton ist wundersam genug, als wär' er zusammengesetzt aus dem Brummen des Kreisels, dem Butteln[9] des Wassers und dem Pfeifen eines Vogels. Sie waren weniger gefährlich wegen des feuchten Erdbodens; wo eine hinschlug, blieb sie stecken, und so ward mein törichter Versuchsritt wenigstens vor der Gefahr des Ricochetierens gesichert.

Unter diesen Umständen konnt' ich jedoch bald bemerken, daß etwas Ungewöhnliches in mir vorgehe; ich achtete genau darauf, und doch würde sich die Empfindung nur gleichnisweise mitteilen lassen. Es schien, als wäre man an einem sehr heißen Orte, und zugleich von derselben Hitze völlig durchdrungen, so daß man sich mit demselben Element, in welchem man sich befindet, vollkommen gleich fühlt. Die Augen verlieren nichts an ihrer Stärke, noch Deutlichkeit; aber es ist doch, als wenn die Welt einen gewissen braunrötlichen Ton hätte, der den Zustand sowie die Gegenstände noch apprehensiver macht. Von Bewegung des Blutes habe ich nichts bemerken können, sondern mir schien vielmehr alles in jener Glut verschlungen zu sein. Hieraus erhellet nun, in welchem Sinne man diesen Zustand ein Fieber nennen könne. Bemerkenswert bleibt es indessen, daß jenes gräßlich Bängliche nur durch die Ohren zu uns gebracht wird; denn der Kanonendonner, das Heulen, Pfeifen, Schmettern der Kugeln durch die Luft ist doch eigentlich Ursache an diesen Empfindungen.

Als ich zurückgeritten und völlig in Sicherheit war, fand ich bemerkenswert, daß alle jene Glut sogleich erloschen und nicht das mindeste von einer fieberhaften Bewegung übrig geblieben sei. Es gehört übrigens dieser Zustand unter die am wenigsten wünschenswerten; wie ich denn auch unter meinen lieben und edlen Kriegskameraden kaum einen gefunden

9 Gurgeln, Sprudeln.

habe, der einen eigentlich leidenschaftlichen Trieb hiernach geäußert hätte.

So war der Tag hingegangen; unbeweglich standen die Franzosen, Kellermann hatte auch einen bequemen Platz genommen; unsere Leute zog man aus dem Feuer zurück, und es war eben, als wenn nichts gewesen wäre. Die größte Bestürzung verbreitete sich über die Armee. Noch am Morgen hatte man nichts anders gedacht, als die sämtlichen Franzosen anzuspießen und aufzuspeisen, ja mich selbst hatte das unbedingte Vertrauen auf ein solches Heer, auf den Herzog von Braunschweig zur Teilnahme an dieser gefährlichen Expedition gelockt; nun aber ging jeder vor sich hin, man sah sich nicht an, oder wenn es geschah, so war es um zu fluchen, oder zu verwünschen. Wir hatten, eben als es Nacht werden wollte, zufällig einen Kreis geschlossen, in dessen Mitte nicht einmal wie gewöhnlich ein Feuer konnte angezündet werden, die meisten schwiegen, einige sprachen, und es fehlte doch eigentlich einem jeden Besinnung und Urteil. Endlich rief man mich auf, was ich dazu denke, denn ich hatte die Schar gewöhnlich mit kurzen Sprüchen erheitert und erquickt; diesmal sagte ich: »Von hier und heute geht eine neue Epoche der Weltgeschichte aus, und ihr könnt sagen, ihr seid dabei gewesen.«

51

Das *Journal de Paris* über das Urteil gegen Louis XVI

In der Convention herrschte Uneinigkeit darüber, ob dem abgesetzten König der Prozeß gemacht werden sollte; die Gironde war dagegen, die Montagne dafür. Am 11. Dezem-

*ber 1792 begann die Verhandlung; unterdessen war (am
20. November) in den Tuileries der »Eisenschrank« entdeckt
worden, der die Korrespondenz des Königs mit Mirabeau und
ausländischen Herrschern enthielt und damit den Beweis für
seinen Hochverrat lieferte. Louis wurde von drei Anwälten
(darunter Lamoignon de Malesherbes, vgl. Nr. **69**) verteidigt;
einer von ihnen, de Sèze, plädierte am 26. Dezember. Die
Girondisten, die den König retten wollten, brachten dann den
Gedanken einer Volksbefragung über das Urteil ins Spiel; am
14. Januar 1793 begannen die entscheidenden Abstimmun-
gen, die mehrere Tage in Anspruch nahmen, weil die Abgeordneten namentlich aufgerufen wurden und ihr Votum zum
Teil ausführlich erläuterten.*

*Das Journal de Paris, die erste französische Tageszeitung
überhaupt, nahm alles in allem eine eher antirevolutionäre
Haltung ein (obwohl der Abgeordnete Garat eine Zeitlang
die Berichte über die Sitzungen der Nationalversammlung
schrieb, vgl. Nr. **24**); trotzdem konnte es auch unter der Terreur erscheinen. Die Berichte über die entscheidenden Sitzungen der Convention enthielten sich jeglicher wertenden Stel-
lungnahmen.*

Quelle: Journal de Paris. Nr. 16 (16. Januar 1793). S. 62.
Nr. 17 (17. Januar 1793). S. 66. Nr. 18 (18. Januar 1793).
S. 69–71. (Gekürzt.)

CONVENTION

Präsident: Vergniaud

Dienstag, 15. Januar

Um Viertel vor eins begann der namentliche Aufruf. Die
Frage war folgendermaßen formuliert worden:

»Ist Louis Capet schuldig der Verschwörung gegen die

Freiheit der Nation und des Angriffs gegen die allgemeine Sicherheit des Staates?«

Die Abstimmenden legten die Hand auf die Brust oder erhoben sie, wenn sie sich äußerten.

Von den 745 Abgeordneten der Convention sind 20 beurlaubt, fünf krank, einer fehlte unentschuldigt.

26 haben Einlassungen gemacht, als sie ihr Votum abgaben; ihre Erklärungen beschränkten sich meist darauf, daß sie nicht glaubten, als Richter urteilen zu können. Die 693 übrigen haben einmütig zugestimmt.

Als das Ergebnis vorlag, hat der Präsident es gelesen; dann sprach er folgendermaßen:

»Ich erkläre im Namen der Convention Nationale Louis Capet für überführt, gegen die Freiheit konspiriert und Anschläge auf die allgemeine Sicherheit des Staates unternommen zu haben.«

Dann ging man zum namentlichen Aufruf in der Frage über, ob über das zu fällende Urteil das Volk befragt werden sollte.

Sehr viele Abgeordnete haben ihre Auffassung begründet, zumindest mit einigen Worten.

Einer, der nein sagte, fügte hinzu: »Ich fürchte das englische Geld[1] in den Urversammlungen.«

Ein anderer, der mit Ja stimmte, ergänzte: »Ich fürchte es weit mehr in einer Versammlung von 750 Mitgliedern als unter 25 Millionen Menschen.«

Ein dritter, der ablehnte, rief aus: »Wer die Bösen schont, schadet den Guten! Wer die Tyrannen schont, schadet den Völkern!«

Wieder ein anderer stimmte zu und sagte: »Der Sultan ist nur deshalb ein Tyrann, weil er alle Gewalten in sich vereinigt; ich will keine Tyrannei ausüben.«[2]

---

1 *les guinées*, die die Engländer unter den Stimmberechtigten (vgl. die Verfassung von 1791, Nr. **38**) hätten ausstreuen können.
2 D. h., die Convention als die Legislative darf sich nicht gleichzeitig richterliche Gewalt anmaßen, wie es im Prozeß des Königs faktisch geschieht.

Prominente Führer der Montagne in der Convention; von links oben nach rechts unten: Danton, Marat, Camille Desmoulins, Collot d'Herbois, Hébert, Hanriot, Robespierre, Couthon, Saint-Just, Robespierre d. J., Pétion (zeitgenössischer Stich)

»Ich will keinen Bürgerkrieg und sage nein.« So war die Rede des einen.

»Ich will keinen neuen König, und ich sage ja.« So war die Rede des anderen.

»Ich schaue nur auf meine Pflicht und stimme mit Nein«, erklärte Philippe Egalité und stimmte wie die Mehrheit.

»Auch ich tue meine Pflicht«, sagte Kersaint[3], »und ich sage ja wie die Minderheit.«

Diese Abstimmung wurde durch Reden in die Länge gezogen, die vielleicht nur dazu dienten, die Aufrichtigkeit der überwiegenden Mehrheit in allen Parteien zu beweisen, und endete kurz vor elf Uhr.

Hier das Ergebnis: Drei Abgeordnete abwesend wegen Krankheit; 20 beurlaubt oder in offiziellem Auftrag unterwegs; 10, die nicht abstimmen wollten.

424 haben die Möglichkeit der Volksbefragung abgelehnt.

283 wollten sie zulassen.

Folglich verkündete der Präsident: »Ich erkläre somit im Namen der Convention Nationale, daß der Beschluß, den sie fassen wird, nicht Gegenstand einer Volksbefragung sein kann.« [...]

Mittwoch, 16. Januar

Ein Mitglied beantragt, vor dem namentlichen Aufruf müsse festgelegt werden, mit welcher Mehrheit das Urteil gefällt werden soll.[4] Garat[5] stellt den Antrag, die abso-

---

3 Armand-Guy-Simon de Coetnempren, Comte de Kersaint (1742–93), ehemaliger Marineoffizier; Abgeordneter der Legislative und der Convention, steht der Gironde nahe. Stimmte für Inhaftierung des Königs bis zum Friedensschluß; nach dem Todesurteil legte er sein Abgeordnetenmandat nieder und griff die ›Königsmörder‹ scharf an. Im Oktober 1793 wurde er guillotiniert.
4 Der Girondist Lanjuinais forderte, für die Abstimmung über das Schicksal des Königs müsse eine Zweidrittelmehrheit statt der (üblichen) absoluten Mehrheit gelten.
5 Er war zur Zeit des Prozesses Justizminister.

lute Mehrheit solle ausreichend sein wie für alle anderen Dekrete.

Die Convention geht zur Tagesordnung über mit der Begründung, alle ihre Dekrete würden mit absoluter Mehrheit verabschiedet.

Es ist halb acht.

Mailhe stimmt als erster ab[6] und entscheidet auf die Todesstrafe; er beantragt, daß die Convention anschließend prüft, ob die Vollstreckung beschleunigt oder aufgeschoben werden soll.

Perès ist für Strafhaft bis zum Friedensschluß mit anschließender Verbannung; seiner Meinung nach würde Louis' Tod uns mehr schaden als seine schmähliche Existenz.

Guadet und *Vergniaud* stimmen für die Todesstrafe mit der von Mailhe vorgeschlagenen Einschränkung.

Gensonné entscheidet auf Tod und verlangt, daß der Justizminister die Mörder des 2. September verfolgen läßt.

Ducoz: »Louis hat den Tod verdient; Bürger, einen Mann zum Sterben zu verurteilen, ist von all meinen Opfern für das Vaterland das einzige, das zählt.«

Lanjuinais: »Ich bin kein Richter, aber als Mitglied der gesetzgebenden Körperschaft stimme ich für die Strafhaft, und meiner Meinung nach hat nicht einmal das Volk das Recht, einen besiegten Gefangenen hinzumorden.«

Rouillé: »Ich war für die Volksbefragung; damit habe ich meine Pflicht getan. Die Mehrheit hat anders entschieden; ich respektiere ihren Willen, aber das Verbrechen bleibt dasselbe: Ich stimme für die Todesstrafe.«

Es ist fast 10 Uhr, und erst 42 Abgeordnete haben ihre Stimme abgegeben. Aus Zeitmangel können wir die namentliche Abstimmung nicht weiter verfolgen, die aller Wahrscheinlichkeit nach die ganze Nacht dauern wird; alle Mitglieder begründen ihr Votum mehr oder weniger ausführlich.

---

6 Jean Mailhe (1750–1834) war durch Losentscheid dazu bestimmt worden, als erster abzustimmen. Er war Girondist, entkam aber der Terreur.

Von 42 haben 31 auf Tod entschieden; die übrigen auf Deportation oder Strafhaft, entweder auf Dauer oder bis zum Friedensschluß mit anschließender Verbannung. [...]

(Ausgabe vom 18. Januar)

[...] Unter den Abgeordneten, die ihre Entscheidung begründet haben, fielen noch Brissot[7], Lacroix und Pétion auf. Alle drei stimmten für die Todesstrafe. Aber Brissot beantragte den Aufschub der Hinrichtung bis zur Ratifizierung der Verfassung[8] durch das Volk.

Es war sechs Uhr abends; der namentliche Aufruf war gerade beendet. Zwei Briefe wurden verlesen. Der eine kam von Louis' Verteidigern, die um Anhörung baten, der andere vom Außenminister; ihm war eine Depesche der spanischen Regierung[9] zu Louis' Prozeß beigefügt.

Bezüglich des ersten Briefes beschließt die Convention, sie wolle erst darüber beraten, wenn das Abstimmungsergebnis vorläge.

Hinsichtlich des zweiten geben Danton und Gensonné zu bedenken, daß man den ausländischen Mächten um so weniger den Eindruck vermitteln solle, sie hätten die Überlegungen der Vertreter des französischen Volkes beeinflußt, je kritischer die aktuelle Situation sei. Beide beantragen, zur Tagesordnung überzugehen, und so geschieht es.

Nach diesem ersten Zwischenfall ereignet sich ein weiterer. Ein erkrankter Abgeordneter namens Castel erscheint mit

---

7 Jacques-Pierre Brissot (1754–93), der wichtigste Führer der Gironde; gab seit 1789 die (gemäßigte) Zeitung *Le Patriote français* heraus, kämpfte gegen Robespierre für die Kriegserklärung an Österreich 1792. Am 31. Oktober 1793 mit anderen girondistischen Führern guillotiniert.

8 D. h. der neuen Verfassung, die die Convention nach der Erklärung Frankreichs zur Republik auszuarbeiten hatte; vgl. S. 187.

9 Spanien erklärte Frankreich erst nach der Hinrichtung von Louis XVI den Krieg, die Depesche macht auf diese Konsequenz einer Verurteilung aufmerksam.

Nachtmütze, um seine Stimme abzugeben. »Die Abstimmung ist beendet«, erklärte Lecointre[10] aus Versailles, »ich bin dagegen, daß Castel noch abstimmen darf. Das Ergebnis ist teilweise bekannt. Es gibt nur eine Stimme Mehrheit, und wenn Castel abstimmt, ist er allein Richter über Louis.« Lacroix beantragt mit Erfolg, zur Tagesordnung überzugehen, mit der Begründung, daß jeder Abgeordnete das Recht hat abzustimmen und gegebenenfalls sogar sein Votum widerrufen könnte.

Castel votiert also, und zwar für Verbannung.

Sobald er seine Stimme abgegeben hatte, verlangte die eine Seite des Saals geschlossen, sein Votum solle nicht ins Protokoll aufgenommen werden. Der Widerstand gegen diesen Antrag versetzte die Versammlung derartig in Aufruhr, daß der Präsident Vergniaud sein Haupt bedecken mußte, um für Ruhe zu sorgen, die dann auch eintrat.

»Bürger«, erklärte dann ein Mitglied, »wenn Castels Votum eine Strafverschärfung bedeutete, würde ich für Ungültigkeit plädieren, aber es trägt zur Entlastung des Angeklagten bei, deshalb verlange ich, es zu zählen. Seien wir human und gerecht und bieten wir der Verleumdung keine Angriffsfläche. Ich beantrage, zur Tagesordnung überzugehen.« Die Convention tut es einstimmig.

Ergebnis der Abstimmung

»Bürger«, kündigte Vergniaud an, »ich werde jetzt das strenge Urteil gegen Louis verkünden. Wenn die Gerechtigkeit gesprochen hat, muß anschließend die Menschlichkeit ihre Stimme erheben. Ich fordere die Abgeordneten und die Zuhörer zu tiefstem Schweigen auf.«

Daraufhin herrschte völlige Ruhe.

10 Laurent Lecointre (1742–1805), Tuchhändler aus Versailles, kommandierte am 5./6. Oktober die Nationalgarde dieser Stadt; Abgeordneter der Legislative und der Convention. Stimmte für den Tod des Königs; wechselte mehrfach seine politische Meinung, kämpfte zuletzt gegen Napoléon, der ihn kaltstellte.

»Die Versammlung besteht aus 745 Mitgliedern; einer ist verstorben, bleiben 744; sechs sind krank; zwei fehlen unentschuldigt; elf sind in offiziellem Auftrag unterwegs; vier haben sich an der Abstimmung nicht beteiligt; insgesamt 23, abgezogen von 744 macht 721 Voten, die absolute Mehrheit beträgt 361.

23 Stimmen für die Todesstrafe, die den Zeitpunkt der Vollstreckung zur Diskussion stellen; 8 für Todesstrafe mit Aufschub; 2 für Hinrichtung nach dem Friedensschluß; 2 für Zuchthausstrafe; 319 für Haft; 366 für den Tod.

Bürger, die über Louis verhängte Strafe ist der Tod.«

52

Der Abbé Edgeworth über die Hinrichtung von Louis XVI

Henri Essex Edgeworth de Firmont (1745–1807), Sohn eines anglikanischen Geistlichen aus Irland, der zum Katholizismus konvertierte; 1791 wurde er Kaplan von Madame Elisabeth, der Schwester des Königs, und diente als Verbindungsmann zwischen dem Hof und den royalistischen Agenten im Ausland. Er konnte Louis XVI zum Schafott begleiten, weil die Convention dem König das Recht auf einen Priester zugestand, der nicht den Eid auf die Verfassung geleistet hatte. Nach der Hinrichtung von Madame Elisabeth im Mai 1794 wurde er Kaplan des im Exil lebenden Comte de Provence, des späteren Louis XVIII.

Quelle: CléryJournal. S. 127–129.

[. . .]   Die Fahrt dauerte fast zwei Stunden. Überall am Straßenrand standen Bürger mit Piken und Gewehren in mehreren Reihen. Außerdem war der Wagen selbst von einem imposanten Corps Soldaten umgeben, das offensichtlich aus den korruptesten Individuen von Paris gebildet war. Um die Vorsicht auf die Spitze zu treiben, ließ man vor den Pferden eine Menge Trommler marschieren, die eventuelle Sympathiekundgebungen für den König übertönen sollten. Aber wie hätte man etwas hören können? Keiner zeigte sich an den Türen oder Fenstern, und auf den Straßen waren nur bewaffnete Bürger zu sehen, die, zumindest aus Schwäche, zu einem Verbrechen beitrugen, das sie vielleicht aus tiefstem Herzen verabscheuten.

Der Wagen erreichte so in vollkommener Stille die Place Louis XV[1] und hielt mitten auf dem Platz, den man um das Schafott freigehalten hatte. Ringsum standen Kanonen; und dahinter sah man, so weit das Auge reichte, eine bewaffnete Menschenmenge.

Als der König merkte, daß der Wagen hielt, drehte er sich um und sagte mir ins Ohr: »Wir sind da, wenn ich mich nicht täusche.« Mein Schweigen zeigte ihm, daß er recht hatte. Gleich kam einer der Henkersknechte und öffnete ihm den Schlag; aber der König gebot ihnen Einhalt, legte die Hand auf mein Knie und sagte in befehlendem Ton: »Messieurs, ich empfehle Ihnen diesen Herrn hier an; sorgen Sie dafür, daß ihm nach meinem Tod kein Schimpf angetan wird; ich beauftrage Sie, darauf zu achten.« Die beiden Männer antworteten nicht, und der König wollte seine Rede lauter wiederholen; aber der eine schnitt ihm das Wort ab: »Ja, ja«, sagte er, »wir sorgen dafür; lassen Sie uns nur machen.« Ich muß hinzufügen, daß diese Worte in einem Ton gesagt wurden, der mich hätte erstarren lassen, wäre ich in einem solchen Augenblick in der Lage gewesen, mich mit mir selbst zu beschäftigen.

---

1 Die heutige Place de la Concorde.

Die Hinrichtung von Louis XVI am 21. Januar 1793 (aus der *Collection des principales journées de La Révolution*); Kupferstich von Isidore-Stanislas Helman nach einer Zeichnung von Ch. Monnet)

Als der König ausgestiegen war, umringten ihn drei Henkersknechte und wollten ihm den Rock ausziehen; aber er stieß sie stolz zurück und legte ihn selbst ab. Er knöpfte auch Kragen und Hemd auf und machte sich eigenhändig zurecht. Die Henkersknechte, die die stolze Haltung des Königs einen Moment verunsichert hatte, schienen ihre Kühnheit zurückzugewinnen; sie umringten ihn von neuem und wollten ihm die Hände binden. »Was haben Sie vor?« fragte der König und zog seine Hände schnell zurück. »Sie fesseln«, antwortete einer der Henkersknechte. – »Mich fesseln!« erwiderte der König empört, »nein, das werde ich niemals hinnehmen! Tun Sie, was Ihnen befohlen wurde, aber Sie werden mich nicht fesseln; nehmen Sie davon Abstand.« Die Henkersknechte insistierten; sie wurden lauter und schienen Hilfe herbeirufen zu wollen, um es mit Gewalt zu tun.

Das war der schrecklichste Moment dieses trostlosen Vormittags: Noch eine Minute, und der beste aller Könige hätte vor den Augen seiner rebellischen Untertanen eine Kränkung hinnehmen müssen, die tausendmal unerträglicher ist als der Tod, wegen der Gewaltanwendung, zu der man offenbar entschlossen war. Er schien dies selbst zu fürchten; und zu mir gewandt sah er mich starr an, als wolle er mich um Rat bitten. Ach, ich konnte ihm keinen geben; zunächst antwortete ihm nur mein Schweigen; aber da er den Blick auf mich gerichtet hielt, sagte ich unter Tränen: »Sire, in dieser neuen Kränkung sehe ich nur eine letzte Gemeinsamkeit zwischen Eurer Majestät und dem Gott, der Ihnen als Lohn zuteil werden wird.«

Bei diesen Worten erhob er die Augen mit einem Ausdruck des Schmerzes zum Himmel, den ich niemals beschreiben könnte. »Gewiß«, antwortete er, »es bedarf wirklich seines Beispiels, damit ich mich einem derartigen Affront unterwerfe.« Und zu den Henkersknechten gewandt fügte er sofort hinzu: »Tun Sie, was Sie wollen; ich werde den Kelch bis zur Neige leeren.«

Die Stufen, die zum Schafott führten, waren äußerst steil. Der König mußte sich auf meinen Arm stützen, und wegen der Mühe, die ihm das Steigen zu bereiten schien, fürchtete ich einen Augenblick, sein Mut würde schwinden. Aber wie erstaunt war ich, als ich oben auf der letzten Stufe sah, daß er sich gewissermaßen meinen Händen entzog, festen Schritts über das ganze Schafott ging, mit einem einzigen Blick fünfzehn oder zwanzig Trommler, die ihm gegenüberstanden, zum Schweigen brachte[2] und mit so lauter Stimme, daß man es bis zum Pont-Tournant[3] hören konnte, die für immer denkwürdigen Worte deutlich aussprach: »Ich sterbe unschuldig an den Verbrechen, die man mir vorwirft. Ich vergebe den Urhebern meines Todes und bitte Gott, das Blut, das Sie vergießen werden, möge niemals über Frankreich kommen.«

53

Der Polizeispitzel Dutard über eine Sektionsversammlung

Das Innenministerium beschäftigte eine Reihe von Agenten, die die Aufgabe hatten, die Stimmung in der Pariser Bevölkerung zu beobachten; ihre fast täglich erstatteten schriftlichen Berichte geben ein anschauliches Bild des Alltagslebens unter der Revolution. Die politischen Ansichten dieser Agenten waren unterschiedlich; Dutard spart in seinem Bericht für den Innenminister Garat, der vorsichtig zwischen Montagnards und Girondisten taktierte, nicht mit Kritik an den radikalen Sans-culottes.

2 Andere Augenzeugen berichten, die Trommeln seien nicht verstummt und der König habe zwar versucht, zum Volk zu sprechen, sei aber über wenige Worte nicht hinausgekommen.
3 Der Westausgang des Jardin des Tuileries, vgl. Nr. **24**, Anm. 1.

*Die 48 Pariser Sektionen, die am 21. Mai 1790 geschaffen
worden waren, wurden bald zu Zentren der Revolution; sie
hatten entscheidenden Anteil am Sturm auf die Tuileries und
versammelten sich in der Folgezeit fast täglich. Im Kampf um
die politische Führung waren sie die entscheidende Stütze der
Montagne gegen die Gironde.*

Quelle: SchmidtTableaux. Bd. 1. S. 55 f.

16. Juni [1793], 9 Uhr morgens

Da das, was ich gestern tagsüber gesehen habe, nicht besonders wichtig war, will ich mich bemühen, Ihnen zu berichten,
was gestern abend in den Sektionen Contrat-social und
Butte-des-Moulins[1] passiert ist.

Ich kam nach zehn Uhr in der Sektion Contrat-social an;
man beriet dort über die Ernennung von sechs neuen Kommissaren, die das Revolutionskomitee bei seiner Arbeit
unterstützen sollen, weil es damit nicht mehr fertig wird.
Man beschuldigt eines der Mitglieder der Ungeschicklichkeit
und bezeichnet ihn als Radaubruder, dessen Charakter auffallend von dem der anderen Mitglieder absteche; dieser
Mann ist eine absolute Null, hat M. Chéri gesagt, der selbst
ein großer Dummkopf ist.

Ich war entrüstet, den Bürger David von seinen würdigen
Kollegen derart verunglimpft und heruntergemacht zu sehen.
Er ist tausendfach berechtigt, an der Verwaltung des Gemeinwesens teilzunehmen. 1. Er ist Schankwirt und fast immer
betrunken. 2. Er war einer der Kommissare der Commune
am 10. August, und einer der Urheber oder wenigstens

---

1 Von 1790 bis 1795, als sie aufgelöst und zu zwölf Arrondissements zusam-
mengefaßt wurden, änderten die Sektionen häufig ihre Namen; dabei wurden im
allgemeinen weltanschaulich neutrale durch ›patriotische‹ Bezeichnungen
ersetzt, z. B. *Postes* durch *Contrat-social* nach der staatsphilosophischen Schrift
Rousseaus. Die Sektion *Butte-des-Moulins* hieß zunächst *Palais-Royal* und
nahm 1793 den Namen *Montagne* an. (Vgl. Nr. 11 und Nr. 4 auf dem Plan.)

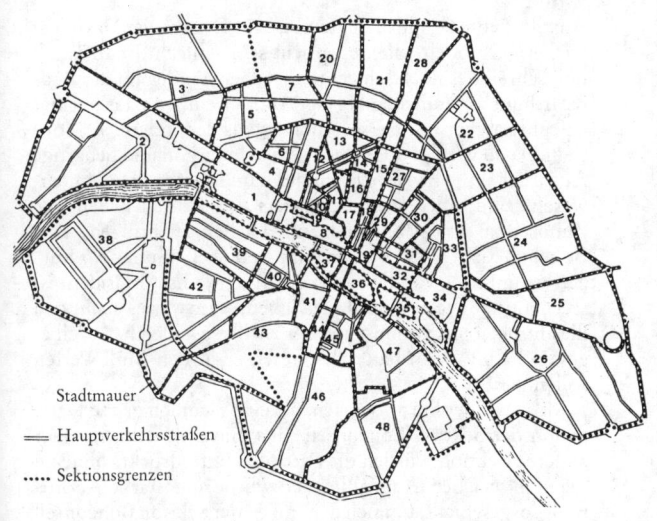

Stadtmauer

━━ Hauptverkehrsstraßen

···· Sektionsgrenzen

Die Pariser Sektionen nach dem *Almanach de l'An III* (nach:
Tulard/Fayard/Fierro, S. 1092)

1 *des Tuileries*, 2 *des Champs-Élysées*, 3 *du Roule*, 4 *du Palais-Royal*, 5 *de la
Place Vendôme*, 6 *de la Bibliothéque*, 7 *Grange-Batelière*, 8 *du Louvre*, 9 *de
l'Oratoire*, 10 *de la Halle-au-Blé*, 11 *des Postes*, 12 *de la Place Louis XIV*, 13
Fontaine-Montmorency, 14 *de Bonne-Nouvelle*, 15 *du Ponceau*, 16 *de Maucon-
seil*, 17 *Marché-des-Innocents*, 18 *des Lombards*, 19 *des Arcis*, 20 *Faubourg-
Montmartre*, 21 *Poissonière*, 22 *de Bondy*, 23 *du Temple*, 24 *de Popincourt*, 25 *de
Montreuil*, 26 *des Quinze-Vingts*, 27 *des Gravilliers*, 28 *Faubourg Saint-Denis*,
29 *de Beaubourg*, 30 *des Enfants-Rouges*, 31 *du Roi de Sicile*, 32 *de l'Hôtel de
Ville*, 33 *de la Palce-Royale*, 34 *de l'Arsenal*, 35 *de l'Ile-Saint-Louis*, 36 *Notre-
Dame*, 37 *Henri IV*, 38 *des Invalides*, 39 *Fontaine-de-Grenelle*, 40 *des Quatre-
Nations*, 41 *du Théâtre-Français*, 42 *de la Croix-Rouge*, 43 *du Luxembourg*, 44
des Thermes-de-Julien, 45 *Sainte-Geneviève*, 46 *de l'Observatoire*, 47 *du Jar-
din-des-Plantes*, 48 *des Gobelins*

Anstifter vom 2. und 3. September.[2] 3. Der Bürger David hat weder Geist noch Talente, spricht sehr schlecht Französisch und schreibt es noch schlechter, ist aber ständig auf der Rednertribüne zu finden und bringt Anträge ein, von denen einer aufrührerischer und zersetzender ist als der andere. 4. Monsieur David verfügt über einen gewissen Jargon und neuartige Ausdrücke, die zwar nicht immer zum Nutzen des Gemeinwesens sind, aber wenigstens stets den Vorteil haben, die Zuhörer zu amüsieren und zum Lachen zu bringen. Von Boucher-René sagte er einmal im Rat der Commune: »Bürger, nehmt euch vor diesem Mann in acht, unser Präsident ist so energisch wie ein Pferd, das scheut.« Er war es auch, den die entschlafene Kommission der Zwölf[3] getadelt hat, weil er gesagt hatte: »Man hätte alle Gesetze auf den Müll werfen sollen.«

M. David wollte antworten, als eine ziemlich große Delegation der Sektion Bonconseil[4] uns mitteilen kam, in einer anderen Sektion würden die Patrioten unterdrückt, ohne zu sagen in welcher. Augenblicklich wurde eine starke Abordnung losgeschickt, um sich derjenigen der Sektion Bonconseil anzuschließen. Ich gesellte mich dazu, und wir eilten unseren unterdrückten Brüdern zu Hilfe. So erreichten wir die Sek-

2 In Krisenmomenten, wie vor dem Sturm auf die Tuilerien am 10. August 1792, schicken die Sektionen Kommissare zur Pariser Commune, die faktisch die Macht übernehmen. Am 2. und 3. September wurden die Gefangenen in den Pariser Gefängnissen ermordet (vgl. Nr. **47** und **48**).
3 Die Kommission der Zwölf war am 20. Mai 1793 von der Convention nationale eingerichtet worden, um die Aktivitäten der radikalen Pariser Commune gegen die Volksvertretung zu untersuchen; ihr gehörten zwölf girondistische Abgeordnete an. Die Verhaftung von Hébert und anderen radikalen Mitgliedern der Commune löste Unruhe in den Pariser Sektionen aus; am 31. Mai bedrohten sie die Convention unmittelbar, die nachgab und die Kommission der Zwölf auflöste.
4 Die Sektion *Bonconseil* hieß vorher *Mauconseil* (vgl. auf dem Plan Nr. 16). – Delegationen zu anderen Sektionen zu schicken, war ein beliebtes Mittel der Radikalen, um gemäßigte Gruppierungen einzuschüchtern und auf ihre Linie zu bringen; so ist es auch zu erklären, daß der Antrag, die Zahl der Mitglieder solcher Delegationen zu begrenzen, bei den ›Patrioten‹ auf Ablehnung stieß (s. u.).

Sitzung eines Revolutionskomitees
(zeitgenössischer Stich)

tion Butte-des-Moulins; die Sitzung war gerade geschlossen
worden, und es waren nur noch einige Mitglieder da, um die
Deputation zu empfangen.

Als wir eintraten, ließen einige Mitglieder unserer Gruppe
harte, grobe Worte hören, die Drohungen gegen die Bürger
der Sektion Butte-des-Moulins enthielten. Ein Individuum,
das unsere Abordnung beschuldigt, dieser Sektion gar nicht
anzugehören, rief sehr laut: »Blast die Kerzen aus!« Man ließ
den eigentlichen Gegenstand der Abordnung auf sich beru-
hen, um über diesen Zwischenfall zu diskutieren. Dennoch
mußten wir kurz darauf den Grund unseres Kommens nennen, und M. Genti, von Beruf Sticker, erledigte das für uns.
»Wir sind gekommen, um mit unseren Brüdern von der Sektion Butte-des-Moulins zu fraternisieren, wir haben erwartet, als Brüder empfangen zu werden ... Wir haben schon
Freundschaftsbündnisse mit zehn anderen Sektionen geschlossen.« (Wie haben sie die aufgezählt!)

Mehrere Mitglieder der Sektion Butte-des-Moulins antworten uns in sehr anständigen Worten. Wir fragen, was für
einen Beschluß sie in der heutigen Sitzung gefaßt hätten.
Einer von ihnen antwortet: »Die Sektion Pont-Neuf[5] hat uns
vor drei Tagen ihren Beschluß mitgeteilt, die Delegationen
von einer Sektion zur anderen auf vier Mitglieder zu begrenzen; also diskutieren wir seit drei Tagen über Annahme oder
Ablehnung dieses Beschlusses; aber heute haben wir die Diskussion wieder aufgenommen und in allem zugestimmt.«
Diese lakonische Kürze mißfiel der Abordnung, und wir
zogen uns zurück.

Ich blieb nach dem Aufbruch der anderen noch etwas länger, und als ich zur Sektion Contrat-social zurückkam,
erfuhr ich, man hätte den beiden Sektionen berichtet, daß die
Leute von der Butte-des-Moulins gedroht hätten, die Kerzen
auszublasen, wenn wir in Zukunft dorthinkämen. Die beiden

---

5 *Pont-Neuf* ist der Name, den sich die Sektion *Henri IV* 1792 gegeben hatte
(vgl. Nr. 37 auf dem Plan).

Sektionen sind sich einig, mit brennenden Fackeln hinzumarschieren.

Der Sekretär der Sektion Bonconseil, der mit bei der Sektion Contrat-social war und bis Mitternacht dort blieb, ist ein kleiner alter Mann, nachlässig und schlecht gekleidet, schlecht rasiert, das Gesicht etwas pockennarbig. Ich habe ihn mir genau angeschaut und bin zu dem Schluß gekommen, daß er allerhöchstens ein kleiner Gemüsehändler sein kann und früher den Leuten, die er heute zu unterdrücken sucht, Getränke servierte. Er hat ausgiebig über die Unhöflichkeit der Sektion Butte-des-Moulins moralisiert. [...]

54

Hébert über die Ermordung Marats

Marat, der im Ami du peuple *oft unverhohlen zur Gewalt (nicht nur gegen politische Führer) aufrief (vgl. Nr. 31), galt in weiten Schichten als Verkörperung des revolutionären Terrors. Am 13. Juli 1793 wird er von der jungen Charlotte Corday (geb. 1768) aus Caen erdolcht; sie stammte aus einer royalistischen Familie und wollte Rache nehmen für die Hinrichtung des Königs und die Ausschaltung der girondistischen Abgeordneten. Am 17. Juli wird sie guillotiniert.*

Spätestens durch seinen Tod wurde Marat zum Idol der Sans-culottes: Der Club des Cordeliers bewahrt sein Herz in einer Urne auf, sein Leichnam wird ins Pantheon überführt (und im folgenden Jahr bereits wieder daraus entfernt), die Sektion Théâtre-Français nimmt seinen Namen an, überall sieht man seine Büste ... Die Stilisierung des Toten zum Märtyrer für die Sache der kleinen Leute ist bereits im Artikel des »Père Duchesne« *erkennbar.*

Quelle: HébertDuchesne. Nr. 260 (14. Juli 1793). S. 1–7.

Der große Schmerz des Père Duchesne

über den Tod Marats, den ein Weibsbild aus dem Calvados erstochen hat, das Bischof Fauchet[1] zum Beichtvater hatte. Seine guten Ratschläge für die braven Sans-culottes, damit sie ständig auf der Hut sind; denn es gibt in Paris mehrere Tausend Kurzgeschorene aus der Vendée, die dafür bezahlt worden sind, alle guten Bürger zu töten

Marat ist nicht mehr, Scheiße. Volk, klage, beweine deinen besten Freund; er stirbt als Märtyrer für die Freiheit. Das Département Calvados hat das Ungeheuer ausgespien, unter dessen Stichen er umgekommen ist. Ein Mädchen, oder besser gesagt, eine von den Priestern bewaffnete Furie, das Beichtkind, wie es heißt, des scheinheiligen Fauchet, macht sich von Caen auf, um diesen schrecklichen Anschlag zu verüben. Sie kommt in Paris an, und nachdem sie sich ein großes Messer in dem Palais gekauft hat, das ich weiterhin Royal nennen werde[2], weil es der Treffpunkt aller Schurken dieser Erde ist, klopft sie an drei Tagen nacheinander bei Marat an und verlangt ihn zu sprechen.

Der arme Kerl war erschöpft von der Arbeit und konnte niemanden empfangen. Aber die klagende Stimme einer Frau dringt an sein Ohr; er glaubt, es ist eine Unglückliche, die ihn um Hilfe bitten will. »Laßt sie herein«, ruft er; das Luder setzt eine klägliche Miene auf und nähert sich seiner Badewanne[3].

»Bürger«, sagt sie, »Sie sind der Vater der Unglücklichen, der Verteidiger der Unterdrückten; ich wende mich vertrau-

---

1 Claude Fauchet (1744–93), Priester an der Kirche Saint-Roch in der Rue Saint-Honoré, von 1783 bis 1788 Prediger des Königs, trotzdem Anhänger der Revolution: nimmt am Bastille-Sturm teil, wird 1791 Bischof von Caen; Abgeordneter der Legislative und der Convention, steht der Gironde nahe. Am 31. Oktober 1793 als angeblicher Komplize der Charlotte Corday hingerichtet.
2 Seit September 1792 hieß das Palais Royal offiziell Jardin de la Révolution.
3 Marat litt an einem stark juckenden Hautausschlag, nur das Bad verschaffte ihm Erleichterung.

Charlotte Corday bei der Leiche Marats (zeitgenössischer Stich, Ausschnitt)

ensvoll an Sie, um Gerechtigkeit zu erlangen. Mein Vater, ein unglücklicher alter Mann, ein guter Patriot, schmachtet in Ketten.« – »Ein Greis, ein Familienvater, ein guter Bürger liegt in Ketten«, antwortet Marat, »fassen Sie Mut, junge Bürgerin, ich werde ihn rächen. Ich bin zu Dank verpflichtet, wenn Sie mir die Gelegenheit bieten, einem so sympathischen Mann nützlich zu sein. Woher kommen Sie ...« – »Aus Caen ...« – »Caen! ...« – »Ja Bürger Marat ... Ich komme direkt von dort ...« – »Nun, verharrt dieses Département immer noch im Irrtum, marschieren sie endgültig gegen Paris, die Normannen, mit denen man uns Angst einjagen will? Sie sehen, wie ruhig Paris ist. Sie können sich selbst ein Urteil über die Verbrecher bilden, die den Bürgerkrieg schüren wollen. Sie haben Ihnen gesagt, hier wäre alles in Feuer und Blut untergegangen, es gäbe keine Convention mehr, und dabei herrschen Ordnung und Frieden, und die Convention war noch nie so mächtig und wurde nie mehr geachtet. Von allen Seiten empfängt sie Segenswünsche, weil sie eine wirklich republikanische und volksfreundliche Verfassung geschaffen hat . . .«

»Freund des Volkes, erlauben Sie mir, Ihnen meinerseits einige Fragen zu stellen. Wie denken Sie über die Abgeordneten, die sich in unser Département zurückgezogen haben; was wird mit ihnen geschehen?« – »Was mit ihnen geschieht: Frankreich wird von ihren verbrecherischen Komplotten erfahren. Bald haben sie keine Zuflucht mehr, und binnen kurzem wird die Guillotine . . .«

Bei diesem Wort zieht die Vogelscheuche das Messer aus dem Busen, das sie dort versteckt hat, und stößt es Marat in die Kehle. »Zu Hilfe, her zu mir«, ruft er. Das waren seine letzten Worte. Zwei Frauen kommen gelaufen, sie sehen das Blut, das aus der Wunde fließt, und wollen das Weibsbild festhalten, aber sie wehrt sich und kommt bis zur Tür. Die Nachbarn sind von dem Lärm alarmiert worden und packen die Schändliche. Die Wache kommt dazu; die ganze Sektion Marseille[4] umstellt sofort mit ihren Geschützen die Tür.

Die verhängnisvolle Nachricht verbreitet sich schnell überall in Paris. Die Aristokraten sind außer sich vor Freude; die guten Bürger gehen voller Verzweiflung hin, um über dem Totenbett ihres wahren Freundes zu weinen. Ich gehörte nicht zu den letzten, die das taten, Scheiße, und war bei der Vernehmung des Luders dabei. Sie ist so sanft wie eine Katze, die mit Samtpfoten streichelt, um besser kratzen zu können; sie wirkte nicht aufgeregter, als wenn sie die beste Tat vollbracht hätte. Der Kommissar fragt sie nach ihrem Namen; sie

---

4 Die Sektion Théâtre-Français; vgl. Nr. 41 auf dem Plan S. 265.

antwortet, sie heiße Charlotte Cordet [sic] und sei die Tochter eines ehemaligen Edelmanns; sie betet ihren Rosenkranz herunter und gesteht, sie sei nur nach Paris gekommen, um Marat zu töten, den sie als Feind des Vaterlandes ansehe, und schätze sich glücklich, ihn umgebracht zu haben. »Ich bin darauf gefaßt, sterben zu müssen«, erklärt sie, »aber ich habe mich längst entschieden; ich allein habe diesen Plan gefaßt; ich fand ihn so schön, daß ich keinem etwas davon gesagt habe, um den Ruhm für mich allein zu haben.«

Wenn ich mich nicht beherrscht hätte, hätte ich diese Tigerin zu Hackfleisch verarbeitet. »Was hatte Marat dir getan?« fragte ich sie. »Du hast gelogen, als du behauptet hast, du hättest ihn als Feind deines Landes betrachtet. Du selbst hast ihn als guten Bürger und anständigen Kerl anerkannt, sonst hättest du nicht versucht, sein Mitleid zu erregen, um zu ihm vorzudringen.«

Darauf antwortet sie nicht. Sie wird durchsucht, und es stellt sich heraus, daß sie die Taschen voller dicker Goldstücke und falscher Assignaten hat. Sie antwortet selbstsicher auf alles und marschiert so ruhig ins Gefängnis, als ob sie zum Ball ginge. Das ist noch nicht der letzte Schlag, den unsere Feinde gegen die Patrioten führen. Den Lumpen, die so oft Plünderungen angezettelt haben, bleibt keine andere Möglichkeit mehr, in Paris das unterste zuoberst zu kehren, als die guten Bürger einzeln zu massakrieren. Robespierre, Pache, Chaumette[5] und ich stehen auf ihrer Liste. Jeden Tag kriege ich Liebesbriefe, in denen man mir ankündigt, daß ich massakriert, aufgehängt, gerädert oder auf kleiner Flamme verbrannt werden soll; andere schreiben mir, sie wollten mein Herz gebraten essen, noch andere, sie würden mein Blut saufen, wieder andere, sie würden meinen Schädel spalten und daraus auf das Wohl des Königs trinken.

Drohungen sind mir scheißegal und werden mich nicht

---

5 Hébert schreibt *Chaumet*.

hindern, die Wahrheit zu sagen; solange ich noch Atem habe, will ich die Rechte des Volkes und meine Republik verteidigen, Scheiße. Mein Leben gehört nicht mir, sondern meinem Vaterland, und ich werde nur zu glücklich sein, wenn mein Tod den Sansculottes[6] nützlich sein kann, die trotz der Mörder und Giftmischer immer die Stärkeren sind. Im übrigen will ich so spät sterben, wie ich nur kann, und habe eine passende Antwort für die Schurken parat, die mich angreifen. Ich fordere die guten Bürger auf, auf der Hut zu sein und die echten Freunde des Volkes zu schützen. Unglücklicherweise sind es nur wenige. Denkt daran, Sans-culottes, wenn es Marat und Robespierre nicht gegeben hätte, besäßt ihr nicht mehr Freiheit, als in meine hohle Hand paßt. [...]

55

Der Polizeispitzel Dutard über die Unzufriedenheit des einfachen Volkes

Über die Person des Verfassers vgl. Nr. 53. Die folgende Passage ist seinem Bericht vom 24. Juni 1793 entnommen (wiederum für den Innenminister Garat).
Quelle: SchmidtTableaux. Bd. 1. S. 87.

Heute morgen war ich bei einem Kaufmann in der Markthalle und habe festgestellt, daß die Fleischer beider Klassen, der hohen wie der niedrigen, Aristokraten geworden sind.

6 Im Französischen Kollektivausdruck: *la Sans-Culotterie.*

Die Marktfrauen fluchen, schimpfen, wettern, nörgeln,[1] außer einigen, die im Sold der Regierung stehen oder mit Jakobinern verheiratet sind; aber sie trauen sich nicht, laut zu sprechen, weil sie alle Angst vor dem Revolutionskomitee und der Guillotine haben. »Heute morgen«, erklärte mir der Kaufmann, »waren vier oder fünf von ihnen hier. Sie wollen nicht mehr *Bürgerinnen* genannt werden. Sie sagen, sie scheißen auf die Republik.«

Ich gehe oft durch die Markthallen und muß gestehen, daß ich erstaunt war über die große Stille, die da herrscht; denn ich hatte immer bemerkt, daß es dort sehr laut war. Vor allem die Gärtner aus der Umgebung von Paris machen dort jeden Morgen ihrer schlechten Laune Luft.

56

Das Revolutionskomitee der Sektion Panthéon[1] über die Certificats de Civisme

Die Certificats de Civisme, die die Pariser Commune ausstellte, waren eine Art Führungszeugnisse oder Unbedenklichkeisbescheinigungen, mit denen dem Inhaber bestätigt wurde, daß er seine Bürgerpflichten erfüllte, seinen Dienst bei der Nationalgarde versah, an den Sektionsversammlungen teilnahm und keinen Umgang mit ›Aristokraten‹ pflegte. Ursprünglich mußten nur die Bewerber um öffentliche Ämter

1 Hauptgrund für die verbreitete Unzufriedenheit war die vor allem wegen des Krieges immer schlechter werdende Lebensmittelversorgung in Paris, mit der daraus resultierenden Teuerung; die Marktfrauen, am 5./6. Oktober 1789 (vgl. Nr. 17) und auch später begeisterte Kämpferinnen für die Revolution, waren davon besonders betroffen.

1 Die Sektion *Panthéon-Français* hieß früher *Sainte-Geneviève*; vgl. Nr. 45 im Plan S. 265.

*solche Zeugnisse beibringen; unter der Terreur wurden sie
auch anderen Bürgern abverlangt, besonders seit das Gesetz
über verdächtige Personen[2] in Kraft war. Wer ein solches Zertifikat beantragte, mußte Zeugen benennen, die sich für ihn
verbürgten – eine heikle und oft auch gefährliche Angelegenheit (vgl. Nr. 57 zu einem analogen Antragsverfahren). Im
September 1795 wurden die Certificats de Civisme abgeschafft.*

Quelle: SansculottenMarkov. S. 90–93. (Übers. nicht übernommen.)

Aus dem Protokollbuch des Revolutionskomitees der Sektion Panthéon, 28. Juni 1793

Vorschlag eines Mitglieds des Revolutionskomitees, der auch
angenommen wurde, folgende Fragen sowohl an jene, die
Certificats de Civisme beantragen, als auch an die Zeugen zu
stellen.

Bevor Sie hierher kamen, um die Bürgertreue des Bürgers . . .[3] zu bezeugen, haben Sie genau überlegt, daß Sie sich
einer schrecklichen Verantwortung gegenüber Ihren Mitbür-
gern aussetzen, gibt Ihnen Ihr Gewissen die Kraft dazu?
Haben Sie seit dem 14. Juli 1789 ständig Beweise Ihrer Bürgertreue gegeben, haben Sie zum Beispiel persönlich Ihren
Wachdienst geleistet[4], haben Sie immer an den Versammlungen der Sektion teilgenommen, sind Sie jedesmal zu
den Waffen geeilt, wenn die Sicherheit von Personen und
Sachen in Gefahr war und wenn die öffentliche Ruhe es erfor-
derte?

---

2 Vgl. Nr. 71, Anm. 1.
3 Hier bleibt Platz frei, um den Namen einzutragen (vgl. ebenso weiter unten).
4 Jeder Bürger war verpflichtet, in regelmäßigen Abständen Wachdienst bei der
Nationalgarde zu leisten; viele, z. B. Ältere, machten allerdings von der Möglichkeit Gebrauch, einen von ihnen bezahlten Stellvertreter zu schicken.

Seit wann kennen Sie den Bürger?

Sind Sie verwandt oder verschwägert mit dem Antragsteller, sind Sie sein Bedienter oder sind Sie Mieter bei ihm? Haben Sie ihm gegenüber eine besondere Verpflichtung, die Sie gezwungen hat, ihm ein Zeugnis auszustellen, das Ihr Gewissen unter anderen Umständen zurückweisen würde, wenn Sie nicht von ihm abhängig wären und er Sie gebeten hätte, ihm als Zeuge zu dienen?

Wie alt sind Sie? Was ist Ihr Beruf, wo wohnen Sie? Womit bestreiten Sie ihren Lebensunterhalt?

Sind Sie jemals Mitglied eines konterrevolutionären Clubs[5] gewesen?

Haben Sie jemals eine Petition gegen die Rechte des Volkes unterzeichnet?

Sie erklären also vor Ihrer Seele und Ihrem Gewissen feierlich, daß der Bürger ... wie Sie selbst mit all seiner Kraft der Revolution seit dem 14. Juli 1789 bis heute als Freund der Freiheit und der Gleichheit und als guter Republikaner gedient hat, daß er persönlich seinen Wachdienst abgeleistet hat, daß er jedesmal zu den Waffen geeilt ist, wenn man es zum allgemeinen Wohl von ihm verlangte; Sie versichern auch, daß die Offiziere seiner Kompanie bereit sind, das zu bestätigen, wenn wir sie dazu auffordern.

Das Komitee beschließt, daß eine Abschrift des Vorliegenden in das Protokollbuch eingetragen und dem Revolutionskomitee des Hauptquartiers jeder Division zugeschickt werden soll.

Das Revolutionskomitee der Sektion beschließt, in Anbetracht dessen, daß es seine Pflicht ist, die Mißbräuche, die sich bei der Beantragung der Certificats de Civisme eingeschlichen haben, abzustellen, soweit es in seiner Macht liegt,

---

5 *d'aucun club anticivique*; gedacht ist wohl an monarchistische, aber auch gemäßigte Clubs.

daß die Antragsteller für die Certificats de Civisme ihren eigenen Zeugen erst als Zeugen dienen können, wenn sie selbst das Zertifikat erhalten haben. Der vorliegende Beschluß soll den Kommissaren für die Ausstellung der Certificats de Civisme mitgeteilt werden.

Coisnon,   Lasserre,   Lamine.

57

Der Comte de Paroy über seinen Antrag auf eine Aufenthaltsbescheinigung

Der Comte de Paroy hatte vor der Revolution in unmittelbarer Nähe der königlichen Familie gelebt; er wirkte noch bei der Verteidigung der Tuileries am 10. August 1792 mit, danach verließ er Paris und überstand die Terreur in Bordeaux. Hier mußte er 1793 eine Aufenthaltsbescheinigung als Beweis dafür beantragen, daß er nicht emigriert war; wäre er als Emigrant geführt worden, hätte er nicht nur den Verlust seiner Güter, sondern, wenn man ihn als angeblichen ›Rückkehrer‹ erkannt hätte, auch Verhaftung und Hinrichtung riskiert. Sein Bericht zeigt, daß schon ein bloßer Irrtum das Leben nicht nur eines, sondern vieler Menschen gefährden konnte.
Quelle: ParoyMém. S. 403–407.

Zu dieser Zeit passierte mir eine merkwürdige Geschichte, die für mich beinahe schlimme Folgen gehabt und mich mit neun anderen auf die Guillotine gebracht hätte. Hier ist sie:

Ich hatte zwei Briefe von zu Hause erhalten; darin hieß es, daß ich auf die Liste der Emigranten gesetzt worden sei und daß die Rede davon war, meinen Besitz in Paroy ⟨von Staats wegen⟩ zu verkaufen, da ich seit fast einem Jahr keine Aufenthaltsbescheinigung geschickt hatte, die bestätigte, daß ich immer noch in Frankreich war. Es seien schon mehrere Leute aus Paris gekommen, um mein Gut in Augenschein zu nehmen. Ich war in großer Verlegenheit, denn an Papieren hatte ich nur meinen Paß aus Fontainebleau, der am 31. Januar 1793 in Bordeaux mit einem Sichtvermerk versehen worden war. Da viele Formalitäten erforderlich waren, um Papiere zu bekommen, ging ich zum Rathaus, um erst einmal zu sehen, wie das ablief. Man wurde dort zunächst nach dem Ausweis oder Paß mit den erforderlichen Sichtvermerken gefragt, dann nach dem Certificat de Civisme und der schriftlichen Aussage von neun Zeugen, die ihrerseits ihre Papiere vorlegen mußten. Das alles zusammenzubringen, war schwierig; für mich war es ganz unmöglich. Ich hielt Augen und Ohren offen, und nichts entging mir. Die Beamten saßen zu viert an einem Tisch und hatten Tabaksdosen vor sich liegen, die mit ziemlich schlecht gravierten Portraits von Marat oder Robespierre verziert waren. Diese Portraits brachten mir die Erleuchtung. Ich kaufte bei einem Bilderhändler an der Börse etwa zwei Dutzend solcher Medaillons, darunter auch das Portrait von La Fayette[1]. Die weichte ich dann in Seifenlauge ein, die ich vorher mit in Kalkwasser aufgelöstem Soda kräftiger gemacht hatte, um die fette Druckerschwärze aufzulösen, legte sie zwischen zwei Blätter Papier mit einem Karton darauf und rieb kräftig darüber, so daß sich die Druckerschwärze auf das Papier übertrug und mein Druck mehr oder weniger blaß wurde. Ich machte so lange weiter, bis ein grauer Farbton erreicht war, dann trocknete ich das Papier, das ich vorher in warmem Wasser abgespült hatte, um das Fett der Seife

---

1 Der Herausgeber macht darauf aufmerksam, daß hier ein Irrtum vorliegen muß: La Fayette war im August 1792 zu den Österreichern übergegangen, sein Portrait war 1793 sicher nicht mehr in Bordeaux zu finden.

zu entfernen. Danach löste ich Alaun in Wasser auf, das mit etwas Leim versetzt war und worin ich sehr schwaches Blei- weiß verrührt hatte, um das Papier weißlich zu tönen, zu erreichen, daß die Farbe darauf hafte, und zu verhindern, daß es sich vollsaugen könne. Außerdem nahm das Weiß dem Schwarz des Drucks die Schärfe. Nachdem ich das Ganze zwischen Löschpapier gründlich getrocknet hatte, glättete ich es mit einem polierten Stück Elfenbein. So waren meine kleinen Portraits glatt, weiß, wie auf Pergament, und sahen aus wie sehr weit gediehene Skizzen. Dann kolorierte ich sie und machte so etwas wie kleine Gouachen in sehr lebhaften Farben daraus, auf denen die Gravur nicht mehr zu erkennen war.[2] An diesem Abend bekam ich zehn fertig, und am näch- sten Tag um zwölf Uhr hatte ich etwa fünfzehn. Ich steckte sie in eine große Mappe, zusammen mit meinem Paß, in dem das Datum meiner Ankunft vermerkt war, und stellte mich in die Schlange derer, die wegen Zertifikaten vorsprachen. Es dauerte lange. Jeder Antragsteller hatte seine neun Zeugen dabei, deren Papiere überprüft werden mußten. Ich war der Verzweiflung nahe; endlich kam ich an die Reihe, aber es war schon spät. Ich hatte, wie aus Gefälligkeit, alle anderen vor- gelassen. »Los, beeil dich! Was willst du?« fragte ein Beam- ter. – »Eine Aufenthaltsbescheinigung«, sagte ich. – »Gib deine Papiere; hast du deine Zeugen dabei?« – »Nein, ich werde sie holen gehen.« – »Oh, dazu ist es zu spät, du mußt morgen wiederkommen!«

Unterdessen öffnete ich meine Mappe, als ob ich meinen Paß zeigen wollte, und ließ mit gespielter Ungeschicklichkeit mein Bündel Portraits auf den Tisch fallen, wo es aufging. »Ach, die hübschen Portraits!« riefen sie. »Wie schön sie gemalt sind, und wie ähnlich! Wo hast du das gekauft?« – »Ich mache sie selbst«, sagte ich, »der Repräsentant Garrau[3] hat

2 Paroy ist stolz auf die Fertigkeiten, die er sich als dilettierender Maler und Zeichner erworben hat, und insistiert deshalb auf dem technischen Aspekt.
3 Der Abgeordnete Pierre-Anselme Garrau (1762–1819) war 1792 mit Carnot als Kommissar der Convention bei der Pyrenäenarmee.

mir mehr als fünfzig abgenommen, als er hier durchreiste, um sie an die Soldaten der Pyrenäenarmee zu verteilen. Das hier ist der Rest, der noch nicht fertig war, als er weitermußte.« – »Willst du sie verkaufen?« – »Nein, euch verkaufe ich sie nicht, ich schenke sie euch; nur ein Repräsentant muß bezahlen.« Sie stellten mir dann mehrere Fragen, etwa, warum ich nach Bordeaux gekommen sei, obwohl ich nicht aus dieser Stadt stammte, und warum sie mich noch nie gesehen hätten. »Ganz einfach, ich habe viel zu tun und gehe selten aus, aber es gefällt mir in Bordeaux besser als in Paris, wo immer so viel Unruhe herrscht. Wir Künstler verstehen nichts von Geschäften und haben gern unsere Ruhe.« – »Aber wozu brauchst du eine Aufenthaltsbescheinigung, da dein Paß in Ordnung ist?« – »Man hat mir geschrieben, ich müßte sie zu Hause binnen drei Monaten einreichen, damit alles geregelt sei und damit ich nicht auf die Emigrantenliste gesetzt würde.« – »Das stimmt. Vielen Dank für deine Portraits, die wir gern annehmen.« Einer bat mich um einen zweiten Satz für einen seiner Freunde, und ich überließ ihm noch einen. Sie versprachen mir, mich am nächsten Tag gleich abzufertigen, und legten mir nahe, meine Zeugen mitzubringen.

Ich verwandte den ganzen Tag auf den Versuch, neun Bürger oder Arbeiter zusammenzubringen, aber ich fand nicht mehr als sieben. Schließlich ging ich zum größten Juwelier der Stadt, den ich gut kannte, und seinen Kompagnon auch. Sie hießen Sicard und Bernard und hatten ihr Geschäft auf dem Platz gegenüber dem Theater. Ich bat sie, mir für ein Zertifikat als Zeugen zur Verfügung zu stehen; nur aus Gefälligkeit stimmten sie zu, denn es war wirklich eine Plage. Dann holte ich meine anderen Zeugen, was angesichts ihrer Zahl nicht leicht war. So kam ich spät. »Wir wollen dich schnell abfertigen«, sagte einer der Sekretäre. »Hast du die Namen deiner Zeugen?« Ich nannte sie ihm; er rief sie einzeln auf, gab jedem seine Karte und fertigte mein Zertifikat aus. Er las es laut vor; er hatte geschrieben: »seit dem 6. Mai 1790 in Bor-

deaux«, was das im Gesetz über die Aufenthaltsbescheini-
gungen festgesetzte Stichdatum für die Emigration ist. Ich
bemerkte das Versehen erst, als mir mein Paß mit den Unter-
schriften meiner Zeugen zurückgegeben wurde, die mich
zu der Freundlichkeit der Kanzleibeamten mir gegenüber
beglückwünschten; einer von diesen sagte mir, er wolle das
Zertifikat gleich zur Unterschrift zum Bürgermeister bringen, zusammen mit allen anderen, die in den letzten beiden
Tagen ausgestellt worden waren. Solange behielt man sie da,
um zu prüfen, ob die Person, für die das Zertifikat bestimmt
war, verdächtig war oder nicht.

Die sechs Portraits von Marat, Robespierre und La Fayette
brachten mir zweimal so freundliche Behandlung ein, und die
Beamten waren auch noch so liebenswürdig, das Siegel der
Gemeinde auf meinen Brief zu setzen, damit er nicht von der
Post geöffnet würde. Er ging denn auch geradewegs nach
Melun. Ich war sehr glücklich, daß jetzt alles in Ordnung war
und die Beschlagnahme meines Gutes aufgehoben wurde;
aber drei Wochen später kam Lacombe, der Gerichtspräsi-
dent, auf mich zu und sagte: »Unglücklicher! Flieh, solange
du noch kannst!« – »Aber wieso?« rief ich. – »Da, lies.« Und
er zeigte mir einen Brief, der von Robespierre und anderen
Mitgliedern des Wohlfahrtsausschusses unterschrieben war
und in dem es hieß: »Sofort nach Empfang dieses Schreibens
wirst du den Bürger Paroy mit seinen neun Zeugen festnehmen und guillotinieren lassen, weil sie eine Aufenthaltsbescheinigung mit einem falschen Datum unterschrieben
haben. Hier anliegend sind die Beweisstücke; das gedruckte
Urteil wirst du in alle Départements schicken, um ein Exempel zu statuieren.«

[Paroy geht noch einmal mit seinen Zeugen zu der Stelle,
die die Bescheinigungen ausstellt; von der drohenden Gefahr
hat er ihnen nichts gesagt, ihnen aber wiederholt eingeschärft,
daß er sie gebeten hatte, seinen Aufenthalt in Bordeaux seit
dem 31. Januar 1793 zu bezeugen. Folglich machen alle die
richtige Aussage; der Sekretär weigert sich zwar, seinen Irr-

tum einzugestehen, aber Paroy kann die Beamten davon überzeugen, daß ein Versehen vorliegt, er bekommt ein berichtigtes Zertifikat und wird mit seinen Zeugen entlassen.]

58

Das Dekret über die Levée en masse

Der Krieg gegen die ausländischen Gegner der Revolution verlief wechselhaft: Nach einer Reihe von Niederlagen gegen Preußen und Österreich brachte die Kanonade von Valmy am 20. September 1792 (vgl. Nr. 50) eine Wende, die es den Franzosen erlaubte, den Krieg auf das Gebiet des Reiches zu tragen; als sich nach der Hinrichtung von Louis XVI England, Spanien und andere Staaten der Koalition anschlossen und antirevolutionäre Erhebungen vor allem in der Bretagne und der Vendée ausbrachen, gab es Rückschläge. Im August 1793 forderten die Pariser Sektionen die levée en masse, *die Mobilisierung eines Volksheers: Alle unverheirateten Männer zwischen 18 und 25 Jahren sollten eingezogen werden. Unter Generälen wie Carnot, der die Armee reorganisierte, oder Hoche erzielten die französischen Truppen dann bald Erfolge, die die Gefahr einer Niederlage fürs erste bannten.*

Quelle: FrRevDoc. S. 225–258.

Sitzung der Convention vom 23. August 1793

Die Convention Nationale beschließt, nachdem sie den Bericht ihres Wohlfahrtsausschusses gehört hat:

Artikel 1. Von jetzt an und bis zu dem Zeitpunkt, da die Feinde vom Territorium der Republik vertrieben sein werden, unterliegen alle Franzosen der ständigen Verpflichtung zum Heeresdienst.

Die jungen Männer gehen an die Front; die verheirateten schmieden Waffen und übernehmen den Verpflegungsnachschub; die Frauen nähen Zelte und Uniformen und tun in den Lazaretten Dienst; die Kinder zupfen aus altem Leinen Scharpie, die Alten lassen sich auf öffentliche Plätze tragen, um den Mut der Krieger und den Haß auf die Könige zu stimulieren und die Einheit der Republik zu beschwören.

Art. 2. Die Gebäude im nationalen Besitz werden in Kasernen, die öffentlichen Plätze in Rüstungswerkstätten umgewandelt, die Kellerfußböden ausgelaugt, um Salpeter zu gewinnen[1].

Art. 3. Alle Kriegswaffen werden ausschließlich denen anvertraut, die gegen den Feind marschieren; bei den Ordnungskräften werden Jagdgewehre und Stichwaffen verwendet.

Art. 4. Alle Reitpferde werden zur Auffüllung der Kavalleriecorps, alle Zugpferde, sofern sie nicht für die Landwirtschaft gebraucht werden, zum Transport der Artillerie und der Verpflegung requiriert.

Art. 5. Der Wohlfahrtsausschuß[2] wird beauftragt, unverzüglich alle Maßnahmen zu ergreifen, um eine der Lage und der Entschlossenheit des französischen Volkes entsprechende außerordentliche Fabrikation von Waffen aller Art zu ermöglichen. Er wird folglich ermächtigt, alle zu diesem Zweck für erforderlich gehaltenen Betriebe, Manufakturen, Werkstät-

---

1 Salpeter war ein ebenso wichtiger wie knapper Rohstoff für die Munitionsherstellung. Im September 1793 wurde die Beschlagnahme aller derartigen Substanzen angeordnet.

2 Der Wohlfahrtsausschuß (*Comité de salut public*) war am 6. April 1793 geschaffen worden; er sollte als Bindeglied zwischen der Convention und den Ministern dienen. In der Realität übernahm er die Exekutivgewalt und war weisungsberechtigt gegenüber den Ministern, die übrigens am 1. April 1794 entlassen wurden. Vom 5. September 1793 bis zu seinem Sturz am 27. Juli 1794 beherrschte Robespierre das Gremium, unter dessen 12 Mitgliedern Carnot (s. o.) für militärische Fragen zuständig war.

ten und Fabriken einzurichten und überall in der Republik die zum Erfolg dieses Vorhabens benötigten Techniker und Arbeiter dienstzuverpflichten. Dafür wird dem Kriegsminister eine Summe von 30 Millionen zur Verfügung gestellt, die von den 498 200 000 Livres in Assignaten[3] genommen werden soll, die sich als Rücklage in der Kasse mit den drei Schlüsseln befinden. Die Zentrale der außerordentlichen Waffenproduktion wird in Paris errichtet.

Artikel 6. Die zum Vollzug des vorliegenden Gesetzes ausgesandten Repräsentanten[4] haben in ihren jeweiligen Bezirken die gleichen Befugnisse, in Übereinstimmung mit dem Wohlfahrtsausschuß; sie besitzen dieselben unbegrenzten Vollmachten wie die Repräsentanten bei den Armeen.

Art. 7. Niemand kann für den Wehrdienst, zu dem er einberufen wird, einen Ersatzmann stellen[5]; alle Staatsbeamten bleiben auf ihrem Posten.

Art. 8. Die Aushebung ist allgemein; unverheiratete oder kinderlos verwitwete Bürger im Alter von 18 bis 25 Jahren rücken als erste ein; sie begeben sich unverzüglich in den Hauptort ihres Distrikts, wo sie sich täglich in der Handhabung der Waffen üben, bis sie den Marschbefehl erhalten.

3 Die Summe spiegelt die Inflation wider: Seit ihrer Ausgabe waren die Assignaten auf etwa ein Fünftel des ursprünglichen Wertes gefallen.
4 Die *représentants du peuple* oder *représentants en mission* wurden von der Convention in die Départements oder zu den verschiedenen Armeen entsandt, um die Umsetzung der revolutionären Politik zu überwachen. Schon am 9. März 1793 waren jeweils 2 Repräsentanten für zwei Départements (also 41 Repräsentanten-Paare) ernannt worden, um die Truppenaushebung zu organisieren; die Repräsentanten (oder Kommissare) bei den Armeen hatten absolute Befehlsgewalt und konnten sogar Generäle absetzen.
5 Vor der *levé en masse* war die *conscription* die Regel: Die Regierung berief eine bestimmte Zahl von Soldaten ein (z. B. 300 000 im Februar 1793), es wurde ausgerechnet, welcher Anteil auf jedes Département, im Département auf jeden Distrikt, jede Stadt, jedes Dorf usw. entfiel, dann wurde auf lokaler Ebene ausgelost, welche dienstfähigen Männer in den Krieg ziehen mußten und welche daheim bleiben konnten; bei entsprechendem Vermögen konnte sich der Eingezogene freikaufen, indem er einen Stellvertreter bezahlte. Die *levée en masse* trifft *alle* Bürger einer bestimmten Altersklasse bis auf die nicht kriegstauglichen, damit entfällt die Möglichkeit der Vertretung.

Art. 9. Die Repräsentanten regeln Einberufung und Abmarsch derart, daß sie die bewaffneten Bürger nur in der Stärke zum Sammelplatz kommen lassen, wie Verpflegung, Munition und das übrige Kriegsmaterial in ausreichender Menge für sie vorhanden sind.

Art. 10. Die Sammelplätze werden durch die Umstände bestimmt und von den zum Vollzug dieses Gesetzes entsandten Repräsentanten bezeichnet, nach dem Vorschlag der Generäle und in Übereinstimmung mit dem Wohlfahrtsausschuß und dem vorläufigen Exekutivrat.

Art. 11. Das in jedem Distrikt aufgestellte Bataillon sammelt sich unter einem Banner mit folgender Devise: »Das französische Volk steht auf gegen die Tyrannen.«

Art. 12. Die Bataillone werden nach den bestehenden Gesetzen organisiert und erhalten den gleichen Sold wie die Bataillone, die an den Grenzen stehen.

Art. 13. Um Verpflegung in ausreichender Menge bereitstellen zu können, liefern die Pächter und Verwalter der Nationalgüter die Erträge dieser Güter in Form von Getreide in den Hauptorten ihrer Distrikte ab.

Art. 14. Die Grundbesitzer, Bauern und alle, die Getreidevorräte haben, werden die Aufforderung erhalten, die rückständigen Steuern, einschließlich der ersten beiden Drittel der Steuern für 1793, in Naturalien zu bezahlen, nach den in den Rollen für die letzte Steuererhebung festgelegten Sätzen.

Art. 15. Die Convention nationale ernennt die Bürger ... zu Stellvertretern der Repräsentanten bei den Armeen und in den Départements, damit sie einvernehmlich das vorliegende Dekret vollziehen.

Der Wohlfahrtsausschuß nimmt die Einteilung der jeweiligen Zuständigkeitsbereiche vor.

Art. 16. Die von den Urversammlungen bestimmten Wahlmänner[6] werden aufgefordert, sich sofort in ihre Kan-

---

6 Vgl. zu ihnen in der Verfassung von 1791, Nr. **38**, S. 190 f.

tone zu begeben, um die ihnen durch das Dekret vom 14. August übertragene Bürgerpflicht zu erfüllen und die Aufträge entgegenzunehmen, die die Repräsentanten ihnen erteilen werden.

Art. 17. Der Kriegsminister wird beauftragt, alle notwendigen Maßnahmen zum sofortigen Vollzug des vorliegenden Dekrets zu treffen: Ihm wird von der Staatskasse eine Summe von 50 Millionen zur Verfügung gestellt, die von den 498 200 000 Livres in Assignaten genommen werden soll, die sich in der Kasse mit den drei Schlüsseln befinden.

Art. 18. Das vorliegende Dekret wird den Départements durch Sonderkuriere zugestellt.

59

Die Société populaire »Wilhelm Tell« zu ihren Sitzungsterminen

Die politisch aktiven Bürger von Paris hatten zahlreiche Verpflichtungen: Von ihnen wurde erwartet, daß sie außer den Sektionsversammlungen regelmäßig die Sitzungen ihres Clubs besuchten; für die Jakobiner kam im allgemeinen seit 1792 noch eine der mit diesem Club verbundenen Sociétés populaires hinzu. Wie wenig freie Zeit alle diese Veranstaltungen dem einzelnen ließen, zeigt ein Rundschreiben, das eine der Sociétés populaires am 25. Oktober 1793 an Mitglieder richtete, die ihren Pflichten nicht eifrig genug nachkamen.

Quelle: SansculottenMarkov. S. 186 f. (Übers. nicht übernommen.)

Société populaire »Wilhelm Tell«

Am 4. Tag der 1. Dekade des 2. Monats des Jahres II der einen und unteilbaren Französischen Republik[1]

Unsere Gesellschaft, Freund und Bruder, hat festgestellt, daß einige ihrer Mitglieder sie nie besuchen, und hat vermutet, die neuen Sitzungstermine, die mit denen der Jakobiner und der Sektionen abgestimmt sind, könnten ihnen vielleicht unbekannt sein; daher hat sie beschlossen, daß allen Mitgliedern, die ihr nach erfolgter Säuberung[2] noch angehören werden, der patriotische und politische Kalender für die Dekaden zugesandt werden soll, was hiermit geschieht:

Am 1. Tag jeder Dekade	Jakobiner	6 Uhr abends
Am 2.	Société populaire	gleiche Zeit
Am 3.	Jakobiner	gleiche Zeit
Am 4.	Société populaire	gleiche Zeit
Am 5.	Sektionen	5 Uhr abends
Am 6.	Jakobiner	6 Uhr abends
Am 7.	Société populaire	gleiche Zeit
Am 8.	Jakobiner	gleiche Zeit
Am 9.	Jakobiner	gleiche Zeit
Am 10. Ruhetag	Société populaire und Sektionen	11 Uhr morgens 5 Uhr abends

Auf diese Instruktion hin, Freund und Bruder, kann die Gesellschaft mit Deinem Eifer rechnen, in ihrer Mitte zu erscheinen.

---

1 Anders gesagt: der Quartidi der ersten Dekade des Brumaire (25. Oktober 1793).
2 *scrutins épuratoires* fanden – auch im Jakobinerclub – regelmäßig statt; dabei wurde öffentlich über die politischen Anschauungen und Aktivitäten der einzelnen Mitglieder nacheinander diskutiert, Kritik und Denunziationen waren möglich; für unwürdig befundene Mitglieder wurden ausgeschlossen.

Wir haben durch unsere Standhaftigkeit und Festigkeit die Feinde der Revolution zu Boden geworfen, aber denke daran, daß sie noch nicht vernichtet sind. Sie werden in hundert verschiedenen Gestalten wieder auferstehen. Nun gut, komm und lerne sie mit uns kennen, komm und hilf uns, sie zu zermalmen, sowie diese Chamäleons ihr Haupt erheben werden. Die Einheit der Patrioten ist so notwendig, daß wir an Deiner Ergebenheit für die Sache des Volkes zweifeln müßten, wenn Du es versäumtest, Deinen Verstand und Deine Kräfte mit den unseren zu verbinden.

Barry	*Androt*
Präsident	Sekretär

60

Ein Insasse über das Gefängnis in der Rue de Sèvres

Zahlreiche Überlebende der Gefängnisse der Terreur verfaßten später Berichte über ihre Erlebnisse; diese sind natürlich subjektiv und haben häufig den Charakter von Abrechnungen, was sich schon daran zeigt, daß die für die Administration der Anstalten Verantwortlichen im allgemeinen mit vollem Namen genannt und daß auch ihr Vorleben und ihr Charakter ausgebreitet werden. Die Aufzeichnungen, aus denen hier Auszüge mitgeteilt werden, wurden 1823 anonym veröffentlicht; der Verfasser dürfte der bürgerlichen Mittelschicht angehört haben.

Quelle: MémPrisons. S. 205–221. (Auszug: S. 207–212, 215 f.)

Historische Beschreibung des Gefängnisses Saint-Lazare

von seiner Eröffnung bis zum 9. Thermidor, die wertvolle Anekdoten über alle Mitglieder des Revolutionskomitees der Sektion Bonnet-Rouge[1] und über die Haftanstalt in der Rue de Sèvres enthält

von ***, Gefangenem in beiden Häusern.

Am 26. Oktober 1793 (alten Stils) betraten um acht Uhr morgens zwei Männer meine Wohnung, die ich noch nie gesehen hatte; ihr rohes Aussehen und die Keulen, mit denen sie bewaffnet waren, ließen mich vermuten, es handle sich um Kommissare des Revolutionskomitees, und in der Folge erfuhr ich, daß ich mich nicht getäuscht hatte.

Der eine war Kommissar des Revolutionskomitees der Sektion Bonnet-Rouge[2], der andere von der Sektion Contrat-Social[3]; sie forderten mich auf, ihnen zum Komitee dieser Sektion zu folgen, wo man mich sehen wolle; ich gehorchte. Als wir dort niemanden antrafen, befahlen mir die beiden, mit ihnen zum Komitee der Sektion Bonnet-Rouge zu gehen; von diesem Moment an war mir klar, daß ich verhaftet werden sollte, und ich muß gestehen, daß mich das nicht im geringsten beunruhigte. Meine Begleiter stellten mir während des ganzen Weges verschiedene Fragen, die alle gleich nichtssagend waren. So langten wir bei dem zweiten Komitee an, wo ich in die Obhut Bewaffneter gegeben wurde; eine halbe Stunde später holte man mich wieder ab und brachte mich zur Sektion Contrat-Social zurück, ohne daß mich jemand vernommen hätte. Dort hatte ich nicht mehr Glück als vorher,

---

1 Ursprünglich hieß sie *Croix-Rouge*, nach einem Kreuzungspunkt mehrerer Straßen, der diesen Namen noch heute führt; vgl. Nr. 42 auf der Karte S. 265.
2 Renaud, Flickschuster. [Anm. d. Verf.]
3 Potat, ebenfalls Flickschuster. [Anm. d. Verf.] – Den Namen *Contrat-Social* hatte die ursprüngliche Sektion *Postes* angenommen; vgl. Nr. 11 auf der Karte S. 265.

denn die gleichen Individuen, die mich im Vorzimmer des Komitees zurückgelassen hatten, führten mich zurück nach Hause; dort eröffneten sie mir, sie sollten mich verhaften und meine Papiere versiegeln.

Ich fragte umsonst nach dem Grund: Sie antworteten mir nur mit Brutalitäten, und die Tränen meiner Frau schienen sie nur noch mehr zu reizen.

Es bereitete ihnen große Schwierigkeiten, die Siegel anzubringen, weil sie darüber ein Protokoll aufnehmen mußten, und sie konnten nicht schreiben oder höchstens ihren Namen kritzeln.

Also riefen sie einen Menschen zu Hilfe, der ebenso grob war wie sie: der Schreiber des Friedensrichters der Sektion Contrat-Social namens Robert.

Dieser war beeindruckt von der Reinlichkeit meiner Wohnungseinrichtung und schloß daraus, daß ich reich sein müsse, sprach davon, zwei Wachen für die Siegel aufzustellen, und ich sah schon, daß er seine Absicht wahr machen würde; aber weil ich ehrlich Auskunft über meine Vermögensverhältnisse gab, erreichte ich, daß die Bewachung der Siegel meiner Köchin anvertraut wurde[4].

Als alles erledigt war, riß man mich aus den Armen meiner Frau, führte mich noch einmal zum Contrat-Social und von dort zum Bonnet-Rouge, aber immer nur ins Vorzimmer.

Geduldig wartete ich darauf, daß das Komitee sich herabließe, mich über meine Vergehen zu vernehmen und mir die Gründe für meine Verhaftung anhand des Protokolls mitzuteilen, das meiner Ansicht nach darüber vorhanden sein mußte; aber ich wartete vergebens, denn eine Stunde später entschied ein gewisser Lebrun, von dem ich wußte, daß er aus der Position des Adjutanten im Bataillon der Sektion Bonnet-Rouge davongejagt worden war, allein über mein Schicksal und befahl, mich bis auf weiteres in die Kaserne in der Rue de Sèvres zu bringen.

---

4 Die Wachen hätte der Verdächtige gegebenenfalls aus eigener Tasche entlohnen müssen.

Als ich dorthin kam, wurde ich zwei Männern vorgeführt, die, wie es hieß, Kommissare des Komitees des Bonnet-Rouge waren[5]; sie nahmen meinen Namen auf und befahlen mir, mich zu den anderen Schurken da im Haus zu verfügen und mir eine Unterkunft zu verschaffen, so gut ich konnte.

Bedrückt ging ich eine Treppe hinauf, ohne allzu genau zu wissen, wohin sie mich führte. Ich muß gestehen, daß ich mir eine ziemlich negative Vorstellung von den Leuten gemacht hatte, die da eingesperrt waren, besonders nach dem, was die Kommissare gesagt hatten; aber ich wurde schnell eines Besseren belehrt, als ich meine neuen Leidensgenossen auf mich zukommen sah, die mir die Hand reichten und damit ihre Freundschaft anboten. Ich erkannte mehrere wieder, deren Umgang mich lange durch ihre Tugenden und die Reinheit ihres Patriotismus erfreut hatte, und schon einige Tage später verband mich auch mit den anderen eine sehr enge Freundschaft.

Ein achtbarer alter Mann, der sich mit zwei anderen Unglücklichen einen Raum teilte, bot mir einen Platz bei ihnen an, obwohl ich ihm unbekannt war. Ich akzeptierte dankbar sein großzügiges Angebot und schulde dem Andenken an diesen anständigen Mann die Feststellung, daß er mich in drei Monaten, die wir zusammen verbrachten, durch seinen sanften Charakter, durch seine interessante Konversation und seine tiefe Weisheit vollkommen glücklich machte; meine anderen Zimmergenossen waren mir gleichfalls in tausend Dingen gefällig, und wir waren wirklich vier Brüder.

Das Reglement meiner neuen Bleibe war sehr streng; zwei Kommissare des Revolutionskomitees der Sektion Bonnet-Rouge, die alle vierundzwanzig Stunden abgelöst wurden, waren mit unserer Bewachung beauftragt, und dafür unterstand ihnen eine Garde von sechzehn Bewaffneten.

5 »Verney, ein Kutscher des ehemaligen Monsieur [d. h. des älteren Bruders des Königs] und Baillère, ebenfalls Kutscher, bei einem Schweizer Offizier.« So lautet die Anmerkung in dem zeitgenössischen Manuskript, die wir stehenlassen, weil sie so sonderbar ist. [Anm. d. Hrsg.]

Jede nur denkbare Scheußlichkeit, Grausamkeit, Tyrannei und Unmenschlichkeit zeichnete unsere Kommissare ohne eine einzige Ausnahme aus; ich füge hier die Liste an, um ihre Unmoral und ihr jeweiliges Privatleben im einzelnen bekannt zu machen, damit der Nachwelt überliefert werde.

Verzeichnis der Mitglieder des Revolutionskomitees der Sektion Bonnet-Rouge, von seiner Gründung bis heute

Daire, Kerzenhändler, wohnhaft Rue de Sèvres, nahe der Kreuzung Croix-Rouge, ließ sich in der Sektion erst seit dem 10. August 1792 (alten Stils) sehen; vorher hatte er sich geweigert, seinen Wachdienst[6] abzuleisten, so daß Füsiliere ihn jedesmal abholen mußten, wenn er aufgeboten war; ein Scheinheiliger, der den eidverweigernden Priestern Unterschlupf gewährte und eine Art kleine Lotterie betrieb, mit der er sich bereicherte: Er hielt seinen Laden geöffnet oder geschlossen, je nachdem, ob die allgemeine Lage oder die Gesetze über das Maximum[7] ihm mehr oder weniger Gewinn sicherten.

Poincelot, Schildermaler, wohnhaft Rue de Sèvres nahe der Kreuzung Croix-Rouge, in der Sektion seit Beginn der Revolution bekannt für seine Genauigkeit im Dienst, aber für alle Eindrücke empfänglich und immer bereit, für die erste beste Sache Partei zu ergreifen; falsch, heuchlerisch, läßt sich von allen bestechen.

Laloue, Miniaturenmaler, wohnhaft Rue du Bac Nähe Rue de Sèvres, vor dem 10. August 1792 in der Sektion unbe-

---

6 Bei der Nationalgarde.
7 Am 4. Mai 1793 war ein erstes Gesetz über das Maximum erlassen worden, das einen Höchstpreis für Getreide festsetzte; am 29. September 1793 folgte das Gesetz über das *maximum général*, das eine Höchstgrenze für alle Verbraucherpreise und gleichzeitig auch für die Löhne einführte.

kannt, obwohl er aus dem Viertel stammt, betrieb einen Spielsalon für Biribi[8].

Laquerière, Kutschenmaler, wohnhaft Rue de Sèvres gegenüber dem Hospital Les Petites-Maisons, hatte die Revolution immer verabscheut, weil sie ihn um sein Gewerbe gebracht hatte[9], außerdem im Viertel als Wucherer und Pfandleiher bekannt.

Seguin, wohnhaft Rue Sainte-Placide, stand als Dienstmann an der Straßenecke, Abortentleerer, vor dem 10. August 1792 in der Sektion unbekannt; seitdem hat er dort alle Intrigantenrollen gespielt, wurde zum Kommissar des Revolutionskomitees ernannt und hatte dieses Amt mit aller menschenmöglichen Grausamkeit versehen, ohne Rücksichtnahme, forderte und nahm von allen Seiten; wurde dann zur Kohlenverteilungsstelle der Abbaye[10] versetzt und von dort ins Luxembourg-Gefängnis gesteckt. Es fiel auf, daß er beim Revolutionskomitee in Lumpen ankam, aber seine Kleidung veränderte sich bald danach; denn weder seine äußere Erscheinung noch sein Mobiliar ließen mehr erkennen, daß er zwei Monate zuvor noch Abortentleerer war. [...]

Das Revolutionskomitee der Sektion Bonnet-Rouge, gieriger nach Geld als nach dem Wohl der Republik, hatte mit den Verhaftungen spekuliert. Es hatte als Haftanstalt die Kaserne der ehemaligen Gardes françaises in der Rue de Sèvres vorgesehen; und obwohl der Aufenthalt dort sehr gesundheitsschädlich ist, wie Fachleute anerkannt haben, hat das Komitee hier nichtsdestoweniger mehr als vier Monate lang 120 bis 140 Personen zusammengepfercht.

Den Gefangenen wurden dort willkürlich Zahlungen für die Bewachung auferlegt, und fast allen wurden pro Tag zwi-

---

8 Ein Glücksspiel, das dem Roulette ähnelt (der Spieler setzt auf eines von 64 Feldern und zieht dann selbst seine Zahl aus einem Sack, der 64 numerierte Kugeln enthält).

9 Er malte die Wappen der Besitzer auf die Wagenschläge; das Dekret über die Abschaffung des Adels (vgl. Nr. **22**) verbot es den Franzosen, Wappen zu führen.

10 Die Abbaye Saint-Germain-des-Prés.

schen 12 Livres und 20 Sous abverlangt; insgesamt ergab sich eine Tageseinnahme von 300 Livres, und diese Summe wurde jeden Monat vom Schatzmeister des Komitees gegen Quittung eingezogen.

Man sieht, daß die Tageseinnahmen betrugen   300 Livres

Die Ausgaben beliefen sich auf:

Je 3 Livres für 16 Mann Wachpersonal	48 L.	
Brennstoff für drei kleine Lampen	4 L.	62 L.
Kerzen	1 L.	
Brennholz, ¼ Klafter	9 L.	

Gewinn pro Tag   238 L.

Der Aufenthaltsraum der Kommissare war Treffpunkt für ihre Freunde, und dort wurden die herrlichsten Mahlzeiten serviert; eine Zeche von 10 bis 12 Livres war gar nichts, während die armen Familienväter, die aufgrund persönlicher Racheakte verhaftet worden waren, sich kaum das absolut Notwendige verschaffen konnten. Es ist unmittelbar einsichtig, wie qualvoll unser Los unter solchen Figuren war. [...]

61

Der Prozeß Marie Antoinettes

Nach der Hinrichtung des Königs blieb Marie Antoinette zunächst im Temple; die Öffentlichkeit schien das Interesse an ihr verloren zu haben. Am 1. August 1793 beschloß die Convention, ihr den Prozeß zu machen, am 2. August wurde sie in die Conciergerie verlegt. In der Folgezeit wurde sie mehrfach verhört; es gab verschiedene Versuche, sie zu retten: Graf Fersen wollte die Österreicher dazu bewegen, mit der Revolutionsregierung zu verhandeln; andere planten eine Entfüh-

rung. Mit einem solchen Vorhaben stand wohl auch der Besuch des ›Manns mit der Nelke‹ in Verbindung, der die Bewacher in Aufregung versetzte (s. u.). – Vom 12. bis 16. Oktober fand der Prozeß statt, es wurden vierzig Zeugen gehört; am 16. Oktober wurde Marie Antoinette zum Tode verurteilt und hingerichtet. Auf dem Weg zum Schafott bewies sie ebensoviel Haltung wie der König vor ihr.

Quelle: ActesTribunal. S. 95–97. 106 f.

[...] Jacques-René Hébert, der vierte Zeuge, Substitut des Prokurators der Commune, sagt aus, daß er mit verschiedenen wichtigen Missionen beauftragt war, die ihm den Beweis für die Verschwörung Antoinettes geliefert haben; besonders fand er einmal im Temple ein Gebetbuch, das ihr gehörte und in dem ein konterrevolutionäres Zeichen stand, ein von einem Pfeil durchbohrtes flammendes Herz mit der Inschrift: *Jesus, miserere nobis*. Ein anderes Mal bemerkte er im Zimmer von Elisabeth einen Hut, der erwiesenermaßen Louis Capet gehört hatte; nach dieser Entdeckung konnte er nicht mehr daran zweifeln, daß unter seinen Kollegen einige waren, die sich so weit erniedrigten, der Tyrannei zu dienen. Er kann sich noch erinnern, daß Toulant einmal mit einem Hut den Turm betrat und barhäuptig wieder herauskam, mit der Erklärung, er hätte ihn verloren; weiterhin habe Simon[1] ihm einmal ausrichten lassen, er habe ihm etwas Wichtiges mitzuteilen, deshalb habe er sich mit dem Bürgermeister und dem Prokurator der Commune[2] in den Temple begeben; sie nah-

---

1 Antoine Simon (1736–94), Schuhmacher, gehörte der Commune an; er und seine Frau wurden mit der Versorgung von Louis XVII im Temple betraut. Ob er, wie in der Folgezeit oft behauptet wurde, brutal mit dem Kind umgegangen ist, steht nicht fest. Als Anhänger Robespierres wurde er unmittelbar nach dem 9. Thermidor guillotiniert.

2 Bürgermeister von Paris war zu diesem Zeitpunkt Jean-Nicolas Pache (1746–1823), ein Montagnard, der von Oktober 1792 bis Februar 1793 Kriegsminister gewesen war; Prokurator der Commune war Chaumette, vgl. Nr. **68**, Anm. 6.

Der Schuhmacher Simon, Gefängniswärter im Temple
(Zeichnung von Georges-François-Marie Gabriel)

men dort eine Erklärung des jungen Capet[3] entgegen, aus der hervorgeht, daß La Fayette zur Zeit der Flucht von Louis Capet nach Varennes zu denen gehörte, die dieses Unternehmen besonders begünstigten; daß er zu diesem Zweck die Nacht im Schloß verbracht hatte; daß die Gefangenen während ihres Aufenthalts im Temple über lange Zeit ständig über die Ereignisse draußen unterrichtet wurden; in Kleidern und Schuhen schleuste man Briefe für sie ein; der kleine Capet nannte dreizehn Personen, die zum Teil an der Aufrechterhaltung dieser Verbindungen mitgewirkt hätten; einer von ihnen habe ihn mit seiner Schwester im kleinen Turm eingesperrt, und dann habe er ihn zu seiner Mutter sagen hören: »Ich werde Ihnen die Möglichkeit verschaffen, Neuigkeiten zu erfahren, und deshalb jeden Tag einen Burschen schicken, damit er in der Nähe des Turms die Abendzeitungen ausruft.« Schließlich wurde der kleine Capet, dessen körperliche Verfassung sich von Tag zu Tag verschlechterte, von Simon bei ungehörigen und seinem Befinden abträglichen Praktiken überrascht; Simon habe ihn gefragt, wer ihm dieses kriminelle Treiben beigebracht habe, und der Kleine habe geantwortet, er verdanke seiner Mutter und seiner Tante die Kenntnis dieser schlechten Angewohnheit. Der Zeuge stellt fest, daß sich aus der Erklärung des jungen Capet in Gegenwart des Bürgermeisters von Paris und des Prokurators der Commune ergebe, die beiden Frauen hätten ihn oft zwischen sich schlafen lassen; dabei wären Ausschweifungen der schamlosesten Art vorgekommen: Angesichts der Aussage des Sohnes von Capet stünde es sogar außer Zweifel, daß ein inzestuöser Akt zwischen Mutter und Sohn vollzogen worden sei.

Nach dem Tod Capets behandelten die beiden Frauen den kleinen Capet mit der gleichen Ehrerbietung, wie wenn er der

---

3 Louis-Charles (1785–95), der Dauphin (nach offizieller Zählung Louis XVII), ein kränkliches Kind, wurde nach der Hinrichtung seines Vaters von der Mutter, Schwester und Tante getrennt; er erkrankte an Knochentuberkulose und starb im Alter von zehn Jahren. Seine Aussage, auf die hier Bezug genommen wird, war ihm mit Sicherheit von Hébert und anderen suggeriert worden.

König gewesen wäre. Bei Tisch hatte er Vorrang vor seiner Mutter und seiner Tante. Er wurde immer als erster bedient und saß am Kopfende der Tafel.

DIE ANGEKLAGTE. Haben Sie das gesehen?

HÉBERT. Ich habe es nicht gesehen, aber der ganze Magistrat kann es bezeugen.

DER VORSITZENDE zur Angeklagten: Hat Sie nicht ein Freudenschauer erfaßt, als Sie das Individuum mit der Nelke[4] in Begleitung von Michonis in Ihre Zelle in der Conciergerie eintreten sahen?

ANTWORT. Nachdem ich dreizehn Monate eingesperrt gewesen war, ohne einen von meinen Bekannten zu sehen, fuhr ich zusammen, weil ich fürchtete, er brächte sich meinetwegen in Gefahr.

FRAGE. War dieses Individuum nicht einer von ihren Agenten?

ANTWORT. Nein.

FRAGE. War er nicht am 20. Juni[5] im ehemaligen Tuilerienschloß?

ANTWORT. Ja.

FRAGE. Und sicher auch in der Nacht vom 9. auf den 10. August?

ANTWORT. Ich kann mich nicht erinnern, ihn dort gesehen zu haben.

FRAGE. Hatten Sie nicht mit Michonis ein Gespräch über das Individuum mit der Nelke?

ANTWORT. Nein.

FRAGE. Wie heißt dieses Individuum?

ANTWORT. Ich kenne seinen Namen nicht.

---

4 Der Unbekannte, der den Kriegsorden des Ancien Régime, die Croix de Saint-Louis, trug, wurde von Michonis, einem Mitglied des Wachpersonals, zu Marie Antoinette gebracht; die Nelke, die er ihr überreichte, enthielt eine Botschaft, die aber nicht in die Hände der Wächter fiel.
5 Am 20. Juni 1792 war das Pariser Volk zum ersten Mal in die Tuileries eingedrungen (vgl. Nr. **44**); diese Demonstration bildete ein einigermaßen friedliches Vorspiel zum Tuileries-Sturm am 10. August.

FRAGE. Haben Sie nicht zu Michonis gesagt, daß Sie fürchteten, er würde nicht wieder in den neuen Magistrat gewählt werden?

ANTWORT. Doch.

FRAGE. Was war Ihr Motiv für diese Besorgnis?

ANTWORT. Er war menschlich zu allen Gefangenen.

FRAGE. Haben Sie nicht am gleichen Tag zu ihm gesagt: Vielleicht sehe ich Sie heute zum letzten Mal?

ANTWORT. Ja.

FRAGE. Warum haben Sie das gesagt?

ANTWORT. Es geschah im allgemeinen Interesse der Gefangenen.

EIN GESCHWORENER. Bürger Vorsitzender, ich darf Sie auffordern, die Angeklagte darauf hinzuweisen, daß sie nicht zu dem vom Bürger Hébert vorgebrachten Faktum Stellung genommen hat, das betreffend, was zwischen ihr und ihrem Sohn vorgefallen ist.

Der Vorsitzende wiederholt die Frage.

DIE ANGEKLAGTE. Ich habe deshalb nicht geantwortet, weil die Natur einer Mutter sich weigert, zu einer solchen Beschuldigung Stellung zu nehmen. (Die Angeklagte scheint sehr bewegt.) Ich appelliere an alle Mütter, die sich hier befinden mögen. [. . .]

Antoine Simon, der achtzehnte Zeuge, ehemaliger Schuhmacher, zur Zeit als Erzieher für Charles-Louis Capet, den Sohn der Angeklagten, angestellt, sagt aus, er kenne Antoinette seit dem 30. August vorigen Jahres, als er zum ersten Mal im Temple auf Wache war.

Der Zeuge stellt fest, daß Louis Capet und seine Familie über alles unterrichtet waren, was sich in Paris und der Republik ereignete, solange sie sich im Garten des Temple frei bewegen konnten.

DER VORSITZENDE zum Zeugen: Hatten Sie Kenntnis von den Intrigen, die während des Aufenthalts der Angeklagten im Temple dort gesponnen wurden?

ANTWORT. Ja.

FRAGE. Welche Beamten waren eingeweiht?

ANTWORT. Der kleine Capet hat mir erklärt, seine Mutter hätte Toulan, Pétion, La Fayette, Lepitre, Beugnot, Michonis, Vincent, Manuel, Lebœuf, Jobert und Dangé besonders gern gehabt; Dangé hätte ihn einmal in die Arme genommen und in Gegenwart seiner Mutter zu ihm gesagt: »Ich wollte, Du nähmest den Platz Deines Vaters ein.«

DIE ANGEKLAGTE. Ich habe gesehen, wie mein Sohn im Garten mit Dangé mit der Wurfscheibe spielte; aber ich habe nie beobachtet, daß der ihn in die Arme nahm.

FRAGE. Wissen Sie, daß der kleine Capet und seine Schwester in einem Türmchen eingesperrt wurden, während die Beamten bei der Angeklagten und ihrer Schwägerin waren?

ANTWORT. Ja.

FRAGE. Wissen Sie, daß der kleine Capet als König behandelt wurde, besonders bei Tisch?

ANTWORT. Ich weiß, daß seine Mutter und seine Tante ihm bei Tisch den Vorrang ließen.

DER VORSITZENDE zur Angeklagten: Haben Sie seit Ihrer Festnahme an die Polignac[6] geschrieben?

ANTWORT. Nein.

FRAGE. Haben Sie nicht Anweisungen unterzeichnet, um beim Verwalter der Zivilliste Geld flüssig zu machen?

ANTWORT. Nein.

DER ÖFFENTLICHE ANKLÄGER.[7] Ich mache Sie darauf aufmerksam, daß Ihr Leugnen gleich nutzlos wird, weil in den Papieren von Septeuil zwei Anweisungen mit Ihrer Unterschrift gefunden wurden; zwar sind die beiden Schriftstücke, die dem Komitee der Vierundzwanzig[8] übergeben wurden,

---

6 Die Duchesse de Polignac (1749–93) – vgl. Nr. 17, Anm. 12 – war bis zu ihrer Emigration 1789 die engste Freundin der Königin gewesen.

7 Die Anklage vertrat natürlich Antoine-Quentin Fouquier-Tinville (1746–95), der in allen wichtigeren Prozessen vor dem Revolutionstribunal auftrat; nach Robespierres Sturz wurde er verhaftet und acht Monate später hingerichtet.

8 Die Kommission der Vierundzwanzig war eingesetzt worden, um die Papiere im ›Eisenschrank‹ (vgl. Nr. 51, S. 252) zu sichten.

302 P.-S. Maréchal, Das Jüngste Gericht der Könige

im Augenblick nicht auffindbar, da diese Kommission aufgelöst worden ist; aber Sie werden Zeugen hören, die sie gesehen haben. [...]

P.-S. Maréchal
Das Jüngste Gericht der Könige

Pierre-Sylvain Maréchal (1750–1803) ist ein typischer Vertreter der ›marginalisierten Intellektuellen‹, der ›Philosophen‹ aus der Generation nach Voltaire, Diderot und Rousseau, die sich vor der Revolution unbeachtet kümmerlich durchschlagen, nach 1789 aber nicht selten in führende Positionen aufrücken;[1] Sohn eines Weinhändlers, studierte Jurist, wurde er 1781 Hilfsbibliothekar am Collège Mazarin, verfaßte als »Berger [Schäfer] Sylvain« galante Gedichte und wurde entlassen, nachdem er 1784 eine Bibelparodie veröffentlicht hatte. 1788 stellte er im Almanach des honnêtes gens einen im Sinne der aufgeklärten Philosophie reformierten Kalender vor (mit vorbildhaften historischen Figuren aus alter und neuer Zeit anstelle der Heiligen), der in manchem den Revolutionskalender von Fabre d'Eglantine vorwegnahm. Nach dem Bastille-Sturm redigierte er die antiklerikale Zeitschrift Le Tonneau de Diogène und schrieb auch für andere Blätter. Sein Hauptanliegen war der Kampf gegen das Christentum und seine Priester. Nach Robespierres Sturz war er in die Verschwörung der Gruppe um Gracchus Babeuf (1796/97) verwickelt und verfaßte für sie den Manifeste des Egaux, entging aber der Verhaftung, als die Gruppe vor Gericht gestellt

1 Zu dieser Gruppe vgl. Robert Darnton, *Bohème littéraire et Révolution*, Paris 1983.

wurde. 1800 veröffentlichte er den Dictionnaire des athées anciens et modernes.

Le Jugement dernier des rois *wurde am 18. Oktober 1793 uraufgeführt, zwei Tage nach der Hinrichtung von Marie Antoinette; durch die Schwarz-Weiß-Darstellung ›böser‹ Könige und ›guter‹ Sans-culottes verfolgt der Einakter eindeutig die Absicht, diese Hinrichtung und den Kampf gegen das Königtum im In- und Ausland zu rechtfertigen. Er hatte außerordentlichen Erfolg beim zeitgenössischen Publikum.*

Quelle: ThéâtreRév. S. 304–325.

Das Jüngste Gericht der Könige
Prophezeiung in einem Akt

PERSONEN

Ein ALTER FRANZOSE
WILDE beiderlei Geschlechts und jeden Alters
Ein SANS-CULOTTE aus jeder Nation Europas
Die EUROPÄISCHEN KÖNIGE, darunter
der PAPST
die ZARIN
der KAISER
der KÖNIG VON ENGLAND
der KÖNIG VON PREUSSEN
der KÖNIG VON NEAPEL
der KÖNIG VON SPANIEN
der KÖNIG VON SARDINIEN
der KÖNIG VON POLEN

Die Bühne stellt das Innere einer Insel mit einem Vulkan dar. Im Hintergrund speit ein Berg während der gesamten Aufführung von Zeit zu Zeit Feuer.

Auf einer Seite im Vordergrund spenden einige Bäume einer Hütte Schatten, die sich an einen großen weißen Felsen lehnt; auf ihn ist mit Kohle folgendes geschrieben:

Es ist besser, zum Nachbarn
Einen Vulkan als einen König zu haben.
Freiheit . . . . . . Gleichheit.

Darunter stehen mehrere Zahlen. Ein Bach stürzt den Felsen hinab und fließt neben der Hütte vorbei.

Auf der anderen Seite das Meer.

Während des Monologs des alten Mannes, der den Zahlen eine weitere hinzufügt, geht die Sonne hinter dem weißen Felsen auf.

ERSTE SZENE

Der alte Mann.

DER ALTE MANN *(zählt).* Eins, zwei, drei . . . neunzehn, zwanzig. Heute bin ich genau zwanzig Jahre auf diese Insel verbannt. Der Despot, der den Befehl dazu unterzeichnet hat, ist jetzt vielleicht tot . . . Dort in meinem bedauernswerten Vaterland glaubt man, der Vulkan hätte mich vernichtet, ein wildes Tier hätte mich zerrissen oder Menschenfresser hätten mich verspeist. Der Vulkan, die Raubtiere und die Wilden haben das Opfer eines Königs offenbar bis heute verschont . . .

Meine Freunde verspäten sich ziemlich; dabei ist die Sonne schon aufgegangen! . . . Was sehe ich da? . . . Das sind doch nicht ihre Boote . . . Eine Schaluppe! . . . sie rudern hierher. Weiße . . . Europäer! . . . Wenn es Landsleute wären, Franzosen. . . . Vielleicht kommen sie mich holen . . . Der Tyrann wird tot sein; und sein Nachfolger hat sicher einige unschuldige Opfer des Vorgängers begnadigt, um sich beliebt zu machen, wie es bei einer Thronbesteigung die Regel ist . . . Ich will keine Milde von einem

Despoten: Ich werde lieber auf dieser Vulkaninsel bleiben
und sterben, als nach Europa zurückzukehren, zumindest,
solange es dort Könige und Priester gibt.

Ich verstecke mich hinter dem Felsen; ich muß herausbe-
kommen, was alle diese Leute hier wollen.

ZWEITE SZENE

*Zwölf oder fünfzehn Sans-culottes, einer aus jeder europäi-
schen Nation, gehen an Land.*

DER FRANZÖSISCHE SANS-CULOTTE. Mal sehen, ob diese Insel
für unsere Zwecke geeignet ist. Es ist schon die dritte, die
wir uns anschauen; sie hat einen Vulkan, der offensichtlich
noch aktiv ist. Um so besser! Die Erde wird desto schneller
von den gekrönten Banditen befreit sein, mit deren Deportation wir beauftragt sind.

DER ENGLÄNDER. Ich glaube, hier sind sie gut aufgehoben.
Die Natur selbst wird das Urteil der Sans-culottes gegen
die Könige schleunigst bestätigen und vollziehen, gegen
diese Verbrecher, die so lange privilegiert und straffrei
waren.

DER SPANIER. Hier sollen sie alle Qualen der Hölle erleiden,
an die sie nicht geglaubt haben und von der sie die Priester,
ihre Komplizen, nur predigen ließen, um uns für dumm zu
verkaufen.

DER FRANZOSE. Kameraden! Diese Insel scheint bewohnt zu
sein ... Seht ihr die Fußspuren hier?

DER SARDE. Die Früchte hier am Höhleneingang sind ganz
frisch gepflückt.

DER FRANZOSE. Freunde! Kommt, he, kommt doch! Lest:
　　　　Es ist besser, zum Nachbarn
　　Einen Vulkan als einen König zu haben.

MEHRERE SANS-CULOTTES *(zusammen).* Bravo! Bravo!

DER FRANZOSE *(liest weiter).*
Freiheit . . . . . Gleichheit.
Hier lebt ein Märtyrer des alten Regimes. Was für ein glückliches Zusammentreffen!

DER ENGLÄNDER. Oh, wie gut haben wir unser Ziel ausgesucht! Hier schmachtet einer, der nicht damit rechnet, heute seine Befreier zu treffen.

DER FRANZOSE. Der Unglückliche weiß von nichts; er hätte sterben können, ohne von der Befreiung seiner Heimat zu erfahren.

DER DEUTSCHE. Und von der Befreiung ganz Europas! Er kann nicht weit sein; suchen wir ihn, gehen wir ihm entgegen.

DER FRANZOSE. Wie ungeduldig bin ich, ihn zu treffen! Sicher ist er einer von uns; und nach den heiligen Namen zu urteilen, die er auf den Felsen geschrieben hat, ist er der großen Revolution würdig, denn er hat sie hier am Ende der Welt vorausgeahnt.

DRITTE SZENE

Die vorigen und der alte Mann.

MEHRERE SANS-CULOTTES *(zusammen).* Guter alter Mann! . . . ehrwürdiger Greis! . . . was machst du hier?

DER ALTE MANN. Franzosen! . . . was für ein glücklicher Tag! . . . Es ist so lange her, daß ich Franzosen gesehen habe! . . . Meine Freunde! Meine Kinder! Was tut ihr hier? . . . Aber als allererstes, ihr habt vielleicht vor dieser Insel Schiffbruch erlitten; braucht ihr etwas zu essen? Ich kann euch nur die Früchte hier und das Quellwasser anbieten. Meine Hütte ist zu klein für euch alle zusammen. Ich habe nicht mit so viel, und so angenehmem Besuch gerechnet.

DER FRANZOSE. Lieber Großpapa, es fehlt uns an nichts. Wir

wollen dir nur zuhören und deine Geschichte erfahren; danach erzählen wir dir dann von uns.

DER ALTE MANN. Also dann, ganz kurz: Ich bin Franzose und stamme aus Paris. Ich lebte auf einem kleinen Gut neben dem Park von Versailles. Eines Tages zog die Jagdgesellschaft des Hofes dort vorbei; sie verfolgte einen Hirsch bis in meinen Garten. Der König[2] und sein ganzes Gefolge kamen in mein Haus. Meine Tochter war groß und schön, sie fiel allen diesen *Herren* vom Hof auf. Am nächsten Tag wurde sie entführt ... Ich eilte sofort zum Schloß, um ihre Freilassung zu verlangen; sie verspotten mich, drängen mich hinaus und jagen mich davon. Ich gebe nicht auf; mit Tränen in den Augen falle ich dem König zu Füßen, als er vorbeigeht. Jemand flüstert ihm etwas über mich ins Ohr; er lacht mir ins Gesicht und gibt Anweisung, mich fortzuschaffen. Meine arme Frau hat auch nicht mehr Erfolg; vor Kummer ist sie gestorben. Ich gehe noch einmal zum Schloß und erzähle aller Welt von meinem Kummer. Keiner will sich da einmischen. //Ich bitte um eine Audienz bei der Königin; schließlich halte ich sie am Kleid fest, als sie ihre Gemächer verläßt. »Ach«, sagt sie, »schon wieder dieser lästige Mensch. Warum läßt man ihn immer noch zu mir?«//[3] Ich suche die Minister auf, ich werde laut; ich spreche als Mensch und als Vater. Einer, ein Prälat, würdigt mich keiner Antwort; aber er gibt einem anderen einen

---

2 Maréchal zeichnet eine Utopie, möchte den Zuschauern aber offensichtlich suggerieren, daß diese in nicht allzu ferner Zukunft Wirklichkeit werden könnte; das Stück mag also 1794 spielen, dann wäre der alte Mann 1774 auf der Insel angekommen. Der König, von dem die Rede ist, wäre dann noch der für seine zahllosen Liebesabenteuer und seine Maîtressenwirtschaft berüchtigte Louis XV (1715–74). Der Anspruch der großen Herren, die Töchter der Nichtadligen verführen zu können, dient häufig als Ansatzpunkt für Kritik an der Willkür des Adels (vgl. z. B. auch *Le mariage de Figaro* von Beaumarchais, 1783). – Die Königin, die etwas später erwähnt wird, sollte wohl als Marie Antoinette (die den Dauphin Louis 1770 geheiratet hatte) erkannt werden.
3 Bei der Uraufführung wurden bestimmte Stellen weggelassen, meist aktuelle Anspielungen, bei denen man vielleicht Tumulte im Zuschauerraum befürchtete; sie werden in der Übersetzung in // // eingeschlossen.

Wink. Vor der Tür seines Kabinetts werde ich verhaftet.
Man wirft mich in ein Verlies, aus dem sie mich erst heraus-
holten, als sie mich in den Laderaum eines Schiffes steckten; das hat mich dann heute vor genau zwanzig Jahren auf
dieser Insel abgesetzt. Das, meine Freunde, ist meine Geschichte.

DER FRANZÖSISCHE SANS-CULOTTE. Jetzt hör du mir zu, und
laß dir sagen, daß du gründlich gerächt bist. Es würde zu
lange dauern, dir alles zu erzählen. Das Wichtigste: guter
alter Mann! Vor dir stehen Vertreter aller Nationen Europas, das frei geworden ist und aus Republiken besteht;
denn du mußt wissen, daß es in Europa überhaupt keine
Könige mehr gibt.

DER ALTE MANN. Ist das wahr? Ist das denn möglich? Ihr
macht euch über einen armen Alten lustig.

DER FRANZÖSISCHE SANS-CULOTTE. Echte Sans-culottes ehren
die alten Leute und erlauben sich keine Späße mit ihnen ...
so wie früher die blöden Höflinge aus Versailles, Saint-
James, Madrid oder Wien.

DER ALTE MANN. Was denn! Es gibt keine Könige mehr in
Europa?

EIN SANS-CULOTTE. Gleich kannst du sehen, wie sie alle hier
an Land gehen; sie reisen so wie du damals im Laderaum
einer kleinen Fregatte der Marine, die uns losgeschickt hat,
um für sie Quartier zu machen. Du kannst sie alle hier
sehen, allerdings mit einer Ausnahme.

DER ALTE MANN. Und warum das? Keiner von ihnen war
jemals mehr wert als die anderen.

DER SANS-CULOTTE. //Da hast du recht ... *mit einer Ausnahme*, weil wir den guillotiniert haben.

DER ALTE MANN. Guillotiniert! ... was heißt das? ...

DER SANS-CULOTTE. Wir werden es dir erklären, und noch
vieles mehr:// Wir haben ihn von Gesetz wegen einen Kopf
kürzer gemacht.

DER ALTE MANN. Die Franzosen sind also Männer geworden!

DER SANS-CULOTTE. Freie Männer. Kurz und gut, Frankreich

ist eine Republik im wahrsten Sinne des Wortes ... Das französische Volk ist aufgestanden. Es hat gesagt: »Ich will keinen König mehr«, und der Thron ist verschwunden. Es hat weiter gesagt: »Ich will die Republik«, und jetzt sind wir alle Republikaner.

DER ALTE MANN. Niemals hätte ich auf so eine Revolution zu hoffen gewagt; aber ich begreife. Bei mir habe ich immer schon gedacht, daß das Volk genauso mächtig ist wie der Gott, von dem ihm die Pfaffen predigen, und nur zu wollen braucht ... Wie glücklich bin ich, daß ich lange genug gelebt habe, um von einem so wichtigen Ereignis zu erfahren! O meine Freunde! Meine Brüder, meine Kinder! Ich bin ganz hingerissen ...

Aber bis jetzt habt ihr nur von Frankreich gesprochen; und ich hatte den Eindruck, daß ganz Europa von der Seuche des Königtums erlöst ist, wenn ich euch vorhin recht verstanden habe?

DER DEUTSCHE. Das Beispiel Frankreichs hat Früchte getragen, allerdings nicht ohne Schwierigkeiten. Ganz Europa hat sich gegen die Franzosen verbündet, die Völker nicht, sondern die Ungeheuer, die sich unverschämterweise als Souveräne bezeichneten. Sie haben alle ihre Sklaven bewaffnet und alle Hebel in Bewegung gesetzt, um die Zelle der Freiheit zu zerstören, die Paris gebildet hatte. Zuerst wurde die hochherzige Nation, die als erste Gerechtigkeit an ihrem König geübt hatte, auf empörende Art verleumdet: sie sollte gemäßigt, föderalisiert[4], ausgehungert und ganz und gar unterjocht werden, um für alle Zeiten den Menschen das Regime der Unabhängigkeit zu verleiden.

---

4 *modérantiser* und *fédéraliser* bezeichnen die beiden Hauptvorwürfe, die die Montagne gegen die Gironde erhob: Die Girondisten seien gemäßigt, d. h., sie lehnten die notwendige Vernichtung der Staatsfeinde durch den Terror der Guillotine ab, und sie erstrebten den Föderalismus, d. h., sie wollten der (großenteils antirevolutionären) Provinz größeren politischen Einfluß einräumen als der Pariser Zentralregierung.

Aber[5] weil sie über die heiligen Prinzipien der französischen Revolution nachgedacht, von den erhabenen Cha-
rakterzügen und den heldenhaften Tugenden gelesen haben, die sich durch sie entfalten konnten, haben sich die
anderen Völker gesagt: Wir müssen ja schön dumm sein,
daß wir uns wie Hammel zur Schlachtbank führen oder
an die Leine legen lassen wie Jagdhunde beim Kampf mit
einem Stier. Verbrüdern wir uns lieber mit denen, die uns
an Vernunft und Freiheit voraus sind. Daraufhin schickte
jeder Teil Europas tüchtige Sans-culottes zu seiner Vertretung nach Paris. Dort, in diesem Reichstag aller Völker, kam man überein, daß sich an einem bestimmten Tag
die Massen in ganz Europa erheben und sich emanzipie-
ren sollten ... Wirklich brach bei allen Nationen Europas
gleichzeitig ein allgemeiner Aufstand los; jede von ihnen
hatte ihren 14. Juli und 5. Oktober 1789, ihren 10. August
und 21. September 1792, ihren 31. Mai und 2. Juni 1793[6].
Wir werden dich über diese Zeiten unterrichten, es sind
die erstaunlichsten der ganzen Menschheitsgeschichte.

DER ALTE MANN. Wie wunderbar! ... Befriedigt fürs erste
meine Neugier und Ungeduld nur in einem Punkt. Ihr alle
gebraucht ständig das Wort *Sans-culotte*; was bedeutet dieser merkwürdige und interessante Ausdruck?

DER FRANZÖSISCHE SANS-CULOTTE. Das will *ich* dir sagen: Ein
Sans-culotte ist ein freier Mann, ein Patriot durch und
durch. Die Masse des echten Volks, das immer gut und
gesund ist, besteht aus Sans-culottes. Es sind anständige
Bürger, die gerade das Notwendige zum Leben haben, die
im Schweiße ihres Angesichts ihr Brot essen, die Arbeit

5 An dieser Stelle erfolgt der Umschlag von einer alles in allem zutreffenden
Bestandsaufnahme der Lage, wie sie sich zum Zeitpunkt der Uraufführung dar-
stellte, zur Utopie.
6 Die Daten der wichtigsten Volkserhebungen in Paris: zum 14. Juli 1789 vgl.
Nr. 10; zum 5. Oktober 1789 Nr. 17; zum 10. August 1792 Nr. 45; am 21. September 1792 schaffte die Convention das Königtum ab; am 31. Mai und 2. Juni
1793 setzten die Pariser Sektionen und die Nationalgarde durch, daß die Convention die Führer der Gironde unter Hausarrest stellte.

lieben, gute Söhne, Väter, Ehemänner, gute Verwandte, Freunde, Nachbarn sind, aber ihre Rechte ebenso eifersüchtig verteidigen wie ihre Pflichten. Bis zu jenem Tag hatten sie sich noch nicht zusammengetan und waren deshalb bloß blinde und passive Werkzeuge in der Hand der Bösen, nämlich der Könige, der Adligen, der Priester, Egoisten, Aristokraten, Staatsmänner, Föderalisten gewesen, kurz und gut, all der Leute, deren Maximen und Schandtaten wir dir, weiser und unglücklicher Greis, erklären werden. Die Sans-culottes, die allein den Bienenstock versorgen, wollen nicht länger feige, bösartige, arrogante und schmarotzende Hornissen über oder neben sich dulden.

DER ALTE MANN *(enthusiastisch)*. Meine Brüder, meine Kinder, auch ich bin ein Sans-culotte!

DER ENGLÄNDER *(führt den Bericht weiter)*. //Alle Völker haben also am gleichen Tag die Republik ausgerufen und eine freie Regierung errichtet. Aber gleichzeitig wurde vorgeschlagen, eine *europäische Convention* zu schaffen, die in Paris, der Hauptstadt Europas, ihren Sitz haben sollte. Der erste Beschluß, den man dort faßte, machte endgültig Schluß[7] mit den Königen, die bereits in den Gefängnissen ihrer Schlösser saßen. Sie wurden zur Deportation auf eine einsame Insel verurteilt, wo sie unter Aufsicht und Verantwortlichkeit einer kleinen Flotte, die alle Republiken abwechselnd dorthin entsenden werden, strikt bewacht werden sollen bis zum Tod des letzten dieser Ungeheuer.//

DER ALTE MANN. Aber erklärt mir bitte, warum habt ihr euch die Mühe gemacht, alle die Könige hierherzubringen? Es wäre zweckmäßiger gewesen, sie alle gleichzeitig in den Torbögen ihrer Paläste aufzuhängen.

---

7 *fut le jugement dernier des rois*; frz. *jugement dernier* bezeichnet allgemein das »Jüngste Gericht«, bedeutet zugleich aber auch »das letzte (d. h. endgültige) Urteil«; die Mehrdeutigkeit des Ausdrucks läßt sich im Deutschen nicht nachahmen.

DER FRANZÖSISCHE SANS-CULOTTE. Nein, nein! Diese Strafe wäre zu milde und zu kurz gewesen; sie hätte nicht den beabsichtigten Zweck erfüllt. Es erschien passender, ganz Europa das Schauspiel zu bieten, wie seine gefangenen Tyrannen sich in einer Menagerie gegenseitig auffressen, weil sie ihre Wut nicht mehr an den tapferen Sans-culottes auslassen können, die sie ihre Untertanen zu nennen wagten. Man sollte ihnen Zeit geben, sich gegenseitig ihre Schandtaten vorzuwerfen und einander eigenhändig zu bestrafen. So lautet das feierliche und rechtskräftige Urteil, das einstimmig über sie verhängt wurde und das wir hier auf dem Meer vollstrecken.

DER ALTE MANN. Ich stimme zu.

EIN SANS-CULOTTE. Jetzt, wo du einigermaßen Bescheid weißt, sag uns, guter alter Mann, glaubst du, diese Insel, auf der du seit zwanzig Jahren wohnst, eignet sich, um unsere Ladung minderwertige Ware loszuwerden?

DER ALTE MANN. Freunde, diese Insel ist unbewohnt. Eines morgens wurde ich hier an Land geschwemmt; den ganzen Tag über begegnete ich keinem Lebewesen. Erst am Abend kam ein Einbaum in diese kleine Bucht gefahren. Mehrere Eingeborenenfamilien gingen an Land, die mir zunächst Angst machten. Damit tat ich ihnen unrecht: Bald zerstreuten sie meine Furcht durch einen freundlichen Empfang und versprachen mir, mir jeden Abend Früchte, Wild oder Fisch zu bringen. Sie kamen nämlich täglich bei Einbruch der Nacht auf diese Insel, um dem Vulkan hier religiöse Verehrung darzubringen.[8] //Ohne mich ihrem Glauben entgegenzustellen, forderte ich sie auf, wenigstens neben dem Vulkan auch die Sonne anzubeten. Am dritten

8 Der Mythos des ›guten Wilden‹ gehört zu den Lieblingsvorstellungen der Aufklärung, die den Menschen als von Natur aus gut betrachtet; der unverdorbene Wilde erscheint oft – wie auch bei Maréchal – als zwar naiv und in kindischem Aberglauben befangen, aber zugleich auch als frei von den Schwächen und Lastern, die der Europäer der Fehlentwicklung der Gesellschaft und ihrer Zivilisation verdankt (vgl. z. B. Voltaire, *L'Ingénu*; Diderot, *Supplément au voyage de Bougainville*; die Schriften Rousseaus, usw.).

Tag danach kamen sie zuverlässig frühmorgens zurück, um das Phänomen zu beobachten, das ich ihnen angekündigt hatte und das sie in ihren verräucherten Hütten bis dahin noch nicht wahrgenommen hatten. Ich ließ sie auf dem weißen Felsen Aufstellung nehmen und den Aufgang der Sonne betrachten, die sich in all ihrer Pracht aus dem Meer erhob; dieses Schauspiel versetzte sie in Ekstase. Seitdem vergeht keine Woche, ohne daß sie den Sonnenaufgang bewundern kommen.// Von da an haben sie mich auch als ihren Vater, Arzt und Ratgeber betrachtet und behandelt; dank ihnen fehlt es mir in dieser Wildnis an nichts. Einmal wollten sie mich unbedingt zu ihrem König machen; ich erklärte ihnen, so gut ich konnte, meine Erfahrungen zu Hause, und sie versprachen mir mit feierlichem Eid in die Hand, niemals Könige, und ebensowenig Priester haben zu wollen.

Meiner Meinung nach ist diese Insel genau das, was ihr sucht; um so mehr als sich der Krater seit einigen Wochen beträchtlich ausdehnt, was offenbar eine bevorstehende Eruption ankündigt. Sie sollte besser über gekrönte Häupter hereinbrechen als über meine braven Nachbarn, die Wilden, oder über meine Brüder, die tapferen Sansculottes.

EIN SANS-CULOTTE. Kameraden, was meint ihr? Er hat bestimmt recht; geben wir der Flotte das Signal, daß sie herkommen; hier sollen die Schiffe das Gift ausspeien, das sie geladen haben.

DER ALTE MANN. Ich sehe da meine braven Nachbarn; senkt eure Piken vor ihnen zum Zeichen der Verbrüderung; dann werden sie ihre Bogen vor euch niederlegen. Ich spreche ihre Sprache nicht, und sie verstehen die unsere ebensowenig; aber die Herzen sind in allen Ländern gleich: Wir verständigen uns durch Zeichen und verstehen uns prächtig.

(Eingeborenenfamilien verlassen ihre Einbäume. Der Alte stellt sie den Sans-culottes aus Europa vor. Man verbrüdert

und umarmt sich; der Alte steigt auf den weißen Felsen und
bringt der Sonne die Früchte dar, die ihm die Wilden in
kunstvoll geflochtenen Weidenkörben geschenkt haben.
    Nach der Zeremonie verständigt sich der Alte durch Ge-
sten mit ihnen und setzt sie ins Bild.
    Die Könige kommen an Land; sie betreten einer nach
dem anderen die Bühne, mit Szepter, Königsmantel, golde-
ner Krone und einer langen Eisenkette um den Hals, deren
Ende ein Sans-culotte in der Hand hält.)

VIERTE SZENE

Die vorigen, Eingeborenenfamilien.

DER ALTE MANN. Tapfere Sans-culottes, die Wilden haben die
Freiheit vor uns besessen, denn sie haben nie Könige gehabt. Sie sind frei geboren, und leben und sterben ebenso.

FÜNFTE SZENE

Die vorigen. Die Könige Europas.

EIN DEUTSCHER SANS-CULOTTE *(führt den Kaiser, der den*
Zug eröffnet). Platz für Seine Majestät den Kaiser[9] ...
Nur Mangel an Zeit und Begabung haben ihn daran ge-
hindert, alle Schandtaten, die das Herrscherhaus von
Österreich begangen hat, zu Ende zu bringen und die üblen
Machenschaften auf die Spitze zu treiben, die Joseph II. und

---

9 Franz II. (1768–1835), Neffe Marie Antoinettes und Josephs II. (1741–90),
folgte 1792 seinem Vater Leopold II. (1747–92) nach dessen kurzer Regierungszeit auf dem Thron nach; er ergriff sofort eindeutig Partei gegen Frankreich.
Nach Serien von Niederlagen gegen die französische Republik und Bonaparte
verzichtet er 1804 auf die Kaiserwürde des Deutschen Reiches und nennt sich
von da an Kaiser Franz I. von Österreich.

Antoinette gegen Frankreich planten und ausführten. Er war die Geißel seiner Nachbarn und seines eigenen Landes, dessen Bevölkerung er aussaugte und dessen Vermögen er verschwendete. Er war verantwortlich für den Niedergang der Landwirtschaft, behinderte den Handel und knebelte das Denken. *(Er schüttelt die Kette.)* Weil er bei der Teilung Polens nicht das größte Stück bekommen konnte[10], wollte er sich dadurch schadlos halten, daß er die Grenzen der Nation verletzte, deren Aufgeklärtheit und Energie er fürchtete. Er ist ein falscher Freund, ein unzuverlässiger Verbündeter, er tut Böses um des Bösen willen; er ist ein Ungeheuer.

FRANZ II. Verzeihung, ich bin kein solches Ungeheuer, wie man offenbar glaubt. Zwar hat Lothringen mich gereizt; aber wäre Frankreich nicht gut bedient gewesen, den Frieden und die gute Ordnung um den Preis einer Provinz zu erkaufen? Hat es nicht schon genug davon? Außerdem, wenn einer Tadel verdient, dann der alte Kaunitz[11], der meine Jugend und Unerfahrenheit ausnutzte; und außerdem die Herzöge von Coburg und Braunschweig[12].

DER DEUTSCHE *(läßt ihn los).* Sag lieber deine gemeine Seele, dein böses Herz ... Bring hier dein Leben zu Ende, für immer von der Menschheit geschieden, der du und deine Genossen lange genug Schande gemacht und Leid zugefügt haben.

10 Bei der Ersten polnischen Teilung 1772 hatten Preußen, Österreich und Rußland jeweils Teile des polnischen Territoriums annektiert; Widerstand des polnischen Adels gegen die Reformpolitik König Stanislaus' II. führte zum Eingreifen Rußlands und Preußens und im September 1793 zur Zweiten polnischen Teilung, bei der Österreich leer ausging. Mit der dritten Teilung 1795 wird der polnische Staat von der Landkarte verschwinden.
11 Wenzel Anton Graf Kaunitz (1711–94), Reichskanzler unter Maria Theresia und ihren Nachfolgern (1754–92); Verfechter des ›aufgeklärten Absolutismus‹ im Sinne Josephs II.; Franz II. entließ ihn bald nach seiner Thronbesteigung.
12 Friedrich Josias Herzog von Sachsen-Coburg (1737–1815) führte 1792 die österreichische Armee, Karl Wilhelm Ferdinand Herzog von Braunschweig (1735–1806; vgl. Nr. 44) hatte den Oberbefehl über die preußisch-österreichischen Invasionstruppen.

EIN ENGLISCHER SANS-CULOTTE *(führt den König von Eng-land an einer Kette vor).* Hier kommt Seine Majestät, der König von England[13], der mit Hilfe des machiavellisti-schen Genies von Pitt[14] die Börse des englischen Volkes plünderte und die Staatsschuld noch vergrößerte, um in Frankreich Bürgerkrieg, Anarchie, Hunger und den Föde-ralismus zu schaffen, der schlimmer ist als alles andere.

GEORGE. Aber ich war nicht Herr meiner Sinne, das wißt ihr. Bestraft man einen Verrückten? Man steckt ihn in eine Anstalt.

DER ENGLÄNDER *(läßt ihn los).* Der Vulkan wird dir den Ver-stand schon zurückgeben.

EIN PREUSSISCHER SANS-CULOTTE. Hier kommt Seine Maje-stät, der König von Preußen[15]; wie der Herzog von Han-nover[16] ist er ein schändliches, heimtückisches Tier, fällt auf jeden Scharlatan herein, ist aber der Henker anständi-ger und freier Menschen.

WILHELM. Es ist höchst ungerecht, wie ihr mit mir umgeht. Schließlich solltet ihr mich doch kennen: Ich hatte nie die militärische Begabung meines Onkels[17]; ich beschäftigte mich viel mehr mit den Illuminaten[18] als mit den Franzo-sen. Wenn meine Soldaten ein bißchen Schaden angerichtet haben, hat man ihnen das gründlich heimgezahlt. Also sind

13 George III (1738–1820, König seit 1760) hatte 1788/89 Anfälle von Wahnsinn und verlor jeden Einfluß auf die Politik, die sein Premierminister Pitt be-stimmte.

14 William Pitt (der Jüngere, 1759–1806), Premierminister 1783–1801 und 1804–06; entschloß sich nach der Hinrichtung Louis' XVI. der Koalition gegen Frankreich beizutreten. Die Kosten des Krieges ließen die Staatsverschuldung in England beträchtlich anwachsen.

15 Friedrich Wilhelm II. (1744–97, König seit 1786) unterzeichnete im Septem-ber 1791 mit Leopold II. die Erklärung von Pillnitz (Nr. 36), führte den Krieg aber nach der Kanonade von Valmy (20. September 1792, vgl. Nr. 50) eher halbherzig.

16 Der englische König, der in Personalunion Kurfürst von Hannover war.

17 Friedrich II., ›der Große‹ (1712–86).

18 Der Illuminatenorden war 1776 gegründet worden; er zählte zu den zahlrei-chen mystischen Vereinigungen, die nach ›Erleuchtung‹, Kontakt mit der Gei-sterwelt usw. strebten.

wir quitt: Auf beiden Seiten gleichviel Tote und Verwundete, das hebt sich auf.

DER PREUSSE. Das sind die Gefühle und die Sprache eines Königs. Ungeheuer! Büße hier für all das Blut, das du auf den Feldern der Champagne, vor Lille und Mainz[19] vergossen hast.

EIN SPANISCHER SANS-CULOTTE. Hier kommt Seine Majestät, der König von Spanien[20]. Er stammt wirklich aus der Linie der Bourbonen; seht, wie Dummheit, Scheinheiligkeit und Despotismus ihm im königlichen Gesicht geschrieben stehen.

CARLOS. Ich gebe zu, ich bin nur ein Dummkopf, den die Priester und seine Frau immer an der Nase herumgeführt haben; seid mir also gnädig.

EIN NEAPOLITANISCHER SANS-CULOTTE. Hier kommt der gekrönte Heuchler aus Neapel[21]. Ein paar Jahre noch, dann hätte er in Europa mehr Schaden angerichtet als der Vesuv, den er vor der Haustür hatte.

FERDINAND, KÖNIG VON NEAPEL. Wenn es schon ein Vulkan sein muß, warum habt ihr mich dann nicht bei mir zu Hause gelassen! Ich habe mich der Koalition als letzter angeschlossen. Am Ende blieb mir nichts anderes übrig, als mich auf die Seite meiner Genossen, der Könige, zu stellen. Mußte ich etwa nicht mit den Wölfen heulen?

EIN SARDISCHER SANS-CULOTTE. Hier in der Kiste kommt Seine verschlafene Majestät Victor-Amadeus-Maria von

19 Ende August 1792 hatten die Preußen Longwy und Verdun eingenommen; die Belagerung Lilles durch die Österreicher im September/Oktober 1792 blieb erfolglos. Im Oktober zogen sich die Truppen der Koalition zurück; am 21. Oktober konnte die französische Armee unter Custine Mainz erobern, am 23. Juli 1793 mußte sie die Stadt wieder räumen.

20 Carlos IV (1748–1819, König seit 1788) stand unter dem Einfluß seines Günstlings Godoy, der zugleich der Liebhaber der Königin war. Spanien erklärte Frankreich am 7. März 1793 den Krieg, brachte die Franzosen aber nie ernsthaft in Bedrängnis.

21 Ferdinand IV. (1751–1825), König von Neapel seit 1759; durch seinen Günstling Sir John Acton, der seit 1785 Premierminister war, übte England entscheidenden Einfluß aus.

Savoyen[22], König der Murmeltiere. Er ist noch dümmer als
sie, nur einmal wollte er den Bösen spielen, aber wir haben
ihn schnell wieder in seinen Verschlag gesteckt. Amadeus,
schlaf, so schnell du kannst! Ich fürchte, der Vulkan wird
dir nicht erlauben, deine sechs Monate Winterschlaf zu
beenden.

DER KÖNIG VON SARDINIEN *(kommt aus seiner Kiste, gähnt
und reibt sich die Augen)*. Ich hab Hunger ... He, he! Wo
ist mein Kaplan, um das *Benedicite*[23] zu sagen?

DER SARDE. Sprich lieber dein Dankgebet ... Marsch! *(Er
stößt ihn.)* Dazu sind sie zu gebrauchen, diese Könige:
essen, trinken und schlafen, wenn sie kein Unheil anrich-
ten können.

EIN RUSSISCHER SANS-CULOTTE *(Katharina betritt die Bühne
mit weit ausholenden Schritten)*. Na, na, stell dich mal
nicht so an ... Hier kommt Ihre kaiserliche Majestät, die
Zarin aller Reußen[24]; auch genannt Madame Beine-breit,
oder, wenn euch das besser gefällt, die Schlampe[25], die
Semiramis des Nordens: Sie steht über ihrem Geschlecht,
denn sie hat nie dessen Tugenden und dessen Schamhaftig-
keit kennengelernt. Sitten- und schamlos //wurde sie zur
Mörderin ihres Mannes, um keinen Genossen auf dem

---

22 Victor-Amadeus III. von Piemont-Sardinien (1773–96) stand der Revolution
feindlich gegenüber, nahm in Turin den Comte d'Artois und andere prominente
Emigranten auf und trat schon 1792 der Koalition von Österreich und Preußen
bei. Ende 1792 besetzten französische Truppen seine Territorien Nizza und
Savoyen, die dann von Frankreich annektiert wurden.

23 Das Tischgebet vor dem Essen; da für den König alles zu Ende ist, scheint
dem Sans-culotte eher ein abschließendes Dankgebet angebracht.

24 Katharina II. (1729–96) heiratet 1745 den künftigen Zaren Peter III., der als
Sohn eines deutschen Vaters nach der Thronbesteigung 1762 durch seine Vor-
liebe für Deutschland und Mißachtung alles Russischen Anstoß erregte; nach
wenigen Monaten wurde er von adligen Verschwörern ermordet, mit Wissen
seiner Frau. Die Zarin, die eine Reihe von Liebhabern und Günstlingen hatte
(u. a. Potemkin), stand in Verbindung mit Aufklärern wie Voltaire und Diderot,
lehnte aber die Revolution entschieden ab.

25 *catau*, »Schlampe«, klingt an *Catherine* an; der Pole verwendet es gleich
darauf wie eine Kurzform dieses Namens (*ta maîtresse Catau*). – Königin Semiramis von Assyrien wurde besondere Wollust nachgesagt.

Thron, dafür aber um so mehr Gesellschaft in ihrem unreinen Bett zu haben.//

EIN POLNISCHER SANS-CULOTTE. He, Stanislaus August, König von Polen[26], los, vorwärts! Trag deiner Maîtresse Catau die Schleppe, wo du doch immer ihr Lakai gewesen bist.

EIN SANS-CULOTTE (*hält die Enden mehrerer Ketten in der Hand, mit denen einige Könige am Hals gefesselt sind*). Schaut her! Hier kommt der Rest. Es ist nur noch Ausschuß, es lohnt sich nicht, ihre Namen zu nennen.

(*Der alte Mann dolmetscht für die Wilden, vor denen die Könige vorbeiziehen. Er übersetzt für sie in die Zeichensprache, was beim Erscheinen der Könige auf der Bühne jeweils gesagt wird. Die Wilden lassen abwechselnd Staunen und Empörung erkennen.*)

EIN RÖMISCHER SANS-CULOTTE (*führt den Papst vor*). Auf die Knie, gekrönte Verbrecher! Empfangt den Segen des Heiligen Vaters[27]; denn nur *ein* Priester ist in der Lage, euch von euren Schandtaten loszusprechen, deren Komplize und ruchloser Anstifter er war. He, an was für widerwärtigen Machenschaften, an welcher verbrecherischen Intrige hätten die Priester und ihr Oberhaupt jemals nicht teilgenommen und keine Rolle dabei gespielt? Dieses Ungeheuer mit der dreifachen Krone stiftete unterderhand einen mörderischen Kreuzzug gegen die Franzosen an, wie es einst seine Vorgänger gegen die Sarazenen taten. Nach den Königen sind es die Priester, die der Welt und

---

26 Stanislaus August II. (1732–98), 1764–95 König von Polen, wurde auf Betreiben der künftigen Zarin Katharina, deren Liebhaber er gewesen war, zum Thronfolger bestimmt. Nach dem Verlust seines Reiches (vgl. Anm. 10) lebte er unter ständiger Bewachung in Rußland.

27 Giovanni Angelo Conte di Braschi (1717–99), als Papst Pius VI. (seit 1775), entschiedener Gegner der Revolution; im März 1791 verurteilte er die Zivilverfassung des Klerus (vgl. Nr. 29). In der Folgezeit annektierte Frankreich Avignon und die Grafschaft Venaissin, die seit dem Mittelalter Bestandteil des Kirchenstaats waren. Nach der Proklamation der römischen Republik durch die Franzosen (1798) wurde der Papst als Gefangener nach Frankreich gebracht.

dem Menschengeschlecht den meisten Schaden zugefügt
haben.

Dank, ewiger Dank dem französischen Volk, das als
erstes in unserer Zeit den Patriotismus des Brutus wieder
aufleben ließ und die Heuchelei der Auguren entlarvte. Die
Franzosen machten, daß die Römer über den Weihrauch
erröteten, den sie zu Füßen eines Priesters auf dem Kapitol
entweihten, genau da, wo der ehrgeizige Caesar von tugendhaften, republikanischen Händen erdolcht wurde.

DER PAPST. Oh, oh! Jetzt übertreibt ihr aber! Nennt mir einen
einzigen unter meinen Vorgängern, der so viel Mäßigung
an den Tag gelegt hätte wie ich. Wie sie hätte ich das ganze
Königreich Frankreich mit dem Bann belegen können ...

DER FRANZÖSISCHE SANS-CULOTTE *(unterbricht ihn)*. Sag die
Republik.

DER PAPST. Na schön, die Republik, einverstanden! Die Republik.

Ich hätte auf das Haupt aller Franzosen die Rache des
Himmels herabrufen können; aber ich habe mich damit
begnügt, eine Verschwörung aller irdischen Mächte gegen
sie anzuzetteln. Könnte ein Priester sich mehr zurückhalten? Hört zu, begnadigt mich; dann will ich den Rest meines Lebens für die Sans-culottes zu Gott beten.

DER RÖMISCHE SANS-CULOTTE. Nein, nein, nein! Wir wollen
keine Gebete mehr von einem Priester: Der Gott der Sans-
culottes, das sind Freiheit, Gleichheit, Brüderlichkeit! Du
kennst diese Götter nicht und wirst sie nie kennenlernen.
Treib lieber dem Vulkan den Teufel aus, der dich binnen
kurzem bestrafen und uns rächen soll.

EIN FRANZÖSISCHER SANS-CULOTTE *(heißt alle Könige im
Halbkreis Aufstellung nehmen; bevor er sie zurückläßt)*.
Ihr gekrönten Ungeheuer! Ihr alle hättet auf dem Schafott
tausend Tode sterben sollen; aber wo hätten sich Henker
gefunden, die ihre Hände an eurem gemeinen, verseuchten
Blut hätten beschmutzen wollen? Wir überlassen euch der
Reue, oder vielmehr eurer ohnmächtigen Wut.

Schaut euch doch nur mal die Urheber all unserer Übel an! Kommende Generationen, werdet ihr das glauben können! Seht hier jene, die das Los Europas in Händen gehalten und bestimmt haben. Im Dienst dieser paar feigen Banditen, wegen der Willkür dieser gekrönten Verbrecher ist das Blut von einer, von zwei Millionen Menschen fast überall auf dem Kontinent und in Übersee vergossen worden, von denen der schlechteste mehr wert war als sie alle zusammen. Im Namen oder auf Befehl dieser zwei Dutzend wilder Bestien sind ganze Provinzen verwüstet, große Städte in Leichenberge verwandelt und in Schutt und Asche gelegt, zahllose Familien geschändet, ihrer Habe beraubt und dem Hunger preisgegeben worden. Diese ruchlose Bande politischer Mörder hat große Nationen in Schach gehalten und Völker gegeneinander gehetzt, die dazu geschaffen sind, Freunde zu sein und brüderlich miteinander zu leben. In Kriegszeiten sind sie die Schlächter, im Frieden die Verführer des Menschengeschlechts. Von den Höfen dieser unreinen Geschöpfe breitete sich die Seuche aller Laster über die Städte und das Land aus; gab es je eine Nation, die zugleich einen König und eine Moral gehabt hätte?

DER PAPST. In Rom gab es keine Moral! ... Die Kardinäle sind sittenlos! ...

DER FRANZÖSISCHE SANS-CULOTTE. Und diese Ungeheuer fanden Lobredner und Helfer! Die Priester gaben ihrem Gott nur den Rest von dem Weihrauch, den sie zu Füßen des Prinzen verbrannten; //und Sklaven in golddurchwirkten Livreen stolzierten umher und nahmen sich wichtig, wenn sie gesagt hatten: »Mein Herr, der König ... «// Mehr als hundert Millionen Menschen haben diesen blöden Tyrannen gehorcht und gezittert, wenn sie ihre Namen mit heiligem Respekt aussprachen. Um diesen Menschenfressern Genüsse zu verschaffen, arbeitete, schwitzte, verausgabte sich das Volk das ganze Jahr hindurch von morgens bis abends. Kommende Generationen! Werdet ihr euren

Urahnen diese maßlose Erniedrigung, Dummheit und
Selbstverleugnung vergeben können? Natur, vollende
schleunigst das Werk der Sans-culottes; blase deinen feuri-
gen Atem über diesen Ausschuß der Gesellschaft und laß
die Könige für immer ins Nichts eingehen, aus dem sie
niemals hätten heraustreten dürfen.

Laß das gleiche Schicksal auch dem von uns widerfahren,
der als erster das Wort *König* ausspricht, ohne die Verwünschungen anzuhängen, die die mit diesem schändlichen
Wort verbundene Vorstellung von selbst bei jedem Republikaner hervorruft.

Ich für meinen Teil verpflichte mich, jeden auf der Stelle
aus dem Verzeichnis freier Menschen zu streichen, der in
meiner Gegenwart die Luft durch einen Ausspruch verpe-
stet, welcher zugunsten eines Königs oder einer anderen
Ungeheuerlichkeit dieser Art einnehmen könnte. Kameraden, schwören wir alle, und schiffen wir uns dann wieder
ein.

DIE SANS-CULOTTES *(gehen ab)*. Wir schwören! . . . Es lebe die
Freiheit! Es lebe die Republik!

SECHSTE SZENE

Die Könige Europas.

FRANZ II. Mein Gott, wie man uns behandelt! Wie unverschämt! Und was soll aus uns werden?
WILHELM. Mein lieber Cagliostro[28], warum bist du nicht
hier? Du könntest uns hier heraushelfen.

---

28 Giuseppe Balsamo, der sich Alessandro Conte di Cagliostro nannte
(1743–95), ein Abenteurer, der als Alchimist und Geisterbeschwörer auftrat;
ständig auf Reisen in Europa und Vorderasien, hatte Umgang mit den Mächtigen
seiner Zeit und war in die Halsbandaffäre verwickelt, die kurz vor der Revolution dem Ansehen Marie Antoinettes bei der französischen Bevölkerung sehr
schadete. Seit 1789 im Kirchenstaat in Haft.

GEORGE. Da habe ich Zweifel; wie denken Sie darüber, Heiliger Vater? Sie halten ihn schon ziemlich lange in der Engelsburg gefangen.

BRASCHI ODER DER PAPST. Der könnte hier auch nichts machen. Wir brauchten etwas Übernatürliches.

DER KÖNIG VON SPANIEN. Ach, Heiliger Vater, ein kleines Wunder!

DER PAPST. Die Zeiten sind vorbei ... Was ist aus den Heiligen geworden, die rittlings auf einem Stock durch die Lüfte fuhren.

DER KÖNIG VON SPANIEN. O mein Verwandter! o Louis XVI! Du hast noch das beste Los von uns gehabt. Unangenehme fünf Minuten sind schnell vorbei! Jetzt brauchst du nichts mehr. Uns dagegen fehlt hier alles, uns bedrohen der Hunger und die Hölle. Franz und Wilhelm, ihr habt uns das alles eingebrockt.[29] Ich war immer der Auffassung, daß die Revolution in Frankreich uns früher oder später einen üblen Streich spielen würde. Wir hätten uns überhaupt nicht einmischen sollen, überhaupt nicht.

WILHELM. Ihnen steht es gut an, uns zu beschuldigen, Herrscher von Spanien; es war doch Ihre übliche Langsamkeit, die uns zugrunde gerichtet hat. Wenn Sie uns rechtzeitig zu Hilfe gekommen wären, wäre es aus gewesen mit Frankreich.

KATHARINA. Ich für meinen Teil lege mich jetzt in die Höhle da hin. Statt daß Sie sich streiten – wer mich liebt, der mag mir folgen ... Stanislaus, wollen Sie mir nicht Gesellschaft leisten?

DER KÖNIG VON POLEN. Alte Catau, benutz mal die Quelle da als Spiegel.

KATHARINA. Du bist nicht immer so stolz gewesen.

DER KAISER. Verfluchte Franzosen!

DER KÖNIG VON SPANIEN. Die Sans-culottes, die wir zuerst so verachtet haben, haben trotzdem ihr Ziel erreicht. Warum

---

29 Österreich und Preußen hatten als erste ein militärisches Vorgehen gegen Frankreich in Betracht gezogen (vgl. Anm. 15).

habe ich nicht ein schönes Autodafé[30] mit ihnen veranstaltet, um ein Exempel zu statuieren?

DER PAPST. Warum habe ich sie nicht gleich 1789 exkommuniziert? Wir haben sie zu lange geschont, viel zu lange.

DER KÖNIG VON NEAPEL. Das sind alles schöne Überlegungen, aber sie kommen ein bißchen spät. Jetzt sind wir auf der Galeere und müssen rudern: Vor allem brauchen wir etwas zu essen; kümmern wir uns also zuerst um Fischfang, Jagd und Ackerbau.

DER KAISER. Es wäre ein hübscher Anblick, wenn ein Kaiser aus dem Hause Österreich den Boden aufkratzte, um zu überleben.

DER KÖNIG VON SPANIEN. Möchten Sie lieber auslosen, wer von uns den anderen als Futter dienen soll?

DER PAPST. Daß ich nicht einmal etwas habe, um die wunderbare Brotvermehrung durchzuführen! Übrigens wundert mich das nicht, denn wir haben Abtrünnige dabei.

KATHARINA. Diese Bemerkung zielt offenbar auf mich; dafür verlange ich Genugtuung ... En garde, Heiliger Vater.

(Die Kaiserin und der Papst prügeln sich, sie mit dem Szepter, er mit dem Kreuz; das Szepter zerbricht das Kreuz; der Papst wirft Katharina die Tiara an den Kopf und schlägt ihr so die Krone herunter. Dann hauen sie sich mit ihren Ketten. Der König von Polen will Katharina das Szepter abnehmen, um für Ruhe zu sorgen.)

DER KÖNIG VON POLEN. Nachbarin, jetzt reicht es. Ruhe, Ruhe!

DIE ZARIN. Du hast es gerade nötig, mir mein Szepter abzunehmen, du Feigling! Willst du dich daran für deines schadlos halten, das du in drei oder vier Stücke hast schneiden lassen?[31]

DER PAPST. Katharina, ich bitte um Gnade, *ascolta mi*[32]:

---

30 Öffentliche Ketzerverbrennung in Spanien; die spanische Inquisition galt den Aufklärern als Inbegriff von Fanatismus und Rückständigkeit.
31 Zu den polnischen Teilungen vgl. Anm. 10.
32 Ital., »hör mir zu«; Maréchal schreibt falsches *escolta mi*.

Wenn du mich in Ruhe läßt, erteile ich dir die Absolution für alle deine Sünden.

DIE ZARIN. Die Absolution! Du Lump von einem Priester! Ehe ich dich in Ruhe lasse, mußt du gestehen und mir nachsprechen, daß ein Priester, ein Papst, ein Scharlatan und Taschenspieler ist ... Los, wiederhole:

DER PAPST. Ein Priester ... ein Papst ... ist ein Scharlatan ... ein Taschenspieler.

DER KÖNIG VON SPANIEN *(beiseite, in einer Ecke der Bühne).* Was für ein Fund! Ich habe noch einen Rest von der Brotration, die ich auf dem Schiff bekommen habe. Welch ein Schatz! Kein Geld der Welt ist so viel wert wie ein Stück Schwarzbrot, wenn man Hungers stirbt.

DER KÖNIG VON POLEN. Vetter, was tust du dahinten? Ich glaube, du ißt; ich will meinen Anteil.

DIE ZARIN UND DIE ANDEREN KÖNIGE *(stürzen sich auf den König von Spanien, um ihm sein Stück Brot abzunehmen).* Ich auch, ich auch, ich auch.

DER KÖNIG VON NEAPEL. Was würden die Sans-culottes sagen, wenn sie sähen, wie sich alle Könige von Europa um ein Stück Schwarzbrot streiten?

(Die Könige prügeln sich; die Erde ist mit Bruchstücken von Ketten, Szeptern und Kronen übersät; die Mäntel sind zerfetzt.)

SIEBTE SZENE

Die vorigen und die Sans-culottes.
Die Sans-culottes, die sich aus der Ferne an der Notlage der darbenden Könige weiden wollten, kommen zurück und rollen eine Tonne Zwieback zu den Ausgehungerten.

EINER DER SANS-CULOTTES *(schlägt den Boden der Tonne ein und kippt den Zwieback aus).* Kommt, Schurken, jetzt gibt's Futter. Freßt euch voll. Das Sprichwort, das besagt:

»Alle Welt muß leben«, ist zwar nicht für euch erfunden worden, denn es besteht keine Notwendigkeit, daß Könige leben. Aber die Sans-culottes sind für Mitleid ebenso empfänglich wie für Gerechtigkeit. Weidet euch also an dem Schiffszwieback hier, bis ihr euch akklimatisiert habt.

ACHTE SZENE

Die Könige (stürzen sich auf den Zwieback).

DIE ZARIN. Moment mal! Mir als der Zarin und größten Landbesitzerin steht der größte Anteil zu.

DER KÖNIG VON POLEN. Katharina hat sich noch nie mit kleinen Portionen zufrieden gegeben; aber wir sind hier nicht mehr in Petersburg: Jedem das seine.

DER KÖNIG VON NEAPEL. Ja, ja! Jedem das seine! Diese Tonne Zwieback soll nicht das gleiche Schicksal erleiden wie die sogenannte Republik Polen.

DER KÖNIG VON PREUSSEN *(schlägt der Zarin mit dem Szepter auf die Finger).*

DIE ZARIN. Halt den Mund, Räuber von Schlesien.

DER PAPST. Meine Herrschaften! Meine Herrschaften! Gebt dem Kaiser, was des Kaisers ist.

DIE ZARIN. Wenn du dem Kaiser zurückgäbest, was dem Kaiser gehört, kleiner Bischof von Rom! . . .[33]

DER KAISER. Schließen wir Frieden: Es ist genug für alle da.

DER KÖNIG VON PREUSSEN. Ja, aber es wird nicht lange reichen.

DER KÖNIG VON NEAPEL. Seht doch nur, anscheinend will der Vulkan unseren Streit schlichten: Ein glühender Lava-

---

33 Nicht nachzuahmendes Wortspiel: *rendez à César ce qui est à César*, die französische Form der biblischen Sentenz wird von Katharina auf Julius Cäsar und die römischen Kaiser gedeutet, die die wahren Herrscher Roms sind; der Papst beansprucht die Stadt folglich widerrechtlich für sich.

strom wälzt sich vom Krater herunter und kommt auf uns zu. Mein Gott!

DER KÖNIG VON SPANIEN. Heilige Jungfrau! Hilf mir . . . wenn ich davonkomme, werde ich Sans-culotte.

DER PAPST. Und ich heirate.

KATHARINA. Und ich trete bei den Jakobinern oder den Cordeliers[34] ein.

(Die Eruption beginnt: Der Vulkan schleudert Steinbrokken, glühende Kohlen usw. auf die Bühne.

Es gibt eine Explosion; das Feuer schließt die Könige ein; sie fallen tot in den Abgrund, der sich auftut.)

63
Camille Desmoulins über die Gefahren der Terreur

Nach seinen journalistischen Erfolgen (vgl. Nr. 68) war Camille Desmoulins (1760–94) in die Convention gewählt worden; als im Lauf des Jahres 1793 die Terreur immer weiter eskalierte, beschloß er (in Übereinstimmung mit Danton), publizistisch dagegen vorzugehen. Zwischen dem 5. Dezember 1793 und dem 25. Januar 1794 ließ er in unregelmäßigen Abständen sechs Nummern des Vieux Cordelier *erscheinen, die nicht Zeitungen, sondern Pamphlete sind, keine Nachrichten mitteilen, sondern in logisch aufgebauter Argumentation Desmoulins' These darlegen: daß es an der Zeit ist, die Terreur zu beenden.*

Quelle: Desmoulins Œuvres. Bd. 3. S. 29–31.

---

34 Der Club des Cordeliers stand links von den Jakobinern; er kontrollierte die Sektionen von Paris (also die ›Sans-culottes‹). Nach Marats Ermordung gaben Ultrarevolutionäre wie Hébert den Ton an.

Le Vieux Cordelier, Nr. 4 (20. Dezember 1793)

[...] O meine lieben Mitbürger! Sollten wir schon derart erniedrigt sein, daß wir vor solchen Gottheiten[1] auf den Knien lägen? Nein, die vom Himmel herabgestiegene Freiheit ist keine Schönheit von der Oper, keine phrygische Mütze, kein schmutziges Hemd oder Lumpen. Die Freiheit ist Glück, Vernunft, Gleichheit, Gerechtigkeit, die Menschenrechtserklärung, eure erhabene Verfassung! Wollt ihr, daß ich mich zu ihr bekenne, daß ich ihr zu Füßen falle, all mein Blut für sie vergieße? Öffnet die Gefängnistore für jene 200000 Bürger, die ihr verdächtig nennt,[2] denn in der Menschenrechtserklärung ist keine Anstalt für Verdächtige vorgesehen; es gibt nur Haftanstalten. Nicht der Verdacht hat Gefängnisse, sondern der öffentliche Ankläger; es gibt keine Verdächtigen, sondern nur Leute, die durch die Gesetze definierter Verbrechen angeklagt sind. Und glaubt nicht, diese Maßnahme wäre der Republik abträglich. Es wäre der revolutionärste Schritt, den ihr je vollzogen hättet. Ihr wollt alle eure Feinde durch die Guillotine ausrotten! Aber hat es jemals größeren Irrsinn gegeben? Könnt ihr einen einzigen auf dem Schafott hinrichten, ohne euch zehn Feinde in seiner Familie oder unter seinen Freunden zu machen? Glaubt ihr, die Frauen, Greise, die Schwachen, Egoisten, Nachzügler der Revolution, die ihr einsperrt, wären gefährlich? Von euren Feinden sind nur noch Feiglinge und Kranke übriggeblieben.

1 D. h. einer Statue der Freiheit des Malers und Bildhauers David oder einer Opernsängerin, die bei einem Revolutionsfest die ›Freiheit‹ darstellt.
2 Die Herren Gemäßigten mögen sich nicht auf diese Stelle berufen; sie dürfen diese Zeilen nicht aus dem Kontext der Nummer vier ‹des *Vieux Cordelier*› herausreißen; denn meine Meinung ergibt sich aus dem Ganzen. Als Pygmäe will ich keinen Streit mit dem Riesen anfangen, und mein erklärter Wille ist nicht, daß beide Flügel der Anstaltstore geöffnet werden, sondern nur ein Türchen; und die vier oder sechs geheimen Haftprüfer, die die Convention am Décadi 30. Frimaire [20. 12. 1793] eingesetzt hat, sollen die Verdächtigen einzeln vernehmen und ihnen die Freiheit zurückgeben, wenn ihre Entlassung keine Gefahr für die Republik darstellt. [Anm. d. Verf.] – Zum Gesetz über verdächtige Personen vgl. Nr. 71, Anm. 1.

Die Tapferen und Starken sind emigriert. Sie sind in Lyon oder der Vendée umgekommen[3]; der Rest verdient eure Wut nicht. Alle die Feuillants, Rentiers und Ladenbesitzer, die ihr in der Auseinandersetzung zwischen Monarchie und Republik einkerkert, gleichen nur allzu genau dem Volk von Rom, dessen Gleichgültigkeit im Kampf zwischen Vitellius und Vespasian Tacitus schildert[4]. [...]

64

Madame Roland über ihren Gefängnisaufenthalt

Manon-Jeanne Phlipon (1754–93) heiratete 1780 den zwanzig Jahre älteren Jean-Marie Roland de la Platière, der in der Zeit der Revolution einer der wichtigsten Führer der Gironde wurde und von März bis Juni 1792 sowie für kurze Zeit nach dem 10. August 1792 Innenminister war. Der Salon seiner Frau war von 1791 bis 1793 wichtigster Treffpunkt der Girondisten; sie nahm auch selbst Stellung zu politischen Fragen,

---

3 Im Mai 1793 hatten sich die Bürger von Lyon gegen den radikalrevolutionären Magistrat erhoben und dessen Führer Chalier guillotiniert. Der Aufstand wurde zunächst von Girondisten, dann von Royalisten angeführt; am 9. Oktober wurde die Stadt von Revolutionssoldaten unter Kellermann nach zweimonatiger Belagerung eingenommen, es gab Massenhinrichtungen der am Aufstand Beteiligten. – Anfang März 1793 war der Aufstand in der Vendée ausgebrochen; die katholisch und royalistisch gesinnten Rebellen fügen den Truppen der Republik mehrere schwere Niederlagen zu, werden aber im Dezember entscheidend geschlagen.
4 Nach Neros Tod im Jahre 68 n. Chr. gab es 68/69 ein ›Vierkaiserjahr‹ mit den Thronprätendenten Galba, Otho und Vitellius, gegen die sich Vespasian (69–79) durchsetzte; Tacitus schildert die Ereignisse des Jahres 69 zu Beginn seiner *Historien*.

ließ sich dabei allerdings stark von Sympathien und Antipa-
thien leiten. Nach der Entmachtung der Gironde Anfang Juni
1793 wurde sie verhaftet, während ihr Mann aus Paris ent-
kam; am 8. November 1793 wurde sie guillotiniert, ihr Mann
tötete sich, als er es erfuhr.
Quelle: RolandMém. Bd. 2. S. 57–59.

Der Name dieses Hauses[1], das unter der alten Regierung von
Nonnen bewohnt wurde, die die Opfer der Lettres de cachet[2]
in ihrer Obhut hatten und im Verdacht der Sittenlosigkeit
standen, seine isolierte Lage in einem Außenbezirk, wo der
eigentliche Pöbel wohnt, der nur zu bekannt ist durch die
grausame Gesinnung, die im September[3] so viele Priester dort
das Leben kostete, ließen mir dieses neue Heim in einem
wenig tröstlichen Licht erscheinen.

Während meine Ankunft im Register vermerkt wird, öffnet ein unheimlich aussehender Mann mein Bündel und
durchwühlt es neugierig. Ich bemerke das erst, als er auf den
Schreibtisch des Wärters Druckschriften legt, die sich darin
befanden (es waren Zeitungen). Überrascht und beleidigt
durch ein Vorgehen, das nur gegen die zu strenger Haft Verurteilten üblich ist, bemerke ich, daß es jedenfalls nicht Aufgabe eines Mannes ist, auf so unanständige Weise die Toilette-
sachen einer Frau zu durchsuchen. Man befiehlt ihm, es bleiben zu lassen; aber er ist der Schließer des Ganges, in dem
man mich unterbringt, und es war mir bestimmt, zweimal am
Tag sein abscheuliches Gesicht zu sehen. Ich werde gefragt,
ob ich ein Zimmer mit einem oder zwei Betten wolle: »Ich bin
allein und möchte keine Gesellschafterin.« – »Aber das Zim-

---

1 Das Kloster Sainte-Pélagie, das als Gefängnis diente.
2 Die Lettres de cachet waren Instrumente der außerordentlichen Gerichtsbarkeit des Königs: Durch sie wurde verfügt, daß mißliebige oder gefährliche Personen ohne Verfahren auf unbestimmte Zeit in Haft zu nehmen waren. In Paris
wurden die Betroffenen meist in die Bastille gebracht.
3 Zu den Ereignissen des September 1792 vgl. Nr. 47 und 48.

mer wird zu klein sein.« – »Das ist mir gleich.« Man schaut nach, es ist keines frei. So komme ich in ein Zimmer mit zwei Betten; es ist sechs Fuß breit und zwölf Fuß lang, so daß kaum noch Platz ist, da noch zwei Tischchen und zwei Stühle darin stehen. Ich höre, daß ich die Miete[4] für den ersten Monat im voraus bezahlen muß: Fünfzehn Francs für ein Bett, das Doppelte für beide. Ich wollte bloß eines benutzen und hätte es auch genommen, wenn es in einem Zimmer allein gestanden wäre; ich zahle also nur fünfzehn Francs. »Aber ist kein Wasserkrug oder sonst ein Gefäß da?« – »Das müssen Sie kaufen«, sagt der erwähnte Mann, sehr eifrig, Dienste anzubieten, deren eigennütziger Zweck offensichtlich ist. Ich erwerbe die Sachen, außerdem noch Schreibzeug, Papier, Federn, und richte mich ein. Dann kommt die Anstaltsleiterin zu mir; ich erkundige mich nach den Gebräuchen und nach meinen Rechten und erfahre, daß der Staat hier nichts für die Gefangenen gibt. »Wovon leben sie dann?« – »Sie bekommen bloß eine Portion Bohnen und anderthalb Pfund Brot, aber Sie werden weder das eine noch das andere essen können.« – »Ich kann mir denken, daß es anders ist als was ich gewöhnt bin; aber ich lerne gern die Besonderheiten jeder Situation kennen und messe meine Kräfte an den jeweiligen Gegebenheiten; ich will es versuchen.« Ich probierte es wirklich; aber ob es nun an meinem Gesundheitszustand lag, der damals nicht sehr gut war, oder am Bewegungsmangel, mein Magen rebellierte gegen die Gefängniskost. Ich mußte mich an die Küche von Mme Bouchaud halten; sie hatte mir angeboten, mich zu verköstigen, und ich nahm an. Ich fand das Essen bekömmlich und billig im Vergleich zu dem, was ich vom Traiteur am Ende der Welt in dieses abgeschiedene Vier-

---

4 Bemerkenswert die Einstellung, die die Revolutionäre zur Gefängnishaft haben: Sie wird offenbar nicht als Strafe gesehen, die Einschränkungen der persönlichen Bequemlichkeit beinhaltet; deshalb können die Betroffenen gegen Bezahlung an Essen und Gebrauchsgegenständen bekommen, was sie wollen, auch von außerhalb des Gefängnisses. Für ihre Unterkunft müssen sie bezahlen, obwohl sie den Aufenthalt nicht freiwillig gewählt haben!

tel hätte kommen lassen müssen. Ein Kotelett und ein paar
Löffel Gemüse mittags, zum Frühstück nur Wasser und Brot;
das bestellte ich, wie ich es auch in der Abbaye bekommen
hatte. [...]

65

Camille Desmoulins über eine Haussuchung

Über Camille Desmoulins und den Vieux Cordelier *vgl.
Nr. 63. – Die Haussuchung bei Desmoulins' Schwiegervater
wirft ein bezeichnendes Licht auf die geistige Verfassung der
Sans-culottes, die überall royalistische Verschwörungen witterten, allerdings bei Nachforschungen auch den eigenen Vorteil nicht aus den Augen verloren.*

Quelle: DesmoulinsŒuvres. Bd. 3. S. 96–98.

Le Vieux Cordelier, Nr. 6 (25. Januar 1794)

[...]   Du kennst ja meinen Schwiegervater, den Citoyen
Duplessis, von guter bürgerlicher Abstammung, Bauernsohn, sein Vater war Hufschmied seines Dorfes. Nun ja! Vorgestern kamen zwei Kommissare der Sektion Mucius Scaevola[1] (es ist die Sektion von Vincent[2], und das sagt alles) in

---

1 Die Sektion Luxembourg (Nr. 43 auf der Karte S. 265) nannte sich seit 1793
nach dem römischen Sagenhelden, der zum Zeichen seines Mutes die rechte
Hand ins Feuer hielt und verbrannte, was den König der Etrusker veranlaßte,
den Kampf gegen die Römer aufzugeben.
2 François-Nicolas Vincent (1767–94), prominentes Mitglied des Club des Cordeliers, einer der Führer der Hébertistes, wurde am 24. März 1794 mit diesen
guillotiniert.

seine Wohnung; in der Bibliothek finden sie juristische
Bücher; und obwohl ein Dekret besagt, daß Domat und
Charles Dumoulin unbedenklich sind, obwohl sie Fragen des
Feudalrechts behandeln, belegen sie die halbe Bibliothek mit
Beschlag und lassen die väterlichen Bücher von zwei Lasten-
trägern abtransportieren. Sie finden eine Standuhr, deren Zei-
ger wie die meisten Uhrzeiger in einem Kleeblatt endeten; es
kommt ihnen so vor, als ob dieses Kleeblatt irgendwie einer
Lilie ähnelte; und obwohl ein Dekret anordnet, Kunstwerke
zu respektieren[3], konfiszieren sie die Standuhr. Beachten Sie
dabei, daß daneben ein Koffer stand, der mit der lilienverzier-
ten Adresse des Kaufmanns beschriftet war. Hier war nicht
zu leugnen, daß es sich wirklich und ernstlich um eine Lilie
handelte; aber weil der Koffer keinen Heller[4] wert war,
begnügten sich die Kommissare damit, die Lilien durchzu-
streichen, während die unselige Standuhr, die gut ihre 1200
Livres wert ist, trotz ihres Kleeblatts von ihnen selbst
abtransportiert wurde, denn den Trägern wollten sie eine so
kostbare Last nicht anvertrauen; und das alles aufgrund des
Rechts, das Barère[5] so passend das Recht zur Beschlagnahme
genannt hat, das aber in diesem Fall laut Dekret nicht gegeben
war. Schließlich fand unser Sektionsduumvirat, das sich derart über Dekrete hinwegsetzte, den Pensionsnachweis meines
Schwiegervaters, der wie alle Pensionsnachweise nicht im
großen Buch der Republik hatte vermerkt werden können
und deshalb in seiner Mappe geblieben war; er begann wie alle
nur denkbaren Pensionsnachweise mit der Formel: »*Louis*,
usw.« – »Großer Gott!« rufen die Kommissare, »der Name

---

3 Vgl. im Dekret über die Abschaffung des Adels (Nr. **22**) Artikel 3.
4 *ne valait pas un corset*; der Sinn ist klar, aber *corset* (»Korsett«) läßt sich als
Bezeichnung für einen geringen Wert in den Wörterbüchern nicht nach-
weisen.
5 Bertrand Barère (1755–1841), Advokat, Abgeordneter der Generalstände und
später der Convention, wo er sich der Montagne anschließt; Mitglied des Wohlfahrtsausschusses, geht unmittelbar vor Robespierres Sturz zu dessen Gegnern
über, gilt aber in der Folgezeit als Exponent der Terreur und als Königsmörder.

des Tyrannen! . . .« Ihre Empörung nimmt ihnen den Atem, und sobald sie wieder Luft geschöpft haben, stecken sie den Pensionsnachweis, das heißt 1000 Livres Rente, in die Tasche, womit der Bürger Duplessis auf dem trockenen sitzt. Ein weiteres Verbrechen. Er war unter Clugny Beamter im Finanzministerium gewesen und hatte, wie es üblich war, das Siegel des Generalkontrolleurs[6] von damals aufbewahrt. Auf einer alten Aktentasche, die vergessen mit anderen alten Sachen auf einem Schrank unter einer dicken Staubschicht lag und die er vielleicht seit zehn Jahren nicht mehr angefaßt, an die er nicht einmal gedacht hatte, entdeckte man schließlich den Abdruck einiger Lilien unter zwei Finger dickem Dreck; das erbrachte den endgültigen Beweis, daß der Bürger Duplessis verdächtig ist. Jetzt sitzt er bis zum Ende des Krieges[7] im Gefängnis, und man hat alle Türen seines Landsitzes versiegelt, wo wir beide – Du erinnerst Dich, mein lieber Fréron[8] – ein Asyl fanden, das der Tyrann nicht zu verletzen wagte, als nach dem Massaker auf dem Marsfeld Haftbefehl gegen uns erlassen worden war[9].

Der Witz an der Geschichte ist, daß dieser Verdächtige sich zum ultrarevolutionärsten Sechziger entwickelt hatte, den ich je gesehen habe. Er war der Père Duchesne der Familie. Wenn man ihn reden hörte, würden nur Verschwörer oder zumindest Aristokraten eingelocht, und die Guillotine hätte noch zu oft Pause. [. . .]

---

6 Des Generalkontrolleurs der Finanzen.
7 Die ›Verdächtigen‹ (vgl. Nr. 63) sollten bis zum Friedensschluß festgehalten werden, ohne daß ganz klar wäre, was dann mit ihnen hätte geschehen sollen, ob man sie freilassen oder vor Gericht stellen wollte.
8 Stanislas-Louis-Marie Fréron (1754–1802), Schulfreund Desmoulins', leitet den *Orateur du peuple*, eine radikale Zeitung, die heftigste Angriffe gegen den König und die Königin verbreitet. Abgeordneter der Convention, die ihn als Kommissar in den Süden schickt, wo er mit extremer Brutalität gegen die Gegner der Revolution vorgeht; trägt wesentlich zu Robespierres Sturz bei und schwenkt dann auf eine royalistische Linie um.
9 Vgl. zu den Ereignissen auf dem Marsfeld Nr. 34 und 35.

Das Dekret über die Aufhebung der Sklaverei

Die Frage, ob die Menschenrechte auch für die rund 600000 Sklaven in den französischen Kolonien in Amerika (Martinique, Guadeloupe, Guyana...), Afrika (z. B. La Réunion) und Indien (mehrere Handelsplätze) gelten sollten, wurde kontrovers diskutiert. Bereits im Frühjahr 1788 war eine Société des amis des Noirs *gegründet worden, zu deren Führern Brissot (der für die Ziele der Gesellschaft auch in seiner Zeitung* Le Patriote français *warb) und Mirabeau gehörten und unter deren Mitgliedern zahlreiche Abgeordnete der Assemblée nationale und der Convention waren. Die weißen Kolonisatoren leisteten naturgemäß Widerstand gegen Versuche, die Sklaverei abzuschaffen; erst Anfang 1794 verabschiedete die Convention ein entsprechendes Dekret.*

Quelle: RévEsclavage. Bd. 12. Dokument Nr. 8.

Dekret der Convention Nationale
vom 16. Tag des Pluviôse, Jahr II der einen und
unteilbaren Französischen Republik[1],
das die Sklaverei der Neger in den Kolonien abschafft

Die Convention nationale erklärt die Sklaverei der Neger in allen Kolonien für abgeschafft; sie beschließt daher, daß alle Menschen ohne Unterschied der Hautfarbe, die in den Kolonien ihren Wohnsitz haben, französische Bürger sind und alle durch die Verfassung garantierten Rechte genießen.

Sie beauftragt den Wohlfahrtsausschuß, ihr unverzüglich Bericht über die Maßnahmen zu erstatten, die getroffen werden müssen, um den Vollzug des vorliegenden Dekrets sicherzustellen.

1 Das heißt vom 4. Februar 1794.

Dantons Verteidigung vor dem
Revolutionstribunal

*Georges-Jacques Danton (1759–94), Führer des radikalen
Club des Cordeliers, Mitglied der Pariser Commune, nach
dem 10. August 1792 Justizminister als einziger Montagnard
in einem girondistischen Kabinett, von April bis Juli 1793 Mitglied des Wohlfahrtsausschusses, ist eine der interessantesten
Figuren der Revolution: Sanguiniker, Genußmensch, spontan, großzügig im Umgang mit eigenem und wohl auch mit
fremdem Geld, ist er der Antipode des Pedanten Robespierre.
Die Terreur der Jahre 1793/94 wollte Danton nicht mittragen:
Camille Desmoulins rief vielleicht auf Anraten, jedenfalls
aber mit Billigung seines Freundes zur Milde auf (vgl. Nr. 63).
Nach der Ausschaltung der ultralinken Hébertistes (24. März
1794) hielt Robespierre den Zeitpunkt für gekommen, sich
auch seines wichtigsten Rivalen zu entledigen, er ließ Danton
und seine Freunde am 30. März verhaften. Der Prozeß verlief
anders als erwartet, da Danton sich nicht davon abhalten ließ,
auch für die herrschende Partei peinliche Fragen anzuschnei-
den; die Richter wußten sich schließlich nur noch damit zu
helfen, daß sie die Angeklagten von der Verhandlung aus-
schlossen.*

Quelle: DantonDiscours. S. 703–708.

[...] DER PRÄSIDENT. Danton, die Convention nationale
klagt Sie an, Dumouriez[1] begünstigt, sein wahres Wesen

---

1 Charles-François Du Périer, genannt Dumouriez (1739–1823), stellt sich von
Anfang an auf die Seite der Revolution, wird im März 1792 Außenminister und
arbeitet mit Brissot auf die Erklärung des Krieges an Österreich hin; wird dann
Oberkommandierender der Nordarmee, siegt bei Valmy, besetzt Belgien und
Holland. Steht der Gironde nahe, lehnt die Politik der Jakobiner ab; im März

nicht entlarvt und an seinen freiheitsfeindlichen Plänen Anteil gehabt zu haben, wie zum Beispiel, Truppen gegen Paris marschieren zu lassen, um die republikanische Regierung zu vernichten und das Königtum wiederherzustellen.

DANTON. Meine Stimme, die ich so oft für die Sache des Volkes erhoben habe, um seine Interessen zu stützen und zu verteidigen, wird keine Mühe haben, die Verleumdung zurückzuweisen.

Hätten die Feiglinge, die mich verleumden, den Mut, mir ihre Angriffe ins Gesicht zu schleudern? ... Sie sollen sich nur zeigen, dann werde ich sie bald mit dem Schimpf und der Schande überhäufen, die sie charakterisieren.

Ich habe es schon gesagt und wiederhole es: Meine Wohnung wird bald im Nichts und mein Name im Pantheon sein! ... Mein Kopf ist hier! Er steht für alles ein! ... Das Leben ist mir eine Last; die Zeit wird mir lang, bis ich davon befreit bin! ...

DER PRÄSIDENT. Danton, Dreistigkeit zeichnet das Verbrechen aus, und Gelassenheit die Unschuld. Zweifellos hat jeder das legitime Recht, sich zu verteidigen, aber damit ist eine Verteidigung gemeint, die sich in den Schranken des Anstands und der Mäßigung zu halten weiß, die alles respektiert, sogar ihre Ankläger. Die erste der Autoritäten[2] hat Sie vor dieses Gericht gestellt: Sie schulden ihren Dekreten jeden Gehorsam, und Sie dürfen nur sprechen, um sich wegen der verschiedenen gegen Sie erhobenen Anklagepunkte zu rechtfertigen. Ich fordere Sie auf, dieser Verpflichtung sehr genau nachzukommen, und sich vor allem nur an die Fakten zu halten.

DANTON. Die rein persönliche Dreistigkeit ist zweifellos tadelnswert, und niemand konnte sie mir je vorwerfen; aber die Dreistigkeit im Namen der Nation, die ich so oft beispiel-

---

1793 vereinbart er mit den Österreichern, daß er gegen Paris marschieren wird, und liefert ihnen den Kriegsminister und vier Kommissare aus (vgl. Nr. **58**, Anm. 4). Da die Truppen ihm nicht folgen, geht er am 5. April zu den Österreichern über.
2 Die Convention nationale.

haft vorgeführt und eingesetzt habe, um dem Gemeinwesen zu dienen, diese sogenannte Dreistigkeit ist erlaubt, sie ist in Revolutionszeiten sogar notwendig, und dieser Dreistigkeit rühme ich mich.

Wenn ich mich so schwer und so ungerecht beschuldigt sehe, steht es da in meinen Kräften, das Gefühl der Entrüstung zu beherrschen, das mich aufstehen läßt gegen meine Verleumder? Kann man von einem so entschiedenen Revolutionär wie mir eine gelassene Antwort erwarten?

Männer meines Schlages sind unbezahlbar! In ihre Stirn ist unauslöschlich das Siegel der Freiheit, das Genie der Republik eingeprägt.

Und ausgerechnet mich klagt man an, vor gemeinen Despoten auf dem Bauch gekrochen zu sein, der Partei der Freiheit ständig entgegengearbeitet, mit Mirabeau und Dumouriez konspiriert zu haben! – Und mich fordert man auf, der unabwendbaren, unbeugsamen Gerechtigkeit Rede und Antwort zu stehen! . . .

Und du, Saint-Just[3], wirst dich der Nachwelt gegenüber verantworten müssen für die gegen den besten Freund des Volkes, gegen seinen glühendsten Verteidiger geschleuderte Diffamierung! . . . Wenn ich diese Liste von Scheußlichkeiten durchlese, erzittere ich von Kopf bis Fuß!

Danton wollte im gleichen Ton fortfahren, als der Präsident ihm erneut zu bedenken gab, daß er seine Pflicht gegenüber den Vertretern der Nation, dem Tribunal und dem souveränen Volk versäume, das das unbestreitbare Recht habe, von ihm Rechenschaft über seine Handlungen zu verlangen: »Auch Marat wurde angeklagt[4], so wie Sie. Er empfand die

---

3 Louis Saint-Just (1767–94), der radikalste unter Robespierres Gefolgsmännern, hatte aufgrund der von diesem gelieferten Notizen die Anklageschrift gegen Danton und seine Gruppe verfaßt.

4 Marat war wiederholt in der Nationalversammlung angegriffen worden, weil er im *Ami du peuple* offen zu Gewalttaten aufrief; am 23. April 1793 wurde er unter Anklage gestellt und verteidigte sich vor dem Revolutionstribunal, das ihn am 24. freisprach.

Notwendigkeit, sich zu rechtfertigen, erwies seine Unschuld in respektvollen Worten und wurde vom Volk, auf dessen Interessen er unablässig aufmerksam gemacht hatte, nur um so mehr geliebt ... Ich kann Ihnen kein besseres Vorbild zur Nachahmung empfehlen, es liegt in Ihrem Interesse, sich daran zu orientieren.«

DANTON. Ich werde mich also herablassen, mich zu rechtfertigen; dabei will ich dem Verteidigungsplan folgen, den Saint-Just vorgegeben hat[5].

Ich, verkauft an Mirabeau, an Orléans, an Dumouriez! Ich, Partisan der Royalisten und des Königtums! Hat man denn vergessen, daß ich gegen den Einspruch aller Konterrevolutionäre, die mich nicht ausstehen konnten, zum Abgeordneten gewählt wurde[6]?

Ich sollte mit Mirabeau im Einvernehmen sein! – Aber jeder weiß, daß ich Mirabeau bekämpft habe, daß ich mich immer gegen seine Projekte gestellt habe, wenn sie mir nachteilig für die Freiheit schienen: Habe ich Mirabeau etwa geschont, als ich Marat verteidigte[7], den dieser hochmütige Mann angriff? Habe ich nicht mehr getan, als man von einem Durchschnittsbürger billigerweise erwarten kann? Habe ich mich nicht exponiert, als man den Tyrannen nach Saint-Cloud in Sicherheit bringen wollte[8]? Habe ich nicht im Distrikt der Cordeliers Plakate kleben lassen, um auf die Notwendigkeit einer Volkserhebung hinzuweisen?

Ich bin im Vollbesitz meiner geistigen Kräfte, wenn ich meine Ankläger herausfordere und mich mit ihnen messen will ... Man soll sie mir herbringen, dann will ich sie ins

5 D. h. die einzelnen Punkte der Anklageschrift (s. o.) nacheinander besprechen.
6 Bei der Wahl zur Convention im September 1792 in Paris erreichte Danton nur die zweithöchste Stimmenzahl.
7 Vor dem 10. August 1792 war Marat genötigt, im Untergrund zu leben, da er wegen seiner Radikalität verfolgt wurde; vgl. Nr. **16**.
8 Am 18. April 1791 wollte der König wie jedes Jahr nach Saint-Cloud reisen, wurde aber von der Nationalgarde und der Pariser Bevölkerung daran gehindert, die eine Flucht der königlichen Familie befürchteten.

Nichts zurückstoßen, aus dem sie niemals hätten heraustreten sollen!... Gemeine Verleumder, zeigt euch, dann will ich euch die Larve abreißen, die euch der Bestrafung durch die Gemeinschaft entzieht!

DER PRÄSIDENT. Danton, es wird Ihnen nicht durch ungehörige Ausfälle gegen Ihre Ankläger gelingen, die Geschworenen von Ihrer Unschuld zu überzeugen. Sprechen Sie zu ihnen eine Sprache, die sie verstehen können; aber vergessen Sie nicht, daß Ihre Ankläger von der Öffentlichkeit geachtet werden und nichts getan haben, was ihnen ihr Ansehen streitig machen könnte.

DANTON. Ein Angeklagter wie ich, der die juristische Sprache und die Sachverhalte kennt, antwortet vor den Geschworenen, aber er spricht nicht zu ihnen; ich verteidige mich, ich verleumde nicht.

Niemals hatten Ehrgeiz und Habsucht Einfluß auf mich; niemals bestimmten sie meine Handlungen; niemals veranlaßten mich diese Leidenschaften dazu, das Gemeinwesen zu gefährden: Ich gehörte ganz meinem Vaterland und opferte ihm großmütig meine ganze Existenz.

In diesem Sinne bekämpfte ich den infamen Pastoret[9], La Fayette, Bailly und alle Verschwörer, die sich in die wichtigsten Positionen einschleichen wollten, um die Freiheit schneller und leichter zu meucheln.

Ich muß von drei blöden Betrügern reden, die Robespierre ruiniert haben.

Ich habe Wesentliches zu enthüllen; ich verlange, ruhig angehört zu werden; das Heil des Vaterlandes gebietet es.

DER PRÄSIDENT. Die Pflichten eines Angeklagten und seine persönlichen Interessen gebieten, daß er sich klar und präzis zu den gegen ihn erhobenen Vorwürfen äußert; daß er seine Rechtfertigung in Hinblick auf jeden Anklagepunkt durch-

9 Claude-Emmanuel-Joseph-Pierre de Pastoret (1755–1840), steht der Revolution anfangs positiv gegenüber und wird im Oktober 1791 erster Präsident der Legislative; als Anhänger der Monarchie muß er nach dem 10. August 1792 fliehen, überlebt die Terreur und spielt auch später noch eine politische Rolle.

sichtig macht, und erst wenn er seine Richter überzeugt hat, verdient er einigen Glauben und darf sich Beschuldigungen gegen Männer erlauben, die das öffentliche Vertrauen genießen; ich fordere Sie also auf, sich auf Ihre Verteidigung zu beschränken und nichts weiter hinzuzufügen ...

DANTON. Ich komme auf meine Verteidigung zurück.

Es ist allgemein bekannt, daß ich in die Convention mit nur wenigen Stimmen von guten Bürgern gewählt wurde und daß ich den Schlechtesten verhaßt war.

Als Mirabeau nach Marseille gehen wollte, ahnte ich seine ruchlosen Absichten, enthüllte sie und zwang ihn, seinen Sitz zu behalten; – und so gelang es ihm, mich zu packen, mich je nachdem zum Reden oder zum Schweigen zu bringen!

Die Blindheit, die die Convention nationale in bezug auf mich bis heute an den Tag legt, ist eine seltsame Sache; ihre plötzliche Erleuchtung ist wahrlich wunderbar!

DER PRÄSIDENT. Die Ironie, zu der Sie Ihre Zuflucht nehmen, hebt nicht den Vorwurf gegen Sie auf, sich in der Öffentlichkeit hinter der Maske des Patriotismus versteckt zu haben, um Ihre Kollegen zu täuschen und insgeheim das Königtum zu favorisieren. – Nichts hört man von Angeklagten häufiger als Witze und Wortspiele, wenn sie sich bedrängt und von den Fakten erdrückt fühlen, die sie nicht entkräften können.

DANTON. Ich erinnere mich tatsächlich, die Wiederherstellung des Königtums und die Auferstehung der ganzen Macht der Monarchie angeregt, die Flucht des Tyrannen begünstigt zu haben, als ich mich mit aller Kraft seiner Reise nach Saint-Cloud widersetzte, als ich auf seinem Weg einen Wald von Piken und Bajonetten errichtete, als ich gewissermaßen seine stürmischen Streitrosse fesselte! – Wenn das bedeutet, sich zum Partisanen des Königtums zu erklären, mit ihm zu sympathisieren, wenn man an solchen Aktionen einen Mann erkennen kann, der die Tyrannei fördert, unter dieser Prämisse bekenne ich mich dieses Verbrechens schuldig.

Ich soll zu einem aufrechten Patrioten bei einem Essen gesagt haben, er schade der guten Sache, wenn er vom Weg der Barnave und Lameth[10] abweiche, die sich von der Volkspartei entfernten?

Ich behaupte, daß dieses Faktum gänzlich unwahr ist, und fordere jeden heraus, den Beweis dafür anzutreten. [...]

68
Camille Desmoulins' letzter Brief an Lucile

Camille Desmoulins (1760–94; vgl. Nr. 63), vor der Revolution ein wenig erfolgreicher Advokat, erregte um den 14. Juli 1789 mit verschiedenen Pamphleten (z. B. Discours de la lanterne aux Parisiens) *Aufsehen und veröffentlichte seit Ende November 1789 die erfolgreiche Zeitung* Les Révolutions de France et de Brabant. *Sie sicherte ihm ein Einkommen, das den vermögenden Vater der von ihm geliebten Anne-Lucile Laridon-Duplessis (1771–94) bewog, seinen Widerstand gegen eine Verbindung aufzugeben; das Paar heiratete Ende 1790. Lucile nahm Anteil an den politischen und journalistischen Aktivitäten Camilles; der Brief, den er ihr nach seiner Verhaftung aus dem Gefängnis schrieb, spiegelt ihre zärtliche Liebe. Wegen ihres Protests gegen die Verhaftung ihres Mannes wird Lucile selbst nur wenige Tage nach ihm guillotiniert (am 13. April 1794).*

Quelle: DesmoulinsŒuvres. Bd. 2. S. 129–137.

10 Über Barnave vgl. Nr. 1. – Alexandre-Théodore-Victor de Lameth (1760–1829) nahm am amerikanischen Unabhängigkeitskrieg teil und bekannte sich zu liberalen Ideen; in den Generalständen schloß er sich früh dem Dritten Stand an und kämpfte für die Revolution, ähnlich wie seine beiden älteren Brüder. Nach der Flucht nach Varennes näherte er sich den Royalisten wieder an und ging im August 1792 mit La Fayette zu den Österreichern über.

Gefängnis im Palais du Luxembourg
[31. März 1794]

Meine Lucile, meine Vesta, mein Engel,

Mein Geschick lenkt im Gefängnis meinen Blick wieder auf den Garten, in dem ich acht Jahre meines Lebens damit verbrachte, Dir zu folgen. Der Blick auf ein Eckchen des Jardin du Luxembourg ruft mir eine Menge Erinnerungen an unsere Liebe ins Gedächtnis. Ich bin im Kerker, aber niemals war ich mit meinen Gedanken, mit meiner Phantasie, Dir, Deiner Mutter und meinem kleinen Horace[1] näher als jetzt, fast, als könnte ich Euch mit Händen greifen.

Ich schreibe Dir dieses erste Briefchen nur, um Dich um die notwendigsten Sachen zu bitten. Aber ich will die Zeit meiner Gefangenschaft ganz darauf verwenden, an Dich zu schreiben; denn ich habe es nicht nötig, wegen etwas anderem, zum Beispiel zu meiner Verteidigung, zur Feder zu greifen. Meine Rechtfertigung findet sich ganz und gar in meinen acht republikanischen Bänden. Sie sind ein gutes Kopfkissen, auf dem mein Gewissen in Erwartung des Tribunals und der Nachwelt einschläft. O meine gute Lolotte, reden wir von etwas anderem. Ich falle auf die Knie, ich strecke die Arme aus, um Dich an mich zu ziehen, ich finde meinen armen Loulou nicht mehr ...

Schicke mir einen Wassertopf, das Glas, auf dem ein C und ein D stehen, unsere beiden Namen, ein paar Bettücher, ein Buch in 12°, das ich vor ein paar Tagen bei Charpentier gekauft habe und in dem leere Seiten für Notizen sind. Das Buch handelt von der Unsterblichkeit der Seele. Ich muß mich selbst überzeugen, daß es einen Gott gibt, der gerechter ist als die Menschen, und daß ich Dich auf jeden Fall wiedersehe. Nimm Dir meine Gedanken nicht zu sehr zu Herzen, liebe Freundin, ich verzweifle noch nicht an den Menschen

---

1 Der Sohn von Lucile und Camille; er dürfte nach Horatius Cocles benannt sein, dem römischen Helden, der allein die Tiberbrücke gegen die Etrusker verteidigte.

und an meiner Freilassung; ja, Vielgeliebte, wir können uns noch im Jardin du Luxembourg wiedersehen! Aber schicke mir dieses Buch! Adieu, Lucile! Adieu, Horace! Ich kann Euch nicht umarmen, aber durch meine Tränen hindurch kommt es mir so vor, als ob ich Euch noch an meine Brust drückte.

Duodi germinal [1. April 1794]

Der wohltuende Schlaf hat meine Leiden unterbrochen. Man ist frei, wenn man schläft; da spürt man die Gefangenschaft nicht mehr; der Himmel hat Mitleid mit mir gehabt. Erst vor einem Augenblick habe ich Dich im Traum gesehen und Euch beide umarmt, Dich und Horace, aber unser Kleiner hatte durch schlechte Säfte[2], die nach oben gestiegen waren, ein Auge verloren, und der Schmerz über dieses Unglück hat mich aufgeweckt. Ich fand mich in meinem Kerker wieder; draußen war es schon etwas hell. Da ich Dich nicht mehr sehen und Deine Antworten nicht mehr hören kann (denn Ihr habt zu mir gesprochen, Du und Deine Mutter), bin ich wenigstens aufgestanden, um zu Dir zu sprechen und Dir zu schreiben. Aber als ich meine Fenster öffnete, hat der Gedanke an meine Einsamkeit, haben die schrecklichen Gitterstäbe und die Riegel, die mich von Dir trennen, meine Unerschütterlichkeit ganz überwunden. Ich bin in Tränen ausgebrochen, oder vielmehr, ich habe geschluchzt und in meiner Gruft geschrien: Lucile! Lucile! Wo bist Du? Gestern abend habe ich schon einmal einen solchen Augenblick gehabt, und es zerriß mir das Herz, als ich im Garten Deine Mutter sah. Eine mechanische Bewegung zwang mich auf die Knie gegen das Gitter; ich rang die Hände, wie um sie um Mitleid anzuflehen, sie, die, dessen bin ich ganz sicher, an Deinem Busen weint. Ich habe gestern ihren Schmerz an

---

2 »Säfte« im Sinne der Humoralpathologie, derzufolge Krankheiten durch ein gestörtes Verhältnis zwischen Blut, Schleim, schwarzer und grüner Galle im menschlichen Körper entstehen.

ihrem Taschentuch und ihrem Schleier erkannt, den sie vors Gesicht gezogen hat, weil sie den Anblick nicht mehr ertragen konnte. Wenn Ihr kommt, soll sie sich mit Dir etwas näher zu mir setzen, damit ich Euch besser sehen kann.[3] Das scheint mir ungefährlich. Mein Fernglas ist nicht sehr gut ... Aber vor allem beschwöre ich Dich, schicke mir Dein Bild; Dein Maler soll Erbarmen mit mir haben, denn schließlich leide ich nur, weil ich zu viel Erbarmen mit anderen gehabt habe[4]; er soll zwei Sitzungen am Tag für Dich vorsehen. In den Schrecken meines Gefängnisses wird es für mich ein Fest werden, ein Tag des Rausches und des Entzückens, wenn ich Dein Bildnis erhalte. Inzwischen schicke mir eine Locke Deiner Haare, damit ich sie am Herzen tragen kann. Meine liebe Lucile! Da bin ich also in die Zeit meiner ersten Liebe zurückgekehrt, als mich jemand auch nur interessierte, wenn er von Dir kam. Gestern, als der Bürger, der Dir meinen Brief gebracht hat, zurückkehrte, fragte ich ihn: »Nun? Haben Sie sie gesehen?« Wie ich früher den Abbé Landreville fragte, und ich ertappte mich dabei, daß ich ihn ansah, wie wenn auf seinen Kleidern, auf seiner ganzen Person, etwas von Dir zurückgeblieben wäre. Der Mann ist eine gute Seele, da er Dir meinen Brief unzensiert übergeben hat. Ich werde ihn, wie es scheint, zweimal am Tag sehen, morgens und abends. Dieser Bote meiner Leiden wird mir ebenso teuer, wie es früher der Bote meiner Freuden gewesen wäre.

Ich habe einen Spalt in meiner Zelle entdeckt, mein Ohr darangelegt und konnte ein Stöhnen hören; ich habe aufs Geratewohl ein paar Worte gesprochen und vernahm die Stimme eines Kranken, der Schmerzen hatte. Er fragte mich nach meinem Namen, ich nannte ihn. »O mein Gott!« rief er daraufhin aus und fiel auf sein Bett zurück, von dem er aufge-

---

3 Das heißt, zumindest Blickkontakt der Gefangenen mit Spaziergängern im Jardin du Luxembourg wurde von Wächtern oder Aufsehern nicht automatisch unterbunden.
4 Ursache für Camille Desmoulins' Verhaftung waren die Aufrufe zur Milde im *Vieux Cordelier*, vgl. Nr. 63.

standen war, und ich erkannte genau die Stimme von Fabre d'Eglantine[5]. »Ja, ich bin Fabre«, sagte er, »aber daß Du hier bist! Hat denn die Gegenrevolution stattgefunden?« Wir wagen es trotzdem nicht, miteinander zu sprechen, aus Furcht, der Haß könnte uns diesen schwachen Trost nicht gönnen und wir würden, wenn man uns hörte, getrennt und kämen in verschärfte Haft; denn er hat ein heizbares Zimmer, und meines wäre ganz schön, wenn ein Kerker schön sein könnte. Aber, liebe Freundin, Du kannst Dir nicht vorstellen, was es bedeutet, im Gefängnis zu sein, ohne zu wissen warum, ohne daß man verhört worden wäre, ohne eine einzige Zeitung zu bekommen! Das heißt zugleich leben und tot sein; das heißt nur existieren, um zu spüren, daß man in einem Sarg liegt. Man sagt, die Unschuld sei ruhig, sei mutig. Ach, meine teure Lucile! Meine Vielgeliebte! Meine Unschuld ist oft schwach wie die eines Gatten, eines Vaters, eines Sohnes! Wenn es Pitt oder Coburg wären, die mich so streng behandelten; aber meine Kollegen! Aber Robespierre, der den Haftbefehl für mich unterzeichnet hat, aber die Republik nach allem, was ich für sie getan habe! Das ist der Lohn, den ich für so viele Tugenden und Opfer erhalte! Als ich hierher kam, sah ich Hérault-Séchelles, Simon, Ferroux, Chaumette, Antonelle[6]; sie sind nicht so unglücklich, keiner ist in Einzelhaft. Ich, der ich mich fünf Jahre lang für die Republik so großem Haß, so vielen Gefahren ausgesetzt habe, ich, der ich im Zentrum der Revolution arm geblieben bin, ich, der ich keinen Menschen auf der Welt um Verzei-

5 Philippe-François-Nazaire Fabre d'Eglantine (1750–94), Schauspieler und (mittelmäßiger) Theaterdichter, wird nach 1789 zum radikalen Revolutionär; u. a. mitverantwortlich für die Septembermorde. Von ihm stammt der Revolutionskalender; er wird mit Danton und seiner Gruppe hingerichtet.
6 Marie-Jean Hérault de Séchelles (1759–94), Abgeordneter der Legislative und der Convention, populär und mit wichtigen Aufgaben betraut; er wurde mit Danton und Desmoulins hingerichtet. – J. F. Simon war ein deutscher Lehrer, der aus der Schweiz stammte. – Pierre-Gaspard Chaumette (1763–94), Mitglied des Club des Cordeliers, radikaler Revolutionär, nach dem 10. August 1792 in der radikalen Pariser Commune, im Dezember zum Prokurator bestimmt; auch er wurde am 5. April hingerichtet.

hung zu bitten brauche außer Dir allein, meine liebe Lolotte – und Du hast mir verziehen, weil Du weißt, daß mein Herz trotz seiner Schwächen Deiner nicht unwürdig ist; ich werde von Menschen, die sich meine Freunde nannten, die sich als Republikaner bezeichneten, in den Kerker geworfen und in Einzelhaft gesteckt, als ob ich ein Verschwörer wäre. Sokrates trank den Schierlingsbecher, aber er hatte doch seine Freunde und seine Frau im Gefängnis bei sich. Wieviel schlimmer ist es, von Dir getrennt zu sein! Der größte Verbrecher wäre zu streng bestraft, wenn er anders als durch den Tod, der den Schmerz einer solchen Trennung doch wenigstens nur einen Augenblick lang spürbar macht, von einer Lucile weggerissen würde; aber einen Schuldigen hättest Du nicht zum Mann genommen, und Du hast mich nur liebgewonnen, weil ich allein für das Glück meiner Mitbürger atmete. Man ruft mich . . .

Gerade eben haben mich die Kommissare der Regierung verhört. Es wurde mir nur eine Frage gestellt: Ob ich mich gegen die Republik verschworen hätte. Wie lachhaft! Kann man den reinsten Republikanismus derart beleidigen! Ich sehe, welches Schicksal mich erwartet. Leb wohl.

Du erkennst in mir ein Beispiel für die Barbarei und die Undankbarkeit der Menschen. Meine letzten Augenblicke werden Dir keine Schande machen. Du siehst, daß meine Furcht begründet war, daß sich meine Ahnungen immer erfüllt haben. Ich hatte eine Frau mit göttlichen Tugenden; ich war ein guter Ehemann, ein guter Sohn; ich wäre auch ein guter Vater geworden. Ich nehme die Wertschätzung und das Bedauern aller wahren Republikaner, aller Menschen, die Tugend und die Freiheit mit ins Grab. Ich sterbe mit vierunddreißig Jahren, aber es ist ein Wunder, daß ich seit fünf Jahren so viele Abgründe der Revolution überwunden habe, ohne abzustürzen, und daß ich noch da bin und meinen Kopf beruhigt auf das Kissen meiner Schriften legen kann; es sind zwar zu viele, aber sie atmen alle die gleiche Menschenliebe, das gleiche Verlangen, meine Mitbürger glücklich und frei zu

machen, und das Beil der Tyrannen wird sie nicht treffen. Ich
sehe genau, daß die Macht alle Menschen berauscht, und daß
alle wie Dionysios von Syrakus sagen: »Die Tyrannei ist eine
schöne Grabschrift.« Aber tröste Dich, untröstliche Witwe!
Die Grabschrift Deines armen Camille ist glorreicher, es ist
die der Tyrannenvernichter Brutus und Cato. O meine liebe
Lucile! Ich war dazu geboren, Verse zu schreiben, die
Unglücklichen zu verteidigen, Dich glücklich zu machen, mit
Deiner Mutter und meinem Vater und ein paar Menschen
nach unserem Herzen ein Otahaiti[7] zu gründen. Ich hatte von
einer Republik geträumt, die alle Welt verehrt hätte. Ich
konnte nicht glauben, daß die Menschen so grausam und
ungerecht sind. Wie hätte ich denken können, daß ein paar
Scherze in meinen Schriften, gegen Kollegen, die mich provoziert hatten, die Erinnerung an meine Dienste auslöschen
würden! Ich täusche mich nicht darüber hinweg, daß ich als
Opfer dieser Scherze und meiner Freundschaft zu Danton
sterbe. Ich danke meinen Mördern, daß sie mich mit ihm und
Philippeaux[8] sterben lassen; und da meine Kollegen so feige
gewesen sind, uns preiszugeben und ihr Ohr Verleumdungen
zu leihen, die ich nicht kenne, die aber ganz sicher äußerst
grob sind, so darf ich sagen: Wir sterben als Opfer unseres
Mutes, weil wir zwei Verräter angezeigt haben[9], und als
Opfer unserer Liebe zur Wahrheit. Wir dürfen ruhig das
Zeugnis mit uns nehmen, daß wir als die letzten Republikaner
untergehen. Verzeihung, liebe Freundin, Du mein wahres
Leben, das ich in dem Augenblick, da man uns getrennt hat,
verloren habe, ich beschäftige mich mit meinem Andenken.
Ich sollte mich besser bemühen, es Dich vergessen zu lassen.
Meine Lucile, mein guter Loulou! Lebe für Horace, erzähle

---

7 Name aus Diderots *Supplément au voyage de Bougainville*, bezeichnet ein
Reich, wo der Mensch in idyllischem Naturzustand lebt.
8 Pierre-Nicolas Philippeaux (1756–94), in der Convention ein Gefolgsmann
Dantons, mit diesem zusammen guillotiniert.
9 Hébert und der ›Weltbürger‹ Anacharsis Cloots (1755–94), der Atheismus
und radikal linke Gedanken gepredigt hatte; er wurde am 24. März 1794 mit den
Hébertistes hingerichtet.

ihm von mir. Du wirst ihm sagen, was er ⟨von mir⟩ nicht hören kann, daß ich ihn noch sehr geliebt hätte! Obwohl ich sterben muß, glaube ich, daß es einen Gott gibt. Mein Blut wird meine Fehler, meine menschlichen Schwächen tilgen; und das Gute in mir, meine Tugenden, meine Freiheitsliebe, wird Gott belohnen. Ich werde Dich einmal wiedersehen, o Lucile! Empfindsam, wie ich war, ist da der Tod, der mich vom Anblick so vieler Verbrechen befreit, ein so großes Unglück? Leb wohl, mein Leben, meine Seele, meine Gottheit auf Erden. Ich hinterlasse Dir gute Freunde, alles, was es an tugendhaften und empfindsamen Menschen gibt. Ich sehe das Ufer des Lebens vor mir entschwinden. Noch sehe ich Lucile! Ich sehe sie, meine Vielgeliebte! Meine Lucile! Meine gebundenen Hände umarmen Dich, und meine sterbenden Augen ruhen noch auf Dir, wenn mein Kopf vom Rumpf getrennt ist.

69

Charles-Henri Sanson über die Hinrichtung von Lamoignon de Malesherbes

In die Memoiren der Familie Sanson (vgl. Nr. 41) hat der Verfasser ein seiner Aussage nach authentisches Manuskript seines Großvaters integriert, das Tagebuchaufzeichnungen aus der Zeit von Oktober 1793 bis Juni 1794 enthält; es handelt sich im wesentlichen um Notizen über die Hinrichtungen, Listen der Opfer und Bemerkungen zu ihrem Verhalten.

Chrétien-Guillaume de Lamoignon de Malesherbes (1721 bis 1794), Präsident des Finanzgerichts, war unter Louis XVI zweimal Minister; beim Prozeß des Königs fungierte er als einer von drei Verteidigern.

Quelle: SansonMém. Bd. 5. S. 111–115.

3. Floreal [22. April 1794]. Die angesehenen Bürger, die
Männer von Rang, steigen einer nach dem anderen auf die
Guillotine. Wie viele wird sie noch vernichten? Die, welche
uns regieren, sollten immerhin berücksichtigen, daß dieses
tägliche Abschlachten sehr verhaßt geworden ist. Selbst die
Gaffer an der Guillotine haben an Eifer und Wut nachgelas-
sen, und die wahrhaften Bürger denken ganz anders als im
Pluviôse[1]. Wenn die Karren ankommen, ist es, als ob die Pest
vorbeizöge: Türen, Fenster, Läden werden geschlossen, die
Straße ist verlassen. Wenn wir mit unserem Gefolge von
Schreihälsen und Furien des Weges ziehen, könnte man glauben, wir treten in die Stadt Dornröschens ein. Heute brachten
wir den Bürger Lamoignon de Malesherbes zum Schafott, der
während des Prozesses gegen den König so mutig an die Convention geschrieben hatte: »Ich bin von dem, den Sie verurteilen wollen, zweimal in den Ministerrat berufen worden, zu
einer Zeit, als dieses Amt von aller Welt angestrebt wurde; ich
bin ihm denselben Dienst jetzt schuldig, da viele Leute die
Aufgabe gefährlich finden.«

Er war auf seinem Landgut Malesherbes mit seiner ganzen
Familie verhaftet worden; der vorgestern hingerichtete
⟨Gerichts-⟩Präsident de Rosambo war sein Schwiegersohn.
Heute wurden seine Tochter und seine Enkelin mit ihm guillotiniert. Nach seiner Verhaftung hatte man ihn im Haus von
Port-Libre eingesperrt; bei seiner Ankunft dort begegnete er
einem ehemaligen Angestellten aus seinem Ministerium, der
ganz erstaunt ausrief: »Sie hier, Monsieur?« Er antwortete
lächelnd: »Ja, mein Freund, auf meine alten Tage bin ich ein
schlechter Mensch geworden, den man ins Gefängnis stecken
muß.«

D'Eprémesnil[2], der im alten Parlament für so viel Unruhe

---

1 D. h. im Januar 1793, als Louis XVI hingerichtet wurde.
2 Jean-Jacques Duval d'Eprémesnil, Advokat am Châtelet, seit 1775 Rat am
Parlement von Paris, das zu den Zentren der Opposition gegen das Königtum
gehörte; exzentrische Figur, experimentierte als Anhänger des Arztes Mesmer
(1734–1815) mit ›animalischem Magnetismus‹ und war mit dem Abenteurer

sorgte, war auch unter den Verurteilten; er hatte als einer der ersten von seiner Schwärmerei für die Revolution abgelassen und in der Nationalversammlung das Königtum ebenso warm verteidigt, wie er es vorher angegriffen hatte. Deshalb wurde er nach dem 10. August auf der Terrasse der Feuillants von Fanatikern, die ihn erkannt hatten, verprügelt und mit Säbeln und Piken verletzt. Als Pétion ihm zu Hilfe kam, zeigte ihm d'Eprémesnil seine Wunden mit den Worten: »Und dabei war auch ich, Monsieur Pétion, wie Sie einmal das Idol des Volkes!« An diese Worte hat sich der arme Pétion wahrscheinlich erinnert, als er in den Getreidefeldern von Saint-Emilion von Menschen und Hunden gejagt wurde.

Die Richter des Parlement erinnerten mich an die alten Römer. Lamoignon de Malesherbes rief mir Sokrates und Cato ins Gedächtnis; er starb mit der lächelnden Standhaftigkeit des Weisen und mit der Ruhe, die ein gutes Gewissen verleiht. Als ich mich ihm näherte und ihn aufforderte, sich hinzusetzen, zog er gerade seine Uhr auf und sagte, ohne aufzuhören: »Ich stehe Ihnen gleich zur Verfügung, mein Freund«; er folgte mir, indem er sie in die Tasche steckte. Als sein Haar abgeschnitten und seine Hände gebunden waren, bat er mich, ihm die Perücke wieder aufzusetzen; nicht etwa weil, wie er meinte, ein Schnupfen ihm große Unannehmlichkeiten bereiten würde, sondern weil ihm die Kälte unangenehm sei, denn er sehe wohl, daß er so sterben werde, wie er gelebt habe – nämlich sehr verweichlicht. Dann ging er zu Chateaubriand, dem Ehemann seiner Enkelin; der kniete nieder, wie auch seine Frau und die Witwe Rosambo, Malesherbes' Tochter, und der Greis segnete sie alle drei. Von allen, welche dieser Szene beiwohnten, war er am wenigsten gerührt. – Als er die Stufen hinabstieg, um die Conciergerie zu verlassen, strauchelte er und wäre gefallen, wenn wir ihn nicht gestützt hätten; daraufhin sagte er zu seinen Kindern:

Cagliostro (1743–95) bekannt. Stand in der Revolution auf Seiten der Royalisten.

»Das nennt man ein böses Omen! Ein Römer an meiner Stelle wäre umgekehrt.«

Seine Töchter setzten sich im Karren neben ihn; ihre Unterhaltung war sehr rührend. Sie beteuerten ihm, sie seien glücklich, mit ihm zu sterben; Malesherbes sprach zu ihnen mit einer Ruhe, die ihn keinen Augenblick verließ. D'Eprémesnil saß neben Le Chappelier, der in der Nationalversammlung sein erbittertster Gegner gewesen war und nun ebenfalls zu den Verurteilten zählte. Als wir aufbrachen, sagte dieser zu seinem Nebenmann: »Monsieur, wir werden gleich ein schrecklich schwieriges Rätsel zu lösen haben.« – »Welches denn, Monsieur?« – »Zu erfahren, welchem von uns die Pfiffe des Volkes gelten.« – »Uns allen beiden«, antwortete d'Eprémesnil.

70

Charles-Henri Sanson über die Gefangenen in der Conciergerie

*Zu den Aufzeichnungen des Henkers der Revolution vgl. Nr. **69**. – In die Conciergerie wurden die Häftlinge aus den anderen Gefängnissen gebracht, wenn sie vor Gericht gestellt werden sollten, denn sie lag dicht neben dem Sitz des Revolutionstribunals im großen Saal des Palais de Justice; die Verurteilten wurden von der Conciergerie aus zum Schafott geführt.*

Quelle: SansonMém. Bd. 5. S. 178–183.

16. Prairial [4. Juni 1794]. Das Bild der Conciergerie hat sich seit einiger Zeit sehr verändert. In den Anfängen des Revolutionstribunals sah sie beinahe wie ein Feldlager am Abend vor der Schlacht aus; die Gesichter der Gefangenen waren erregt, sie gingen ruhig oder stolz auf und ab, unterhielten sich lebhaft, einige lachten, sangen und tranken. Die meisten schienen den Tod zu verachten, der über ihren Köpfen zu Gericht saß und von dem sie nur durch die Decke getrennt waren[1]. Wenn ich nach meiner Rückkehr ⟨von der Guillotine⟩ einem der Schließer erzählt hatte, wie es abgelaufen war, woraufhin der die Neuigkeiten gleich an sie weitergab, hörte ich, daß man den mutig Gestorbenen ebenso begeistert applaudierte, wie es beim Schafott geschehen war; und ich sah, daß einige ihre Gläser erhoben und auf ihre befreiten Gefährten anstießen. Seit Dantons Hinrichtung hat die Conciergerie diesen Charakter verloren; sie ist wieder geworden, was sie immer schon war, das düsterste von allen Gefängnissen. Die Gefangenen sind traurig, wortkarg und gehen einzeln umher; sie meiden einander, ein wenig aus Mißtrauen, vor allem aber aus dem Bedürfnis heraus, sich zu besinnen, das der Mensch hat, wenn seine letzte Stunde gekommen ist. Statt des Geschreis, das man sonst in den Höfen hörte, herrscht jetzt eine Stille, die nur durch die Schritte der Schließer und der Schildwachen gestört wird. Die Gefangenen versuchen nicht mehr, sich Nachrichten von draußen zu verschaffen; man könnte meinen, sie wagten nicht mehr auf die Gegenrevolution zu hoffen, die allein sie vielleicht retten könnte. Seit sie die fiebrige Tapferkeit, die sie aufrecht hielt, verloren haben, brechen Krankheiten unter ihnen aus; sie werden von einer Art Skorbut geplagt, und man hat das Krankenrevier vergrößern müssen. Rivière zeigte mir heute einen gewissen Rougane, den man aus dem ehemaligen Bischofspalast zurückbrachte, wo er während der Rekonvaleszenz untergebracht war. Seine vier Brüder sind guillotiniert worden, und er überwand die

---

1 Hinweis auf die räumliche Nähe des Revolutionstribunals.

Krankheit nur, um desto sicherer zu sterben; er kommt morgen oder übermorgen vor Gericht. [...]

[Unter den heute Hingerichteten waren auch] François Dauphin de Goursac, ehemaliger Oberstleutnant der Kavallerie, [seine Mutter sowie seine beiden Geschwister]. Die Mutter war achtzig Jahre alt und beinahe blind; François Goursac bat, man möge ihm die Hände nicht fesseln, damit er sie unterwegs stützen könnte. Legris, der Kanzleigehilfe, gab zu bedenken, daß ich der Anklagevertretung darüber Bericht erstatten müsse. Darauf sagte die alte Frau zu ihrem Sohn mit einer Heiterkeit, die so sehr von der Haltung ihrer weinenden Kinder abstach: »Lassen Sie doch die Herren in Ruhe, Goursac, wenn ich stolpere, wird sich unter ihnen doch eine mitleidige Seele finden, die mir ›Vorsicht!‹ zuruft.«

71

Charles-Henri Sanson über die Hinrichtung der »roten Hemden«

Über den Autor vgl. Nr. 69. – Im Juni 1794 hatte die zwanzigjährige Aimée-Cécile Renault im Hause Robespierres vorgesprochen; sie machte sich verdächtig, und als man sie untersuchte, fand man zwei kleine Messer bei ihr und schloß daraus, sie habe Robespierre ermorden wollen. Einige Tage später wurde Collot d'Herbois (1750–96), einer der Führer der Montagne, von dem Royalisten Ladmiral durch einen Pistolenschuß verletzt. Obwohl zwischen beiden Vorfällen keine Verbindung bestand, konstruierte man daraus eine umfassende Verschwörung; mit den Attentätern und allen, die Verbindung zu ihnen hatten, wurden mehrere bekannte Royalisten vor Gericht gestellt, darunter einige, die zum Kreis des Baron

Die anonyme Karikatur, auf die Sanson sich bezieht

de Batz (1761–1822) gehörten, der wirklich gegen die Repu-
blik konspirierte. Die insgesamt 54 Verurteilten wurden in
roten Hemden zum Schafott geführt, wie sie sonst Verwand-
tenmörder tragen mußten.

Quelle: SansonMém. Bd. 5. S. 216–225. (Gekürzt.)

29. Prairial [17. Juni 1794]. Ein schrecklicher Tag! Die Guillotine hat vierundfünfzig vernichtet! Ich bin mit meinen
Kräften am Ende und wäre beinahe ohnmächtig geworden.
Man zeigte mir eine Karikatur, die in der Stadt kursiert und
auf der ich dargestellt bin, wie ich mich inmitten einer Ebene,
die, soweit das Auge reicht, mit Leichen ohne Köpfe und mit
Köpfen ohne Körper bedeckt ist, selbst guillotiniere. Wenn
nur mein Hals nötig wäre, um die Guillotine zu beseitigen,
ich bin bereit, und der Zeichner soll nicht gelogen haben. Ich
rühme mich nicht einer Sensibilität, die ich nicht besitzen
kann; ich sah zu oft und aus zu großer Nähe die Leiden und
den Tod meiner Mitmenschen mit an, als daß ich leicht zu
beeindrucken wäre. Wenn mein Gefühl aber nicht Mitleid ist,
dann muß es das Ergebnis einer Nervenkrankheit sein; vielleicht straft mich die Hand Gottes für meinen feigen Gehorsam gegen etwas, was so wenig der Gerechtigkeit ähnelt, der
zu dienen ich geboren war? Ich weiß es nicht; aber seit einiger
Zeit werde ich jeden Tag, wenn die Stunde naht, von einem
Schwindel befallen, der mich beherrscht und mich grausam
quält. Sobald ich die Conciergerie betrete, steigt das Fieber
sprunghaft an, das mich Tag und Nacht verzehrt; es ist, als ob
Feuer unter meiner Haut loderte. Obwohl ich nüchtern bin,
kommt es mir vor, als ob ich betrunken wäre; die Leute um
mich herum, die Möbel, die Mauern, alles tanzt und wirbelt
um mich her, und in meinen Ohren dröhnen dumpfe Geräu-
sche wie Klagen. Vergeblich kämpfe ich, es gelingt mir nicht,
meine gewohnten Kräfte wiederzufinden oder mich auch nur
etwas zu erholen. Meine Hand zittert, und zwar so sehr, daß
ich es aufgeben mußte, den Verurteilten die Haare abzu-

schneiden und sie zu fesseln. Da stehen sie; einige weinen, andere beten, alle begreifen, daß ihre letzte Stunde geschlagen hat, und ich allein zweifle an der Wirklichkeit dessen, was geschieht. Ich führe sie in den Tod und kann nicht glauben, daß sie sterben werden. Es ist wie ein Traum, dem ich vergebens zu entrinnen suche. Ich nehme an den Vorbereitungen zur Hinrichtung teil, ohne mir des Kommenden bewußt zu sein, ich verrichte meinen Dienst mit der mechanischen Regelmäßigkeit eines Automaten, ohne daß das Gehirn denkt und gebietet. Dann kommt das Geräusch des Messers, das mich wieder zum Bewußtsein bringt. Ich kann es nicht mehr hören, ohne zusammenzufahren, ohne daß kalter Schweiß meinen ganzen Körper bedeckt. Dann befällt mich eine Art Wut; ohne zu überlegen, daß ich mich als ersten verfluchen müßte, richte ich tausend unausgesprochene Verwünschungen gegen die Gendarmen, die mit gezogenem Säbel jene Unglücklichen, deren Hände gefesselt sind, herbeigeführt haben; gegen das Volk, welches ihnen stumpfsinnig beim Sterben zusieht, ohne eine Bewegung, eine Geste zu ihrer Rettung zu wagen; und gegen die Sonne, die das alles erleuchtet. Endlich verlasse ich den Platz, erdrückt, gebrochen von innerer Unruhe, mit einem Gefühl, als ob ich weinen wollte, aber ohne Tränen zu haben.

[Die vierundfünfzig Verurteilten werden für die Fahrt zum Schafott vorbereitet.]

Nach den Regeln der Gesetzgebung über die Verdächtigen[1] hatte man nicht nur die ganze Familie[2] verhaftet, sondern darüber hinaus alle, die, sei es auch nur indirekt, mit ihr zu tun hatten: Marie de Grandmaison, eine ehemalige Schau-

---

1 Das Gesetz über verdächtige Personen war am 17. September 1793 erlassen worden; es sah vor, daß alle diejenigen verhaftet werden sollten, deren Verhalten, deren Reden und Schriften oder deren Umgang mit bestimmten Personen vermuten ließen, daß sie Anhänger der alten Ordnung waren, was den Kreis der ›Verdächtigen‹ natürlich sehr weit faßte.
2 Es geht um die Familie der Mme Saint-Amaranthe, Besitzerin eines Spielsalons, in dem unter anderem der Baron de Batz verkehrte.

spielerin vom Théâtre des Italiens und Maîtresse von Sartine[3], und ihr Dienstmädchen, Marie-Nicole Bouchard; diese war achtzehn Jahre alt, sah aber noch nicht einmal wie vierzehn aus. Sie war so fein und zart gebaut, daß ein Tiger Mitleid mit ihr gehabt hätte. Als sie ins Vorzimmer der Kanzlei herunter-kam und Larivière ihre kleinen Händchen zum Fesseln hin-streckte, wandte der sich an Desmorets, meinen ersten Gehil-fen, und fragte: »Das ist doch ein Witz, oder?« Desmorets zuckte die Achseln, die Kleine lächelte unter Tränen und antwortete ihm mit sanfter Stimme: »Aber nein, Monsieur, das ist Ernst.« Daraufhin ließ Larivière die Stricke fallen und rief: »Such dir einen anderen, der dich fesselt! Es ist nicht mein Beruf, Kinder zu entwöhnen!«

Sie war ruhig, gefaßt, beinahe heiter. Der Aufbruch verzö-gerte sich; man hatte nur für Ladmiral, Saintenax und die vier Mitglieder der Familie Renault rote Hemden bestellt, als der Befehl des Komitees eintraf, alle vierundfünfzig Gefangenen ohne Ausnahme damit zu bekleiden. Während man die übri-gen Hemden besorgte, saß Nicole Bouchard zu Füßen der Grandmaison, die sehr niedergeschlagen war, und bemühte sich, sie zu trösten. Sie bat auch um die Erlaubnis, sich im Karren neben sie setzen zu dürfen, was ihr nicht verweigert wurde. Ich glaube, wenn sie um ihr Leben gebeten hätte, hätte keiner, den sie ansprach, gezögert, ihre Fesseln durch-zuschneiden und selbst an ihre Stelle zu treten. Was wir fühl-ten, empfand ebenso auch das Volk. Der Andrang war beträchtlich und stand im Verhältnis zu dem Aufwand, den man bei dieser Hinrichtung trieb. Die zahllosen Gendarmen und Geschütze, die uns folgten, hatten alle Pariser aus ihren Häusern gelockt. In den ersten Karren saßen fünf oder sechs Frauen, alle jung und hübsch, und dieser Anblick stimmte die Zuschauer wie immer mitleidig; aber als Nicole Bouchard erschien, kam die Empörung voll zum Ausbruch. Überall

3 Sartines Onkel war 1759–74 Generalleutnant der Pariser Polizei gewesen.

hörte man Murren, und an mehr als zehn Stellen rief man: »Keine Kinder!«

Im Faubourg Saint Antoine sah man die Frauen an den Fenstern die Hände falten, lebhaft miteinander sprechen und mit Fingern auf sie zeigen; viele weinten. Während des ganzen Weges und auf der Place du Trône Renversé[4] wagte ich nicht ein einziges Mal, mich zu ihr umzudrehen. In der Conciergerie hatte ich sie angeschaut, und da schienen mir ihre großen schwarzen Augen zu sagen: »Du wirst mich nicht sterben lassen!« Und doch ist sie tot. Sie stieg als neunte aufs Schafott. Als sie, geführt von den Gehilfen, an mir vorbeikam, machte ich, getrieben von einer Art Instinkt, einen Schritt auf sie zu und kämpfte aus Feigheit gegen eine innere Stimme, die mir sagte: »Zertrümmere lieber die Guillotine, als daß du ihr dieses Kind auslieferst.«

Die Gehilfen stießen sie vorwärts; ich hörte sie mit schwacher Stimme fragen: »Bürger, ist es gut so?«

Ich wandte mich hastig um, ein Schleier schob sich vor meine Augen, und ich fühlte meine Knie zittern. Martin gab den Befehl zur Hinrichtung und sagte zu mir: »Du bist krank, geh nach Hause; ich mach das alleine.«

Ohne zu antworten, stieg ich vom Schafott und ging fort, ohne mich umzusehen. Meine Halluzinationen hörten den ganzen Tag nicht auf; sie waren so stark, daß ich, als an der Ecke der Rue Saintonge eine Bettlerin auf mich zukam und mich um ein Almosen bat, das Gefühl hatte, es wäre die Tote; ich wäre fast auf den Rücken gefallen. Heute abend, als wir uns zu Tisch setzten, behauptete ich gegenüber meiner Frau, Blutflecken auf dem Tischtuch zu sehen.[5]

---

4 Die heutige Place de la Nation.
5 Kurz nach der Hinrichtung der »roten Hemden« wurde Charles-Henri Sanson ernsthaft krank und sah sich wenige Monate später gezwungen, sein Amt aufzugeben.

72

Robespierres letzte Rede vor der Convention

Im Lauf des ersten Halbjahrs 1794 hatte die Unzufriedenheit in der Bevölkerung und vor allem auch unter den Abgeordneten der Convention zugenommen: Man warf Robespierre vor, nach der Diktatur zu streben, war allgemein der Terreur müde, und der Kult des ›Höchsten Wesens‹, den Robespierre am 7. Mai qua Dekret zur Staatsreligion erklärt und am 8. Juni in einem pompösen Fest zelebriert hatte, stieß in weiten Kreisen auf Ablehnung. Auch der Wohlfahrtsausschuß war zerstritten: Vom 3. Juli an weigerte sich Robespierre, zu den Sitzungen zu kommen; er erschien zwar am 23. Juli, entzog sich dann aber erneut jeder Diskussion und zog es vor, sich am 8. Thermidor (26. Juli) in einer Rede vor der Convention mit seinen Gegnern auseinanderzusetzen.

Diese lange Rede, die er am gleichen Tag im Jakobinerclub wiederholte, nimmt nicht zu aktuellen politischen Problemen Stellung; sie schmäht ›Verleumder‹ und ›Verschwörer‹, die ungenannt bleiben, in einer Sprache, die ganz darauf abgestellt ist, Emotionen zu wecken. Aus Platzgründen können hier nur kürzere Ausschnitte geboten werden.

Quelle: SociétéJacobins. Bd. 6. S. 246–285. (Auszüge: S. 246 bis 249, 251 f., 257 f., 277 f.)

Bürger,

andere mögen Euch geschönte Bilder malen; ich werde Euch nützliche Wahrheiten sagen. Ich will Euch nicht lächerliche Schrecken vor Augen führen, wie sie die Heimtücke verbreitet; sondern ich will, wenn es möglich ist, die Fackeln der Zwietracht allein durch die Kraft der Wahrheit auslöschen. Ich werde Mißstände enthüllen, die auf den Ruin des Vaterlandes hinwirken und die allein Eure Redlichkeit eindämmen kann. Ich werde vor Euch Eure verletzte Autorität und die geschändete Freiheit verteidigen. Wenn ich Euch auch etwas von den Verfolgungen sage, denen ich ausgesetzt bin, werdet Ihr dies nicht als ein Verbrechen ansehen; Ihr habt nichts gemein mit den Tyrannen, die Ihr bekämpft. Die Schreie der beleidigten Unschuld sind Eurem Ohr nicht lästig, und Ihr wißt sehr wohl, daß dieser Fall auch Euch angeht.

Die Revolutionen, die bisher das Aussehen der Reiche verändert haben, zielten nur auf einen Wechsel der Dynastie oder auf den Übergang von der Monarchie zur Oligarchie ab. Die französische Revolution gründet als erste auf der Theorie der Menschenrechte und den Prinzipien der Gerechtigkeit. Die anderen Revolutionen forderten lediglich Ehrgeiz; unsere zwingt zur Tugend. Unwissenheit und Gewalt haben die anderen in einem neuen Despotismus aufgehen lassen; unsere, die aus der Gerechtigkeit hervorgeht, kann nur in deren Schoß ruhen. Die Republik, die allmählich heraufgeführt wurde durch die Macht der Umstände und den Kampf der Freiheitsfreunde gegen immer wieder neu entstehende Verschwörungen, hat sich gewissermaßen durch die Reihen aller Parteien geschlichen; aber sie sah sich umgeben von deren organisierter Macht und fand alle Einflußmöglichkeiten in deren Händen; daher ist sie seit ihrer Geburt unablässig verfolgt worden in der Person aller aufrechten Männer, die für sie kämpften. Um die Vorteile ihrer Stellung zu bewahren, waren die Parteiführer und ihre Agenten nämlich gezwungen, sich hinter der Herrschaftsform der Republik zu verstecken: *Vive la République!* schrien Précy[1] in Lyon und Brissot in Paris. Alle Verschwörer haben sich sogar eifriger als jeder andere sämtliche Formeln und Parolen des Patriotis-

---

1 Louis-François Perrein, Comte de Précy (1742–1820), einer der Kommandanten der dem König in der Verfassung von 1791 zugestandenen Garde (vgl. Nr. **38**, S. 192 f.); nach ihrer Entlassung hilft er am 10. August 1792 mit, die Tuileries zu verteidigen, zieht sich dann auf seine Ländereien in der Gegend von Lyon zurück und wird von den Aufständischen zu ihrem Befehlshaber gemacht. Er kämpft im August und September 1793 erfolgreich gegen eine Übermacht und kann ins Schweizer Exil entkommen.

mus zu eigen gemacht. Der Österreicher, dessen Geschäft es war, die Revolution zu bekämpfen; der aus Orléans[2], dessen Rolle darin bestand, den Patrioten zu spielen, lagen auf der gleichen Linie und waren von echten Republikanern nicht zu unterscheiden. Sie bekämpften unsere Prinzipien nicht, sondern korrumpierten sie; sie lästerten nicht die Revolution, sondern suchten sie zu entehren unter dem Vorwand, ihr zu dienen. Sie hielten Reden gegen die Tyrannen und konspirierten für die Tyrannei; sie lobten die Republik und verleumdeten die Republikaner. Die Freunde der Freiheit suchen die Macht der Tyrannen durch die Kraft der Wahrheit zu stürzen; die Tyrannen suchen die Verteidiger der Freiheit durch Verleumdung zu zerstören; sie geben den Namen der Tyrannei den sich durchsetzenden Prinzipien der Wahrheit selbst. Wenn dieses System einmal die Oberhand gewonnen hat, ist die Freiheit verloren; legitim ist dann nur die Heimtücke und kriminell nur die Tugend; denn es liegt in der Natur der Sache selbst, daß überall, wo Menschen versammelt sind, ein Einfluß wirkt, entweder der der Tyrannei oder der der Vernunft. Wenn diese wie ein Verbrechen geächtet ist, herrscht Tyrannei; wenn die guten Bürger zum Schweigen verdammt sind, regieren notwendigerweise die Verbrecher. [...]

Ihr kennt die Gangart Eurer Feinde. Sie haben massenhaft die Convention nationale angegriffen; dieses Vorhaben ist gescheitert. Sie haben den Wohlfahrtsausschuß angegriffen; dieses Vorhaben ist gescheitert. Seit einiger Zeit erklären sie einzelnen Mitgliedern des Wohlfahrtsausschusses den Krieg; es scheint, als wollten sie nur einen einzigen Mann treffen; sie gehen immer auf das gleiche Ziel los. Daß die Tyrannen Europas es wagen, einen Repräsentanten des französischen Volkes zu ächten, ist zweifellos der Gipfel der Unverschämtheit; aber daß die Franzosen, die sich Republikaner nennen, darauf hinarbeiten, das von den Tyrannen verhängte Todesurteil zu vollstrecken, ist der Gipfel des Skandals und der Schande! Ist

2 Philippe Egalité.

es wahr, daß man schändliche Listen herumgereicht hat, in denen eine gewisse Zahl von Mitgliedern der Convention zu Opfern bestimmt wurden, und daß man behauptete, das wäre das Werk des Wohlfahrtsausschusses, und letztendlich das meine? Ist es wahr, daß man Sitzungen dieses Ausschusses und strenge Beschlüsse zu erfinden wagte, die es nie gegeben hat, und nicht weniger phantastische Verhaftungen? Ist es wahr, daß man eine gewisse Zahl untadeliger Volksvertreter davon zu überzeugen suchte, daß ihr Sturz beschlossen sei? Und all jenen, die durch irgendeinen Irrtum den schicksalhaften Umständen und der menschlichen Schwäche einen unvermeidlichen Tribut gezollt hatten, einreden wollte, ihnen drohe das gleiche Schicksal wie Verschwörern? Ist es wahr, daß diese Verleumdung mit so viel Geschick und Dreistigkeit verbreitet wurde, daß eine große Zahl von Mitgliedern nicht mehr wagte, nachts in ihrer eigenen Wohnung zu schlafen? Ja, die Fakten sind bekannt, und die Beweise für diese Machenschaften befinden sich in den Händen des Wohlfahrtsausschusses. Ihr könntet uns noch viele weitere enthüllen, ihr Abgeordneten, die ihr von einer Mission in den Départements zurückgekommen seid; ihr Stellvertreter, die ihr berufen wurdet, die Funktionen von Volksvertretern wahrzunehmen[3], könntet uns sagen, was an Intrigen gesponnen wurde, um Euch zu täuschen, bitter zu machen, um Euch in eine verhängnisvolle Koalition zu locken! Was sagte, was tat man in diesen verdächtigen Cliquen, bei diesen nächtlichen Versammlungen, bei den Essen, wo die Heimtücke den Gästen das Gift des Hasses und der Verleumdung reichte? Was wollten sie, die Urheber dieser Machenschaften? War es das Heil des Vaterlands, die Würde und Einheit der Convention nationale? Wer waren sie? Welche Fakten rechtfertigen die schreckliche Vorstellung, die man von uns vermitteln

---

3 Die Ersatzkandidaten, die gewählt wurden, um bei Todesfällen usw. in die Nationalversammlung nachzurücken, spielten in der Convention eine besondere Rolle, weil viele Abgeordnete hingerichtet wurden und ersetzt werden mußten.

wollte? Was für Männer waren von den Ausschüssen angeklagt worden, außer den Chaumette, Hébert, Danton, Chabot, Delacroix[4]? Will man etwa das Andenken an die Verschwörer verteidigen? Will man ihren Tod rächen? Wenn
man uns beschuldigt, einige Verräter denunziert zu haben,
mag man die Convention anklagen, denn sie hat sie angeklagt;
mag man die Gerechtigkeit anklagen, denn sie hat sie geschlagen; mag man das Volk anklagen, denn es hat ihrer Bestrafung
Beifall gespendet. Wer greift denn die Volksvertretung an,
derjenige, der ihre Feinde verfolgt, oder jener, der sie
schützt? Und seit wann erschreckt die Strafe für Verbrechen
die Tugend?
Genau das ist jedoch die Grundlage für jene Projekte von
Diktatur und Anschlägen gegen die Freiheit der Nation, für
die man zunächst den Wohlfahrtsausschuß insgesamt verantwortlich machte. Welche Fatalität konzentriert diese schwer-
wiegende Anklage plötzlich auf ein einziges seiner Mitglieder? Seltsames Vorhaben, das einer haben könnte, die Convention nationale dazu zu veranlassen, daß sie sich selbst
langsam erwürgt, um ihm den Weg zur absoluten Herrschaft
zu bahnen! Die lächerliche Seite dieser Beschuldigungen
mögen andere wahrnehmen; ich kann nur ihre Entsetzlich-
keit sehen. Ihr werdet wenigstens der öffentlichen Meinung
Rechenschaft ablegen müssen für die schreckliche Beharrlich-
keit, mit der Ihr den Plan verfolgt, alle Freunde des Vaterlandes zu morden, Ihr Ungeheuer, die Ihr mir die Achtung der
Convention zu rauben versucht, also den ruhmreichsten
Lohn für die Mühen eines Sterblichen, den ich nicht an mich
gerissen oder mir erschlichen habe, sondern den ich mir
gezwungenermaßen erwerben mußte! In den Augen derer,
die man verehrt und liebt, als Gegenstand des Schreckens zu
erscheinen, ist für einen empfindsamen und rechtschaffenen
Mann die gräßlichste Qual; sie ihm zuzufügen, ist die größte
Schandtat. Aber ich rufe Eure ganze Empörung auf die gräß-

---

4 Chabot, ein radikaler Sans-culotte, und Delacroix wurden gemeinsam mit
Danton und seinen Anhängern vor Gericht gestellt.

lichen Machenschaften herab, die eingesetzt werden, um diese ungereimten Verleumdungen zu erhärten. [...]

Das Wort *Diktatur* hat magische Kräfte; es raubt der Freiheit ihren Glanz; es setzt die Regierung herab, es zerstört die Republik; es degradiert alle revolutionären Institutionen, die man als das Werk eines einzigen Mannes darstellt; es macht die Justiz des Staates verhaßt, die es als durch den Ehrgeiz eines einzigen Mannes gelenkt darstellt; es konzentriert den ganzen Haß und alle Dolche des Fanatismus und der Aristokratie auf diesen einen Punkt.

Welch schrecklichen Gebrauch haben die Feinde der Republik vom bloßen Namen eines römischen Staatsamtes gemacht! Und wenn schon ihre Gelehrsamkeit so verhängnisvoll für uns ist, wie verhält es sich dann erst mit ihren Schätzen und ihren Intrigen? Ich will gar nicht von ihren Truppen reden; aber es sei mir erlaubt, dem Herzog von York[5] und allen royalistischen Schriftstellern die Ernennungsurkunden für diese lächerliche Würde zurückzuschikken, die sie mir als erste zugesandt haben. Es ist zu unverschämt von Königen, die nicht sicher sein können, ihre Kronen zu behalten, wenn sie sich das Recht herausnehmen, anderen welche aufzusetzen! Ich begreife, daß ein lächerlicher Fürst, daß diese Art unreifer, verfluchter Tiere, die man immer noch Könige nennt, sich in ihrer Niedrigkeit gefallen und sich auf ihre Schande etwas einbilden mögen; daß zum Beispiel der Sohn von George dem französischen Szepter nachtrauert, das er, wie man annimmt, heftig begehrt hat, und ich beklage diesen modernen Tantalus aufrichtig. Ich gestehe sogar zur Schande – nicht meines Vaterlandes, sondern der Verräter, die es bestraft hat, daß ich unwürdige Mandatsträger des Volkes gesehen habe, die ihren glorreichen Titel gegen den eines Kammerdieners von George oder von d'Orléans eingetauscht hätten. Aber daß ein Volksvertreter, der sich der Würde dieser geheiligten Stellung bewußt ist, daß

5 Der Herzog von York (1763–1827), zweiter Sohn von König George III., befehligte 1793 die englischen Truppen in Belgien, unterlag aber den Franzosen.

ein französischer Bürger, der diesen Namen verdient, seine
Wünsche auf ein so niedriges Ziel wie die schuldhaften und
lächerlichen Ehrenstellungen richten kann, die zu zerschmet-
tern er beigetragen hat, daß er sich als Bürger degradieren
läßt, um zur Schande des Thrones hinabzusteigen, das können nur jene perversen Geschöpfe für wahrscheinlich halten,
die nicht einmal das Recht haben, an die Tugend zu glauben!
Was sage ich, *Tugend*! Das ist ohne Zweifel eine natürliche
Leidenschaft, aber wie sollten sie sie erkennen, diese feilen
Seelen, die sich immer nur feigen und grausamen Passionen
öffneten; diese erbärmlichen Intriganten, die den Patriotismus niemals zu einer moralischen Idee erhoben, die in der
Revolution einer wichtigen und ehrgeizigen Persönlichkeit
hinterherliefen, ich weiß nicht welchem verachteten Fürsten,
so wie einst unsere Lakaien ihren Herrn auf Schritt und Tritt
folgten? Aber sie existiert, das bezeuge ich Euch, reine, emp-
findsame Seelen; sie existiert, diese zärtliche, gebieterische,
unwiderstehliche Leidenschaft, Qual und Wonne großer Seelen; dieser tiefeingewurzelte Abscheu vor der Tyrannei, der
mitleidige Eifer für die Bedrängten, die heilige Liebe zum
Vaterland, ohne die eine große Revolution nur ein spektaku-
läres Verbrechen ist, das ein anderes Verbrechen zerstört; sie
existiert, diese edle Ambition, auf Erden die erste Republik
der Welt zu gründen. Der Egoismus von nicht degenerierten
Menschen, der eine himmlische Lust in der Ruhe eines reinen
Gewissens und im entzückenden Schauspiel öffentlichen
Glücks findet – Sie spüren jetzt eben, wie er in Ihren Seelen
brennt; ich fühle ihn in meinem Inneren. Aber wie könnten
unsere gemeinen Verleumder das erraten? Wie hätte ein
Blindgeborener eine Vorstellung vom Licht? Die Natur hat
ihnen eine Seele verweigert; sie haben ein gewisses Recht,
nicht nur an deren Unsterblichkeit, sondern sogar an ihrer
Existenz zu zweifeln.

Sie nennen mich Tyrann . . . Wenn ich einer wäre, lägen sie
mir zu Füßen, ich würde sie mit Gold vollstopfen, ich würde
ihnen das Recht einräumen, alle Verbrechen zu begehen, und

sie wären dankbar dafür. Wenn ich so einer wäre, würden mir die Könige, die wir besiegt haben, ihre schuldhafte Unterstützung gewähren, statt mich zu denunzieren (wie besorgt nehmen sie doch Anteil an unserer Freiheit!); ich würde mich mit ihnen arrangieren. Was erwarten sie in ihrer Hilflosigkeit anderes als den Beistand einer Partei, die sie protegieren und die ihnen den Ruhm und die Freiheit unseres Landes verkaufen soll? Zur Tyrannei gelangt man mit Hilfe von Schurken; wohin bewegen sich aber jene, die sie bekämpfen? Zum Grab oder zur Unsterblichkeit. Welcher Tyrann schützt mich? Welcher Partei gehöre ich an? Der Eurigen. Welche Partei hat seit Beginn der Revolution die Parteien niedergeworfen und so viele geachtete Verräter verschwinden lassen? Das seid Ihr, das ist das Volk, das sind die Prinzipien. Das ist die Partei, der ich mich mit Leib und Seele verschrieben habe und gegen die alle Verbrechen gerichtet sind. [...]

Das Volk wird sich empören; man wird es als aufrührerische Partei bezeichnen; die Partei der Verbrecher wird es weiterhin zur Verzweiflung treiben; sie wird versuchen, die Convention nationale und das Volk zu entzweien; schließlich hofft man, durch Attentate allgemeinen Aufruhr zu erzeugen, in den die Verschwörer die Aristokratie und alle ihre Komplizen verwickeln werden, um die Patrioten zu ermorden und die Tyrannei wieder aufzurichten. Das gehört zum Plan der Verschwörung. Und wer ist für diese Mißstände verantwortlich? Wir selbst, unsere feigen Schwächen gegenüber dem Verbrechen und unsere sträfliche Verleugnung der Prinzipien, die wir selbst verkündet haben. Lassen wir uns nicht täuschen: Eine gewaltige Republik auf den Grundlagen der Vernunft und der Gleichheit zu errichten und alle Teile dieses ungeheuren Reichs durch ein starkes Band zu vereinigen, ist kein Unternehmen, das man so nebenher vollbringen kann: Es ist das Meisterwerk der Tugend und der menschlichen Vernunft. In einer großen Revolution entstehen alle Arten von Parteien. Wie könnte man sie unterdrücken, wenn man nicht ständig alle Leidenschaften der Gerechtigkeit unterordnet? Ihr habt keine andere Gewähr für die Freiheit als die strenge Befolgung der Prinzipien und der allgemeinen Moral, die Ihr verkündet habt. Wenn nicht die Vernunft herrscht, herrschen zwangsläufig Verbrechen und Ehrgeiz; ohne die Vernunft ist der Sieg nur ein Mittel, den Ehrgeiz zu befriedigen, und eine Gefahr für die Freiheit; ein verhängnisvoller Vorwand, dessen sich die Intrige bedient, um den Patriotismus am Rande des Abgrunds in Schlaf zu versetzen – und was könnte uns ein Sieg ohne Vernunft nützen? Der Sieg allein bewaffnet nur den Ehrgeiz, schläfert den Patriotismus ein, weckt den Stolz und gräbt mit goldgeschmückten Händen das Grab der Republik. Was hilft es, daß unsere Armeen die bewaffneten Satelliten der Könige davonjagen, wenn wir vor den Lastern zurückweichen, die unsere öffentliche Freiheit vernichten? Was hilft es uns, die Könige zu überwinden, wenn wir von den Lastern überwunden werden, die die Tyrannei mit sich bringen? Was nun haben wir in der letzten Zeit gegen diese Laster getan? Wir haben große Preise ausgesetzt.

Was hat man bei uns nicht alles unternommen, um die Laster zu schützen! Und was haben wir getan, um sie zu vernichten? Nichts, denn sie erheben unverschämt ihr Haupt und bedrohen straflos die Tugend; nichts, denn die Regierung ist vor den Parteien zurückgewichen, und sie gibt Fürsprecher unter den Trägern der öffentlichen Gewalt. Machen wir uns also auf alle Übel gefaßt, wenn wir ihnen die Macht überlassen. Auf dem Weg, den wir eingeschlagen haben, vor dem Ziel anhalten, heißt untergehen; und wir sind schmachvoll zurückgewichen. Ihr habt die Bestrafung einiger Verbrecher angeordnet, die an all unserem Elend schuld sind; die haben aber gewagt, sich der nationalen Gerechtigkeit zu widersetzen, und man opfert ihnen das Schicksal des Vaterlandes und der Menschheit auf! Machen wir uns also auf alles Unheil gefaßt, das die Parteien verursachen können, wenn sie ungestraft agieren. Inmitten so vieler glühender Leidenschaften, in einem so ausgedehnten Reich ziehen sich die Tyrannen, deren Armeen ich auf der Flucht, aber nicht eingekesselt und vernichtet sehe, zurück, damit Ihr die Beute Eurer inneren Streitigkeiten werdet, die sie selbst schüren, und die Beute einer Armee verbrecherischer Agenten, die Ihr nicht einmal wahrzunehmen vermögt. Laßt nur einen Augenblick die Zügel der Revolution schleifen: Ihr werdet sehen, wie sie der militärische Despotismus ergreift und der Führer der Parteien die ihrer Würde beraubte Volksvertretung stürzt. Ein Jahrhundert voller Bürgerkriege und Elend wird unser Vaterland verwüsten, und wir werden untergehen, weil wir nicht bereit waren, die Gunst eines Augenblicks zu ergreifen, der in der Menschheitsgeschichte dazu bestimmt war, die Freiheit zu begründen; wir werden unser Vaterland einem Jahrhundert voller Elend ausliefern, und das Volk wird unser Andenken verwünschen, das doch dem Menschengeschlecht teuer sein sollte! [...]

73

Guittard de Floriban über die Verhaftung Robespierres

Über den Autor vgl. Nr. 48.
Robespierres Sturz verlief dramatisch (Guittards Darstellung stimmt alles in allem mit der Realität überein): Seine Gegner in der Convention hatten sich in der Nacht zuvor darauf verständigt, ihn nicht zu Wort kommen zu lassen; am 9. Thermidor wurden Robespierre, sein jüngerer Bruder, Saint-Just, Couthon und Lebas im Sitzungssaal der Convention verhaftet. Die Commune und Hanriot, der Kommandant der Nationalgarde, planten Gegenmaßnahmen; die Gefangenen wurden befreit und zum Rathaus gebracht, wo sich auch die Pariser Sektionen versammeln sollten, die dem

Die Verhaftung Robespierres am 27. Juli 1794 (zeitgenössischer englischer Stich)

Aufruf aber nur zögernd folgten. Im Auftrag der Convention griff der Abgeordnete Barras (1755–1829), die beherrschende Figur des späteren Directoire) mit den Pariser Truppen nachts das Rathaus an; dabei zerschmetterte eine Kugel Robespierres Unterkiefer, ohne daß ganz klar wäre, ob er selbst oder ein anderer sie abgefeuert hat. Die stark blutende Wunde wurde nur notdürftig versorgt; am folgenden Tag wurde Robespierre ohne Gerichtsurteil mit einundzwanzig seiner Gefolgsleute guillotiniert.

Quelle: GuittardJournal. S. 433–435.

Große Verschwörung

Ganz Paris eilt zu den Waffen und den Geschützen.
– Gestern Samstag, 26. Juli.
Bei den Jakobinern gab es lebhafte Debatten; im Club ging es sehr stürmisch zu. Robespierre und Couthon[1] haben gedonnert. Das war der Beginn des Unwetters.
– Heute Sonntag, 27.
Von heute morgen bis drei Uhr nachmittags verlief die Sitzung der Nationalversammlung sehr heftig. Robespierre ist dort als Verbrecher denunziert worden. Auf der Stelle wurde seine Verhaftung beschlossen. Damit hatte er, der in der Versammlung den Ton angab und vor dem alle zitterten, nicht gerechnet.

Dann erließ man Haftbefehle gegen seinen Bruder[2] und gegen Couthon, den engen Freund Robespierres. Gendarmen nahmen sie fest und brachten sie zum Palais du Luxem-

---

1 Georges-Auguste Couthon (1755–94), Advokat, seit 1791 von der Taille abwärts gelähmt, Abgeordneter der Legislative und der Convention, wird zum unbedingten Gefolgsmann Robespierres, den er auch im Wohlfahrtsausschuß unterstützt.
2 Augustin-Bon-Joseph Robespierre (1763–94) sollte nicht unter Anklage gestellt werden; er selbst forderte die Convention auf, mit ihm genauso zu verfahren wie mit seinem Bruder.

bourg, wo man sie nicht in Gewahrsam nehmen wollte; von dort führte man sie zum Rathaus[3] ...

Hanriot[4], ein anderer Verbrecher, der Oberbefehlshaber der Pariser ⟨National-⟩Garde, ritt nach Robespierres Verhaftung durch ganz Paris und schrie überall: »Schließt eure Läden!« Der Magistrat, der sich an Robespierre verkauft hatte, ließ in der Stadt Sturm läuten, um das Volk zusammenzurufen, aber die Leute kamen nicht, und die Stadtverwaltung handelte gegen das Dekret der Nationalversammlung, das Sturmläuten ohne ihren ausdrücklichen Befehl verbietet.

Als die Versammlung von den Ereignissen erfuhr, erklärte sie Robespierre und seine Komplizen für vogelfrei, ebenso Hanriot und den ganzen Magistrat. Es war Nacht. Hanriot wollte die Kanoniere dazu bewegen, zur Convention zu ziehen und sie unter Beschuß zu nehmen; die übrigen sollten auf dem Rathausplatz bleiben, um den Magistrat zu schützen und zu verteidigen. Jetzt gibt es in Paris also zwei Parteien. Der Magistrat erkennt die Nationalversammlung nicht mehr an und will die Macht an sich reißen. Er hatte Robespierre bei sich und wollte ihn retten. Als Robespierre erkennt, daß sich niemand auf seine Seite stellt, da man ihn allgemein als Verbrecher betrachtet, und auch nicht auf die Seite des Magistrats, wird ihm klar, daß er verloren ist. Er schießt sich eine Kugel in den Kopf, tötet sich aber nicht. Sein Bruder stürzt sich verzweifelt aus einem Fenster im Rathaus, fällt auf den Kopf und tötet sich ebensowenig. Hanriot springt aus einem Fenster, um sich zu töten, und holt sich nur blaue Flecken. Auch Couthon schafft es nicht, sich zu töten.[5]

---

3 Hier eine Ungenauigkeit Guittards: Erst nach der Befreiung durch die Commune erreichten Robespierres Leute das Rathaus.
4 François Hanriot (1759–94), ein Mann aus dem Volk, vor der Revolution Zollbeamter, spielt beim Sturm auf die Tuilerien und bei den Septembermorden eine führende Rolle; im Mai 1793 zum kommissarischen Kommandanten der Pariser Nationalgarde ernannt.
5 Robespierres Bruder zog sich bei seinem Sturz schwere Verletzungen zu; Hanriot soll angeblich von Coffinhal, einem Richter am Revolutionstribunal, aus dem Fenster geworfen worden sein, der ihn wegen seiner wenig energischen Versuche, Robespierre zu retten, kritisiert hatte.

Ganz Paris ist in Alarmzustand; jeder fragt sich, was los ist; niemand vermag es zu sagen. Die Trommel ruft alle Bürger zusammen: Jeder solle zu den Waffen greifen, und alle Sektionen sollen sich formieren; Paris sei in größter Gefahr, es gebe eine Verschwörung gegen die Nationalversammlung, deren Mitglieder in dieser Nacht ermordet werden sollten. Alle Sektionen versammeln sich, jeder greift zu den Waffen; es ist zwischen acht und neun Uhr abends. Man weiß nicht, woran man ist.

In der Stadt wurde immer noch Sturm geläutet; alle Welt war in großer Furcht und Unruhe.

Der Magistrat schickt Mitglieder zu den Sektionen, um sie zu fragen, warum sie keine Kommissare schicken. Sie bekommen zur Antwort, man wolle keine schicken, sondern man würde sich bei der Nationalversammlung erkundigen, was das alles zu bedeuten habe.

Es heißt, der Sitzungssaal der Nationalversammlung sei von Truppen umstellt, und man fände sich dort nicht zurecht. Die Kanoniere weigern sich also, dem Oberbefehlshaber zu gehorchen, und marschieren zur Nationalversammlung, aber um sie zu verteidigen. Sie war in größter Gefahr, weil Robespierre über eine beträchtliche Anhängerschaft verfügte. Während der Magistrat Feuer spie und seine Kommissare in ganz Paris herumhetzte, damit ihm jemand zu Hilfe käme, entsandte die Nationalversammlung ihrerseits sieben oder acht berittene Abgeordnete, die die offizielle Schärpe trugen, in alle Viertel von Paris; sie wurden von Gendarmen zu Pferd mit Fackeln und von den Kanonieren eskortiert, die mit ihren Geschützen vorneweg schritten.

Diese Abgeordneten unterrichteten also das Volk hochoffiziell von allen Ereignissen: Die Convention und ganz Paris seien in größter Gefahr, alle Sektionen sollten sich vereinigen und in Waffen zur Convention marschieren; Hanriot sei ein Verbrecher und vogelfrei, jeder, der ihn tötete, machte sich um das Vaterland verdient; Robespierre sei ein Verbrecher und vogelfrei, Couthon, usw. usw. . . .

Unterdessen war es neun Uhr abends geworden. Man war äußerst unschlüssig. Es gab also zwei Parteien: die Convention und den Magistrat. Für welche sollte man sich entscheiden?

Alle Welt votiert für die Convention, was nur natürlich war.

Alle Sektionen marschieren dorthin; der Magistrat wird für vogelfrei erklärt; es ergeht ein allgemeines Verbot, ihm zu gehorchen.

Die Komplizen unter den Abgeordneten werden verhaftet. Die Convention bleibt die ganze Nacht durch zusammen, ebenso alle Sektionen. Überall werden die Patrouillen verstärkt; man schließt die Stadttore und verhaftet die Führung der Nationalgarde.

Es war sehr beunruhigend, daß das alles nachts passierte; es hätte zu einem Blutbad kommen können, weil die 48 Sektionen sich vielleicht gespalten hätten, die einen hätten sich für die Convention erklärt und die anderen für den Magistrat, und ebenso die Kanoniere jeder Sektion. Dann hätte man zwei Parteien gehabt und damit den Bürgerkrieg.

Schließlich wurde der ganze Magistrat verhaftet und für vogelfrei erklärt. Der Tag brach an. Alle beruhigten sich, weil sie einander wieder sehen konnten, und es war Montag, der 28. . . .

74

L.-S. Mercier über die Hinrichtung Robespierres (28. Juli 1794)

Über den Autor vgl. Nr. 2.
 Die Erleichterung nach Robespierres Sturz erfaßte offenbar alle Schichten der Bevölkerung. Allerdings hatte Mercier, der als der Gironde nahestehender Abgeordneter der Convention im Oktober 1793 verhaftet worden war und erst nach dem 9. Thermidor freikam, besondere Gründe, den Abscheu des Volkes vor dem Tyrannen zu unterstreichen.
Quelle: MercierNParis. Bd. 2. S. 374–376.

Woher soll ich die Farben nehmen, um den allgemeinen Aufschrei öffentlicher Freude inmitten des furchtbarsten Schauspiels zu malen, die Explosion lärmender Fröhlichkeit, die sich ausbreitet und bis zu den Stufen des Schafotts widerhallt? Sein Name ist in aller Munde, und Verwünschungen begleiten ihn: Er ist nicht mehr der *unbestechliche*, der *tugendhafte* Robespierre; die Maske ist gefallen; man verflucht ihn und macht ihn verantwortlich für alle Verbrechen der beiden Ausschüsse[1]. Die Leute drängen sich auf den Buden, in den Läden und an den Fenstern; die Dächer sind schwarz von Menschen und von einer bunten Zuschauermenge aus allen Schichten besetzt, die nur ein Ziel hat: zu sehen, wie Robespierre zum Tode geführt wird.

 Statt auf dem Thron des Diktators zu sitzen, liegt er halb in einem Karren, in dem auch seine Komplizen Couthon und Hanriot sind. Geschrei, Tumult toben um ihn herum, die aus

---

1 Außer dem Wohlfahrtsausschuß (vgl. Nr. **58**, Anm. 2) der Sicherheitsausschuß (*Comité de sûreté générale*), der Anfang Oktober 1792 geschaffen und mit zwölf Montagnards besetzt war; sein Aufgabenbereich waren die Angelegenheiten der (vor allem politischen) Polizei.

einem Durcheinander von tausend Freudenschreien und Glückwünschen bestehen. Um den Kopf trägt er eine schmutzige, blutige Binde; man sieht sein blasses, grausames Gesicht nur zur Hälfte. Seine verstümmelten, entstellten Gefährten gleichen weniger Verbrechern als wilden Tieren, die in eine Falle geraten sind und denen man erst einige Glieder zerquetschen mußte, um sie zu erwischen. Die sengende Sonne hindert die Frauen nicht daran, das Lilienweiß und Rosenrot ihrer zarten Wangen den Strahlen auszusetzen; sie wollen den »Henker seiner Mitbürger« sehen. Die Reiter, die den Karren eskortieren, schwingen ihre Säbel und zeigen mit der blanken Spitze auf ihn. Dieser Priesterkönig hält die Convention nicht mehr auf zehn Schritte Abstand von sich; er scheint nur deshalb noch am Leben zu sein, damit er von der göttlichen Gerechtigkeit und ihrer furchtbaren Rache an heuchlerischen und blutrünstigen Menschen Zeugnis ablegen kann.

Als er kurz vor der Hinrichtungsstätte an dem Haus vorbeikam, wo er wohnte, erzwang das Volk einen Halt, und eine Gruppe Frauen führte unter rhythmischem Klatschen der Menge einen Tanz auf. Eine von ihnen nutzte diese Gelegenheit, um sich mit Wort und Geste an ihn zu wenden; sie schrie ihm zu: »Die Freude über deine Hinrichtung macht mich betrunken; fahr zur Hölle mit den Verwünschungen aller Ehefrauen und Mütter.« Er blieb stumm.

Auf dem Schafott riß ihm der Henker, gleichsam angesteckt vom allgemeinen Haß, den Verband von seiner Wunde; er schrie wie ein Tiger: Der Unterkiefer fiel herunter, wobei ein Blutschwall herausschoß, und aus diesem menschlichen Antlitz wurde eine Monstervisage, die schrecklichste, die man sich ausmalen kann. Seine beiden Gefährten sahen in ihrer zerrissenen, blutigen Kleidung genauso scheußlich aus; sie waren die Handlanger dieses großen Verbrechers, dessen Schmerzen bei niemandem auch nur das geringste Mitleid weckten. Obwohl er tödlich verwundet war, verlangte die öffentliche Rache für ihn noch ein zweites Sterben, und die

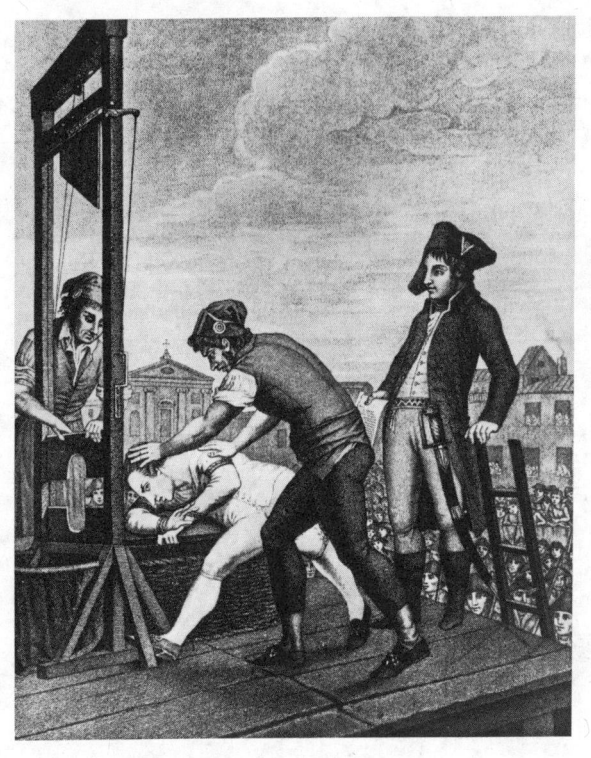

Die Hinrichtung Robespierres (Stich von Inarpila nach einer
Zeichnung von John Beys)

Leute eilten in Scharen herbei, um nicht den Augenblick zu verpassen, in dem sich dieser Kopf unter das Messer beugen würde, unter das er so viele andere gestoßen hatte. Man klatschte mehr als fünfzehn Minuten Beifall.

Es rollten insgesamt 22 Köpfe. Am nächsten Tag folgten siebzig Mitglieder der Commune dem Anführer, den sie sich gegeben hatten; es waren die gleichen, die in unsere Kerker gekommen waren, um uns die Lebensmittel abzunehmen und uns zu demütigen. Wieder einen Tag später bezahlten weitere zwölf Mitglieder der Commune mit ihrem Kopf die Komplizenschaft mit dem Führer der Verschwörer, aber diese gemeinen, vulgären Köpfe blöder Satelliten hatten keine Namen; nur der von Robespierre zählte.   [...]

Anhang

Quellen- und Abkürzungsverzeichnis

ActesTribunal   Actes du Tribunal révolutionnaire recueillis et commentés par Gérard Walter. Paris 1986 (¹1968). (Coll. Le Temps retrouvé. Documents. 15.)

AnthologieXVIIIᵉ   Anthologie des écrivains français du XVIIIᵉ siècle. Poésie. Publ. sous la dir. de Gauthier-Ferrières. Paris [o. J.].

BarnaveIntrod.   [Antoine-Pierre-Joseph-Marie] Barnave: Introduction à la Révolution française. Texte éd. sur le ms. original et prés. par Fernand Rude. Paris [1960]. (Cahiers des Annales. 15.)

CahiersFemmes   Cahiers de doléances des femmes en 1789 et autres textes. Préf. de Paule-Marie Douhet. Paris 1981.

CahiersGisors   Cahiers de doléances du Tiers Etat du bailliage de Gisors (secondaire de Rouen) pour les Etats Généraux de 1789. Prés. et ann. par Marc Bouloiseau et Bernard Cheronnet. Paris 1971.

CahiersMarseille   Cahiers de doléances de la sénéchaussée de Marseille pour les Etats généraux de 1789. Publ. par Joseph Fournier. Marseille 1908.

ÇaSemmer   Ça ira. 50 Chansons, Chants, Couplets et Vaudevilles aus der Französischen Revolution 1789–1795. Hrsg. und übertr. von Gerd Semmer. Ahrensburg [o. J.].

ChamfortTableaux   [Nicolas-Sébastien] Chamfort: Tableaux historiques de la Révolution française. In: Œuvres complètes de Chamfort. Publ. par P. R. Auguis. 5 Bde. Paris 1824–25. Nachdr. Genf 1968. Bd. 2. S. 159–389.

CléryJournal   Journal de ce qui s'est passé à la tour du Temple par Cléry suivi de Dernières heures de Louis XVI par l'abbé Edgeworth de Firmont et de Mémoire écrit par Marie-Thérèse Charlotte de France. Ed. prés. et ann. par Jacques Brosse. Paris 1987.

CollMém.

Collection des mémoires relatifs à la Révolution française. Mémoires sur la journée de septembre 1792, par M. Jourgniac de Saint-Méard, Mme la marquise de Fausse-Lendry, L'Abbé Sicard, et M. Gabriel-Aimé Jourdan. Paris 1823.

CorrGrimm

Correspondance littéraire, philosophique et critique par Grimm, Diderot, Raynal, Meister etc. revue sur les textes originaux [. . .] par M. Tourneux. Bd. 16. Paris 1882.

DantonDiscours

[Georges-Jacques] Danton: Discours. Ed. crit. par André Fribourg. Paris 1910.

DesmoulinsŒuvres

Camille Desmoulins: Œuvres. 3 Bde. Paris 1874–75.

FrRevDoc

French Revolution. Documents 1789–94. Ed. by J. M. Thompson. Oxford 1948.

GoetheWerke

Goethes Werke. Hamburger Ausgabe in 14 Bänden. Bd. 10. Hamburg 1959.

GuittardJournal

Journal de Célestin Guittard de Floriban, Bourgeois de Paris sous la Révolution. Prés. et comm. par R. Aubert. 1791–96. Paris [o. J.].

HébertDuchesne

Jacques-René Hébert: Le Père Duchesne. Faks.-Nachdr. in 10 Bdn. Paris 1969.

Journal de Paris

Journal de Paris (14. 7. 1789–26. 10. 1795). Faks.-Nachdr. in 14 Bdn. mit 1 Reg.-Bd. Paris 1966.

LandauerBriefe

Briefe aus der Französischen Revolution. Ausgew., übers. und erl. von Gustav Landauer. 2 Bde. Berlin [Ost] [3]1985 ([1]1919).

MaratAPeuple

Jean-Paul Marat: L'Ami du peuple. Faks.-Nachdr. in 20 Bdn. Tokio 1969.

MarieABarnave

Marie-Antoinette et Barnave: Correspondance secrète (Juillet 1791 – Janvier 1792). Première éd. complète éd. d'après les originaux par Alma Söderhjelm. Paris 1934.

MègeBiauzat

Francisque Mège: Gaultier de Biauzat, député du Tiers-Etat aux Etats-généraux de 1789. Sa vie et sa correspondance. 2 Bde. Paris 1890.

MémPrisons

Mémoires sur les prisons. Tome premier,

contenant les Mémoires d'un détenu, par Riouffe[und einige kürzere Texte]. Paris 1823.

MercierNParis [Louis-]Sébastien Mercier: Paris pendant la Révolution (1789–1798) ou le nouveau Paris. Nouv. éd. ann., avec une introd. 2 Bde. Paris 1862 ([1]1799).
Dt.: Bürger Mercier: Das neue Paris. Übers. von Bürger C. F. Kramer. Zweiter Theil. Braunschweig 1799.

PanonVoyage Henry-Paulin Panon Desbassayns: Voyage à Paris pendant la Révolution 1790–1792. Journal inédit d'un habitant de l'Ile Bourbon. Documentation rass. et textes étud. par Jean-Claude Guillermin des Sagettes. Transcr., prés. et notes de Marie-Hélène Bourquin-Simonin. Paris 1985.

ParoyMém. Comte de Paroy: Mémoires. Souvenirs d'un défenseur de la famille royale pendant la Révolution (1789–1797). Publ. par Etienne Charavay. Paris 1895.

PeltierTableau J[ean-Gabriel] Peltier: Dernier Tableau de Paris, ou Récit Historique de la Révolution du 10 août, Des Causes qui l'ont produit, des Evénements qui l'ont précédé, et des crimes qui l'ont suivi. 2 Bde. London 1792.

PenséeRév. La pensée révolutionnaire en France et en Europe 1780–1799. Textes choisis et prés. par Jacques Godechot. Paris 1964.

RecEtats Recueil de documents relatifs aux séances des états généraux. Mai – juin 1789. Prép. par l'Institut d'Histoire de la Révolution française de la Faculté des Lettres de Paris sous la dir. de Georges Lefebvre – Anne Terroine. 2 Bde. Paris 1953–62.

RévEsclavage La Révolution française et l'abolition de l'esclavage. Textes et documents. 12 Bde. Paris 1968. [Faks.-Nachdr. der Originaldokumente, ohne durchgehende Paginierung.]

RivarolOC [Antoine de] Rivarol: Œuvres complètes précédées d'une notice sur sa vie. 5 Bde. Paris 1808. Nachdr. Genf 1968.

RolandMém.

Madame Roland: Mémoires. 2 Bde. Paris 1875.

SansculottenMarkov

Die Sansculotten von Paris. Dokumente zur Geschichte der Volksbewegung 1793–1794. Hrsg. von Walter Markov und Albert Soboul. Mit einem Vorw. von Georges Lefebvre. Berlin [Ost] 1957.

SansonMém.

H[enry] Sanson: Sept générations d'exécuteurs 1688–1847. Mémoires des Sanson mis en ordre, rédigés et publiés. 6 Bde. Paris 1862–63.

SchmidtTableaux

Adolphe Schmidt: Tableaux de la Révolution française publiés sur les papiers inédits du département et de la police secrète de Paris. 3 Bde. Leipzig 1867–70.

SieyesTiers

Emmanuel-[Joseph] Sieyès[1]: Qu'est-ce que le Tiers Etat? Ed. crit. avec une introd. et des notes par Roberto Zapperi. Genf 1970.

Soboul1789

Albert Soboul: 1789. L'an Un de la Liberté. Etude historique, textes originaux. 3., durchges. und verb. Aufl. Paris 1972.

SociétéJacobins

La Société des Jacobins. Recueil de documents pour l'histoire du Club des Jacobins de Paris. Par F.-A. Aulard. Bd. 3: Juillet 1791 à Juin 1792. Paris 1892. Bd. 6: Mars à Novembre 1794. Paris 1897.

StaëlCons.

[Anne-Louise-]Germaine de Staël[-Holstein]: Considérations sur la Révolution française. Introd., bibliogr., chronol. et notes par Jacques Godechot. Paris 1983.

Dt.: Betrachtungen über die vornehmsten Begebenheiten der Französischen Revolution. Ein nachgelassenes Werk der Frau von Staël. Hrsg. von dem Herzog von Broglie und von dem Freiherrn von Staël. Aus dem Frz. mit einer Vorerinnerung von A. W. von Schlegel. 6 Bde. Heidelberg 1818.

---

1 Der Name wird *Siéyès*, *Sieyès* oder *Sieyes* geschrieben; nach E. J. Sieyes, *Politische Schriften*, hrsg. von E. Schmitt und R. Reichardt, München/Wien ²1981, S. 7, Anm. 1, ist die Form ohne Akzent die korrekte.

ThéâtreRév.   Théâtre de la Révolution ou Choix de Pièces
                      de Théâtre qui ont fait sensation pendant la
                      période révolutionnaire. Avec une introd. par
                      Louis Moland. Paris 1877.

TourzelMém.   Mme la Duchesse de Tourzel, gouvernante
                      des enfants de France pendant les années
                      1789, 1790, 1791, 1792, 1793, 1795: Mémoi-
                      res publiés par Le Duc Des Cars. 2 Bde. Paris
                      1883.

Tulard/Fayard/Fierro Jean Tulard / Jean-François Fayard / Alfred
                      Fierro: Histoire et dictionnaire de la Révolu-
                      tion française. 1789–1799. Paris 1987.

YoungTravels   Arthur Young: Travels in France During the
                      Years 1787, 1788, 1789. Ed. with an introd.,
                      biographical scetch and notes by Miss
                      Betham-Edwards. London 1905.
                      Dt.: Arthur Youngs Reisen durch Frankreich
                      und einen Theil von Italien, in den Jahren
                      1787 bis 1790 [. . .]. Aus dem Engl. Mit eini-
                      gen Anm. begleitet von E. A. W. Zimmer-
                      mann. Erster Band. Berlin 1793.

Datenindex

Aufgenommen werden nur Ereignisse, die in den Texten thematisiert werden oder auf die in Einleitungen und Anmerkungen Bezug genommen wird. Bei jedem Datum wird auf die Stelle (Text bzw. Vorbemerkung oder Anmerkung, z. B. **18,5**: Text 18, Anm. 5) verwiesen, an der es zur Sprache kommt.

Namen- und Sachregister

Dieses Register erschließt die Informationen über Personen, Institutionen, Zeitschriften, Örtlichkeiten usw., die in den Einleitungen zu den einzelnen Texten und Textauszügen und in den Anmerkungen geboten werden. Auf die Einleitungen wird mit der Nummer des Textes, auf die Anmerkungen mit der Nummer des Textes und der Fußnotenziffer (die durch Komma abgetrennt wird) verwiesen.

Texte zur politischen Theorie

IN RECLAMS UNIVERSAL-BIBLIOTHEK

Karl Marx und Friedrich Engels, *Manifest der Kommunistischen Partei. Grundsätze des Kommunismus.* (I. Fetscher) 96 S. UB 8323

Karl Marx, *Philosophische und ökonomische Schriften* (J. Rohbeck / Peggy Breitenstein) 390 S. UB 18554

John Stuart Mill, *Über die Freiheit.* (M. Schlenke / B. Lemke) 184 S. UB 3491

Charles de Montesquieu. *Vom Geist der Gesetze.* (K. Weigand) 442 S. UB 8953

Thomas Morus, *Utopia.* (G. Ritter / E. Jäckel) 192 S. UB 513

Platon, *Der Staat.* (K. Vretska) 725 S. UB 8205

Jean-Jacques Rousseau, *Abhandlung über den Ursprung und die Grundlagen der Ungleichheit unter den Menschen* (Ph. Rippel) 216 S. UB 1770 – *Vom Gesellschaftsvertrag oder Grundsätze des Staatsrechts.* (E. Pietzcker / H. Brockard) 239 S. UB 1769

Walter Schweidler, *Der gute Staat. Politische Ethik von Platon bis zur Gegenwart.* 397 S. UB 18289

Thomas von Aquin, *Über die Herrschaft der Fürsten.* (F. Schreyvogl / U. Matz) 93 S. UB 9326

Alexis de Tocqueville, *Über die Demokratie in Amerika.* (J. P. Mayer) 391 S. UB 8077

Max Weber, *Politik als Beruf.* (R. Dahrendorf) 96 S. UB 8833 – *Schriften zur Sozialgeschichte und Politik.* (M. Sukale) 344 S. UB 9646

Philipp Reclam jun. Stuttgart

Französische Literatur

in deutscher Übersetzung

Huysmans: *Gegen den Strich.* 317 S. UB 8754 – *Tief unten.* 375 S. UB 8984

Ionesco: *Die kahle Sängerin.* 61 S. UB 8370 – *Die Stühle. Der neue Mieter.* 104 S. UB 8656 – *Die Unterrichtsstunde.* 59 S. UB 8608

Jarry: *König Ubu.* 80 S. UB 9446

König Artus und seine Tafelrunde. 760 S. UB 9945

La Fayette: *Die Prinzessin von Clèves.* 236 S. UB 7986

La Fontaine: *Fabeln.* Zweispr. 458 S. UB 18603 – *Die Fabeln.* 430 S. 16 Ill. UB 1719

La Rochefoucauld: *Maximen und Reflexionen.* 79 S. UB 678

Leprince de Beaumont: *La Belle et la Bête / Die Schöne und das Tier.* Zweispr. 48 S. UB 9608

Mallarmé: *Poésies / Gedichte.* Zweispr. 199 S. UB 18759

Marivaux: *Das Spiel von Liebe und Zufall.* 78 S. UB 8604

Maupassant: *Bel-Ami.* 416 S. UB 9686 – *Fettklößchen.* 70 S. UB 6768 – *Der Schmuck. Der Teufel. Der Horla.* 63 S. UB 6795

Mérimée: *Carmen.* 86 S. UB 1602 – *Colomba.* 176 S. UB 1244 – *Mateo Falcone. Das Blaue Zimmer.* Zweispr. 80 S. UB 9795

Molière: *Amphitryon.* 72 S. UB 8488 – *L'Avare / Der Geizige.* Zweispr. 275 S. UB 8040 – *Der Bürger als Edelmann.* 87 S. UB 5485 – *Le Bourgeois gentilhomme / Der Bürger als Edelmann.* Zweispr. 224 S. UB 8868 – *Dom Juan ou Le Festin de pierre / Don Juan oder Der steinerne Gast.* Zweispr. 237 S. UB 8556 – *Don Juan.* 64 S. UB 5402 – *Der eingebildete Kranke.* 78 S. UB 1177 – *Der Geizige.* 88 S. UB 338 – *Die gelehrten Frauen.* 104 S. UB 18328 – *Le Malade imaginaire / Der eingebildete Kranke.* Zweispr. 256 S. UB 7697 – *Der Menschenfeind.* 76 S. UB 394 – *Le Misanthrope / Der Menschenfeind.* Zweispr. 237 S. UB 8924 – *Les Précieuses Ridicules / Die lächerlichen Preziösen.* Zweispr. 211 S. UB 461 – *Scapins Streiche.* 64 S. UB 8544

– Die Schule der Frauen. 79 S. UB 588 – *Tartuffe.* 80 S. UB 74 – *Le Tartuffe ou L'Imposteur / Der Tartuffe oder Der Betrüger.* Zweispr. 317 S. UB 8353

Montaigne: *Die Essais.* 400 S. UB 8308

Montesquieu: *Persische Briefe.* 384 S. UB 2051

Pascal: *Gedanken.* 571 S. UB 1622

Perrault: *Sämtliche Märchen.* 141 S. 10 Ill. UB 8355

Prévost: *Manon Lescaut.* 208 S. UB 937

Rabelais: *Gargantua.* 279 S. UB 8764

Racine: *Phädra.* 63 S. UB 54 – *Phèdre / Phädra.* Zweispr. 255 S. UB 839

Rimbaud: *Une`Saison en Enfer / Eine Zeit in der Hölle.* Zweispr. 110 S. UB 7902 – *Illuminations / Farbstiche.* Zweispr. 131 S. UB 8728

Robbe-Grillet: *Die Jalousie oder die Eifersucht.* 133 S. UB 8992

Romains: *Knock oder Der Triumph der Medizin.* 104 S. UB 9662

Rostand: *Cyrano von Bergerac.* 156 S. UB 8955

Rousseau: *Emile oder Über die Erziehung.* 1030 S. UB 901 – *Träumereien eines einsamen Spaziergängers.* 215 S. UB 18244

Saint-Exupéry: *Durst.* 62 S. UB 7847

Sartre: *Die ehrbare Dirne.* 46 S. UB 9325

Verlaine: *Gedichte: Fêtes galantes, La Bonne Chanson, Romances sans paroles.* Zweispr. 215 S. 11 Abb. UB 8479

Voltaire: *Candid.* 120 S. UB 6549 – *L'Ingénu / Der Freimütige.* Zweispr. 256 S. UB 7909

Zola: *Germinal.* 622 S. UB 4928

Philipp Reclam jun. Stuttgart